추포집

이 책은 2020년도 정부(교육부)의 재원으로 한국고전번역원의 지원을 받아
수행된 '권역별거점연구소협동번역사업'의 결과물임.

This work was supported by Institute for the Translation of Korean Classics - Grant funded by the Korean Government.

한국고전번역원 한국문집번역총서／충남대학교 한자문화연구소

추포집

秋浦集

황신 지음 黃愼

황교은 옮김

일러두기

1. 이 책의 번역 대본은 한국고전번역원에서 간행한 한국문집총간 65집 소재 《추포집(秋浦集)》으로 하였다. 번역 대본의 원문 텍스트와 원문 이미지는 한국고전종합DB(https://db.itkc.or.kr)에서 확인할 수 있다.
2. 내용이 간단한 역주는 간주(間註)로, 긴 역주는 각주(脚註)로 처리하였다.
3. 한자는 필요한 경우 이해를 돕기 위하여 넣었으며, 운문(韻文)은 원문을 병기하였다.
4. 맞춤법과 띄어쓰기는 한글 맞춤법과 표준어 규정을 따랐다.
5. 이 책에서 사용한 부호는 다음과 같다.
   ( ) : 번역문과 음이 같은 한자를 묶는다.
   〔 〕: 번역문과 뜻은 같으나 음이 다른 한자를 묶는다.
   " " : 대화 등의 인용문을 묶는다.
   ' ' : " " 안의 재인용 또는 강조 문구를 묶는다.
   「 」: ' ' 안의 재인용을 묶는다.
   『 』: 「 」 안의 재인용을 묶는다.
   《 》: 책명 및 각주의 전거(典據)를 묶는다.
   〈 〉: 책의 편명 및 운문·산문의 제목을 묶는다.

차례

오언율시五言律詩

오언고시五言古詩

칠언율시七言律詩

계사啓辭

추포집 제2권

계啓

의議

서독書牘

교서敎書

격문檄文

상량문上梁文

제문祭文

등대설화登對說話

과제 사륙科製四六

해제

조선의 소무(蘇武), 황신(黃愼)의 《추포집(秋浦集)》

황교은 | 충남대학교 한자문화연구소 책임연구원

서언 : 담장 너머를 본 경륜가, 황신

한문학사대가의 한 사람인 신흠(申欽, 1566~1628)은 황신에 대해 "견해의 밝기가 담장 너머까지 보았던 장상군(長桑君)과 같았다"고 했다.[1] 눈이 밝아 담장 밖까지 환히 보았다는 전국 시대 신인(神人) 장상군에 비유할 정도로 황신의 견해가 밝았다고 극찬한 것이다. 1596년에 부산 왜영에 있던 중국 사신이 도망치는 사건이 일어나자 조선의 군신이 일본의 재침을 우려하였으나 홀로 침략이 없을 것을 알았고, 1608년 임해군이 처형되는 것을 보고 광해군의 정치가 후일 어지러울 것을 미리 간파하자, 오리(梧里) 이원익(李元翼, 1547~1634)은 혀를 내둘렀다.[2]

탁월한 견해를 가졌던 황신은 그 능력을 온전히 경륜에 사용하였다. 정여립 옥사가 있었고, 임진왜란이 일어났다. 당쟁의 화는 잔혹했고, 광해군 실정이 이어졌다. 참혹한 시대에 처한 그는 문장에 그토록 능했음에도 문장을 남기는 일에 무관심하였고, 노모와 처자식을 전란의 소용돌이에 내맡긴 채 언제 죽을지 모를 사지를 무수히 오가고 전라

1 《국역 상촌선생집》 제30권, 〈추포 황공에 대한 애사〔秋浦黃公哀辭〕〉.

2 《昌原黃氏秋浦家乘》, 譜典出版社, 131쪽.

감사가 되어 전장의 최전선을 누볐으며, 비위를 조장하고 민생을 침해하는 관습과 제도를 보면 그 대상이 왕실과 고관대족이라 하더라도 개혁의 칼을 들이댔고, 인의(仁義)와 맞지 않는 주장과 행동에는 같은 당여(黨與)나 사우(師友)라 해도 왕척직심(枉尺直尋)[3]의 허구를 규탄하였다. 신하된 자의 본무는 첫째도 국가요 둘째도 국가이기 때문에 그럴 수 있었고, 필생의 사명이었다.

1. 《추포집》 간행과 주요 내용

김석주(金錫胄)가 지은 〈황추포선생집서(黃秋浦先生集序)〉에 따르면, 황신은 평소 저술을 즐기지 않아 생전에 원고를 정리해 두지 않았고 아들 황일호(黃一皓)가 모아 두었던 유고도 병자·정묘호란에 불타 버려 집안에 남아 있는 글이 거의 없었는데, 그 후 저자의 손자 황윤(黃玧)이 저자의 손서(孫婿)인 이선(李選)과 함께 유문을 모아 2권으로 분류, 편찬하고 황일호가 지은 시(詩), 서(序), 기(記) 약간 수를 그 아래에 첨부한 뒤, 저자의 외증손 이사명(李師命)이 1684년(숙종10)에 목판으로 간행하였다. 이것이 초간본으로 장서각(4-6572)에 소장되어 있다.

한편 이선이 여러 해 동안 저자 관련 기사를 모아 《계년록(係年錄)》 2권을 찬(撰)한 것이 있었는데, 윤증(尹拯)은 황윤의 부탁을 받고 이

3 왕척직심(枉尺直尋) : 한 자를 굽혀 한 길을 편다는 뜻으로, 《맹자》 〈등문공 하(滕文公下)〉에 보이는 내용인데, 의리(義理)를 약간 굽혀 큰일을 이룸을 비유한 것이다.

를 《우율양선생연보(牛栗兩先生年譜)》의 예에 따라 1편으로 만들어 비장(碑狀)을 뒤에 붙이고, 전기(傳記)에서 잡다하게 모아 연보(年譜)에 편입할 수 없는 것은 따로 서차(序次)하여 〈보유(補遺)〉라고 하여 연보 뒤에 붙여서 2권 1책으로 하였다. 이 연보를 초간본의 간행 이후 초간본의 판각에다 윤증이 1680년에 쓴 〈연보지(年譜識)〉를 추가하여 《연보》 2권 1책과 아울러 4권 3책으로 간행하였다. 이 추각본(追刻本)은 현재 연세대학교 중앙도서관(811. 98-황신-추)에 소장되어 있다. 그 후 일제강점기 때 5권 3책의 석인본(石印本)을 간행하였다. 이는 현재 성균관대학교 중앙도서관(D3B-1054)에 소장되어 있다. 번역의 대본은 1684年에 간행한 초간본이다. 서지사항은 다음과 같다.

추포집(秋浦集) / 황신(黃愼) 저

판사항 木版本

발행사항 1684

형태사항 2권 2책 : 사주쌍변(四周雙邊) 반곽(半郭) 19.3×13.9m, 유계(有界), 반엽(半葉) 10행 20자 주쌍행(註雙行), 내향삼엽화문어미(內向三葉花紋魚尾); 29.8×18.5m

인(印) : 종명(宗明). 장서각도서인(藏書閣圖書印)

묵인(墨印) : 식암거사대학지장(息庵居士大學之章)

이제 《추포집》의 권별 내용을 살펴보겠다. 본 문집은 2권 2책으로 구성되어 있다. 서문은 1684년에 식암(息庵) 김석주(金錫胄, 1634~1684)가 썼다. 조선 시대 인재의 보고였던 선조~인조 대를 살다간 신흠(申欽)이 "충절과 정사의 재주는 추포보다 뛰어난 인물이 없다"

고 한 말을 서두에 소개한 뒤 당시 상황 속에서 황신의 위상을 정립하였고, 뒤이어 "이월사(李月沙), 유어우(柳於于) 등 여러 사람과 주고받은 시[4]는 작품 수준이 비슷해서 우열을 가릴 수 없으니, 선생이 여사(餘事)에서 얻은 바를 알 수 있다."라고 하여, 문장 방면에서도 당대 최고의 문인들과 어깨를 나란히 했다는 증거를 제시했다. 남아 있는 작품 수가 적지만 의롭고 굳센 정신을 엿볼 수 있는 〈서해문(誓海文)〉이 상존해서 굳이 한스러워하지 않아도 된다는 말로 갈무리했다.

권1에는 시(詩), 소차(疏箚), 계사(啓辭)가 실려 있다. 시(詩)는 27수의 적은 편수가 시체별(詩體別)로 배열되어 있는데, 절반 이상이 임진왜란을 겪으면서 지은 작품이다. 〈자라산 풀숲에서 읊다〔紫蘿山草間有吟〕〉와 〈객사에서 회포를 적다〔旅舍書懷〕〉는 난리 초기에 느낀 통분을 표출하면서 자신을 초나라 충신 굴원(屈原)에 견주었고, 통신사가 되어 일본을 향하면서 지은 〈부산 왜영에서 배를 띄울 때 지은 시〔在釜營將泛海有作〕〉는 신라 충신 박제상(朴堤上)을 칭송하는 가운데 목숨을 바칠 각오를 의연하게 드러냈으니, 서문에서 언급한 '충절'이 한 글자 한 글자에 스며 있다. 1593년에 송응창(宋應昌) 아문(衙門)에서 만난 이정귀(李廷龜)·유몽인(柳夢寅)과 서로 돌아가면서 지은 연구시인 〈안흥 즉사(安興卽事)〉는 이들 세 사람의 문학적 수준을 가늠하기 좋은 시작(詩作)이며, 〈일본에 사신 갔을 때 지은 시〔使日本時作〕〉와

4 송 경략(宋經略)……시 : 황신과 이정귀(李廷龜, 1564~1635), 유몽인(柳夢寅, 1559~1623)이 1593년에 경략 송응창의 막하에 가서 《대학》을 강론하였는데 이때 주고받은 시를 가리킨다. '월사'는 이정귀의 호이고, '어우'는 유몽인의 호이다.

〈옥련환체로 지은 시〔玉連環詩〕〉는 통신사로 일본에 갔을 때 느낀 가족에 대한 그리움이 문면에 또렷하다.

소차(疏箚) 9편은 1596년부터 1611년까지 올린 글이 수록되어 있는데 연도순으로 배열하지 않았다. 계(啓) 22편은 소차와는 달리 비교적 연대순으로 배열되어 있는데, 권2의 계사는 또 그렇지 않아 명확한 편차 원칙이 드러나지 않는다. 〈통정대부를 사직하는 상소〔辭通政疏〕〉는 일본 왜영에 머문 공로를 인정하여 선조(宣祖)가 가자(加資)하여 절충장군 행 용양위 부호군을 제수하자 특별한 공을 이루지 못한 데다 목숨을 걸고 전장을 누빈 장수들과 대등하게 받을 수 없다며 고사한 상소이다. 1601년(선조34) 12월에 문경호(文景虎)가 상소하여 성혼(成渾)이 최영경(崔永慶)을 모함해 죽였다고 주장하는 사건이 발생하자, 당시 대사헌으로 있던 저자가 성혼의 무고를 조목조목 반박한 것이 〈대사헌을 인피하는 계사〔都憲引避啓〕〉이다. 이 사건은 저자를 조정에서 오랫동안 떠나게 하는 처분이 되었고 동시에 세상과 구차히 영합하지 않는 저자의 명분이 되었는데, 이러한 소신이 그 후 1608년(광해군 즉위년)과 1610년에 올린 〈호조 참판을 사직하는 상소〔辭戶曹參判疏〕〉와 〈억울하게 죄에 걸린 돌아가신 스승을 변론하는 상소〔卞論亡師誣枉疏〕〉에 차례대로 담겼다. 〈사간원에서 의견을 아뢰는 차자(諫院進言箚)〉에서는 1601년 간관으로 재직할 당시, 국가 부흥을 위해 국정에 반영해야 할 '다섯 가지 큰 요체'와 '일곱 가지 급히 처리할 일'을 자세하게 진술하였고, 〈대마도 정벌을 요청하는 상소〔請討對馬島疏〕〉에서는 과거 일본으로 사신 가면서 자세히 탐문한 대마도를 현재 남해(南海)에 주둔해 있는 명나라 군대와 합세하여 토벌해야 하는 당위성을 피력하였으며, 〈전라 감사 재임 시 모친 봉양을 청하는 상소〔爲全羅監司時

乞養大夫人疏]〉와 〈전라 감사의 면직을 청하는 상소〔乞免全羅監司疏]〉에서는 정유재란 때 전라 감사에 제수되자 최전선으로 자식을 보내지 않으려는 모친의 절규를 뒤로하고 말도 없이 집을 나섰던 일과 병든 모친을 봉양하기 위한 자식의 간절한 바람이 실려 있다.

정여립의 옥사가 일어나자 당시 선조로부터 총애 받는 재상이었던 이산해(李山海)의 잘못을 논박한 글은 〈사간원에서 정관을 논한 계사〔諫院論政官啓]〉와 〈정언을 인피하는 계사〔正言引避疏]〉이며, 관리의 비위 및 작상(爵賞)의 남발에 대한 왕명의 환수를 요청한 글은 〈황해 감사를 파직하고 옥당에 상으로 자급을 올려준 것을 환수하도록 청하는 사간원 계사〔諫院請罷黃海監司還收玉堂賞加啓]〉이다. 임진왜란을 겪은 뒤 궁핍한 국가 재정을 보고 비용 절감을 고심하였는데 대사헌으로 재직할 때의 소회는 〈중국 사신의 음식 접대와 진상할 방물에 대해 다시 참작하여 정하기를 청하는 계사〔請詔使支待進獻方物更爲酌定啓]〉·〈또 같은 달〔又 同月]〉·〈음식 접대와 잡물을 참작하여 정하고 김태허 등을 논죄하도록 청하는 계사〔請酌定支待雜物論罪金太虛等啓]〉에 담았고, 호조 판서로 재직할 때의 소회는 〈진휼 종사관을 차출하기를 청하는 계사〔請出賑恤從事官啓]〉·〈진휼사가 되었을 때 올린 계사〔賑恤使時啓]〉·〈각 해당 관사에서 축이 나게 한 관원의 죄를 청하는 계사〔請罪各該司無面官員啓]〉·〈호조 판서의 처벌을 기다리며 올리는 계사 7월〔戶判待罪疏 七月]〉·〈호조 판서의 처벌을 기다리며 올리는 계사 12월 16일〔戶判待罪啓 十二月十六日]〉에 담았다. 권2에 수록된 계(啓) 7편 가운데 〈통신사 임무를 마치고 돌아온 뒤 올린 서계〔通信回還後書啓]〉를 제외하면 모두 호조 판서로 재직할 때 올린 글로, 특히 〈조도사 변통을 청하는 계사〔請變通調度司啓]〉와 〈호조에서 의견을 올리는 계사〔地部獻言啓〕〉, 〈6조 별단(六條別單)〉, 〈균전사를 속히 파견하도록 청하는 계사〔請速遣均田使啓〕〉는 정무적 판단과 실무적 감각을 들여다보기 좋은 작품이다.

의(議)는 1편으로, 〈왜적과의 강화에 대한 의견〔倭奴講和議〕〉이 그것이다. 이 글에서 1601년(선조34)에 강화를 요구하는 왜서(倭書)가 조정에 이르자 대마도를 회유하는 차원에서 신중한 입장을 진달하였다.

서독(書牘)은 13편이다. 〈목사 우복룡에게 답하는 편지〔答禹牧使伏龍書〕〉는 저자가 1596년 8월에 일본으로 사신 가게 되었을 때 노잣돈을 후하게 준 우복룡에게 전한 감사의 편지이고, 〈송인수 영구 에게 답하는 편지〔答宋仁叟 英耇 書〕〉는 십년 동안 만나지 못한 벗에 대한 그리움이 배어 있다. 이종사촌 동생 안욱(安旭, 1564～?)에게 보낸 편지는 5통이나 된다. 세상길에서 동생을 걱정하는 마음과 부여에서 같이 살고 싶어 하는 마음을 담은 것이 골자다. 〈우계 선생에게 올리는 편지〔上牛溪先生書〕〉는 임진왜란이 발발한 직후에 안부를 물은 것이어서 절박함이 물씬한 가운데 문신(文臣)으로서 국난에 달려가려는 충심과 우국의 정을 느낄 수 있고, 〈자식과 손자들에게 주는 편지〔付兒及諸孫書〕 만력 41년 계축년(1613, 광해군5) 12월 12일〉는 1613년 일어난 계축옥사로 저자가 찬축되자 여생이 얼마 남지 않았음을 예감하고 자신의 사후 처리를 자손들에게 지시한 유서라 할 수 있다.

교서(教書) 2편 중 〈왕세자가 성천에서 친히 임하여 군사들에게 음식을 내리고 위유하는 글〔王世子在成川親臨犒軍慰諭書〕〉은 1592년 8월 성천에 머물던 왕세자가 군대를 위로하며 일전을 다지는 내용이고, 〈대가가 도성으로 돌아온 뒤 내린 교서〔大駕還都後教書〕〉는 1593년 10

월에 몽진했다 환도한 선조(宣祖)가 전란의 책임을 자신에게 돌려 민심을 수습하고 이를 바탕으로 국가 재건의 의지를 피력하였다.

격문(檄文) 1편, 상량문(上樑文) 1편, 제문(祭文) 5편, 등대설화(登對說話) 4편, 과제사륙(科製四六) 10편이 문집의 마지막을 장식하는데, 등대설화와 몇 편을 제외하면 변려문에 능했던 작자의 문학적 성과를 엿볼 수 있는 작품군이다.[5] 〈호소사 황정욱을 대신해서 삼도에 내린 제문〔代號召使黃廷彧檄三道文〕〉은 임진왜란 초기 민관군의 궐기를 촉구하였고, 〈추풍정 상량문〔秋風亭上樑文〕〉은 자신의 고향인 강화도에 노년을 한가로이 살고픈 진심이 묻어난다. 특히 〈서해문(誓海文)〉은 황신에 대해 말하는 사람치고 이 글을 언급하지 않는 이가 거의 없다고 할 정도로 회자되었는데[6] 저자의 의열정신(義烈精神)이 드러나 있다는 평가를 받는다.[7] 등대설화는 1596년, 1601년, 1610년에 4차례 임금과 면대했을 때 주고받은 문답을 기록한 것이다. 이 중 1596년 12월 21일에 있었던 〈병신년, 어전에서 오간 이야기〔丙申奏對〕〉는 저자가 일본에 사신으로 갔다가 돌아와서, 관백(關伯)에게 국서(國書)를 전하지 못한 저간의 사정과 그곳에서 보고 들은 적정(賊情) 등을 기술하였다. 과제(科製) 10편은 對偶를 맞추는 기교뿐 아니라 해박한 전고를 인용하고 있어 주목된다.

5 월사(月沙) 이정귀(李廷龜, 1664~1635)는 "공은 문사(文辭)가 정련(精鍊)하였으며 사륙문(四六文)에 가장 뛰어났다. 그래서 당시의 표(表)·전(箋)·교서(敎書)·책문(冊文)과 같은 글이 공의 손에서 많이 나왔고 사람들 입에 회자(膾炙)되었다." 하였다. 《月沙先生集》 卷51, 〈秋浦黃公行狀〉.

6 박우훈, 〈秋浦 黃愼의 삶과 문학〉, 《한문학논집》 12권, 근역한문학회, 1994, 371쪽.

7 金錫胄, 《息庵先生遺稿》 卷8, 〈黃秋浦先生集序〉.

2. 추포의 삶과 정치 활동[8]

황신의 본관은 창원(昌原), 자는 사숙(思叔), 호는 추포(秋浦)이다. 시조인 황석기(黃石奇)와 그의 큰아들 황상(黃裳)은 고려 말에 각기 문하시중과 평장사를 지낸 인물이었는데, 이후 자손들이 조선의 건국 과정에 적극적으로 협찬하지 않았고 또 수양대군이 계유정난(癸酉靖難)을 일으킬 때에는 안평대군 쪽에 가담했다가 화를 입어 가문이 위태로웠다. 그러다가 황신의 증조인 공조 판서 황형(黃衡)과 그의 아들 경기 관찰사 황기(黃琦)가 나와서 가문의 반석을 다졌고, 황신·황일호(黃一皓) 부자가 배출되면서 문벌의 위상을 한층 강화시켰다.

〈가계도〉

黃瑗
別提

黃大受
注書

玄風郭氏
郭懷英의 女

8 황신의 일대기는 박우훈의 〈추포 황신의 삶과 문학〉에 나오는 내용을 바탕으로 부분적 첨삭을 가한 것이다. 박우훈, 앞의 논문, 361~362쪽.

黃愼

‖

全州李氏
原川君 李徽의 女

女

‖

沈光世
議政府舍人

黃一皓 系
義州府尹

‖

安重默의 女

‖

李彦慶의 女

‖

李光後의 女

側室

女

女

黃惕

黃一皓 出

황신은 황형이 만년을 보낸 강화도에서 병조 정랑 황대수(黃大受, 1534~1571)의 장남으로 태어났다. 10세에 아버지를 여의었고, 우계(牛溪) 성혼(成渾)의 문하에서 수학하다가 27세에 알성문과(謁聖文科)에 장원하였다. 의영고 주부(義盈庫主簿)를 시작으로 사헌부 감찰, 음죽 현감 등을 지냈다. 1593년 봄, 명나라의 경략(經略) 송응창(宋應昌)이 함께 강론할 선비를 청하자 월사(月沙) 이정귀(李廷龜), 어우(於于) 유몽인(柳夢寅)과 함께 송응창의 막하에서 반년을 지냈다. 1595년에 명나라 심유경(沈惟敬)을 따라 웅천(熊川)의 왜영을 다녀왔다. 1596년에 다시 부산 왜영을 다녀온 후 곧바로 우리 측 통신사의 정사(正使)가 되어 강화교섭차 일본에 가는 명의 사신과 동행하였다. 이 시기에 보여준 충절과 능력을 후인들은 높이 평가했다. 1597년 1월에는 위유사(慰諭使)로 남쪽에 내려갔었고, 7월에 전라도 관찰사에 제수되었다. 1602년 사은사로, 1608년에는 진주 부사(陳奏副使)로 명나라를 다녀왔다. 1613년(광해군5) 여름, 박응서(朴應犀)의 옥사가 일어나자 이이첨(李爾瞻, 1560~1623)의 사주를 받은 정협(鄭浹)의 무고로 이정귀, 김상용(金尙容) 등과 함께 체포되었다가 풀려났으나 양사(兩司)가 엄벌에 처할 것을 주장하여 황해도 옹진(甕津)으로 유배되었다가 1617년 배소에서 죽었다.

27세에 벼슬길로 접어들어 56세에 별세하기까지 황신의 굴곡진 삶을 상징하는 단어를 꼽으라면 단연 충절(忠節), 정사(政事), 문장(文章)일 것이다. 사환(仕宦) 초기 임진왜란이 발발했을 때 지은 것으로 보이는 〈자라산 풀숲에서 읊다〔紫蘿山草間有吟〕〉를 보자.

흐르는 물과 함께 오열하고	嗚咽同流水
지는 해와 같이 처량한 신세	凄涼共落暉
막다른 길에서 북녘 바라보며	窮途還北望
눈물로 초나라 신하의 옷깃 적시네	淚濕楚臣衣

초나라 신하는 전국 시대 초(楚)나라 충신 굴원(屈原)을 가리키는데 여기서는 자신에 빗댄 말이다. 간신의 모함으로 조정에서 쫓겨나서도 나라를 걱정하는 충분(忠憤)을 〈이소경(離騷經)〉에 담았던 굴원처럼, 저자도 1591년에 권신 홍여순(洪汝諄)이 선비들을 일망타진할 때 삭직 당했다가[9] 왜란이 일어나자 울분을 토로하는 처지가 비슷하다고 여겨 자신을 굴원에 비긴 것이라 생각된다. 임진왜란 초기 경상도 수령 67인 가운데 25인(37.3%)이 임지를 버리고 도망쳤고,[10] 20여 일 만에 수도 한성이 함락되었다. 관군의 무능력과 백성이 도륙되는 처참한 현실을 목도하고 임금이 파천한 북녘을 바라보면서 피를 토하는 심정을 5언 절구로 압축한 것이다. 비슷한 시기에 지은 〈장인어른 정양당의 시에 차운하다〔次岳君靜養堂韻〕〉, 〈비 오는 밤〔夜雨〕〉, 〈객사에서 회포를 적다〔旅舍書懷〕〉, 〈해 질 녘 동산에 올라〔夕登東山〕〉, 〈피난 시 영평현 유동의 이광 집에 머물며 정양의 시에 차운하다〔避亂寓永平柳洞李光家次靜養韻〕〉, 〈자라산 풀숲에서 읊다〔紫蘿山草間有吟〕〉, 〈정양이 자라산에서 슬픔을 토로한 시에 차운하다

9 申欽, 《象村稿》 卷26, 〈秋浦黃公神道碑銘〉.

10 정해은, 〈임진왜란 초기 경상도 수령의 동향과 의병 지원 활동〉, 《조선시대사학보》 70권, 조선시대사학회, 2014, 133쪽.

〔次靜養紫蘿山敍悲韻〕〉, 〈마음을 달래며〔遣懷〕〉, 〈우계 선생에게 올리는 편지〔上牛溪先生書〕〉 등의 작품도 이와 동일한 심사를 다른 언어로 표현했을 뿐이다. 개탄을 넘어 하루 빨리 근왕(勤王)하여 국난 회복에 일조하겠다는 의지를 담은 것도 공통점이다.

> 신은 어려서 부친을 잃고 모친과 살았는데 하나 있던 동생마저 또 다시 요절하자 외롭고 쓸쓸한 가운데 의지할 데 없는 두 모자는 서로를 목숨처럼 의지하며 하루도 떨어지지 않았습니다.
>
> 중간에 외람되이 관직을 받고 조정에 출사하였으나, 뒤이어 변고를 만나 시련 속에 여기저기 떠돌아다녔고, 국가가 바야흐로 위급해지자 모친을 봉양할 겨를이 없게 되었습니다. 신은 본디 독자인 데다 대를 이를 자식도 없었기에 모친이 노쇠하여 병치레가 잦았지만 곁에서 돌 볼 사람이 없었고, 집은 또 가난하여 숙수(菽水)조차 부족한 형편이었습니다. 그리하여 모친이 굶어도 신은 듣지 못하고 모친이 추위에 떨어도 신은 알지 못한 채 멀리 떨어져 거듭 모친께 염려를 끼쳐 드렸습니다.
>
> 지난날 신이 왕명을 받고 왜영(倭營)에서 2년간 머물렀습니다. 그곳에서 특별히 고생한 건 아니지만, 외부에서 다들 제가 반드시 죽을 거라고 수군거렸기 때문에 모친은 마음을 졸이다 병을 얻게 되었고 점점 고질이 되어 지금은 정신병에 걸린 사람이 되었습니다. 밤새도록 잠을 못 이루거나 온종일 식사를 하지 않으면서 슬픔과 걱정으로 하루를 보내고 넋 나간 사람처럼 행동하기도 합니다. 옆에 있는 사람도 차마 볼 수 없을 지경이니 모자간 애타는 심정이야 어찌 끝이 있겠습니까.

신이 서른 이후 오랫동안 도로 위를 왕래하다 보니, 일 년 동안 모친과 서로 마주한 시간은 겨우 한두 달 정도이고 모친의 슬하에 머문 것도 길어야 5, 6일에 불과했습니다. 작년 가을, 신이 본직(本職 전라 감사)에 제수되었을 때 마침 노모가 병으로 고생하던 터라 제가 곁을 지키고 있었는데, 모친이 왜적이 본도(本道 전라도)에 박도했다는 말을 듣고 더욱 걱정하면서 놓아주지 않았습니다. 이미 소명(召命)을 받든 몸이기에 감히 오랫동안 지체할 수 없어 다음날 집을 나서며 말도 없이 곧장 가버렸으니, 신의 처지가 이렇듯 딱한 상황입니다.

이는 1598년(선조31)에 올린 〈전라 감사 재임 시 모친 봉양을 청하는 상소〔爲全羅監司時乞養大夫人疏〕〉이다. 정유재란이 1597년 8월에 일어났는데 황신은 이해 7월 25일에 전라 감사에 제수되었다. 더구나 왜적이 전라도부터 침공한다는 소문이 파다했던 상황에서 어떤 모친이 아들을 사지로 보낼 수 있겠는가. 놓아주지 않은 건 당연한 일인데 다음날 병든 노모를 뒤로하고 말없이 떠났으니 '국가를 위한 헌신'이라는 말 말고는 달리 표현할 말이 없다.

이러한 그의 정신은 사환기(仕宦期)에 일관되게 행동으로 옮겨졌고 사생이 오가는 위급한 상황에서 더욱 빛을 발했다. 통신사가 되어 일본에 들어가니 풍신수길(豐臣秀吉)이 사신을 죽이겠다고 위협하였으나 의연히 자신의 직무를 수행하여 왜인들로부터 포은(圃隱) 정몽주(鄭夢周)와 같다는 찬사를 받았고, 광해군 때 이이첨(李爾瞻) 등이 계축옥사를 일으킨 뒤 갖은 겁박과 회유를 하였으나 끝내 굴종하지 않음으로써 개인의 지조를 넘어 신하의 도리를 다하였다. 1601년, 대사헌으로 재직할 때 선조(宣祖)가 최영경(崔永慶) 옥사의 책임을 당시 위관(委官)이었던 정철(鄭澈)에게 전가하는 것을 보고 "정철은 반드시 성상의 뜻을 여쭈었고 자신이 마음대로 결정한 일은 하나도 없었습니다."[11]라고 직언한 것과, 1610년(광해군2)에 각사(各司)의 하인이나 방납(防納)하는 사주인(私主人)이 재상이나 궁금(宮禁)과 결탁한 것을 임금이 재가했다며 어전에서 꼬집은 것[12]은 '제후에게 간쟁하는 신하 다섯 사람이 있으면 아무리 무도해도 그 나라를 잃지 않는다'[13]는 말을 상기시킨다. 호조 판서로 5년을 봉직하는 동안 사첩(私帖)에 한 번도 서명하지 않았으며,[14] 그가 유배지에서 별세하자 평소 그를 공격하던 자들도 "황공(黃公)은 강직한데 우리가 그를 논핵하였으니 후일 사림에서 비난을 받을 것이다."라고 하였다.[15] 멸사봉공의 자취가 사람들에게 감동을 주었고 그를 공격하던 자들까지도 이를 인정하고 진솔하게 탄식한 것이다. 이상을 정리하면 신하된 자의 충절이 다양하게 표출된 것이라 하겠다.

정사(政事)의 재능에 관해서 신흠(申欽)은 "사옹(沙翁 이항복(李恒福))은 인걸로 풍류가 진(晉)나라 사람과 매우 비슷하니 사안석(謝安石)의 무리이고, 충절과 정사의 재주는 추포보다 뛰어난 이가 없다. 내가 교유하는 벗들 가운데 오직 이 두 분의 풍치는 다른 사람이 미칠

11 《昌原黃氏秋浦家乘》, 譜典出版社, 138~139쪽.

12 《秋浦集》 卷2, 〈庚戌登對第二〉.

13 《孝經》 卷7, 〈諫諍章〉.

14 《秋浦集》 卷2, 〈付兒及諸孫書〉.

15 《月沙集》 卷51, 〈秋浦黃公行狀〉.

수 없다.……추포가 생존했다면 나보다 먼저 정승이 되었고 베푸는 정사도 분명 볼만했을 것이다."[16] 하였고, 또 호조 판서로서의 역량을 논하면서 "상〔광해군〕이 즉위한 지 얼마 안 되어 여러 가지 길흉사(吉凶事)의 의절로 인하여 경상비가 평소보다 몇 갑절이나 소요되었다. 그래서 잇따른 중국 사신에 대한 빈접(擯接)의 예가 많았는바, 그 경비를 모두 호조에 의지하여 마련하였고, 각국(各局)의 비용과 팔도(八道)의 세금 미납으로 인해, 예전대로 인습하거나 개혁하는 일이 많았다. 그런데 공이 이리저리 요량하고 주선하여 신축성 있게 형편에 따라 일을 처리하되, 법칙으로 제재하고 치우침이 없이 중도에 맞게 하였다. 그러다가 간혹 상례(常例)에 어그러진 일이 있을 때는, 내가 그 사실을 들은 즉시 매양 공에게 부탁하여 상께 품달하도록 하였는데, 그때마다 공은 내가 말하기 전에 벌써 품달했다. 그래서 나는 항상 공을 따를 수 없음을 감탄하였다. 공이 호조를 맡은 지 5년 동안에 도성 백성들과 소속 관리들이 모두 공의 정사에 감복하여, 근래의 가장 훌륭한 호조 판서를 꼽을 때는 반드시 공을 들었다."[17] 하였다. 《광해군일기》에 실린 황신의 졸기(卒記)에는 "그 뒤 8년 뒤에 다시 호조 판서로 서용되었다. 그 당시에 조사(詔使)가 자주 나와 경비가 날로 불어났는데, 황신은 6년 동안 자리에 있으면서 치재(治財)를 잘하였고, 또 균전사(均田使)를 내보내어 토지구획을 잘하는 등 시행한 일이 많았다."라고 하여,[18] 정무적 역량을 높이 인정하였다.

16 《息庵先生遺稿》 卷8, 〈黃秋浦先生集序〉.

17 《국역 상촌선생집》 제30권, 〈추포 황공에 대한 애사〔秋浦黃公哀辭〕〉.

18 《光海君日記》 9年 3月 14日.

아무리 행정 능력이 뛰어나더라도 그 사람의 이념이 관건이다. 그 사람이 지향하는 바에 따라 능력도 영향을 받기 때문이다. 그렇다면 비교적 오랫동안, 그리고 책임 있는 지위에 있었던 호조 판서 시절을 특정해서 되짚어 보자. 황신이 1608년에 호조 판서가 되어 추구한 이념은 전란으로 망가진 국가재정의 회복이었다. 국가를 위한 행보 앞에 왕실을 위시한 그 어떤 특권 세력도 용인하지 않았고, 경장(更張)의 기치는 드높았다. 이것이 구체적으로 나타난 것이 '경기 대동법' 추진이었다. 경기 대동법은 방납 세력의 강한 반대와 광해군의 정책에 대한 몰이해, 그리고 선혜청 도제조 이원익이 건강상의 이유로 조정에 나오지 않는 등의 어려움 속에서, 호조 판서 황신은 선혜청의 실질적인 책임을 지고 대동법 폐지 책동에 맞서며 지향점을 향해 꿋꿋이 추진해 나갔다.

1611년 8월에 이에 대한 비전을 〈호조에서 의견을 올리는 계사〔地部獻言啓〕〉에서 제시하여, ①양전(量田)을 개혁해 부역(賦役)을 균등히 할 것 ②공안(貢案)을 개정해 국가 재정을 여유롭게 할 것 ③쌀〔米〕이나 포(布)로 내게 해서 방납의 폐단을 없앨 것 ④어염(魚鹽 어장과 염전)을 거두어들여 사사로이 점유하는 폐단을 제거할 것 ⑤부비(浮費 경상비용)를 줄일 것 ⑥담당 관원을 오래 임용해 성과가 나올 수 있도록 격려할 것을 내세웠다. 경기도민이 원하고 개혁적 목소리를 내는 신하들의 지원이 있었지만 대동세(大同稅)를 걷기 위해서는 왕실의 경제적 기반인 내수사(內需司) 노비의 복호(復戶 세금 면제 혜택) 개혁, 궁가 불법 절수지(折受地)나 허위 사패지(賜牌地) 환수 등 왕실의 경제적 특권을 건드리는 부분이 많았기에 광해군이 주저하였고, 얼마 뒤 계축옥사가 일어나 황신의 정치 인생은 막을 내렸다.[19] 대동법이 좌초되는 순간이었다. 하지만 훗날 조선 시대 최고의 개혁으로 평가받는 대동법의 필요성을 명확히 인지하고 구체적인 대안을 제시했던 유능한 관료라는 점에 대해서는 이의를 제기하기 어렵다.

세 번째로 문장(文章)을 이야기해야 한다. 1601년(선조34)에 대제학의 물망에 윤근수(尹根壽)·이호민(李好閔)유근(柳根)·이정귀(李廷龜)·오억령(吳億齡)·신흠(申欽)·황신[20] 등 일곱 사람이 올랐는데, 황신과 함께 천거된 나머지 여섯 사람은 그야말로 목릉문단(穆陵文壇)을 상징하는 대문호임을 감안하면 황신의 문학적 위상이 어느 정도였는지 대략 가늠할 수 있다. 황신은 특히 변려문에 뛰어났다. 변려문 가운데 그의 수작으로 일컬어지는 〈바다에 맹세하는 글〔誓海文〕〉은 다음과 같다.

> 만력(萬曆) 24년(1596, 선조29) 8월 25일 경신(庚申)에 조선 통신사 황모(黃某 황신(黃愼))는 감히 동해(東海)의 신께 고합니다.
>
> 승냥이와 범이 우글대는 속에서 2년 동안 접반사가 되었는데, 8월에 또 교룡이 사는 바다에서 사신의 배를 탔습니다. 목숨 바치는 것도 달게 여기오니 머리 숙여 스스로 맹세합니다.
>
> 삼가 생각건대, 제가 위태롭고 혼란한 시대를 만나 조국을 위해 동분서주하며 험난한 역경을 두루 맛보았습니다만, 조국과 오랑캐 땅에서 임무를 완수할 수 있겠나이까? 일편단심은 변함없을 것이니

19 오항녕, 〈황신과 이충 : 백성을 본자, 임금을 본 자〉, 《인물과사상》 제230호, 인물과사상사, 2017, 95~102쪽.

20 《宣祖實錄》 34年 10月 16日.

하늘에 질정해도 부끄럽지 않습니다. 4천 리 사행 길에 어찌 추호라도 노고를 마다하겠습니까. 30년 공부가 바로 지금 힘을 발휘해야 할 때입니다. 진실로 나랏일을 견고히 하는 것은 또한 신의 당연한 직분이기에 곧장 순풍에 돛을 걸고 저 멀리 일본으로 향합니다. 사직을 안정시키고 나라를 이롭게 할 수만 있다면 죽음도 사양하지 않을 것이요, 왕명을 욕되이 하고 지조를 잃는다면 살아도 무슨 보탬이 있겠습니까. 바라건대 신령하고 성스러운 신께서는 저의 정성을 굽어 살피소서. 이 말에 거짓이 없음은 하늘이 아시는 바이니, 혹여 조금이라도 태만한 생각을 품는다면 신께서 저를 죽이소서.

이 글은 1596년 8월 4일 일본을 향하여 부산을 떠난 사신 일행이 25일에 대마도와 일기도(一岐島) 사이를 지날 때 풍랑을 만나 지은 것이다.[21] 창졸간에 지은 것임에도 변려문의 원칙을 지키고 내용까지 충실하여, 호곡(壺谷) 남용익(南龍翼, 1628~1692)과 지봉(芝峰) 이수광(李睟光, 1563~1628)이 "대단히 정밀하고 적절하다" "말이 매우 정밀하고 정교하다"라고 각각 평가했다.[22]

변려문에 대한 남다른 성취는 사실 어린 나이에 이루어져서, 그가 18세에 지은 〈사신을 보내 거처를 그리게 한 것에 대해 송나라 처사 위야가 사례하다〔宋處士魏野謝遣使畵所居〕〉는 글이 이미 인구에 회자되었다.[23] 이러한 문학적 성취를 바탕으로 당시의 표(表)·전(箋)·교

21 《日本往還日記》 8月 25日.

22 南龍翼, 《壺谷漫筆》 3, 〈儷評〉; 李睟光, 《芝峯類說》 卷7, 문장부 1, 〈東文〉 참조; 박우훈, 앞의 논문, 372~377쪽.

서(敎書)·책문(冊文)과 같은 글의 상당수가 그의 손에서 나오게 되었는데,[24] 특이한 점은 《동문선(東文選)》에 있는 구절을 인용하거나 전용한 흔적이 군데군데 보인다는 것이다.[25] 이는 과문(科文)을 익히던 시절에 《동문선》을 공부한 것으로, 우리 민족의 문학적 가치를 높이 인정하고 받아들인 결과라 할 것이다.

23 《疎齋集》 卷12, 〈漫錄〉; 《昌原黃氏秋浦家乘》, 譜典出版社, 141쪽.

24 《月沙集》 卷51, 〈秋浦黃公行狀〉.

25 대표적인 예를 들면, 〈秋風亭上樑文〉의 "江村八九屋, 夢裏華胥舊途, 尼岳兩三峯, 海外蓬萊仙闕, 似非稻粱食者可到, 眞是雲煙中人可居"는 《東文選》 卷31 〈八關會仙郎賀表〉의 "弇西台北, 夢裏華胥道途, 叢石鳴沙, 海上蓬萊宮闕, 似非稻粱食者, 眞是雲煙中人"에서, 〈宋處士魏野謝遣使畵所居〉의 "三薰三沐, 祝千載爲春之齡, 一壑一丘, 矢百年終老之計"는 《東文選》 卷42 〈乞退箋〉의 "三薰三浴, 拜孔光歸第之恩, 一壑一丘, 償弘景掛冠之志"에서, 〈宋宰相賀得神童楊億〉의 "國以人興, 允屬千一之盛際, 才爲世出"은 《東文選》 卷43 〈讓監試試員表〉의 "竊以國以賢興, 才爲世出"에서, 〈宋洪皓進太后手札〉의 "遙知隻影之庚庚, 遠訴哀情之乙乙"은 《東文選》 卷46 〈上座主金相國謝衣鉢啓〉의 "哀情乙乙, 隻影庚庚"에서 영향을 받은 것이다.

서문 序

옛날 나의 외증조부 상촌(象村) 신 문정공(申文貞公)[1]이 일찍이 백사(白沙)[2]·추포(秋浦) 두 선생을 논하기를 "사옹(沙翁)은 인걸로 풍류가 진(晉)나라 사람과 매우 비슷하니 사안석(謝安石)[3]의 무리이고, 충절과 정사의 재주는 추포보다 뛰어난 이가 없다. 내가 교유하는 벗들 가운데 오직 이 두 분의 풍치는 다른 사람이 미칠 수 없다."라고 하셨고, 정승이 된 뒤에 또 매번 말씀하기를 "추포가 생존했다면 나보다 먼저 정승이 되었고, 베푸는 정사도 분명 볼만했을 것이다." 하셨다.

선조(宣祖)께서 재위하던 날에 재주 있는 선비가 모두 모여들었고,

1 나의……신 문정공(申文貞公) : '상촌'은 신흠(申欽)의 호이고, '문정'은 그의 시호이다. 이 글을 지은 김석주(金錫胄, 1634～1684)의 어머니는 신흠의 손녀였으므로 '외증조부'라고 칭한 것이다. 김석주의 본관은 청풍(淸風), 자는 사백(斯百), 호는 식암(息庵)으로, 영의정 김육(金堉)의 손자이고, 병조 판서 김좌명(金佐明)의 아들이다. 1662년 증광 문과에 장원하였고, 우의정 등을 역임했다. 《瑞石集 卷16 右議政淸城府院君金公墓誌銘》

2 백사(白沙) : 이항복(李恒福, 1556～1618)의 호로, 본관은 경주(慶州), 자는 자상(子常)이다. 1580년(선조13) 알성 문과에 병과로 급제한 뒤, 여러 요직을 거쳐 영의정에 올랐다.

3 사안석(謝安石) : 진(晉)나라 사안(謝安)의 자(字)가 안석(安石)이다. 그는 풍도(風度)가 아름답고 풍류를 즐겼다.

인조반정(仁祖反正)[4] 초기에는 산림에서 늙고 덕망이 있거나 백발의 뛰어난 선비들까지 조정에 나오지 않은 자가 없었는데도, 문정공이 당시의 인물을 일일이 헤아린 뒤 곽태(郭泰)가 숙도(叔度)를 떠올리듯[5] 개연히 그리워한 사람은 유독 선생 한 분이었다. 아, 문정공이 선생의 충정과 의리를 사모하고 탄식하면서 오래도록 그리워한 것은 진실로 교유하는 벗들 사이에 한때 좋아하던 마음에서 나온 게 아니었으니, 내가 이 말씀을 외운 지 오래이다.

돌아보건대 내가 너무 늦게 태어난지라 선생이 별세한 지 30여 년이 지나서야 가첩(家牒)과 야승(野乘)에서 선생이 살아온 자취를 얻게 되었다. 선생이 일본으로 사신 가던, 중국 사신이 도망치고 풍신수길(豐臣秀吉)이 죽지 않았던 당시,[6] 권신(權臣)이 두 번 세 번 사신을 교체해 가며 기어이 선생에게 그 임무를 맡긴 것은 다름 아닌 노기(盧

4 인조반정(仁祖反正) : 1623년에 이서(李曙), 이귀(李貴), 김류(金瑬) 등 서인(西人) 세력이 정변을 일으켜 광해군을 왕위에서 몰아내고 능양군(綾陽君) 이종(李倧)을 왕으로 옹립한 사건을 가리킨다.

5 곽태(郭泰)가 숙도(叔度)를 떠올리듯 : 숙도는 황헌(黃憲)의 자(字)로, 곽태와 황헌은 모두 후한(後漢) 말기 사람이다. 곽태가 원굉(袁閎)을 방문할 때에는 수레를 멈추지도 않고 말방울 소리가 그치지도 않을 만큼 잠깐만 들렀는데, 황헌을 방문해서는 하루를 다 보내고 다음 날까지 머무르자, 사람들이 그 이유를 물었다. 이에 곽태는 "황헌의 기국은 넓디넓은 천 이랑 물결과 같아서, 이를 맑게 하려 해도 깨끗해지지 않고 흔들어도 흐려지지 않는다."라고 하였다. 《後漢書 卷83 黃憲列傳》

6 중국……당시 : '중국 사신'은 이종성(李宗城)을 가리킨다. 1594년 12월, 석성(石星)의 추천으로 도독 첨사(都督僉事)에 제수되어 일본 국왕을 책봉하는 정사(正使)로 뽑혔다. 이듬해 부산(釜山)에 이르렀으나, 왜군이 점차 불어나고 사신을 수시로 겁박하자 왜군이 재침(再侵)하는 것으로 오해하고 도망쳐 돌아갔다. 풍신수길은 1598년 8월 18일에 병사(病死)하였다.

杞)가 희열(希烈)에게 기필코 노공(魯公)을 보냈던[7] 낡은 수법이었고, 인목대비(仁穆大妃)를 서궁(西宮)에 유폐하려고 하면서 적신(賊臣)이 화를 빚어 사형수를 유인해 한 시대 명사들을 제거할 때에도 선생을 먼저 배척해서 가두고 내쫓다가 별세한 뒤에 중지한 것[8]을 보고는 또다시 매양 탄식하였다.

선생이 세상을 떠난 뒤로 시사(時事)가 날로 변하고 법도가 무너져서 상서롭지 못한 징조가 아울러 일어나고 부엉이가 춤추고 날며 살무사가 사람을 잡아먹고 용과 호랑이가 사라졌다. 이는 옛사람도 탄식한 것이니, 우리 문정공이 공을 알고 존중하여 세월이 오래 흘러도 잊지 못한 것이 어찌 교유하는 벗들 사이에 한때 좋아하던 사적인 감정에 이끌린 것이겠는가.

선생은 일찍 부친을 여의었다.[9] 조금 자라서 우계(牛溪) 성 선생(成

7 노기(盧杞)가……보냈던 : 노기는 당(唐)나라 간신(奸臣)이고, 노공은 당나라 충신 안진경(顔眞卿)의 봉호이다. 당 덕종(唐德宗) 때 이희열(李希烈)이 반기를 들자 노기가 안진경을 제거할 목적으로 덕종에게 그를 보내 적을 회유해야 한다고 말하여 안진경이 가게 되었는데, 이희열의 회유를 듣지 않고 역적이라고 꾸짖다가 목이 졸려 죽었다. 《舊唐書 卷128 顔眞卿列傳》

8 인목대비(仁穆大妃)를……것 : 서얼 차별에 불만을 품은 명문가의 서자인 박응서(朴應犀) 등이 1613년 문경새재에서 은상(銀商)을 살해하고 재물을 강탈한 죄로 체포되었는데, 이이첨(李爾瞻) 등이 죄인들을 꾀어 영창대군(永昌大君) 옹립을 위한 거사 자금을 마련하기 위해 일으킨 역모라고 허위로 자백하게 하였다. 이로 인해 계축옥사가 일어나 인목대비의 폐위를 주장하는 논의가 일어났고, 황신은 옹진(甕津)에 유배되어 1617년에 타계하였다.

9 선생은……여의었다 : 선생의 부친은 황대수(黃大受, 1534~1571)로, 1571년에 영남(嶺南)에 기근이 들자 경차관(敬差官)으로 선발되어 가던 중 이 해 5월에 성주(星州)에서 객사하였는데 당시 황신은 10살이었다. 《梧陰遺稿 卷3 朝奉大夫工曹正郎黃公墓碣

先生 성혼(成渾))의 문하에 나아가 수업을 받으며[10] 위기지학(爲己之學)에 전념하였고, 문장은 숙성하여 명백하고 유창하며 순수하고 아름다웠는데 특히 변려문에 뛰어났다. 과거 급제 후 얼마 되지 않아 갑자기 왜란을 만나 전장을 누비던 즈음 송 경략(宋經略) 응창(應昌)의 군중에서 이월사(李月沙), 유어우(柳於于) 등 여러 사람과 주고받은 시[11]는 작품 수준이 비슷해서 우열을 가릴 수 없으니, 선생이 여사(餘事)에서 얻은 바를 알 수 있다.[12]

돌아보건대 선생은 글짓기를 좋아하지 않았다. 지은 것이 있어도 번번이 버리고 남겨 두지 않았는데 그 뒤 아드님 지소공(芝所公)이 모아 놓은 글이 또 병자호란에 소실되었다. 이런 탓에 집안에 보관된 원고가 없었다. 선생의 손자 참의공(參議公)[13]이 현재 이조 참판으로 있는 이공 선(李公選)[14]과 함께 수습하여 오언·칠언시 및 소차(疏箚),

銘》

10 조금……받으며 : 황신은 22세 되던 1583년에 우계 성혼(成渾)의 문하에 나아가 배우기 시작했다. 《秋浦年譜 卷1 萬曆 11年 癸未條》

11 송 경략(宋經略)……시 : 황신과 이정귀(李廷龜, 1564~1635), 유몽인(柳夢寅, 1559~1623)이 1593년에 경략 송응창의 막하에 가서 《대학》을 강론하였는데 이때 주고받은 시를 가리킨다. '월사'는 이정귀의 호이고, '어우'는 유몽인의 호이다.

12 여사(餘事)에서……있다 : 문장을 짓는 솜씨가 훌륭하다는 말이다. 여사는 여가에 하는 일로, 여기서는 시문 짓는 것을 가리킨다.

13 참의공(參議公) : 황윤(黃玧, 1623~1688)으로, 본관은 창원(昌原), 자는 집중(執中), 황일호(黃一皓)의 장남이다. 1680년 춘당대문과에서 병과로 급제하였고, 1684년 7월에 공조 참의에 제수되었다. 《承政院日記 肅宗 10年 7月 24日》

14 현재……이공 선(李公選) : 이선(1632~1692)의 본관은 전주(全州), 자는 택지(擇之), 호는 지호(芝湖)로, 황일호의 사위이다. 1684년 5월 2일에 이조 참판에 제수되었다. 《국역 숙종실록 10년 5월 2일》

서독(書牘)의 글을 모아 2권을 만들고, 지소공이 지은 시(詩), 서(序), 기(記) 약간을 그 아래에 붙여서, 선생의 외증손 전라도 관찰사 이사명(李師命)[15]에게 신속히 보내 판각하였다. 판각을 마친 뒤 참의공이 내게 문집 서문을 부탁하면서, 흩어져 없어진 글이 많아 문집 양이 매우 적다고 한스러워했다.

나는 후생 만학(後生晩學)으로 다행히 세의에 힘입어 선생을 경애하는 마음이 깊었기에, 지금 이 일을 통해 문집 속에 이름을 올리는 일은 그야말로 범 문정(范文正) 유고에 서문을 쓴 소씨(蘇氏)의 오랜 바람이니,[16] 비록 보잘것없는 문장이지만 진실로 사양할 수 없는 점이 있다.

예로부터 문장이 후세에 전하는 것은 작품 수에 달려 있지 않다고 들었다. '진실로 많기 때문이 아니라 또한 다만 특이하기 때문이다'[17]라고 한 시인의 말이 어찌 틀린 것이겠는가. 백사 상공(相公)의 유문 수십 백편이 선생의 문집보다 50여 년 전에 먼저 간행되었는데,[18] 내가

15 선생의 외증손……이사명(李師命) : 이사명의 본관은 전주(全州), 자는 백길(伯吉), 호는 포암(蒲菴)으로, 부친 이민적(李敏迪)은 황일호의 사위이다. 이사명은 1682년 8월 6일에 전라도 관찰사에 제수되고 1684년 7월 23일에 잉임(仍任)되었다. 《국역 숙종실록 8년 8월 6일, 10년 7월 23일》

16 범 문정(范文正)……바람이니 : 소씨는 북송(北宋)의 소식(蘇軾)이고, 범 문정은 범중엄(范仲淹)을 가리킨다. 소식이 범중엄의 문집 서문에 "공의 문집에 내 이름을 얻음으로써 스스로 공의 문하의 선비의 말석에 들어갈 수 있다면 이 어찌 나의 오랜 숙원이 아니겠는가."라고 적었다. 《東坡全集 卷34》

17 진실로…… 때문이다 : 《시경》 〈아행기야(我行其野)〉에 나오는 말로, 여기에서 '많다'는 것은 재산이 많음을 뜻하는데, 위의 글에서는 기록이 많음을 뜻한 것이다.

18 백사……간행되었는데 : 《백사집》은 1629년 강릉에서 처음 간행된 이후로 여러 차례 출간되었다.

그 문장을 읽으면서 작품 하나하나에 기이한 기운이 있고 한마디 말도 앞 시대 사람의 자취를 답습하지 않은 것을 보고 탄복하였다. 그러나 사옹(沙翁)의 정충대절(精忠大節)은 무오년(1618, 광해군10)에 지은 〈수의(收議)〉[19] 한 편에 모두 들어 있으니 기타 이른바 수십 백편의 글이 설령 전하지 않더라도 괜찮을 것이다.

지금 살펴보건대 선생의 이 문집 속에 수록된 병신년에 지은 〈서해문(誓海文)〉[20]은, 바로 귀신에게 질정하고 천지간에 증명할 수 있는 선생의 의롭고 굳센 정신을 느낄 수 있는 글로, 천고에 전하여 사라지지 않을 작품이다. 그러니 문집 양이 적긴 하지만 굳이 한스러워할 필요는 없을 것이다.

숭정(崇禎) 갑자년(1684, 숙종10) 맹추(孟秋) 하순에 청풍(淸風) 후학 김석주(金錫胄)는 삼가 서문을 짓다.

19 사옹(沙翁)의……수의(收議) : '사옹'은 이항복을 지칭한 것이고, 무오년은 1618년이다. '수의'는 《백사별집(白沙別集)》 권3에 수록되어 있는 〈정사년 10월에 대비를 폐하자는 데에 대한 의〔丁巳十月廢大妃議〕〉를 가리킨 것이니, 무오년은 정사년(1617)이 되어야 한다. 이 글은 순 임금이 그의 완악한 아버지를 섬겼던 도리와 자사(子思)의 아내가 자상(子常)의 어머니가 된다는 논리를 언급하면서 광해군이 인목대비를 폐위하려는 것에 반대한 것이다.

20 병신년에 지은 서해문(誓海文) : 대본에는 정유년(1597)으로 되어 있는데, 《추포집》 권2에 수록되어 있는 〈서해문〉에는 '維萬曆二十四年八月二十五日庚申'이라고 명시되어 있고, 일본으로 사신을 간 것도 실록 등을 보면 병신년이 분명하므로 바로잡아 번역하였다.

추포집

제1권

시(詩)

소차(疏箚)

계사(啓辭)

자라산 풀숲에서 읊다
紫蘿山草間有吟

흐르는 물과 함께 오열하고	嗚咽同流水
지는 해와 같이 처량한 신세	凄涼共落暉
막다른 길에서 북녘 바라보며	窮途還北望
눈물로 초나라 신하[1]의 옷깃 적시네	淚濕楚臣衣

1 초(楚)나라 신하 : 본래 전국 시대 초나라의 충신 굴원(屈原)을 말하지만, 여기서는 황신 자신을 가리킨다.

장인어른 정양당의 시에 차운하다

次岳君靜養堂韻

외로운 신하의 눈물 마르지 않아	不盡孤臣淚
오늘 밤 마음을 가눌 수 없네	難爲此夜情
시름 속에 홀로 서 있자니	愁來還獨立
저물녘 여울 소리 구슬프구나	悽咽暮灘聲

산중에서 회포를 적다

山中書懷

근심 걱정에 나그네 꿈 끊어지고	耿耿客夢斷
집으로 돌아갈 계획 아득도 해라	悠悠歸計迷
쓰르라미는 본디 아무 뜻 없으련만	寒螿本無意
무슨 일로 창가에서 울어 대는지	何事近窓啼

신해국의 집에 머물며 달밤에 우연히 짓다

寓辛亥國家 月夜偶成

고요한 밤 의상은 차갑고	靜夜衣裳冷
사방 벽 벌레 소리 애달프네	蟲聲四壁哀
시름겨워 절로 잠 못 들다가	愁人自無寐
달을 보며 다시 배회한다오	見月更徘徊

비 오는 밤

夜雨

군왕이 만 리 먼 곳에 계시니	萬里君王駕
깊은 밤 밀려오는 나그네 회포	三更客子懷
외로이 누워 잠들지 못하는데	未成孤枕夢
차가운 비 빈 섬돌에 떨어지네	寒雨滴空階

우계 선생이 보여 준 시[2]에 공경히 차운하다
敬次牛溪先生下示韻

이십 년간 이 몸 그르쳤으니	二十年來誤此身
반평생 얼마나 시간 허비했나	半生虛度幾昏晨
오늘 밤 벌레 소리에 많이 느끼고	今宵蟲語偏多感
가르침 남겨 사람을 일깨우시네	爲有遺箴解起人

2 우계(牛溪)……시(詩) : '우계 선생'은 성혼(成渾, 1535~1598)으로, 본관은 창녕(昌寧), 자는 호원(浩源), 시호는 문간(文簡)이다. 이 시는 1587년 8월에 성혼이 자신의 제자인 오윤겸(吳允謙)과 황신에게 지어 보인 것으로, 모두 2편이다. 《국역 우계집 제1권 오윤겸(吳允謙)과 황신(黃愼) 두 문생에게 써 보여 주다》

초막을 대신하여 답하여 이별하다

代草幕答別

귀전[3]을 약속하고 어찌 돌아가지 않으랴만	有約歸田胡不歸
지금 피난 가는 조정은 누구를 의지할까	今朝播越果誰依
정녕 관인에게 말하노니	丁寧爲向官人說
이번에 떠나 자취 감춰도 늦지 않으리	此去藏踪亦未遲

3 귀전(歸田) : 벼슬을 버리고 고향으로 돌아가는 것을 말한다.

객사에서 회포를 적다

旅舍書懷

망향대 위 해는 막 넘어가고	望鄕臺上日初沈
깊은 도로에 창과 방패만 보이네	滿目干戈道路深
누가 알까 초나라 쫓겨난 신하[4] 살아 있어	誰知楚國羈臣在
서풍 향해 좋은 소식 부치려 하는 것을	欲向西風寄好音

4 초(楚)나라 쫓겨난 신하 : 초나라 충신 굴원(屈原)을 가리킨다. 굴원은 소인들의 참소를 입어 조정에서 쫓겨나 상강(湘江) 가를 방황하다가 끝내 상강에 몸을 던져 자결하였다.

해 질 녘 동산에 올라

夕登東山

서산을 한번 바라보매 곱절이나 슬픈데	西山一望倍悽然
요해[5]는 아득하여 소식 전하지 않네	遼海茫茫信不傳
정 영위[6]처럼 새로 변할 수만 있다면	若爲化作令威鳥
날아서 어가 앞 가까이 가련만	飛近君王翠輦前

5 요해(遼海) : 요하(遼河) 동쪽 연해(沿海) 지역을 말한다. 임진왜란으로 선조(宣祖)가 피난 가 있는 의주(義州)가 이곳과 멀지 않기에 이렇게 말한 것이다.

6 정 영위(丁令威) : 요동 사람으로, 신선술을 배워 학(鶴)으로 몸을 바꾼 뒤 고향의 성문 화표주(華表柱)에 내려와 앉았다는 이야기가 도잠(陶潛)의 《수신후기(搜神後記)》 권1에 전한다.

접반관 나급의 제현 송별첩 시에 차운하다[7]

次羅接伴官級諸賢送別帖韻

자상(子常), 태징(台徵), 열지(悅之), 존중(存中)의 이름이 모두 그 가운데 있었다.

직분에 할 일 알고 있는데	能知職分所當爲
구구한 세상 사람 본받을쏜가	肯效區區世上兒
우습다 소무가 부절 잡은 날	堪笑蘇卿持節日
되려 박망후는 배를 돌리다니[8]	還逢博望返槎時

7 접반관(接伴官)……차운하다 : '나급(羅級, 1552~1602)'의 본관은 안정(安定), 자는 자승(子升), 호는 후곡(後谷)이다. 1585년에 식년 문과에 갑과로 급제하였고, 1596년 제용감 정(濟用監正)으로 있을 때 왜군과의 강화 문제로 부산에 파견되었던 명나라 유격(遊擊) 진운홍(陳雲鴻)의 접반관으로 차출되었다. '자상'은 이항복(李恒福, 1556~1618)의 자이고, '태징'은 이수준(李壽俊, 1559~1607)의 자이고, '열지'는 박동열(朴東說, 1564~1622)의 자이고, '존중'은 윤경립(尹敬立, 1561~1611)의 자이다.

8 우습다……돌리다니 : 명나라 진운홍 사신단이 파견되는 날, 공교롭게도 황신은 사신의 임무를 마치고 돌아왔다는 말이다. '소무(蘇武)'는 한(漢)나라 무제(武帝) 때의 사람인데, 흉노(匈奴)에게 사신 갔다가 구금되어 눈〔雪〕과 짐승 털을 씹고, 들쥐와 풀 열매를 먹으며 고생하기 19년이었지만 끝내 절개를 지켰다. '박망후(博望侯)' 역시 무제 때 사람으로, 장건(張騫)의 봉호(封號)이다. 장건은 대월지(大月氏)로 사신 가다가 흉노에게 납치된 지 10여 년 만에 탈출하여 목적지에 갔었고, 돌아오는 길에 다시 잡혀 1년 남짓 된 뒤에 다시 내란을 틈타 돌아왔다.《漢書 卷54 蘇建傳》《史記 卷111 衛將軍驃騎列傳》

피난 시 영평현 유동의 이광 집에 머물며[9] 정양의 시에 차운하다

避亂寓永平柳洞李光家 次靜養韻

군신은 관새로 막히고	關塞君臣隔
골육은 산천에 흩어졌네	川塗骨肉離
멀어지는 어가 따르지 못함이여	未攀淸蹕遠
승전보 더딤을 어이 견딜까	何耐捷音遲
고을에는 용감한 남자 없고	列郡無男子
군대는 세월만 허비하도다	三軍費歲時
선왕께서 은택 남기셨으니	先王遺聖澤
응당 중흥할 날 있으리라	應有中興期

9 피난……머물며 : 임진왜란이 일어났을 때, 황신은 북평사(北評事)에 제수되었으나 사은숙배를 하지 않은 상태였다. 집에서 변란 소식을 듣고 어가를 호종하러 갔다가 선조(宣祖)가 임진강을 건넌 뒤 배를 없애는 바람에 따라갈 수 없게 되자 집으로 돌아와 노모를 모시고 영평(永平)으로 피난 갔다. 《黃寅直 編, 昌原黃氏秋浦家乘, 譜典出版社, 1981, 215쪽》 '영평현(永平縣)'은 경기도 포천군(抱川郡) 영중면(永中面) 지역에 있었다.

자라산 풀숲에서 읊다

紫蘿山草間有吟

문득 군왕이 계신 곳 생각하니	忽憶君王處
서관에서 다시 북관으로 옮기셨네[10]	西關更北關
산하가 온통 슬픈 빛 띠었으나	山河悲擧目
천지간에 어찌 고개만 숙이고 있을까	天地忍低顔
시대 바로잡는 도략 펴보지 못하고	未效匡時略
험난한 행로 부질없이 탄식하지만	空嗟行路難
고향으로 돌아갈 계획 막혔으니	故園歸計阻
장협가 부를 필요는 없으리[11]	長鋏不須彈

10 서관(西關)에서……옮기셨네 : '서관'은 황해도와 평안도를, '북관(北關)'은 함경도를 가리킨다. 임진왜란 당시 선조(宣祖)가 함경도로 몽진한 적은 없다. 다만 1592년 6월 2일 이후, 평양(平壤)에 머물던 선조가 평안도 영변(寧邊)과 강계(江界), 함경도 함흥(咸興)을 피난처로 모색하다가 함흥으로 최종 결정하고 이 달 11일에 어가를 출발하려 했는데, 좌의정 윤두수(尹斗壽)가 반대함으로써 계획을 변경하고 영변으로 떠났다. 이 시는 함흥으로 결정됐을 즈음 풍문을 듣고 지은 것으로 보인다. 《국역 선조실록 25년 6월 2일, 10일, 11일》

11 고향으로……없으리 : 〈장협가(長鋏歌)〉는 벼슬을 버리고 돌아갈 때 부른 노래이다. 《戰國策 齊策4》 여기서는 전란으로 고향으로 가는 길이 막혔으니 국가를 위해 충성을 바치겠다는 결연한 의지를 표명한 것이다.

정양이 자라산에서 슬픔을 토로한 시에 차운하다
次靜養紫蘿山敍悲韻

하늘의 뜻 헤아리기 어려워라	天意旣難測
나는 어찌 좋지 못한 시대에 태어났나	我生何不辰
강회 지역엔 누가 의로운 선비인가[12]	江淮誰義士
하삭 지방은 죄다 흉악한 신하로다[13]	河朔盡兇臣
근왕[14]하려는 뜻 이루지 못하고	未遂勤王志
헛되이 녹 먹는 사람 되었구나	虛爲食祿身

12 강회(江淮)……선비인가 : 당(唐)나라 안녹산(安祿山)의 난 때 강회 지역에서 의병이 일어났는데 조선에서 여기에 해당될 사람이 누구냐고 묻는 말이다. '강회 지역'은 장강(長江)과 회수(淮水) 일대를 일컫는 말로 지금의 중국 강소성(江蘇省)과 안휘성(安徽省) 지역에 해당한다. 당 현종(唐玄宗) 755년 11월에 안녹산이 어양(漁陽)에서 20만 대군으로 반란을 일으켜 12월에 수도를 함락하자, 현종은 촉(蜀)으로 몽진하고 황태자(皇太子)가 영무(靈武)에서 즉위한 뒤에 군사를 지휘하여 난리를 평정하였는데, 이때 당나라의 명신(名臣)인 장순(張巡)과 허원(許遠) 등이 '강회'의 보장(保障)이라고 일컬어지는 수양성(睢陽城)을 지키며 고립무원(孤立無援)의 상황에서도 몇 개월 동안이나 안녹산 군대의 길목을 막고 항거하다가 성이 함락되어 장렬하게 전사하였다. 《舊唐書 卷187下 忠義列傳 張巡》

13 하삭(河朔)……신하로다 : 일본군에 제대로 저항하지도 못하고 함락된 지역의 신하들을 비판한 것이다. '하삭 지방'은 하북(河北) 지방을 가리킨다. 안녹산의 난이 일어났을 때 하북 지방이 모두 함락되자 현종은 "하북의 24개 군에 어찌 한 사람의 충신도 없단 말인가."라며 탄식하였다. 《舊唐書 卷78 顔眞卿列傳》

14 근왕(勤王) : 제왕의 통치가 위협을 받아 동요할 때에 신하가 군사를 일으켜서 구원하는 것을 말한다.

간곡히 마을 문에 기대 훈계했거늘　丁寧倚閭訓

서쪽 바라보며 눈물로 수건 적시네[15]　西望淚盈巾

15　간곡히……적시네 : 황신이 전국 시대 왕손가(王孫賈)처럼 피난 간 임금을 위해 어지러움을 수습하지 못함을 한탄한 것이다. 전국 시대 제(齊)나라 왕손가가 나이 15살에 민왕(閔王)을 섬겼는데, 왕이 도주하여 왕의 소재지를 잃고 집으로 돌아왔다. 그 모친이 아들을 보고 말하기를 "네가 지금 왕을 섬기다가 왕이 피신했는데, 너는 간 곳조차 모르면서 너 혼자 돌아올 수 있느냐?" 하였다. 이에 왕손가는 저잣거리로 가서 400명을 규합해 난신(亂臣)을 주벌하였다. 《戰國策 齊策6》

일본에 사신 갔을 때 지은 시
使日本時作

두 해 동안 소경의 부절 잡았고[16]	兩載蘇卿節
가을에는 박망후의 뗏목 탔네[17]	三秋博望槎
고향 생각은 얼마나 많은지	鄕愁幾多緖
객지에서 반백이 된 머리칼	客髮半成華
세상일 참으로 허망하나니	世事眞如幻
남은 목숨 다시 탄식한다오	殘生更可嗟
몸은 이미 나라에 바쳤건만	已將身許國

16 두 해……잡았고 : 황신이 1595년 4월부터 이듬해 8월 일본으로 사신 가기 전까지 웅천(熊川)과 부산(釜山)의 왜영(倭營)에 머문 것을 말한다. 《宣祖實錄 29年 2月 28日》 《국역 명재유고 제42권 추포 선생(秋浦先生) 황공(黃公) 행장》 '소경(蘇卿)'은 한(漢)나라의 소무(蘇武)를 가리키고, '부절(符節)'은 사신이 들고 가는 깃발을 말한다. 소무는 무제(武帝) 때 중랑장(中郎將)으로 있다가 흉노(匈奴)에 사신으로 갔는데, 흉노의 선우(單于)가 갖은 협박을 하는데도 굴하지 않다가 큰 구덩이 속에 갇혀 눈을 먹고 가죽을 씹으면서 지냈다. 그러다가 다시 북해(北海)로 옮겨져서 양을 치며 지냈는데, 그때까지도 한나라의 부절을 그대로 잡고 있었다. 그 뒤 갖은 고생을 하면서 19년 동안 머물러 있다가 소제(昭帝) 때 흉노와 화친하게 되면서 비로소 한나라로 돌아왔다. 《漢書 卷54 李廣蘇建傳 蘇武》

17 가을에는……탔네 : 황신이 1596년 8월 초순부터 11월 23일 사이에 명나라 책봉사(冊封使) 양방형(楊方亨)과 심유경(沈惟敬)을 따라 일본으로 사신 갔던 것을 가리킨다. '박망후(博望侯)'는 한(漢)나라 무제(武帝) 때 사람인 장건(張騫)의 봉호(封號)이다. 장건은 대월지(大月氏)로 사신 가다가 흉노에게 납치된 지 10여 년 만에 탈출하였고, 돌아오는 길에 다시 잡혀 1년 남짓 구금되었다가 다시 내란을 틈타 돌아왔다. 《史記 卷111 衛將軍驃騎列傳》

꿈속에선 집으로 돌아가네	猶有夢還家

또 又

바다 밖 외로운 섬	孤嶼滄溟外
서풍이 해 질 녘 불어오네	西風日夕興
새로운 근심에 양쪽 귀밑머리 허예지고	新愁雙白鬢
등잔불 밑에선 지난 일들이 아른아른	往事一青燈
오랑캐 땅 밤비는 그칠 줄 몰라	蠻雨夜未歇
가을날 장기[18]가 더욱 기승일세	瘴雲秋更蒸
해 뜨는 곳 멀지 않으니	東隅知不遠
일출이나 구경해야지	要看曉暾升

18 장기(瘴氣) : 열대 산림 지역의 지열과 습기에 의하여 발생하는 독기를 말한다.

석전의 시[19]에 차운하다
次石田韻

마을 고르는 일 어찌 바랄까	擇里吾何敢
골짝에서 높은 나무로 옮김[20]이 기뻐라	遷喬喜出幽
오늘의 이별 참을 수 있으랴만	忍分今日袂
그래도 작년의 배를 젓는다오	還棹去年舟
홍진의 길엔 새로운 교분 없고	塵路無新契
푸른 물가에 옛 친구 있으니	滄波有舊遊
그대는 이별을 한탄하지 말게	睽違君莫恨
속마음 응당 주고받으리라	肝膽會相酬

19 석전(石田)의 시(詩) : '석전'은 성로(成輅, 1550~1615)의 호로, 본관은 창녕(昌寧), 자는 중임(重任), 또 다른 호는 삼일당(三一堂)·잠암(潛巖)이다. 정철(鄭澈)의 문인으로, 평생 벼슬길에 나가지 않고 시주(詩酒)로 소일하였으며, 죽을 때에도 술에 취한 채 죽었다.

20 골짝에서……옮김 : 《시경》 〈벌목(伐木)〉에, "나무를 베기를 정정히 하거늘, 새가 울기를 앵앵히 하도다. 깊은 골짝에서 나와, 높은 나무로 날아가도다."라고 한 데서 나온 말이다.

호남의 이씨 서재에 쓰다
題湖南李氏書齋

훌륭해라 이씨 서재	李氏書齋好
산천이 얼기설기 서렸구나	溪山此鬱盤
깨끗한 모래 언덕 굽어보고	俯臨沙岸淨
눈 덮인 봉우리 높이 마주했네	高對雪峯寒
세월 속에 한가로이 베개 베고	日月閑欹枕
천지 사이 홀로 난간에 기대리라	乾坤獨倚欄
푸른 대에 시를 써서[21]	題詩在青竹
주인이 보도록 남겨주네	留與主人看

21 푸른……써서 : 두보(杜甫)의 〈제정현정자(題鄭縣亭子)〉 시에 "다시 푸른 대에 가득 시를 쓰려고 한다."라고 한 데서 온 말이다.

정주로 돌아오던 중에 김 서장관 지남 과 작별하다[22]

回到定州途中 別金書狀 止男

임인년(1602, 선조35), 사은사(謝恩使)가 되었을 때이다.

이런 이별 응당 많겠지만	此別應多日
나는 하물며 노년 인생	吾生況暮年
풍파는 우연일 뿐이나	風波聊偶爾
기로에서 문득 망연자실	岐路却茫然
한 해 저물어 꽃들은 지고	歲晏群芳歇
긴 하늘엔 물 한 줄기 닿았네	天長一水連
주저한다고 그대는 괴이치 말게	躊躇君莫怪
동병상련의 처지라 그런다오	同病會相憐

22 정주(定州)로……작별하다 : '정주'는 평안도 남부 해안에 있으며, 교통의 요충지로 알려져 있다. '김지남(金止男, 1559~1631)'은 황신이 1602년(선조35) 면복(冕服) 사은사(謝恩使) 정사(正使)에 차출되어 명(明)나라에 다녀올 때 서장관이었다. 김지남의 본관은 광산(光山), 자는 자정(子定), 호는 용계(龍溪)이다. 1591년(선조24) 별시문과에 병과로 급제하고, 뒤에 형조 참의 등을 역임하였다. 저서로 《용계유고(龍溪遺稿)》가 전한다. 사은사 일행이 1602년 2월에 조정을 떠났는데, 두 달 뒤 정인홍(鄭仁弘)이 황신이 성혼(成渾)의 제자로 임금을 속이고 자신의 당(黨)을 비호한다는 죄목을 씌워 논계(論啓)하여 파직시키자, 황신이 어양(漁陽)에서 이 소식을 듣고 돌아오던 중 정주에서 김지남과 이별한 것이다. 본문의 '풍파'는, 황신이 파직당한 일을 에둘러 표현한 것으로 보인다. 《秋浦年譜 卷1 萬曆 30年 壬寅條》《宋子大全 卷156 秋浦黃公神道碑銘》

부산 왜영에서 배를 띄울 때 지은 시[23]

在釜營 將泛海有作

장부는 죽음 두려워하지 않으니 丈夫不怕死
죽음이 두려우면 장부 아니로다 怕死非丈夫
칼날도 오히려 밟을 수 있고 白刃尙可蹈
끓는 솥에도 뛰어들 수 있다오 鼎鑊尙可趨
원하는 건 내 절개 온전히 함이니 所願全吾節
이 한 몸 어찌 보전할 수 있으랴 安得全吾軀
어질다 치술랑이여 賢哉鵄述郎
죽어도 마음 변치 않았구려[24] 抵死心不渝

23 부산(釜山)……시 : 황신이 통신사가 되어 일본으로 가는 배에 오를 때 지은 것이다.

24 어질다……않았구려 : '치술랑(鵄述郎)'은 신라 눌지왕 때의 충신 박제상(朴堤上)을 가리킨다. 왜국(倭國)에 볼모로 있는 왕의 아우 미사흔(未斯欣)을 구하러 건너가 왕자를 구출하여 신라로 보낸 후, 자신은 체포되어 왜국의 협박과 회유에 굴하지 않고 충절을 지키다가 피살되었다. 이 사실을 알지 못한 그의 처는 치술령(鵄述嶺)에서 매일 남편이 돌아오기를 기다리다가 결국 망부석(望夫石)이 되고 말았다. 《三國史記 卷45 朴堤上列傳》

안주의 노상에서, 월사의 〈어려운 운자를 가지고 입으로 바로 읊다〉[25]에 차운하다

安州路上 次月沙口占硬韻

일후(一堠)26 안에 급히 지었다.

이름이 평소 첩과 내시들에게 알려지지 않아	名姓平生昧妾閹
낮은 관직에서 오래도록 역참을 오갔네[27]	一官長是趁郵籤

25 월사(月沙)의……읊다 : 《월사집(月沙集)》 권1에 수록되어 있는 〈안주의 노상에서 말을 나란히 몰면서 입으로 강운을 불러 일후 안에 급히 짓다〔安州路上竝轡口占硬韻一堠內急成〕〉를 가리킨다. '월사'는 이정귀(李廷龜, 1564~1635)의 호이다. 중국의 경략 병부 좌시랑(經略兵部左侍郎) 송응창(宋應昌)이 사명(使命)을 받들고 우리나라로 와서 문학하는 선비 세 사람을 뽑아 막하(幕下)에 두고 《대학》을 강론하게 하였는데, 이때 황신과 함께 이정귀·유몽인(柳夢寅)이 강관(講官)으로 뽑혔다. 이들은 1593년 3월에 안주(安州)에 있던 송응창 아문(衙門)에서 처음 만나, 9월에 송응창이 압록강을 건너 본국으로 돌아갈 때까지 함께하였다. 《月沙集 卷1 三槎酬唱錄》《秋浦年譜 卷1 萬曆 21年 癸巳條》

26 일후(一堠) : 후(堠)는 도로의 이정표 역할을 하던 돈대(墩臺)로, 보통 5리 또는 10리에 하나씩 두었다.

27 첩과……오가네 : 이정귀가 시에서 황신의 학문과 역량을 칭찬하자 황신이 되받아 겸손하게 표현한 말로, 낮은 관직을 받고 지방을 전전했음을 밝힌 것이다. 황신은 1588

운암관 꽃은 싸락눈처럼 흩날리고	雲岩館裏花如霰
안시성에 뜬 초승달 낫처럼 굽었네	安市城中月似鎌
짧은 털옷 해졌지만 묵은 솜 남았고	短褐弊來餘故絮
장편시 적을 새로운 비단 있다오	長篇寫出有新縑
객수와 벼슬 재미 두루 맛본 몸	羈愁宦味嘗曾遍
송화주 잡고 호염[28]을 마주하였네	見把松醪對虎鹽

년(선조21) 문과에 급제한 이듬해 2월, 음죽 현감(陰竹縣監)에 제수되었고, 1590년 정여립(鄭汝立) 옥사(獄事)가 일어났을 때에는 정언(正言)으로 있으면서 임금의 총애를 받는 영의정 이산해(李山海)의 잘못을 과감히 말하였다가 고산 현감(高山縣監)으로 좌천되었다. 《秋浦年譜 卷1 萬曆 17年 己丑條, 18年 庚寅條》《宋子大全 卷56 秋浦黃公神道碑銘》《宣祖實錄 23年 5月 24日》

28 호염(虎鹽) : 범 모양으로 생긴 소금으로, 《춘추좌씨전》 희공(僖公) 30년 기사에 보인다. 술안주로 쓰인다.

월사에게 장난삼아 지어 주다

戲月沙

우환 들어 병에 걸렸으니	憂患侵尋疾病嬰
이런 몸에 어찌 옛 풍류 있을까만	此身那復舊風情
최고 신선으로 인정받아 부끄럽고	多慙第一仙人許
둘도 없는 국사라며 떠들썩하게 불렸네	剛被無雙國士名
수레 가득 과일 얻은들[29] 무에 기쁘리	得果盈車何足喜
창 같은 수염[30] 있어도 영광 아닐세	有髥如戟亦非榮
노년에 기생과 노는 일 외려 우습구려	老年花分還堪笑
얻고 잃음으로 승부를 가릴 수 없거늘	失不爲輸得不嬴

29 수레……얻은들 : 남자의 용모가 아름다움을 뜻한다. 진(晉)나라 반악(潘岳)은 젊어서 용모가 매우 아름다워 그가 외출하면 여인들이 연모하며 둘러서서 과일을 던져 주어 수레에 가득 차곤 하였다. 《晉書 卷55 潘岳列傳》

30 창 같은 수염 : 남조(南朝) 송(宋)나라 경화(景和, 465) 연간에 산음공주(山陰公主)가 음탕하여 밤에 저언회(褚彦回)의 숙소로 찾아가서 유혹하였으나, 언회가 몸을 단정히 하고 새벽까지 그대로 서서 뜻을 변치 않자, 공주가 "그대는 수염이 창과 같은데, 어찌하여 장부의 뜻이 없소?〔君鬚髥如戟, 何無丈夫意.〕"라고 하니, 언회가 "제가 비록 불민하긴 합니다만, 어떻게 감히 먼저 화란의 계제를 만들겠습니까."라고 대답하였다. 《南史 卷28 褚彦回列傳》

웅 천사가 한강에서 노닐며 지은 시에 차운하다[31]

次熊天使遊漢江韻

이하는 기유년(1609, 광해군1)에 공조 판서(工曹判書)로 있을 때[32] 지었다.

구름 수레가 옥인[33] 높이 감싸고 돌아오니	雲車高擁玉人廻
열 개의 구슬이 삼한을 비추며 지나는 듯[34]	光照三韓過十枚
성곽 가까운 맑은 강에서 좋은 경치 구경하고	近郭淸江拚勝賞
서까래만 한 큰 붓에서 뛰어난 재주 보았네[35]	如椽大筆見雄才

31 웅 천사(熊天使)가……차운하다 : '웅 천사'는 웅화(熊化, ?~?)로, 중국 명나라의 관리이며, 자는 중용(仲龍), 호는 극봉(極峯), 시호는 문의(文毅)이다. 1601년(만력29) 과거에 급제하여 진사(進仕)가 되었다. 1609년(만력37), 선조(宣祖)가 붕어(崩御)하자 행인사 행인(行人司行人)으로 사제사시조사(賜祭賜諡詔使)로 조선에 와서 시호(諡號)·부의(賻儀) 등을 전달하였다. 웅화가 한강 유람을 한 것은 1609년 5월 1일이며, 이때 광해군은 시임·원임 대신뿐 아니라 육조(六曹) 판서도 모두 참석시켰다. 《光海君日記 1年 4月 26日, 5月 1日》

32 기유년에……때 : 1608년(선조41) 2월에 선조(宣祖)가 승하하자 황신은 진주 부사(陳奏副使)에 차임되어 연경에 다녀왔는데, 이 공로로 1609년(광해군1) 1월 14일에 공조 판서에 제수되었다. 《光海君日記 1年 1月 14日》《明齋遺稿 卷42 秋浦先生黃公行狀》

33 옥인(玉人) : 웅화를 비유한 것이다.

34 열 개의……듯 : 웅화가 조선에 온 것을 비유적으로 찬미한 말이다. 전국 시대 제 위왕(齊威王)이 위 혜왕(魏惠王)과 회담할 적에 혜왕이 위왕에게 묻기를 "왕께서도 보배가 있습니까?" 하자, 위왕이 없다고 하므로, 혜왕이 말하기를 "과인의 나라는 작지만, 그래도 지름 한 치쯤 되는 구슬로 수레를 앞뒤로 열두 대씩 환히 비출 수 있는 것이 열 개나 되는데, 어찌하여 만승의 나라에 보배가 없단 말입니까."라고 한 말을 차용한 것이다. 《史記 卷46 田敬仲完世家》

하늘이 덮어 주는 황제의 덕 아니었다면　不緣帝德如天覆
어떻게 신선의 자취 이곳에 왔으리오　安得仙蹤此地來
무궁한 산천도 또한 일할 줄 아는지　無限湖山亦解事
그림 같은 경치 옆으로 채선[36]이 떠가네　畫圖新傍彩船開

35 서까래만한……보았네 : 응화의 문장이 훌륭하다는 뜻이다. 진(晉)나라 왕순(王珣)의 꿈에 어떤 사람이 서까래처럼 큰 붓을 건네주자, 꿈을 깨고 나서는 "내가 솜씨를 크게 발휘할 일이 있을 모양이다."라고 하였는데, 과연 얼마 뒤에 황제가 죽어 애책문(哀冊文)과 시의(諡議) 등을 모두 왕순이 도맡게 되었다는 고사가 있다. 《晉書 卷65 王導列傳 王珣》

36 채선(彩船) : 아름답게 장식한 배를 말한다.

서강에서 노닐며 지은 시에 차운하다[37]

次遊西江韻

한 줄기 긴 강물 벼랑을 안고 흐르니	一道長江抱岸流
경치 좋은 명소 고상한 유람이로다	名區物色屬淸遊
산이 두른 여기저기 구름과 안개 합하고	山圍遠近雲煙合
하늘 이지러진 서남엔 섬이 둥실 떠 있네	天缺西南島嶼浮
화려한 깃발 잠시 푸른 절벽에 임했다가	華旆乍臨蒼玉壁
누선은 녹색 버들 늘어선 물가로 나아간다	彩船還傍綠楊洲
새로운 시에 화답하는 이 없음을 깨닫고	新篇更覺無人和
종이를 주셨으나 흰머리 부끄러워라[38]	授簡如今愧白頭

37 서강(西江)에서……차운하다 : 전편(前篇)과 마찬가지로 1609년(광해군1) 5월 1일에 지은 글이다. '서강'은 한강(漢江), 용산강(龍山江), 서강을 합쳐 당시에 삼강(三江)이라고 불렀는데, 남산(南山) 남쪽 일대 노량(鷺梁)까지를 한강, 그 서쪽 마포(麻浦)까지를 용산강, 양화도(楊花渡) 일대를 서강이라고 하였다.

38 종이를……부끄러워라 : 웅화(熊化)가 황신에게 화답시를 지으라고 하자, 부족한 실력을 부끄러워한 것이다.

마음을 달래며

遣懷

임진년(1592, 선조25) 피난할 때이다.

아침부터 저녁까지 매일 통곡하나니	茹痛朝朝哭到曛
서관[39]의 승전보 언제쯤 들려올까	西關報捷幾時聞
저 멀리 청산엔 돌아가는 기러기 없고	蒼山杳杳無歸雁
망망한 바다에는 저물녘 구름 뭉실뭉실	碧海茫茫有暮雲
오랫동안 신료들과 짝이 되길 바랐는데	久擬鵷鸞堪作伴
초야의 짐승과 무리 지을 줄 뉘 알았으리	誰知鳥獸可同群
군자이건 소인이건 지금 모두 사라지고	沙蟲猿鶴今俱盡
왜놈들 종횡무진하며 사방에 주둔했네	豺虎縱橫四野屯

39 서관(西關) : 황해도와 평안도를 합쳐서 일컫는 말이다.

일본으로 사행 떠나는 사신 세 분과 작별하며[40] 30운으로 짓다

奉別三使臣奉使日本 三十韻

내가 일본 갔던 얘기 꺼내면 我說扶桑事
그대들은 귀를 막고 싶을 테지 君應不願聞
가는 길만 자그마치 사천 리 征途四千里
돌아오면 가을로 접어든다오 歸日夏秋分
출몰하는 높은 파도 속에 있노라면 出沒銀山裏
만 마리 말이 시끄럽게 내달리는 듯 喧豗萬馬群
항해 중엔 돌개바람 때문에 언제나 벌벌 떨고 帆行常畏颶
정박하면 매번 구름 살피며 날씨 점쳐야 하네 舟滯每占雲

40 일본(日本)으로……작별하며 : 임진왜란 후 첫 번째 사절로 일본에 건너가 국교를 다시 열고 임진왜란 때의 포로 1,340명을 데리고 돌아온 1606년 통신사(通信使) 일행을 가리킨다. 정사(正使)는 여우길(呂祐吉, 1567～1632), 부사(副使)는 경섬(慶暹, 1562～1620), 서장관(書狀官)은 정호관(丁好寬, 1568～1618)으로, 1606년 12월 1일에 출발해서 1607년 7월 19일에 돌아왔다.《宣祖修正實錄 39年 12月 1日》《宣祖實錄 40年 7月 19日》

학질에 걸리지 않아도 구토하고[41]	嘔吐何須瘧
찜통더위 아니어도 번열로 고생[42]	煩蒸不待熏
눈 같은 흰 파도 끝없이 펼쳐진 데다	漫漫濤似雪
장기는 왜 그리 안개처럼 자욱하던지	漠漠瘴如雰
헤엄치는 고래의 긴 지느러미 보거나[43]	鯨戲看脩鬣
내달리는 무소의 힘줄 시야에 들어오면	犀奔見露筋
저절로 제정신 잃고 마는데	自然忘性命

41 학질에……구토하고 : 뱃멀미의 고통을 언급한 것이다. 뱃멀미는 수시로 나타나고 있는데, 그중 심했던 8월 5일 기사를 소개하면 다음과 같다. "평명(平明)에 배를 띄워 바다로 나가니, 일행이 모두 뱃멀미를 앓아 토하고 쓰러졌다.……통신사가 배에 오를 때에, 사람들이 모두 뱃멀미를 하게 될 것을 염려하여, 각기 치료하는 여러 가지 방문을 가지고 왔다는 자들이 있었으니, 죽력(竹瀝)·산초(酸醋)·생강·생밤·생배·밀과(蜜果) 같은 온갖 것이 들어 있었다. 바다 가운데 이르러 바람을 만나게 되자 어지러워 쓰러져서 몸을 가누지도 못하였고, 눈을 뜨고도 바로 보지도 못하였으며, 입을 벌리고도 말을 하지 못하는가 하면, 구토가 그치지 않아 오장육부가 뒤집히는 듯했다."《海行摠載 日本往還日記 丙申年 8月 5日》

42 찜통더위……고생 : 참고로 일본의 6월 날씨에 대해 1420년(세종2)에 일본에 사신으로 갔던 송희경(宋希璟, 1376~1446)은 "일본의 찜통더위 중국보다 곱절은 심해, 오래 머무는 사이 번열이 나 머리가 허예지려 하네."라고 하였다.《海行摠載 日本行錄 庚子年 5月》

43 헤엄치는……보거나 : 황신은 가망가리(加亡加里)에서 지방포(址邦浦)로 가던 윤8월 12일에 고래 한 마리를 목격하기도 했지만, 같은 달 16일에 고래 떼를 맞닥뜨리고는 다음과 같이 술회했다. "이른 아침에 배를 띄웠다. 바라보니 서남쪽 사이 큰 바다 가운데에 고래 떼가 한꺼번에 출몰하여 내달리며 노는데 몇 천 마리인지 알 수 없었다.……위아래로 파도가 십여 리나 일어나 흰 포말이 하늘에 닿아 우그르르 맞부딪치며 치솟는데, 바라보고 있자니 정신이 아찔하고 머리털이 쭈뼛했다."《海行摠載 日本往還日記 丙申年 閏8月 12日, 16日》

하물며 고향 생각할 수 있겠소　況復戀鄕枌
기후는 수시로 바뀌어　氣候時時異
민가의 연기 곳곳에 물씬 피어오르고　人煙處處殷
조수가 막 밀려오는가 싶더니　潮生纔有迹
모래사장 불어난 물은 끝없이 펼쳐지네　沙漲浩無垠
육지에서 이따금 높은 곳 오르면　平陸時登陟
나그네 회포 더욱 심난해지고　羈懷轉糾紛
눈 좀 붙이려면 쥐들은 달그락달그락　欲眠妨鬪鼠
밤도 아닌데 꾹 참고 모기도 쫓아야 한다오　不夜耐驅蚊
판자 지붕엔 빗줄기 뎅거덩 떨어지며　板屋聽鳴雨
봉루에는 석양이 뉘엿뉘엿　烽樓望落曛
밥상의 회 실컷 먹기 힘들거니와[44]　盤腥難屬饜
술은 묵어서 금세 취기 오르네　酒老易成醺
절간은 저잣거리에 붙어 있고[45]　僧舍依廛市
백성들 해변에 거처하는데　民居傍海濆
정결한 찻집 애용할 만하고[46]　茶房淨可愛

44 밥상의……힘들거니와 : 황신은 일본의 음식 문화에 대해 "매 끼니의 밥은 3홉의 쌀과 나물국 한 그릇에다 생선회·장·무 두서너 가지에 지나지 않을 뿐인데, 회는 또한 몹시 거칠고 굵어서 작은 손가락만큼 하고, 한 접시에 단지 5, 6가닥을 담아 초를 섞은 것이었다."라고 일기에 적었다. 《海行摠載 日本往還日記 丙申年 12月 9日》

45 절간은……있고 : 황신이 계빈(界濱)에 도착해서 상락사(常樂寺)에서 머물렀는데, 이 절에 대해 "상락사의 중방(中坊)에 머물렀다. 절은 저자 한복판에 있는데 한 마을을 가득 채웠다."라고 하였다. 《海行摠載 日本往還日記 丙申年 閏8月 18日》

46 정결한……만하고 : 윤8월 11일 일기에 "저녁때 왜말로 가망가리(加亡加里)라는

따뜻한 욕실은 만족스러워라[47] 浴室暖堪欣
알록달록 오자는 양 팔꿈치 드러나고[48] 班襖穿雙肘
먹으로 치아 위아래를 물들였으며[49] 玄霜點兩齗
사람을 정성스레 대하는 듯싶어[50] 人情疑款曲
예절은 은근하게 느껴진다오 禮數類慇懃
중국 남방과 뱃길로 교역하고요[51] 木道通蠻貨
방언은 고문으로 번역해야 알아듣지 方言譯古文
기이한 검술은 형가의 솜씨인 듯[52] 術奇荊客劍

땅에 정박하여 배 위에서 잤다. 이곳에는 관백의 찻집〔茶房〕이 있는데 아주 정결하다 한다." 하였다. 《日本往還日記 丙申年 閏8月 11日》

47 따뜻한 욕실은 만족스러워라 : 황신은 일본의 목욕 문화에 보고 조선으로 돌아와서 "목욕을 숭상하여 비록 깊은 겨울이라도 폐하지 않으며, 저잣거리마다 목욕하는 집을 만들어 놓고 그 값을 받는다."라고 회고하였다. 《海行摠載 日本往還日記 丙申年 12月 9日》

48 알록달록……드러나고 : '오자(襖子)'는 도포의 일종이다. 일본의 남자와 여자는 모두 오자를 입는데, 조선의 여인들이 입는 장옷〔長衣〕 제도와 같았다. 《海行摠載 日本往還日記 丙申年 12月 9日》

49 먹으로……물들였으며 : 허목(許穆, 1595~1682)은 일본 풍속에 대해 "남자는 머리를 깎고 여자는 머리를 늘어뜨리며 남녀가 모두 오자를 입는다. 또 귀인(貴人)은 치아에 옻칠을 하며 그들의 부인도 이에 옻칠을 하므로 이들을 '흑치(黑齒) 오랑캐'라고 부른다."라고 언급하기도 했다. 《記言 卷36 外篇 東事外記5 黑齒列傳》

50 사람을……듯싶어 : 황신은, 일본인들이 성품은 경박하지만 자못 순진한 면이 있어 남의 말을 잘 믿고, 말은 아녀자처럼 자상했다고 일기에 적었다. 《海行摠載 日本往還日記 丙申年 12月 9日》

51 중국……교역하고요 : 당시 일본은 중국 남쪽 지역과 교역을 해서 후추〔胡椒〕· 단목(丹木) · 화단(花丹) · 단(段) · 조총(鳥銃) 등을 수입하였다. 《海行摠載 日本往還日記 丙申年 12月 9日》

장인의 묘한 솜씨 영인에 도끼질하는 듯[53] 匠妙郢人斤
싸움을 연회장 가는 만큼이나 즐기는데[54] 赴鬪齊登讌
시체 늘어놓아야 공을 인정받고 橫尸當策勳
뱀을 풀어놓고 진법 연습하면서 行蛇仍演陣
칼 차고[55] 종군하려고 애쓴다네 佩犢擬從軍
풍속이 다르고 殊俗難同軌
변경은 아직 혼란했었는데 邊隅未靜氛
사신 간 일 이젠 아득하여라 星槎今縹緲

52 기이한……듯 : 검술 실력이 훌륭함을 비유적으로 표현한 것이다. '형가(荊軻)'는 전국 시대 자객(刺客)으로, 비수를 숨기고 진(秦)나라에 들어가 시황제(始皇帝)를 살해하려다 실패하였다.《史記 卷86 刺客列傳 荊軻》

53 장인의……듯 : 장인의 기술이 매우 뛰어나다는 말이다. '영인(郢人)'은 영(郢)이라는 지역에 사는 사람을 가리킨다.《장자(莊子)》〈서무귀(徐無鬼)〉에 "영(郢) 땅 사람이 자신의 코끝에 파리의 날개만큼 백토(白土)를 얇게 바르고, 장석(匠石)으로 하여금 이것을 깎아내게 하였다. 장석이 도끼를 휘둘러 바람을 일으켜 백토를 깎아내었는데, 영 땅 사람은 코끝의 백토를 깎아 내도록 내맡겨 두고 조금도 움직이지 않았다. 그리하여 백토가 말끔히 다 깎였으나 코가 상하지 않았는데, 영 땅 사람은 그대로 꼿꼿이 서서 얼굴색 하나 변하지 않았다."라고 한 내용을 차용한 것이다. 영 땅은 초(楚)나라의 도읍이고 장석은 장인(匠人)인 석(石)이다.

54 싸움을……즐기는데 : 당시 일본 사람들은 삶〔生〕을 가볍게 여기며 협기를 부렸는데, 병들어 죽는 것을 치욕으로 여기고 싸우다 죽는 것을 영광으로 여겼다.《海行摠載 日本往還日記 丙申年 12月 9日》

55 칼 차고 : 원문의 '패독(佩犢)'은 본래 허리에 송아지를 찬다는 뜻이다. 한 선제(漢宣帝) 때 공수(龔遂)가 발해 태수(渤海太守)로 부임하여 보니, 그곳 백성들 중에 도검(刀劍)을 휴대하고 다니는 자들이 많으므로, 그들에게 농사를 권장하기 위해 검(劍)을 팔아 소를 사고 도(刀)를 팔아 송아지를 사라고 권유하면서, "어찌하여 소를 휴대하고 송아지를 차고 다니는 것인가?"라고 하였다.《漢書 卷89 循吏傳 龔遂》

봄기운 일찌감치 완연한 날　　春日早氤氳
하나하나 경유했던 곳들이　　歷歷曾遊處
마음을 싱숭생숭하게 만드는구려　　悠悠我思棼
거센 풍파 헤쳐야 하는 사행길 조심하고　　風波愼行李
아름다운 명예와 절개 남기시게　　名節好留芬
교묘한 말은 믿지 말아야 하니　　莫信流簧態
끝내 모함을 받게 될 것이요　　終成貝錦紋
조약은 하나하나 마땅해야 하니　　約條宜一一
과감하게 이런저런 요구를 해야 하네　　要索敢云云
정직하면 하늘이 도울 것이요　　正直天應佑
한결같은 충성 힘써야 하나니　　精忠自可勤
주변국과 교린하는 본보기　　交隣知有道
조만간 그대들이 보여주리라　　早晩賴諸君

안흥 즉사

安興卽事

운통의 글자를 모두 사용해 차례로 압운하면서 한 글자도 빼놓지 않았다.

오월 달 관서 지방	五月西州路
강변은 찌는 듯 무덥구나 _성징	江邊氣鬱蒸
저지대라 풍토병 걱정이고	地卑憂瘴癘
가뭄 들어 백성들 불쌍하네 _사숙	天旱悶黎烝
방 안은 가마 속처럼 무덥고	一窒窯中羃
육신은 마치 시루에 놓인 듯 _유몽인	渾身甑裏縢
먼 길에 지쳐도 진정 참나니	倦游眞耐苦
부끄럽게도 우악한 성은 받았다오 _성징	優渥愧叨承
이동하는 군진에서 공연히 칼자루 두들기지만[56]	遷舍空彈鋏

56 이동하는……두들기지만 : 송응창(宋應昌)의 아문(衙門)을 가리킨다. 중국의 경략 병부 좌시랑(經略兵部左侍郎) 송응창이 사명(使命)을 받들고 우리나라로 와서 문학하는 선비 세 사람을 뽑아 막하(幕下)에 두고 《대학》을 강론하게 하였는데, 이때 황신과 함께 이정귀・유몽인(柳夢寅)이 강관(講官)으로 뽑혔다. 세 사람은 1593년 3월에 안주(安州)에 있던 송응창 아문에서 처음 만나, 9월에 송응창이 압록강을 건너 본국으로

시를 읊을 땐 최선을 다한다네 _사숙　　哦詩不負丞
베개에 기대니 묘향산엔 해 저물고　　枕欹香嶽晚
갓끈 씻는 청천강 맑기도 해라 _유몽인　　纓濯薩湖澂
문장은 지초 난초의 향기 발하고　　詞藻芝蘭馥
흉금은 물에 비친 달처럼 맑지만 _성징　　襟懷水月澄
꽃다운 시절 속절없이 흘러가매　　任教芳歲歇
나그네 시름 달래기 어렵구려 _사숙　　難遣客心憕
나라에 일찍이 우환이 없었던 건　　邦國曾無事
저 옛날 오랑캐를 징계했기 때문이라 _유몽인　　荊舒舊已懲
산천이 조정을 지켜 주고　　山河扶象魏
일월은 왕릉을 비추었지 _성징　　日月繞園陵
봄날 관원을 따라 들어와　　冠冕青春入
방울 소리 울리며 도성 내달리니 _사숙　　鑾珂紫陌淩
금마문에서 붉은 슬갑 찬 관리와 나란히 섰고　　金門聯赤芾
은촉에 심지 돋워 관청에서 숙직했으며 _유몽인　　銀燭直青綾
하사받은 어주는 넘실넘실　　酒賜宮壺瀲
궁중 얼음도 나누어 주셨다오 _성징　　氷頒玉井凌
승명전에서 투초[57] 구경하고　　承明看鬪草
태액지에선 가릉[58]을 감상하니 _사숙　　太液聽歌菱

돌아갈 때까지 함께하였다.《月沙集 卷1 三槎酬唱錄》《秋浦年譜 卷1 萬曆 21年 癸巳條》

57 투초(鬪草) : 풀놀이란 뜻으로, 풀줄기의 결을 서로 걸어 잡아당겨서 끊어지지 않는 사람이 이기는 아이들의 놀이이다.

58 가릉(歌菱) : 마름을 따면서 부르는 노래이다. 남조(南朝) 포조(鮑照)의 〈채릉가

재주는 천록각의 유향[59]이라도 된 듯　天閣才劉向
명성은 용문의 이응[60] 방불했네 _유몽인　龍門望李膺
성상의 지우 세상에 드물거니와　遭逢知不世
뜻이 비슷한 사람까지 서로 응하니 _성징　聲氣類相應
조양에서 우는 봉황[61] 함께 허여했노라　共許鳴朝鳳
저물녘 쓰르라미 어이해 울음 그치리오 _사숙　寧敎噤晚蟪
입맛 다시며 웅크린 호랑이도 없고　鼓牙無伏爆
날 선 부리를 한 굶주린 매도 없네 _유몽인　厲吻絶飢鷹
바쁜 와중에 붓자루 그대로 잡았고　彤管忙仍把
화려한 집에서 술 취해 얼마나 쓰러졌던가 _성징　華堂醉幾凭
세상이 태평하여 바야흐로 기쁜 날　治方欣海晏
누가 위태롭다며 개혁을 부르짖었나 _사숙　危孰戒河馮

〈采菱歌〉〉에 "맑은 한수 남쪽에서 능가를 부른다.〔菱歌淸漢南〕" 하였다.

59 천록각(天祿閣)의 유향(劉向) : 천각은 한(漢)나라 때 장서각인 천록각이다. 유향이 천록각에서 교서(校書)를 하고 있는데 밤이 되자 황색 옷을 입은 한 노인이 청려장(靑藜杖)을 짚고 와 지팡이 끝을 입으로 불자 불꽃이 일어나 어둠을 밝혔다. 그리고 노인은 유향에게 《오행홍범(五行洪範)》의 글을 전수해 주고는 새벽이 되자 떠났는데, 유향이 그 이름을 물었더니, 자기는 태을(太乙)의 정기라 하였다 한다.《三輔黃圖 閣》

60 용문(龍門)의 이응(李膺) : 후한(後漢)의 이응(李膺)은 자가 원례(元禮)인데, 선비들이 그로부터 인정을 받으면 명성이 높아지므로 그의 접대를 받는 것을 등용문(登龍門), 즉 용문(龍門)에 오른다 하였다.《後漢書 卷67 黨錮列傳 李膺》

61 조양(朝陽)에서 우는 봉황 : 과감한 직간(直諫)을 뜻한다. 당(唐)나라 한원(韓瑗)과 저수량(褚遂良)이 무고(誣告)를 입어 억울하게 죽었는데, 두려워서 아무도 말하는 이가 없었다. 그 후 고종(高宗)이 봉천궁(奉天宮)에 거둥하였을 때 이선감(李善感)이 처음으로 상소하여 극언하니, 당시 사람들이 '봉명조양(鳳鳴朝陽)', 곧 '봉이 조양에서 운다' 하였다. 조양은 봉황이 깃드는 곳으로 중국 도성의 조양문(朝陽門)을 가리킨다.

지나친 겉치레에 순후한 풍속 사라지고	文勝醇風喪
강령은 무너져 괴이한 의론 들끓으니 _유몽인	綱頹詭議慿
초나라 기운 심상치 않음에 개탄하고[62]	楚氛嗟甚惡
주나라 정사에 얼음 없음을 탄식하였네[63] _성징	周政嘆無氷
백성의 항아리엔 쌀이 비었고	下屋民無甂
심산궁곡에는 도적떼 나타났지만 _사숙	窮山賊有棚
조정의 계책은 쥐처럼 궁싯궁싯[64]	廟謨侔首鼠
선비들 작태 앵앵거리는 파리[65] 같았네 _유몽인	士類劇營蠅
누가 돈독히 보필하는 재상이었나	篤弼誰金礪
충언은 법도에 부합하지 않았지 _성징	忠言欠木繩
우리 조정이 기회 한번 놓치니	聖朝機一失
왜놈들이 그 틈을 이용하였네 _사숙	孽虜釁終乘
적들이 방과 호를 위급하게 만들자[66]	寇棘方兼鎬

62 초(楚)나라……개탄하고 : 《춘추좌씨전》 양공(襄公) 27년 기사에 "초(楚)나라 진영의 분위기가 매우 심상치 않으니, 대처하기 어려운 일이 벌어질까 두렵다."라고 한 데서 온 말이다.

63 주(周)나라……탄식하였네 : 《주례(周禮)》에 "능인(凌人)이 빙정(氷政)을 맡아, 정세(正歲) 12월에 얼음을 자르게 한다." 하였고, 또 《시경》 〈칠월(七月)〉에 "섣달에 얼음을 꽝꽝 캐내어, 정월에 얼음 창고에 들인다." 하였는데, 이는 옛날 주(周)나라 왕들이 나라를 다스리는 한 가지 방법이었다.

64 쥐처럼 궁싯궁싯 : 쥐는 의심이 많아 굴에서 나오면 이리저리 돌아보며 머뭇거리므로, 진퇴를 결정하지 못하는 사람을 비유할 때 흔히 쓰인다.

65 앵앵거리는 파리 : 참소하는 소인을 가리킨다. 《시경》 〈청승(青蠅)〉에 "앵앵거리는 파리여, 가시나무에 앉아 있도다. 참소하는 사람이 끝이 없어 사국을 교란시키도다."라고 한 데서 나온 말이다.

제나라는 치수와 민수를 잃었다오[67] _유몽인　　齊亡淄與澠
궁녀들은 슬프게도 새처럼 달아나고　　內人悲鳥竄
어탑에는 요망한 여우 올라왔었지[68] _성징　　宮榻弔狐升
행궁에서 하늘 끝만 바라보는 동안[69]　　行殿瞻天極
광해군은 세자의 자리 오르셨네[70] _사숙　　春闈覩日昇
뭇 창생들 거의 다 죽었거늘　　群生殲已盡
장수들은 공연히 직위만 올랐구나 _유몽인　　諸將秩空陞
뼈저리게 후회한들 무슨 소용이랴　　臍噬嗟何及
창자 꺾이는 고통 이길 수 없어라 _성징　　腸摧痛不勝

66 적들이……만들자 : 왜적들이 내륙 깊숙이 쳐들어왔다는 말이다. 《시경》 〈유월(六月)〉에 "험윤이 자신의 역량을 헤아리지 않고 초와 호에 진을 치고, 호와 삭방을 침략하여 경양에 이르렀다."라고 한 말을 전용한 것이다.

67 제(齊)나라는……잃었다오 : 조선의 수도인 한성(漢城)이 왜적들에게 함락되었다는 뜻이다. '치수(淄水)'와 '민수(澠水)'는 제나라 임치현(臨淄縣)에 있는 두 물 이름인데, 임치현은 제나라의 수도(首都)로서 예로부터 인물이 번성하고 물산이 풍부하기로 유명하였다.

68 어탑에는……올라왔었지 : 고상안(高尙顔, 1553~1623)은 《태촌집(泰村集)》 권5 〈효빈잡기 하(效矉雜記下)〉에서 "송(宋)나라 휘종(徽宗) 때 여우가 어탑(御榻)에 올라온 괴상망측한 일이 있더니 끝내 여진(女眞)의 화란을 만나 선화(宣和) 연간의 일이 참혹했었다. 선왕〔선조(宣祖)〕 중년에도 이런 일이 있었다고 들었으나 길거리에서 주워 들은 것이라 믿지 않았는데 임진왜란이 터지는 것을 보고 들었던 소문이 거짓이 아니었음을 알게 되었다."라고 적었다.

69 행궁에서……동안 : 선조(宣祖)가 왜란을 피해 하늘 끝을 바라보며 피난 간 것을 말한다.

70 광해군(光海君)은……오르셨네 : 광해군은 선조(宣祖)의 둘째 아들로 어머니는 공빈 김씨(恭嬪金氏)이다. 세자 책봉 문제로 임해군과 갈등을 빚다가 1592년 임진왜란이 발생하였을 때 국난에 대비한다는 명분으로 피난지 평양에서 세자에 책봉되었다.

충청 경기의 군사들 점차 늙어가고	湖畿師漸老
변방에서는 화란이 계속되건만 _사숙	關海禍相仍
난리를 평정할 힘 미약한 채	撥亂力綿薄
위기에 처해 전전긍긍 속만 태웠네 _유몽인	蹈危心戰兢
벌떼 같이 주둔해 살육 자행하고	蜂屯恣殺掠
멧돼지처럼 돌진하여 교만하니 _성징	豕突勢驕矜
피난하며 발에 굳은살 두껍게 잡혔거니와	逃難爭重趼
근왕하고자 누차 군사를 징발하였지 _사숙	勤王費屢徵
빈주먹으로 적의 창칼에 맞설 뿐	空拳當戟鎩
저들을 달랠 방법 없는 데다 _유몽인	香餌闕金繒
우리를 구원할 나라도 없으니	援救無韓趙
그야말로 고립무원의 형세로다 _성징	孤危似莒鄫
우리들이 먼 길을 가는 동안	吾儕任跋涉
험준한 산 몇 번이나 넘었던가 _사숙	幾度越崚嶒
위험 무릅쓰느라 옷은 해지고	冒險衣裘弊
빈 골짝으로 피하며 눈물 글썽였지 _유몽인	逃虛涕泗凝
별빛 아래 돌아오니 저녁밥 거르긴 다반사요	星還虧夕饌
한데서 잠을 청하니 아침에 일어나기 힘들었네 _성징	露宿困晨興
늘 마음에 걸린 건 자취가 얕음이라	蹤迹長嫌淺
남들이 직함 부를까 조마조마해서 _사숙	官銜却怕稱
천한 사람이 따르며 반말을 해도	輿臺從爾汝
종들에게 오히려 입단속 시켰다오 _유몽인	僮僕戒揚偁
들 과일로 주린 창자 달래 보았고	野菓飢腸惱
농가의 탁주 마신 뒤 비척거렸네 _성징	村醪醉步僜

벼랑을 따라 치솟은 봉우리 보거나　緣崖看峍屼
시내 건너며 물소리 듣는 사이 _사숙　歷澗聽硼砯
아이 안고 옷 벗어 물 건넌 게[71] 몇 번인지　深幾携兒厲
노인 업고 높은 산 오르기도 했다오 _유몽인　高猶負老登
여름 석 달간 양산에서 갈옷 입었으며[72]　楊山三夏葛
마점에선 가을날 등불 밝혔다네 _성징　麻店九秋燈
얼굴에는 먼지와 때 잔뜩 끼었고　顔貌留塵垢
행장이라곤 미투리와 우산뿐이었지 _사숙　行裝任屩簦
말에 오르지 않고 지팡이 의지하며　扶藜辭款段
담요 대신 자리에 풀을 깔았는데 _유몽인　藉草替氈毹
숲이 외져 독사와 전갈 방비하고　林僻防蛇蝎
양식은 동나서 제기의 쌀 기울였네 _성징　糧空罄豆甑
절에서 본 것은 새로 만든 불상과　寺逢新造佛
옛 이름이 《능엄경》[73]인 불경이었고 _사숙　經識舊名楞

71 옷……게 : 《시경》 〈포유고엽(匏有苦葉)〉에 "강물이 깊으면 옷을 벗고 건너고, 얕으면 옷을 걷고 건넌다."라고 하였다.

72 여름……입었으며 : '양산'은 경기 양주(楊州)의 별칭이다. 1592년 4월 28일에 이정귀의 장인 권극지(權克智)가 죽었는데, 권극지는 아들이 없었으므로 이정귀가 양주에서 상례(喪禮)를 치르고 행재소로 달려갔다. 《月沙集 卷49 資憲大夫禮曹判書兼知經筵義禁府春秋館事同知成均館事世子右賓客權公墓表, 卷52 先府君行狀》 《浦渚集 卷34 議政府左議政謚文忠李公行狀》

73 능엄경(楞嚴經) : 불교의 대승경전(大乘經典)으로 10권으로 되어 있다. 705년 인도의 승려 반랄밀제(般剌蜜帝)에 의해 한역(漢譯)되어 당나라에 전래되었다. 밀교부에 속해 있으나 선정(禪定)을 말하여 선종의 주요 경전이 되었다. 원래의 이름은 《대불정여래밀인수증요의제보살만행수능엄경(大佛頂如來密因修證了義諸菩薩萬行首楞嚴

고향 생각에 허리띠는 헐렁헐렁 帶爲鄕愁緩
밤에도 앉았자니 옷은 주름졌지 _유몽인 衣因夜坐稜
높이 나는 들새를 부러워하기도 하고 高飛羨野鳥
속세의 번뇌로 중 보기가 부끄러웠지만 _성징 塵累愧山僧
만 번 죽어도 분명한 건 일편단심인데 萬死丹心耿
외로운 신하의 흰머리 헝클어졌구나 _사숙 孤臣白髮鬙
전란 속에 어가가 몽진한 뒤로 風塵播越後
수어지교의 감회 더욱 새로워라 _유몽인 魚水感懷增
살아서 돌아옴은 모두가 성은이니 生返皆恩眷
천심이 누구를 차별하겠는가 _성징 天心孰愛憎
서연에 홀연 이름 오르니[74] 書筵名忽忝
이 성대한 일 일찍이 보았던가 _사숙 盛事見何曾
곤룡포의 수를 놓으려는 때에 龍袞要施繡
기러기 높이 날아 주살을 피하리오[75] _유몽인 鴻冥肯避矰

經)》인바, 이는 '무한히 큰 절대 깨달음을 성취한 부처님이 되기 위해 닦는 보살들의 완전무결하고 견고한 육도만행(六度滿行) 수행법을 설명한 경'이라는 의미이다.

74 서연(書筵)에……오르니 : '서연'은 왕세자(王世子)가 유학의 경전(經典)과 사서(史書)를 강론하는 곳이다. 1592년 7월, 임진왜란을 당해 황신이 행재소로 가던 중 이천(伊川)에 이르렀는데, 마침 광해군(光海君)이 그곳에 머물며 감무(監撫)하고 있다가 황신이 왔다는 말을 듣고 즉시 세자시강원 사서(世子侍講院司書)에 제수하였다. 《秋浦年譜 卷1 萬曆 20年 壬辰條》

75 곤룡포의……피하리오 : 당시 광해군이 세자로 책봉되어 장차 보위(寶位)에 오를 사람이었기 때문에 유몽인이 세자를 위한 일을 피하지 않고 맡았다는 말이다. 1592년 10월에 유몽인은 세자시강원 사서에 제수되었다. 《宣祖實錄 25年 10月 6日》 《양자법언(揚子法言)》 〈문명(問明)〉에 "기러기가 하늘 높이 나는데, 주살 가진 사람이 어떻게

숙직하는 곳에서 문 걸어 잠그고	直廬關獸鑰
한강에서 고기 잡는 꿈 꾸었으며 _성징	淸漢夢魚罶
나그네 몸 군중에서 오래 머물면서	旅泊淹戎幕
여름날 살던 그윽한 거처 떠올렸다오 _사숙	幽居憶夏橧
몸은 만 마리 말의 뒤를 따르지만	身隨萬馬殿
자취는 층층이 덮인 오운의 아래[76]로세 _유몽인	迹下五雲層
시름 떨치기 위해 시 읊조리고	排悶資吟詠
벗님네 덕분에 회포를 푼다네 _성징	開懷荷友朋
이웃 골라 절강 사람[77] 맞이하고	卜隣迎浙客
세 들어 사는 집은 관청 옆이로다 _사숙	僦舍傍官堋
누각에선 천년 학을 불러 보고	樓喚千年鶴
바다에선 만리를 나는 붕새 구경하네 _유몽인	溟看萬里鵬
경전에 밝기로는 하후승[78]에 부끄러우나	明經慙夏勝
곡학아세한 공손홍[79]은 되지 말아야지 _성징	曲學戒孫弘

잡겠는가."라고 한 말을 전용한 것이다.

76 오운(五雲)의 아래 : 오운은 오색구름으로 제왕의 기운을 상징하니, 즉 임금의 어가(御駕)를 호종하였음을 뜻하는 것이다.

77 절강(浙江) 사람 : 중국 절강성(浙江省) 출신으로 당시 송응창 막하에 있었던 인물로 보인다. 《월사집(月沙集)》 권1 〈삼사수창록(三槎酬唱錄)〉에 '금화 수재(金華秀才)'와 '금화노인 갈량(金華老人葛亮)이 보인다. 절강성에 금화부(金華府)가 있다.

78 하후승(夏侯勝) : 전한(前漢) 때의 학자로 자는 장공(長公)이다. 학문이 깊어 조칙(詔飭)을 받아 《상서》와 《논어》를 편찬하였다. 《漢書 卷75 夏侯勝傳》

79 공손홍(公孫弘) : 전한(前漢) 때의 학자로 《춘추》를 공부하여 현량(賢良)으로 박사(博士)가 되었고 승상에 올라 평진후(平津侯)에 봉해졌다. 그는 법률과 관리의 실무에 매우 밝고 검박하였으며 계모(繼母)에게 효성을 다하였지만, 겉으로 관대하고

새는 지쳐 숲으로 날아들려고 하고　　禽倦思投樾
말은 피곤한지 멍에를 벗으려 하네 _사숙　　駑疲欲謝軛
애통해라 옷자락 끊고 간 온교[80]여　　絶裾痛溫嶠
그리워라 한 이불 덮은 강굉[81]이여 _유몽인　　同被戀姜肱
등잔 불 한밤에 밝게 걸리었고　　燈影宵懸炯
벌레들 새벽에 시끄럽게 윙윙대네 _성징　　蟲飛曉聒薨
인간사 부침을 그대는 개의치 않는데　　浮沈君不屑
일에 서투른 나는 무능하기만 하구려 _사숙　　蹇拙我無能
시단에선 책이 짝을 이루고　　黃孋騷場件
술집에선 돈이 인기 있지만 _유몽인　　青蚨酒肆騰
훌륭한 그대들 속에서 보잘것없는 난　　自慙聯璧瓦
자못 제나라에 끼인 등나라[82] 같아라 _성징　　頗類間齊滕

안으로는 시기심이 많은 성품이었다.《漢書 卷58 公孫弘傳》

80 옷자락……온교(溫嶠) : 진(晉)나라 온교는 동진(東晉) 원제(元帝) 때의 명신(名臣)으로 그때에 진나라 형세가 쇠약하여 장안(長安)과 낙양(洛陽)이 함락되자 원제가 장강 이남 건강(建康)으로 천도(遷都)하였다. 이때에 유곤(劉琨)이 온교에게 출사하기를 권하자 그 어미가 옷자락을 잡고 만류하였으나, 온교는 옷자락을 끊고 떠나갔다.《世說新語 尤悔》

81 한……강굉(姜肱) : 후한(後漢) 때 강굉은 자가 백해(伯海)인데 두 아우 중해(仲海)·계해(季海)와 우애가 지극하여 이불을 함께 덮고 잤다.《後漢書 卷53 姜肱列傳》

82 제(齊)나라에 끼인 등(滕)나라 : 대국(大國)의 사이에 끼인 소국(小國)으로, 못난 자신이 뛰어난 사람들 사이에 끼여 부끄럽다는 것이다. 등문공(滕文公)이 맹자에게 "등나라는 소국(小國)이라 제나라와 초(楚)나라 사이에 끼여 있으니, 제나라를 섬겨야 합니까, 초나라를 섬겨야 합니까?" 하였다.《孟子 梁惠王下》

타관의 잠자리에 고향 길은 아득하기만	覊枕迷歸計
멀리 집에서 보내 온 편지 열어 본다오 _사숙	家書啓遠縢
흰 나무로 만든 쟁기[83] 약초밭에 한가로이 놓이고	藥畦閑白柄
도결[84] 담긴 푸른 주머니 꽁꽁 묶여 있겠지 _유몽인	道訣束靑縢
백성들은 먹을 양식 없어 슬픈 상황에	民餒悲庚癸
병충해로 벼 이삭까지 메말라 딱하구려 _성징	禾枯愍蟹螣
침침한 눈으로 예전에 노닐던 장소 바라보고	舊遊擡病眼
지팡이에 기대니 지난 일 주마등처럼 스치네 _사숙	往事倚枯藤
중국말을 우리말로 통역하는 가운데	華語翻方譯
당나라 시 손수 베끼기는 귀찮구나 _유몽인	唐詩懶手謄
소갈증으로 고단해 졸기 일쑤이니	消中長困睡
마른 허파 그저 병고에 시달린다 _성징	渴肺但沈疼
몸이 쇠한 지 오래라 노상 탄식인데	每歎吾衰久
항상 복을 누린다고 누가 말하는가 _사숙	誰言得福恒
일에 임해 전철 밟지 않으리라 다짐하고	事懲前轍覆
정치에선 큰 줄을 급히 당김을 경계하니[85] _유몽인	政戒大絃掚

83 흰……쟁기 : 두보(杜甫)의 〈건원중우거동곡현작가(乾元中寓居同谷縣作歌)〉에 "긴 보습 긴 보습에 흰 나무로 만든 쟁기여, 나는 너를 의탁해 생명을 영위하노라."라고 한 데서 온 말이다. 《杜少陵詩集 卷8 乾元中寓居同谷縣作歌 二》

84 도결(道訣) : 위 구절의 약초밭과 호응하여 도가(道家)의 불로장생(不老長生)의 비결을 뜻한다.

85 정치에선……경계하니 : 《회남자(淮南子)》에 "나라를 다스림은 마치 비파의 줄을 조정하는 것과 같으니, 큰 줄이 너무 팽팽하면 작은 줄이 끊어진다."라고 하였다. 《淮南子 繆稱訓》

위태한 국운 회복하여 장차 태평하겠지만	匡復時將泰
돌아가려면 달이 얼마나 차고 기울어야 할지 _성징	旋歸月幾絚
집은 텅 비어 벽만 덩그러니 남고	家無四壁立
문에는 응대할 어린 종도 없다네 _사숙	門絶尺童膺
도성 옛터가 잿더미로 변했으나	舊址淸灰燼
새 궁궐 짓는 소리 성대히 들리리니 _유몽인	新宮起椓陾
이제부터는 나라의 재건 경하하고	從今慶再造
괜한 걱정일랑 하지 마세나 _성징	莫慮杞天崩

옥련환체로 지은 시[86]

玉連環詩

사방 덮은 층층 구름이 늦추위 빚어내고	四野重雲釀晚寒
두 해 머문 관문 밖[87]엔 펑펑 눈이 내렸지	二年關外雪漫漫
다시 머나먼 바다에서 가을이 저무니[88]	又臨窮海三秋暮
덧없는 인생 하루도 편할 날 없구나	莫道浮生一日安
딸은 아비 찾고 아이는 책 읽으니[89]	女已呼爺兒已讀
회포 형용하기 어렵고 술로도 달랠 수 없네	言難盡懷酒難寬
천 리 먼 곳에서 임금 뵀던 일 꿈만 같은데	見君千里眞如夢
해는 서산에 지고 새는 자려고 돌아오누나	夕照沈山宿鳥還

86 옥련환체(玉連環體)로 지은 시(詩) : 시의 내용으로 보아, 일본으로 사신을 갔던 1596년 9월에 지어진 작품인 듯하다. '옥련환체'는 시의 한 문체로, 연환체(連環體)라고도 하고 다음 구의 첫 자가 위의 구 끝 자에 감추어져 있으므로 장두체(藏頭體)라고 하기도 한다.

87 두 해……밖 : 황신이 1595년 4월부터 이듬해 8월 일본으로 사신 가기 전까지 웅천(熊川)과 부산(釜山)의 왜영(倭營)에 머문 것을 말한다.《宣祖實錄 29年 2月 28日》

88 다시……저무니 : 황신은 1596년 8월 초순부터 11월 23일까지 명나라 책봉사(冊封使) 양방형(楊方亨)과 심유경(沈惟敬)을 따라 일본으로 사신 갔었다.

89 딸은……읽으니 : 황신은 훗날 심광세(沈光世, 1577~1624)의 아내가 되는 딸(1579~1621)을 두었다. '아이'는 황일호(黃一皓, 1588~1641)를 가리킨다.《黃寅直編, 昌原黃氏秋浦家乘, 譜典出版社, 1981, 218쪽》

소차 疏箚

통정대부를 사직하는 상소[90] 병신년(1596, 선조29) 3월

辭通政疏 丙申三月

행 용양위 부호군 지제교(行龍驤衛副護軍知製敎) 황모(黃某 황신(黃愼))는 정륜입극성덕홍렬(正倫立極盛德洪烈)[91] 주상 전하께 아룁니다.

삼가 아룁니다. 신이 사신의 임무를 제대로 수행하지 못하고 왕명을 오랫동안 지체시킨 나머지 일 년 동안 일을 매듭짓지 못하였고,[92] 정탐

90 통정대부를 사직하는 상소 : 황신이 1595년 4월부터 이듬해 1월까지 웅천(熊川) 및 부산(釜山) 왜영(倭營)에 머문 공로를 인정하여 선조(宣祖)가 특명으로 가자(加資)해서 절충장군(折衝將軍) 행 용양위 부호군(行龍驤衛副護軍)에 제수하자, 이를 사양하는 상소문을 올린 것이다.《秋浦年譜 卷1 萬曆 23年 乙未條, 24年 丙申條》《宣祖實錄 29年 2月 28日》

91 정륜입극성덕홍렬(正倫立極盛德洪烈) : 1590년(선조23)에 선조(宣祖)에게 올린 존호(尊號)이다.

92 신이……못하였고 : '사신의 임무'란 1595년에 명나라 사신 심유경(沈惟敬)을 따라 왜영에 머문 것을 말한다. 1594년 가을에 명나라가 왜(倭)와 화친하고 풍신수길(豐臣秀吉)을 일본 국왕(日本國王)으로 봉해 주는 조건의 하나로 조선에서 완전히 철군할 것을 요구하였다. 이에 따라 1595년 여름에 심유경으로 하여금 조선에 있는 왜군의 철수를 감시하게 하고 아울러 조선에서 적당 배신(的當陪臣)을 차출하여 심유경을 따라 왜영에 가서 철군을 감시하도록 칙명을 내렸는데, 이때 황신이 적당 배신에 차임되었

하는 일도 실정을 제대로 파악하지 못하였으니, 신의 능력이 부족하여 이 직임을 감당할 수 없음이 이미 드러났습니다. 바야흐로 두려워 숨죽인 채 거적에 엎드려 지엄한 견책을 기다리려 하였는데, 성상께서 결점을 포용하고 끝없는 은혜를 베풀어, 신의 큰 죄는 취하지 않고 하찮은 노고를 불쌍히 여기어, 비답을 부지런히 내려 마침내 높은 작질을 하사하셨습니다. 비상한 총애와 특별한 영광이 갑자기 신의 몸에 미쳤으니, 신이 목석이 아닌 이상 어찌 감격할 줄 모르겠습니까.

다만 신하가 임금을 위해 분주히 힘을 다하는 것은 애당초 분수 밖의 일이 아닙니다. 비록 끓는 물에 나아가고 불속에 뛰어들더라도 진실로 그리해야 하는 상황이라면 해야 하며, 윗사람은 이를 가지고 아랫사람에게 은혜를 베풀지 말아야 하고 아랫사람은 이를 가지고 윗사람에게 보답을 구하면 안 됩니다. 만약 한번 출입하고 한번 왕래하는 수고까지 번번이 은전을 내린다면, 벼슬을 주거나 포상을 내리는 제도가 잘못될 뿐더러, 신하된 자 또한 어찌 스스로 공이라 여기고 마음 편히 받을 수 있겠습니까.

현재 중외의 대소 신료 치고 나랏일에 동분서주하지 않는 이가 없습니다. 그런데 신이 한 일은 고작 중국 장수를 따라다니며 왜영(倭營)에 편히 앉아 시간만 허비했을 따름입니다. 다른 신하들처럼 말 타고 먼 길을 가 근왕(勤王)을 했다거나 일을 도모하고 계책을 수립한 공도 있지 않은데 지금 은혜로운 상을 저에게만 내리시니, 신이 어찌 감히 뻔뻔하게 받을 수 있겠습니까.

또한 이보다 더 신이 개인적으로 민망하게 여기는 것이 있습니다.

던 것이다. 《燃藜室記述 卷17 宣祖朝故事本末》《宣祖實錄 28年 4月 7日》

왜적은 우리나라가 만세토록 반드시 갚아야 할 원수로, 모든 지아비와 지어미까지 지극히 원통해하고 있습니다. 성상을 위해 창칼을 휘두르며 적과 싸우다 죽지 않아서 이미 신하의 큰 죄를 범했거니와, 신은 또 적진에서 저들과 함께 지내면서 매일 원수를 상대로 부끄러움을 참고 원망을 풀어주느라 전쟁에 나가지 못하였으니 그 치욕스러움이 지극합니다. 그런데 두터운 상과 큰 영화가 도리어 적의 예봉을 꺾고 수급을 벤 장수들과 같으니, 너무도 과하지 않겠습니까. 이것이 신이 영화를 오히려 부끄럽게 여기고 마음이 불안해서 감당할 수 없는 이유입니다.

신의 노고로 말하면 기록할 만한 자취가 없고, 실정을 헤아려 보아도 작록을 받기 어려운 실상이 있습니다. 신이 감히 구차하게 형식적인 겸양을 따라 관행대로 성상을 번거롭게 해 드리는 것이 아닙니다. 삼가 바라건대 밝으신 성상께서 다만 제수한 작록을 회수하여 어리석은 신의 분수를 편안케 해 주신다면, 더할 나위 없이 다행이겠습니다. 신은 너무도 두렵고 절박한 마음을 이기지 못하고 삼가 죽음을 무릅쓰고 아룁니다.

호조 참판을 사직하는 상소 무신년(1608, 광해군 즉위년) 5월

辭戶曹參判疏 戊申五月

삼가 아룁니다. 신이 지난 신축년(1601, 선조34) 겨울에 대사헌으로 재직하면서 돌아가신 스승 성혼(成渾, 1535~1598)을 남들이 제멋대로 헐뜯는 것을 보고 인혐(引嫌)하며 조목조목 반박하였는데, 언사가 망녕되어 군부(君父)를 잊고 사당(私黨)을 비호한 죄에 빠지는 줄도 몰랐다가 연루되어 대간(臺諫)의 탄핵을 받고 관직이 삭탈되어 한가로이 지냈습니다.[93]

그러다가 작년 여름에 대행대왕과 전하께서 신을 용서하여 다행히 죄적(罪籍)에서 빼 주시고 다시 재신(宰臣 정2품 이상인 신하)의 반열에 올려주셨습니다.[94] 성은이 하늘과 같아 우러러 갚을 길이 없습니다. 오직 스스로 새로워지기를 힘쓰는 것만이 조금이나마 은혜에 보답하는

93 신이……지냈습니다 : 정인홍(鄭仁弘)의 사주를 받은 문경호(文景虎)가, 성혼(成渾)과 그와 관련된 사람들을 일망타진할 생각으로 1601년(선조34) 12월 20일에 상소하여 성혼이 최영경(崔永慶)을 모함해 죽였다고 주장하였다. 당시 대사헌으로 있던 황신이 성혼의 무고를 조목조목 반박하였는데, 이후 정국을 잡은 북인(北人) 세력들이 성혼 및 서인(西人)에 대해 강력한 공세를 취한 결과 1602년 2월, 성혼의 관작이 추탈되고 같은 해 4월에는 황신의 관작이 삭탈되었다. 《宣祖實錄 34年 12月 20日・22日・23日・30日, 35年 4月 13日・17日》 《月沙集 卷51 秋浦黃公行狀》 《牛溪年譜 卷1 萬曆 30年 壬寅條》

94 작년……올려주셨습니다 : 황신은 1607년(선조40) 5월에 직첩(職牒)을 돌려받았고, 윤6월에 서용되어 용양위 부호군(龍驤衛副護軍)과 상호군(上護軍)에 차례로 제수되었으며, 광해군이 즉위한 이듬해 5월에는 호조 참판에 제수되었다. 《秋浦年譜 卷1 萬曆 35年 丁未條, 36年 戊申條》

길일 것입니다. 하지만 신의 생각에는 죄명이 무겁고 공론은 두렵기만 합니다. 용서하는 은전이 비록 가뭄 때문에 내려졌다지만,[95] 서용 명령이 내려진 건 국정의 기본 방침에서 나온 것도 아니고, 참판이라는 벼슬도 여타 관직과 견줄 바가 아니니, 신이 은혜를 탐하고 총애를 갈구한 나머지 사리 판단 없이 진출하기를 구한다면 이는 너무도 부끄러움 없는 행동일 것입니다.

게다가 신이 당초 죄명을 얻은 것은 성혼을 구호하였기 때문입니다. 그런데 성혼은 끝내 이로 인해 거듭 탄핵을 당했으니, 신이 기망하는 말을 한 꼴이 되었습니다. 지금까지도 성혼이 죄적(罪籍)에 있는 것은 신이 지난날 기망한 죄가 신에게 있는 격이니, 신의 벼슬이 회복되더라도 죄는 진실로 사라지지 않습니다.

이 때문에 두렵고 불안해서 출사하려다가도 다시 걸음을 멈췄습니다. 선왕의 조정에서 큰 은혜를 입었음에도 딱 한 번 대궐에 가서 사은했을 뿐 곧바로 도성 문을 빠져나왔고, 대행대왕께서 승하하셨을 적에는 달려가 십여 일 머무는 동안 병을 칭탁하며 직임을 맡을 수 없는 이유를 연거푸 아뢰었으며, 인산일이 잡히지 않고 재궁(梓宮 임금의 관(棺))이 빈소에 모셔져 있는데[96] 성상을 모시고 제사지내는 대열에 참여하지 않았고, 전하께서 막 즉위하여 정사를 새롭게 펼치는 날에도

95 용서하는……내려졌다지만 : 1607년에 가뭄이 극심하게 들자 이에 대한 타계책으로 삼정승(三政丞)이 억울한 옥사를 심리하고 인재를 등용할 것 등을 건의하였다.《秋浦年譜 卷1 萬曆 35年 丁未條》《宣祖實錄 40年 5月 26日》

96 인산일이……있는데 : 선조(宣祖)가 1608년 2월 1일에 정릉동 행궁의 정침에서 승하하자, 같은 해 6월 11일에 발인하여 이튿날 하관(下棺)하였는데, 이 상소는 발인 전에 올린 것이다.《光海君日記 卽位年 2月 1日, 6月 11日·12日》

아침부터 밤늦도록 부지런히 복무하는 직분을 행하지 않았습니다.

신이 보잘것없는 사람이지만 조금이나마 군신간 의리에 대해 알고 있습니다. 진실로 매우 부득이한 경우가 아니라면, 어찌 감히 시종 사퇴로 일관해서 낭패를 자초하면서도 그칠 줄 모르겠습니까. 진실로 돌아가신 스승을 저버리는 짓은 신이 차마 할 수 없으며, 군주를 잊고 사당을 비호하는 행태도 의리상 감히 보일 수 없습니다. 신하가 이런 오명을 뒤집어쓴다면 천지간에 용납될 곳이 없거늘, 신이 또한 무슨 마음으로 보위를 계승하신 날에 다시금 요행으로 벼슬을 얻으려고 하겠습니까.

다만 전하께서 상중에 계신 초기여서 이런 일로 전하를 번거롭게 해 드리면 안 된다는 생각에 개인 사정을 말씀드리지 않고 묵묵히 돌아왔습니다. 그러나 태만했던 신의 죄는 만 번 죽어 마땅하기에 언제나 형틀에 묶인 사람처럼 처벌 받을 날만 기다렸습니다. 그런데 뜻밖에도 이런 즈음 주상 전하께서 집정한 초기의 정치를 드높게 펼치시어, 옛 신하를 버리지 않고 오랫동안 버려진 신을 기용해서 아경(亞卿 참판)의 임무를 맡기셨습니다. 비단 죗값을 받지 않았을뿐더러 도리어 영화로운 총애를 특별히 입었으니, 신이 목석이 아닌 이상 어찌 감격하지 않겠습니까.

다만 신의 사정은 위에서 진달한 바와 같아, 비록 뻔뻔한 얼굴로 벼슬에 종사하여 억지로 직무를 수행한다 하더라도 행동이 크게 어긋났고 자취가 연좌제 처벌을 받아야 하는 만큼 공론이 용서하지 않을 것이요, 조정에서는 배척할 것입니다. 그러니 감히 성상의 총애를 믿고 쏟아지는 비난에 아랑곳하지 않으면서 새로운 정치에 누를 끼친다거나 조정을 욕되게 할 수는 없습니다.

하찮은 신은 일찌감치 성상의 지우를 입고 항상 감격스러운 마음에 조금이나마 보답할 것을 맹세하였습니다. 구구한 견마지성(犬馬之誠)만은 실로 남에게 뒤지지 않는데, 더구나 국사(國事)가 한창 위급한 날을 만났으니 더더욱 신하가 스스로 편안히 있을 때가 아닙니다. 하지만 신하는 진퇴를 반드시 의리에 맞게 하여야 하고 염치와 관계된 것은 구차히 할 수 없다고 생각합니다. 그러니 신이 지은 죄를 숨기고서 이익만 보고 분수는 망각한 채 이 사건과 관련 없는 사람처럼 행세하면서 주상 전하께 아뢰지 않는 짓을 어찌 감히 하겠습니까. 낭패스러운 사정을 어떻게 해야 할지 모르겠습니다.

삼가 바라건대, 천지 부모와 같은 성상께서 불쌍히 여기고 자세히 살피시어, 신의 벼슬을 삭탈하여 신의 어리석은 분수를 편안하게 해 주신다면, 더할 나위 없이 다행이겠습니다. 신이 은혜를 입고 감격한 가운데 황공하여 간절히 바라는 마음을 금치 못하여 삼가 죽음을 무릅쓰고 아룁니다.

억울하게 죄에 걸린 돌아가신 스승을 변론하는 상소[97]

경술년(1610, 광해군2) 10월

卞論亡師誣枉疏 庚戌十月

삼가 아룁니다. 신이 지난날 선왕의 조정에서 언관(言官)으로 있을 때 돌아가신 스승 성혼(成渾)이 억울하게 모함당하는 것을 보고 인혐(引嫌)하며 조목조목 해명했는데[98] 언사가 망녕되어 성상의 마음을 돌리기는커녕 당시 꺼리는 사안을 거듭 건드리고 말았습니다. 다행히 가벼운 처벌을 받고 물러나 시골에서 살게 되자, 산골짜기에서 여생을 보내게 된 것을 분수로 여겼고 더 이상 조정에 나아갈 의지도, 면목도 없었습니다.

그런데 마침 성상께서 보위를 계승하여 구신(舊臣)에게서 받은 옛 은혜를 잊지 않고 외람되이 거두어 발탁해 주셨습니다. 오랫동안 버려진 신을 기용해 갑자기 정경(正卿)의 반열에 올리시니,[99] 천지 부모와

97 억울하게……상소 : 1610년 10월 13일에 올린 것이다.《光海君日記 2年 10月 13日》

98 신이……해명했는데 : 정인홍(鄭仁弘)의 사주를 받은 문경호(文景虎)가 1601년(선조34) 12월 20일에 상소하여 성혼이 최영경(崔永慶)을 모함해 죽였다고 주장하자, 당시 대사헌으로 있던 황신이 성혼의 무고를 조목조목 반박하였는데, 뒤에 나오는 〈대사헌을 인피하는 계[都憲引避啓]〉가 이것이다.《宣祖實錄 34年 12月 20日·22日·23日·30日, 35年 4月 13日·17日》《月沙集 卷51 秋浦黃公行狀》《牛溪年譜 卷1 萬曆 30年 壬寅條》

99 정경(正卿)의 반열에 올리시니 : '정경'은 정2품 관직으로 보통 판서를 가리킨다. 황신은 1609년(광해군1) 1월 14일에 공조 판서에 제수되었다가 9월 6일, 호조 판서로 자리를 옮겼다.《光海君日記 1年 1月 14日, 9月 6日》

같은 은혜를 갚을 길 없어 만절을 힘쓰면서 조금이나마 보답하기를 바랐습니다. 그러나 재주와 지혜가 졸렬하고 일처리가 서툰 몸으로 외람되이 국가 재정을 주관하고 거듭 중국 사신을 접대하면서[100] 위로는 군주를 욕되게 하고 아래로는 남들의 비난을 초래하였으니, 신의 죄가 이에 이르러 더욱 커졌습니다.

그리하여 집에 거적을 깔고 상소하여 신의 죄를 열거하였는데 성상의 비답은 너그러이 용서하고 말씀은 온화하셨기에 감격하여 눈물을 흘리면서 앞뒤 헤아리지 않고 나오게 되었습니다. 그러나 이번에 또 구구한 신하의 도리상 편치 못한 사정이 있어 어쩔 수 없이 만 번 죽을 죄를 무릅쓰고 한 말씀 올릴까 합니다.

신이 삼가 곽재우(郭再祐)가 올린 네 번째 상소문[101]을 보니 그중에 "신은 성혼의 사람됨이 과연 어떠했는지 모릅니다. 다만 사람들이 저마다 간사한 사람과 패거리를 이루어 임금을 배반했다면서 그를 비난하고, 선비들이면 누구나 처사(處士)를 계획적으로 살해했다고 그를 배척하는 소리[102]를 들었는데, 선왕께서 그런 정상을 통촉하여 책임을

100 거듭……접대하면서 : 1609년에 중국에서 사제 천사(賜祭天使)가 왔을 때 황신은 어전 통사(御前通使)로 활약하여 정헌대부(正憲大夫)로 가자(加資)되었다. 《光海君日記 1年 12月 19日》《秋浦年譜 卷1 萬曆 37年 己酉條》

101 곽재우(郭再祐)가……상소문 : 당시 함경도 관찰사로 있던 곽재우가 1610년 9월 4일에 올린 것으로, 《망우집(忘憂集)》 권2에 실려 있는 〈경술년 9월 어느 날 올린 상소〔庚戌九月日疏〕〉를 가리킨다. 《光海君日記 2年 9月 4日》

102 선비들이면……소리 : '처사'는 최영경(崔永慶)을 가리킨다. 1589년에 발생한 기축옥사(己丑獄事)에 최영경이 연루되어 옥사(獄死)하였는데, 당시 북인들은 최영경이 억울하게 죽은 것을 성혼이 구명하지 않은 탓으로 돌렸던 것이다. 본문의 '선비들'은 북인 중심의 남인을 말한 것이다.

물어 처벌하셨으니 이야말로 만세의 공론이 수립될 수 있는 절호의 기회였습니다." 하였고, 많은 선비들이 논한 것에 대해서는 "간사한 사람을 현자로 둔갑시켰다〔指奸爲賢〕"라고까지 하였습니다. 아, 어쩌면 사람의 말이 한결되이 이럴 수 있단 말입니까. 종전에 성혼을 헐뜯기 좋아하던 자들도 성혼에게 '간사하다〔奸〕'는 글자는 사용하지 않았는데 곽재우가 거리낌 없이 제멋대로 쓰고 있으니, 어찌 마음이 아프지 않겠습니까.

신이 삼가 생각건대, 돌아가신 스승 성혼은 유명한 아버지[103]의 아들로 세상의 명리에는 조금도 관심 없이 병든 몸으로 산림에 누워 지낸 인물입니다. 문을 닫아걸고 독서하면서 세상에 알려지기를 구하지 않았지만 사림이 경모하여 명성은 나날이 드러났습니다. 그리하여 선왕의 조정에서 현자를 구하던 날에 맨 먼저 초빙하는 명을 받았고,[104] 전후로 베풀어진 은총도 세상에 비할 데가 없었습니다. 간혹 융숭한 지우(知遇)에 감격하여 억지로 나아가 사은한 때도 있지만 평생토록 조정에서 벼슬한 기간은 100일도 채 안 되었고, 융병(癃病)으로 일찍

103 유명한 아버지 : 성수침(成守琛, 1493~1564)으로, 본관은 창녕(昌寧), 자는 중옥(仲玉), 호는 청송(聽松)이다. 동생 성수종(成守琮)과 함께 조광조(趙光祖)에게서 수학하여 형제가 모두 명망이 높았다. 1519년 현량과(賢良科)에 천거되었지만 그 해에 기묘사화가 일어나 스승 조광조와 많은 추종 선비들이 처형되고 유배당하자 벼슬을 단념하고 백악산(白岳山) 기슭에 서실 몇 칸을 지어 청송(聽松)이란 편액을 내 걸고는 두문불출하였다.

104 선왕의……받았고 : 1568년(선조1) 3월 1일에 선조(宣祖)가 유일(遺逸)을 천거하라고 하자 경기 관찰사 윤현(尹鉉)이 명에 응하여 성혼을 천거하니, 전생서 참봉(典牲署參奉)에 제수하였다. 《우계 연보(牛溪年譜)》에는 3월이 아닌 2월에 있었던 일로 기록하였다. 《宣祖修正實錄 1年 3月 1日》《牛溪年譜 卷1 隆慶 2年 戊辰條》

쇠퇴하고 만년에는 이질로 엎드려 지냈으니, 그의 출처 전말은 이에 불과할 따름입니다.

그런데 국가가 불행하여 조정이 대립한 나머지 털끝만한 과실까지 서로 들추어 헐뜯으니 세상에는 온전한 사람이 없게 되었습니다. 성혼이 계미년(1583, 선조16) 연간에 상소하여 이이(李珥)를 구원했다는 이유[105]로 유속(流俗)에 크게 미움을 사서 초야에 있는 몸인데도 다른 사람들과 더불어 배척의 대상에 올랐습니다. 그러다가 기축옥사(己丑獄事)[106] 때 정철(鄭澈)이 추관(推官)이 되었는데, 성혼과 정철의 교분이 이이(李珥)에 비할 바는 아니었지만 그래도 젊어서부터 서로 친하게 지낸 정의가 자못 돈독했기에, 정철이 당시 무거운 죄를 얻자 사람들이 성혼을 미워하는 마음도 뒤따라 더욱 깊어졌습니다.

이로부터 논자들이 성혼에게 분풀이하며 죄를 덮어씌우려고 했지만 성혼의 평소 마음가짐이라든지 행동에서 흠잡을 데가 없었기 때문에 억지로 찾고 찾다가 마침내 최영경(崔永慶)을 모함해 죽였다는 죄명을

105 성혼이……때문 : 《우계 연보(牛溪年譜)》는 당시 상황을 다음과 같이 전하고 있다. "이때 율곡이 정사를 담당하여 중외의 촉망을 받았고 성상의 율곡에 대한 사랑이 대단했기 때문에 여러 소인들이 눈을 흘겨 반드시 이간질하려 하였다. 대사헌 이기(李墍)와 대사간 송응개(宋應漑) 등이 율곡이 국정을 제멋대로 처결하고 교만 방자하여 성상에게 불경하다는 등의 말로 탄핵하자, 옥당 허봉(許篈) 등은 차자를 올려 양사(兩司)를 도우면서 비방하고 배척하기를 더욱 심하게 하였다. 이에 율곡은 벼슬을 내놓고 서울을 떠났고, 선생은 마침내 상소하였다."《牛溪年譜 卷1 萬曆11年 癸未條》

106 기축옥사(己丑獄事) : 흔히 '정여립(鄭汝立) 사건'을 불리는 이 옥사는 1589년(선조22)에 일어났다. 당시 혼란한 시대적 상황 속에 서인계 인물들과 가까이 지내다 동인으로 전향한 정여립(1546~1589)이 체제 전복을 꾀하다가 사전에 발각되어 자살했다고 알려지자 그것을 계기로 하여 일어난 옥사였다.

씌운 것이니, 아, 또한 참혹합니다. 최영경이 옥에 갇혔을 때는 성혼이 산속으로 돌아간 뒤였기에[107] 성혼은 영경의 옥사와 아무런 상관이 없으며, 편지를 보내 구명한 일[108]은 누구나 훤히 아는 사실입니다. 지금 그가 직접 쓴 글들이 모두 남아 있으니 조사해 보면 됩니다.

당초 이런 이야기는 영남에서 시작되었습니다. 신이 이때 대사헌으로 있으면서 돌아가신 스승이 무함 받은 사유와 신이 성혼에게서 들은 것들을 종합해 계사(啓辭) 가운데에 진달하였고,[109] 당시 대간들도 이 문제를 놓고 서로 글을 올려 논변하였는데 모두 죄를 받고 쫓겨났습니다. 뒤이어 언관(言官)이 된 자들은 모두 성혼을 공격하는 것을 자신의 임무로 삼았습니다. '모함해 죽였다〔構殺〕'는 것은 사실과 거리가 멀었기 때문에 여전히 기정사실로 못 박지 못하고 다시 말을 바꿔 "간사한 사람과 패거리를 이루어 임금을 버렸다"고 올가미를 씌웠습니다. 선왕께서도 그 실상을 알고 계셨기에 성혼의 죄명 가운데 '모함해 죽였다'고 한 조목은 지워버리도록 하셨으니, 그것이 한순간 무함하기 위해 날조한 말에서 나왔음이 또한 분명해졌습니다.

107 최영경이……뒤였기에 : 성혼은 1590년 5월에 도성에 있다가 파산(坡山)으로 돌아갔고, 최영경은 6월에 하옥되었다. 《牛溪年譜 卷1 萬曆 18年 庚寅條》《宣祖修正實錄 23年 6月 1日》

108 편지를……일 : 최영경이 옥중에 있을 때 정철은 이산해(李山海), 유성룡(柳成龍)과 함께 옥사를 다스렸다. 성혼이 정철에게 편지를 보내 "최영경은 부모에게 효도하고 어른을 공경하며 깨끗이 수행하는 사람이니, 어찌 역모에 가담할 리가 있겠는가."라고 하자, 정철이 그 말을 옳게 여겨 어전에서 최영경을 강력히 구명하였으나 받아들여지지 않았다. 《月沙集 卷54 牛溪先生諡狀》《牛溪年譜 卷1 萬曆 18年 庚寅條》

109 계사(啓辭) 가운데에 진달하였고 : 〈대사헌을 인피하는 계〔都憲引避啓〕〉를 가리킨다.

그 후로 10년 동안 이런 말을 제기하는 자가 있음을 듣지 못했습니다. 성혼을 구하던 사람들만 터무니없는 말에 분통을 터뜨린 게 아니라 성혼을 공격한 자들까지도 저들의 허탄함을 비웃어서, 한 시대의 논의가 다시 갈리지 않았던 것입니다. 그런데 이번에 곽재우가 상소문 가운데 또 이 말을 꺼내면서, 심지어 "성혼의 원통함을 변론한 것을 가지고 임금을 기망했다"라고 하여, 성혼을 구하려는 한 시대 사람들을 싸잡아 임금을 속이고 패거리 짓는 사람으로 매도하였습니다. 아! 임금을 속이고 패거리 짓는 일이 얼마나 큰 죄입니까.

'성혼이 모함해 죽였다'는 무고에 대해서는 신이 맨 먼저 해명하였습니다. 그러니 이로 인해 견책을 받는다면 임금을 속이고 패거리 지은 죄는 신보다 더한 사람이 없고, 성혼이 모함해 죽였다는 논의가 아직도 사라지지 않았다면 기망한 죄가 여전히 신에게 있는 것이니, 어떻게 신처럼 죄를 지은 사람이 외람되이 경(卿)의 작질을 차지하고서 두꺼운 얼굴로 조신의 대열을 따를 수 있겠습니까. 또한 '성혼이 임금을 버리고 간사한 사람과 패거리 지었다'는 억울한 누명을 전후로 벗겨 주려는 사람이 많았는데, 몇 해 전에 신응구(申應榘, 1553~1623)가 또한 빠짐없이 진달하였습니다.[110] 신응구는 신과 함께 성혼의 제자입니다. 신이 하고 싶은 말을 신응구가 이미 하였으니, 신이 감히 다시 너저분한 말로 성상을 번거롭게 해 드리지는 못하겠습니다.

110 몇 해……진달하였습니다 : 1608년 11월 22일에 광주 목사(廣州牧使) 신응구(申應榘)가 올린 상소를 가리킨다.《光海君日記 卽位年 11月 22日》 신응구의 본관은 고령(高靈), 자는 자방(子方), 호는 만퇴헌(晩退軒)으로, 성혼의 문인이다. 1582년에 사마시에 합격하였고, 좌부승지 등을 지냈다.

다만 신이 매우 애통해하는 점은, 성혼이 바른 학술과 독실한 행실을 지니고도 불행히 사론(士論)이 분열되고 호오(好惡)가 공정하지 못한 시대를 만나 위로는 성상의 신뢰를 받지 못하고 아래로는 조정에 용납되지 못하여, 평생 벼슬하지 않은 사람이 도리어 간사한 사람과 패거리 지었다는 오명을 뒤집어썼는가 하면, 종신토록 임금을 사랑했던 정성조차 끝내 임금을 버린 죄에 연루되었는데 세월이 더욱 오래 지날수록 이러한 억울함을 풀기 어렵다는 것입니다. 이것이 신이 몸에 병이 든 것처럼 침통하고 답답했던 것입니다. 성혼이 지하에서 원한을 품은 지도 벌써 10년입니다. 그 사람의 몸은 뼈와 함께 오래전에 썩어 문드러졌을 것이니, 그를 좋아하던 감정도 싫어하던 감정도 모두 사라질 판에 저 곽재우는 어떤 사람이길래 큰소리로 배척하면서 또다시 백일하에 무함을 해 댄단 말입니까.

오늘날 조정에 있는 신하 중에는 성혼을 아끼는 사람만 있지 않으니, 삼가 바라건대 밝으신 성상께서 신의 이 상소를 신하들에게 내려 진위를 하문하시고, 대신(大臣)으로부터 대간(臺諫)의 시종신 및 낭관에 이르기까지 모두 각자의 소견을 진달하게 하십시오. 만약 성혼에게 실제로 어긋난 정상이 있다고 한다면, 명백하게 밝히고 자세히 심의해서 성혼의 죄를 다시 더하고, 인하여 신이 전후에 걸쳐 기망한 죄를 다스려 중죄인을 처벌하는 형률로 논죄하소서. 그러면 신은 마땅히 달갑게 죄를 인정하고 부끄러운 마음으로 죽을 것입니다. 어찌 애매한 것을 분별하지 않고 반신반의한 상태로 놔둘 수 있겠습니까.

신은 어려서 부친을 여의고[111] 공부할 기회를 잃었다가 성혼의 문하

111 신은……여의고 : 부친은 황대수(黃大受, 1534~1571)로, 1571년에 영남(嶺南)

에 들어가 학업을 닦았습니다.[112] 재삼지의(在三之義)[113]를 잊을 수 없고 죽은 스승을 등지는 일도 차마 할 수 없기에, 돌아가신 스승이 죄를 입고 견책 당한 뒤로는 쫓겨나 시골에 있으면서 벼슬에 대한 생각을 접었습니다. 무려 6, 7년이라는 긴 시간 동안 연루되어 버려졌으나 끝내 후회하지 않았습니다.

의리로 볼 때 돌아가신 스승이 죄적(罪籍)에 있는 이상 신만 홀로 영화를 누릴 수 없어서, 일찍이 이러한 뜻을 상소에 갖추어 아뢰었는데 성의가 부족한 탓에 받아들여지지 못했습니다. 마침 국가에 일이 많아 감히 몸을 빼서 물러나지 못하고 금띠 두르고 자색 인끈 차고서 경(卿)의 반열에 있은 지도 어느덧 2년이 되었습니다. 위로는 성상의 태산 같은 은혜에 감격하긴 했어도 아래로는 돌아가신 스승을 저버려서 얼굴이 부끄러웠는데, 하물며 지금 돌아가신 스승이 재차 무함을 당하고 신 또한 기망한 죄를 면치 못하였으니, 어떻게 다시 조정 신하의 반열을 탐하고 구차하게 처벌을 피하고자 주변 사람들에게 웃음거리가 되는 행동을 하겠습니까.

삼가 바라건대, 밝으신 성상께서 속히 신의 관직을 삭탈하고 시골로 쫓아버려서 임금을 기망하는 신하의 경계로 삼으신다면 더할 나위 없이 다행이겠습니다. 신이 조정에 돌아온 후로 늘 돌아가신 스승의 원통

에 기근이 들자 경차관(敬差官)으로 선발되어 가던 중 이해 5월에 성주(星州)에서 객사하였는데, 당시 황신은 10살이었다.《梧陰遺稿 卷3 朝奉大夫工曹正郎黃公墓碣銘》

112 성혼의……닦았습니다 : 황신은 22살 되던 1583년에 성혼(成渾)의 문하에 나아가 배우기 시작했다.《秋浦年譜 卷1 萬曆 11年 癸未條》

113 재삼지의(在三之義) : 부모와 임금, 그리고 스승을 동일하게 섬기는 도리를 말한다.《國語 晉語》

한 사정을 한번 성상께 아뢰려고 했으나 지금까지 망설이면서 공론이 나오기를 기다렸습니다. 그런데 이번에 얼토당토않은 말이 또 생각지 않게 나왔으니, 신이 어찌 감히 죽음이 무서워 한마디 변론하는 말을 하지 않을 수 있겠습니까. 신은 너무도 두렵고 절박한 나머지 삼가 죽음을 무릅쓰고 아룁니다.

호조 판서를 사직하는 상소[114] 신해년(1611, 광해군3) 11월
辭戶判疏 辛亥十一月

삼가 아룁니다. 신은 본래 노둔하고 용렬한 사람인데 외람되이 중임을 맡았습니다. 직무를 소홀히 한 날이 많아 죄악이 나날이 쌓였지만 성상께서는 포용하고 너그러이 용서하여 지엄한 처벌은커녕 특별한 예우를 거듭 더해 주셨습니다. 질병으로 인해 전후로 올린 체직 요청에도 매번 파격적인 휴가를 내려 주셨으니, 신이 목석이 아닌 바에야 어찌 감격하지 않겠습니까. 다만 신의 사정이 낭패스러워 억지로 직무를 행할 수 없는 점이 있어서 천지 부모와 같은 전하께 호소하지 않을 수 없으니, 삼가 바라건대 밝으신 성상께서 가련히 여겨 살펴 주십시오.

신이 직임을 받든 지 3년이 되었습니다.[115] 본조(本曹 호조)는 매우 바쁘고 업무가 잡다한데 또 국가에 일이 많아 큰 의례를 계속 치러야 했습니다. 해를 이어 아홉 번이나 도감(都監)을 설치하였고,[116] 그때마

114 호조……상소 : 이 글은 《광해군일기》 3년 11월 18일 기사에 보인다.

115 신이 직임을……되었습니다 : 호조 판서를 맡은 지 3년이 흘렀다는 말로, 황신은 1609년(광해군1) 9월 6일에 호조 판서에 제수되었다. 《光海君日記 1年 9月 6日》

116 해를……설치하였고 : '도감'은 국혼(國婚)이나 국장(國葬), 또는 대궐을 건축하는 등의 큰 일이 있을 때에 임시로 설치하는 관아이다. 황신이 호조 판서에 임명된 후로 훈련도감(訓鍊都監), 궁궐도감(宮闕都監), 책례도감(冊禮都監), 부묘도감(祔廟都監), 가례도감(嘉禮都監) 등의 제조(提調)를 겸하였다. 《秋浦年譜 卷1 萬曆 37年 己酉條, 39年 辛亥條》

다 신은 전례에 따라 도감의 일을 겸직하였습니다. 그리하여 날마다 교대로 나아가 각처에서 분주히 일하였는데, 어떤 때는 하루에 몇 군데 일을 살피기도 하면서 무더운 여름을 두 번, 추운 겨울을 세 번이나 났으니 사람으로서 버티기 힘든 상황이었습니다.

신은 어려서부터 허약하여 평소 병을 달고 살았는데 이제 오십의 나이가 되니 근력은 쇠하고 피로가 과도하여 내상(內傷)이 마침내 심해졌습니다. 금년 봄부터 위태로운 증세가 갖가지로 나타나 현기증, 곽란(霍亂)[117], 연각(軟脚)[118], 요혈(溺血)[119] 등의 질환이 괜찮아졌다가도 금세 재발하는가 하면, 왼쪽이 특히 허하여 팔다리 관절에 마비 증세까지 나타났으니, 원기가 흩어져 산송장이나 다름없게 되었습니다. 의원은 신을 보고 위급하게 여겼고 지인들도 신을 걱정해 주었으며, 신 또한 이것이 장차 고질이 될 줄 어느 정도 알았습니다.

그런데도 오히려 성상의 은혜를 생각하고 남다른 예우에 감격한 나머지 애써 직무를 수행하면서 한 해를 마치려고 했다가 허물이 화를 부르고 복이 지나쳐 재앙을 만들었습니다. 초가을 이후 연달아 며느리와 손자를 잃어[120] 참혹한 슬픔을 인정상 견디기 어려웠는데, 묵은 병까지 점점 더해져 신병을 또 앓게 되었습니다. 낮에는 아픈 몸을 이끌고 일을 처리하고 밤에는 이리저리 몸을 뒤척이며 고통을 호소합니다.

117 곽란(霍亂) : 음식이 체하여 토하고 설사하는 급성 위장병이다.

118 연각(軟脚) : 각기병으로, 비타민 부족으로 일어나는 영양실조 증상이다.

119 요혈(溺血) : 소변에서 피가 나오는 것을 말한다.

120 초가을……잃으니 : '며느리'는 직장(直長) 안중묵(安重默)의 딸로, 1604년에 시집와서 1611년에 비로소 아들을 낳았는데, 해산 후 7일 만에 산모가 죽고 아들도 몇 달 뒤에 잃었다. 《黃寅直 編, 昌原黃氏秋浦家乘, 譜典出版社, 1981, 219쪽》

몸뚱이만 남았을 뿐 이미 제정신이 아니어서 앞뒤로 있었던 일을 모두 잊어버리고 맞닥뜨리는 일마다 막막하기만 하니, 이런 상태에서 복잡한 업무를 맡아 볼 수 있겠습니까.

요즘 앓는 질환은 외감(外感)[121]으로 인한 것이지만 수없이 몸을 상한 뒤 원기가 크게 망가지다 보니 위험한 고비와 죽을 징조가 한두 가지가 아닙니다. 만약 지금 조섭하지 않으면 결국 병을 치료할 수 없게 될 것입니다. 하찮은 신의 목숨이야 아까울 것이 못 되나, 이 때문에 직무를 폐한다면 나랏일은 어찌해야 합니까.

신은 잠저(潛邸) 시절부터 모시면서[122] 일찌감치 우대를 받았으니, 견마지로를 바치려는 정성만큼은 감히 다른 사람과 같게 여기지 않고 항상 몸을 바쳐 성은에 조금이나마 보답하려고 하였습니다. 어찌 감히 어려움을 사양하고 번거로움을 싫어한 나머지 스스로 편안히 지낼 계책을 세워, 위로 성상의 은혜를 저버리고 아래로 신의 본심을 배반하겠습니까. 진실로 신의 질병이 고질이 되고 정력이 다해서, 아무리 노둔한 몸을 채찍질하고 분발시키려 해도 그럴 수 없게 되었기 때문입니다.

간곡히 바라건대, 성상께서 신의 처지를 살펴 신을 체직시킴으로써 몸조리하는 데 전념할 수 있게 해 주신다면, 한두 해 지나 기력이 다소 회복된 뒤 정신을 수습해 관직을 맡을 수 있을 것이니, 그때에는 비록 변방을 지키는 고역이나 분주히 돌아다니는 일도 사양하지 않을 것입

121 외감(外感) : 전통 의학에서 풍(風), 한(寒), 서(暑), 습(濕), 조(燥), 화(火) 등 외부의 삿된 기운에 의해 질병이 발생하는 것을 가리킨다.

122 잠저(潛邸) 시절부터 모시면서 : 광해군이 임진왜란 중에 세자에 책봉되어 분조(分朝)를 이루자 황신이 이때 생사고락을 함께하였다.

니다.

신이 병으로 몸져누운 지 벌써 보름입니다. 세 차례나 사직할 뜻을 밝히고 체직 명령을 공손히 기다렸건만, 뜻밖에도 말미를 더 주라는 명이 내려졌다고 하니, 신은 황공하고 감격하여 몸 둘 바를 모르겠습니다. 나아가 공무를 행하려고 하니 병세가 이와 같고, 앉아서 뒤따르는 명을 기다리자니 태만한 죄가 두렵습니다.

이에 감히 병든 몸을 이끌고 대궐에 나와 사은한 다음, 신의 민망하고 절박한 심정을 빠짐없이 아뢰는 가운데 털끝만큼도 전하를 감히 속이지 못합니다. 신은 너무나 두렵고 간절하여 삼가 죽음을 무릅쓰고 아뢥니다.

사간원에서 의견을 아뢰는 차자 신축년(1601, 선조34) 10월

諫院進言箚 辛丑十月

삼가 아룁니다. 예로부터 국가를 소유한 사람은 저마다 흥성한 뒤에 쇠퇴하였고 쇠퇴한 다음 부흥했으니, 쇠퇴한 뒤에도 부흥하지 못하면 끝내 혼란을 겪다가 망할 뿐이었습니다. 지금 주상 전하께서 조종의 성대한 왕업을 계승하여 중도에 나라의 비색한 운을 만나신 것 또한 흥성한 뒤에 쇠퇴한 것이니, 쇠퇴한 것을 일으키고 어지러움을 다스려서 선왕께서 부탁하신 뜻을 저버리지 않기를 도모하지 않을 수 있겠습니까.

신들이 삼가 들으니, 지난해 말 명나라 군대가 돌아갈 때[123] 성상께서 깊이 걱정하시고는 어지러움을 다스려 정상화시키고 예전의 왕업을 거듭 넓히며 기강을 정돈하고 중외를 독려하기를 도모하셨다고 하니, 이야말로 나라를 흥기하고 성군을 만들 시기로 태평한 세상을 만세토록 여는 것도 기대할 수 있었습니다. 그런데 조정 신하들이 성상의 뜻을 헤아리지 못한 채 안일하게 시간을 보내고 향락에 빠져 어느새 일 년이란 시간이 흘렀습니다. 군국(軍國)의 큰 그림에 어느 하나 믿고 나라를 다스리는 데 쓸 만한 것이 없으니, 성상께서 답답해하시고 조야에서는 실망하고 있습니다. 신들이 이것을 가슴 아프게 여깁니다.

123 지난……때 : 1600년 9월에 명나라 군대가 조선에서 완전히 철수하였다. 명나라 군대는 1592년 6월에 처음 들어왔고, 많을 때는 10만 가까운 병력이 주둔하였다.《한명기, 임진왜란과 명나라 군대, 역사비평, 역사비평사, 2001, 383쪽》

아! 오늘날 형세는 가히 위태롭습니다. 섬 오랑캐와 여진족이 앞뒤로 호시탐탐 기회를 엿보고, 정치는 피폐하여 백성들이 원망하며, 교화는 해이해져 풍속이 경박하니, 위기감과 불안감이 날로 심해지고 있습니다. 이러한 때, 이러한 형세라면 설사 군신 상하가 급급히 위(衛)나라 문공(文公)처럼 마음을 성실하고 심원하게 갖거나[124] 구천(句踐)처럼 몸과 마음을 수고롭게 하더라도[125] 노력과 분발이 오히려 부족할 판에, 종전 방식을 고수하면서 소매 안에 손 넣고 편안히 앉은 상태로 현실을 마주한단 말입니까. 신들이 사사로운 근심과 많은 생각을 떨치지 못하고 서로 분연히 일어나서는, "오늘의 일은 주상께서 중흥에 관심이 없으시다면 모를까, 중흥의 의지가 이미 있으시니 오직 조정 신하들이 성상을 도와 그 뜻을 이룸에 달려 있을 뿐이다. 성상께서 이와 같으신데 어찌 끝내 이루지 못할 이치가 있겠는가."라고 말했습니다.

아! 신하가 임금을 섬기는 것은 자식이 부모를 섬기는 것과 같으니, 진실로 생각한 바가 있으면 모두 말씀드려야 합니다. 더구나 신들이 맡고 있는 언관(言官)이라는 자리는 다른 관직에 비할 수 없으니, 사안에 따라 의견을 개진하는 일을 다른 사람에게 양보할 수 없습니다.

124 위(衛)나라……갖거나 : 춘추 시대 위나라의 문공은 농업과 상업, 공업을 발전시키기에 힘쓰고, 학문을 장려하여 국력을 크게 신장시켰는데, 이에 대해 《시경》 〈정지방중(定之方中)〉에서 "사람의 마음가짐 성실하고 심원할 뿐만이 아닌지라, 우람한 말이 삼천 마리가 들어찼도다."라고 칭송하였다.

125 구천(句踐)처럼……하더라도 : 춘추 시대 때 월왕(越王) 구천이 오(吳)나라 부차(夫差)와 싸워 패하였는데, 구천은 치욕을 참고서 화친을 맺었다. 구천은 오나라에서 풀려나 월나라로 돌아온 뒤 밤낮없이 복수할 마음을 가다듬으면서 와신상담하였다. 《史記 卷41 越王句踐世家》

삼가 구구한 어리석은 소견을 아래에 조목조목 나열하였습니다. '큰 요체가 되는 것'이 다섯이고 '급히 처리해야 할 일'이 일곱인데, 행여 성상께서 채택해 주신다면 어지러움을 다스리고 쇠퇴함을 부흥시키는 방도에 어쩌면 작은 보탬이 있을 것입니다. 삼가 바라건대, 밝으신 성상께서 한번 살펴 주십시오.

이른바 큰 요체 다섯 가지 중에서 첫 번째는, '큰일을 할 뜻을 먼저 세워 중흥의 업을 넓히는 것〔先立大有爲之志, 以恢中興之業〕'입니다. 삼가 보건대, 주상 전하께서 왕통을 계승한 초기에 뜻을 가다듬고 치세를 도모하면서 아름다운 말을 받아들이시자, 일국의 신하와 백성이 눈을 비비고 성상의 덕화를 바라보았습니다. 그러나 중년 이후로는 점점 초기만 못하여, 정관(貞觀) 연간 십점(十漸)의 근심[126]이나 위(衛)나라가 나날이 그릇되리라는 탄식[127]을 자아낸 게 하루 이틀이 아니더니, 급기야 임진년(1592, 선조25)에 도성을 떠나던 날 애통한 교서를 내리고 지난 일을 후회하셨습니다.

3년간 몽진하는 동안 용상에서 와신상담하고 환도한 8년 동안 밤낮으로 근심하셨습니다. 군사가 일어나고 사태가 다급하여 백성들이 마

126 정관(貞觀)……근심 : 당(唐)나라 정관 13년(639) 5월에 가뭄이 들자, 조명(詔命)을 내려 5품 이상의 관원에게 봉사(封事)를 올리도록 하였는데, 위징(魏徵)이 상소하여 초기보다 못한 태종의 정치 열 가지 조항〔十漸〕을 지적하였다.《唐鑑 卷4 太宗2》

127 위(衛)나라가……탄식 : 전국 시대 자사(子思)가 위후(衛侯)에게 "임금님의 국사(國事)는 장차 날로 그릇될 것입니다. 임금이 말을 하고 스스로 옳다고 여기면 경(卿)과 대부(大夫)가 감히 그 잘못을 바로잡지 못하고, 경과 대부가 말을 하고 스스로 옳다고 여기면 사(士)와 서인(庶人)이 감히 그 잘못을 바로잡지 못합니다."라고 하였다.《資治通鑑 卷1 周紀1 安王25年》

치 물과 불 속에 떨어진 것처럼 국내가 소란스러웠으나 백성들이 원망하지 않고 선비들이 이러니저러니 하지 않았던 것은, 전하의 뜻이 왜적 토벌에 있고 백성을 해치는 데 있지 않았기 때문입니다. 작년 가을, 중국 군대가 철수하자 온 나라 사람들이 다시 안정을 찾아 기뻐하였고 구중궁궐에 계신 전하의 근심도 다소나마 풀렸습니다. 하지만 신들이 지나치게 염려하는 바는 외환이 사라지자마자 의지가 혹 느슨해지면 오늘의 기쁨이 후일의 근심거리로 변하지 않으리라 장담할 수 없다는 점입니다.

아! 전하께서 즉위한 35년 동안 치란이 일정하지 않았으니 성상의 마음에도 또한 시간의 흐름에 따라 변한 점이 있을 것입니다. 오늘날 왜적이 물러가고 명나라가 철군하여 위태함이 사라지고 안정을 되찾았는데, 이는 달리 말하면 인심이 조금 변하는 때이자 치란흥망의 기틀인 것입니다. 신들은 모르겠습니다만, 전하의 의지에 과연 변한 점은 없습니까?

삼가 바라건대, 밝으신 성상께서는 거(莒) 땅에 머물 때의 경계를 잊지 말고[128] 오늘의 의지를 더욱 다지소서. 전대 중흥의 군주들이 마음을 보존하여 정사를 처리했던 일을 성상의 몸에 돌이켜 보고 장점은

128 거(莒)……말고 : 임진왜란에 몽진하던 고초를 잊지 말라는 뜻이다. 춘추 시대에 제(齊)나라 양공(襄公)이 무도하니 여러 동생들이 화를 당할까 두려워하여, 공자 규(公子糾)는 노(魯)나라로 달아났는데 관중(管仲)이 도왔고, 소백(小白)은 거 땅으로 달아났는데 포숙아(鮑叔牙)가 도왔다. 뒤에 양공이 죽음을 당하자 제나라에서 소백을 불러들여 왕으로 삼자, 포숙아의 추천으로 관중이 재상에 등용되어 술자리에서 환공(桓公)에게 "원컨대 공께서는 거 땅에서 고생하던 일을 잊지 마소서. 신은 노나라에서 함거에 갇혔던 일을 잊지 않을 것입니다."라고 하였다. 《管子 少稱》

따르고 단점은 고치십시오. 성상의 마음에 평소 가장 극복하기 힘들었거나 고치기 어려웠던 것 가운데 옛사람이 정치에 해가 된다고 경고한 것들을 더욱 통렬히 고치고 모두 끊어버리되, 진(晉)나라 원제(元帝)가 술잔을 들어 엎고[129] 제(齊)나라 고제(高帝)가 옥안(玉案)을 깨부순 것[130]처럼 병의 근원을 말끔히 제거하고 조금의 여지를 남기지 마십시오. 밤낮으로 노력하고 조금도 물러서지 않으면서 큰일을 하려는 뜻을 한결되이 게을리하지 않으신다면, 의지를 지극히 하는 일마다 이루어지지 않음이 없어서, 위나라 문공과 월(越)나라 왕의 업적만이 앞 시대를 아름답게 수놓지는 못할 것입니다. 밝으신 성상께서 유념하소서.

두 번째는 '신하를 인견하여 상하의 정을 통하는 것〔引接臣隣, 以通上下之情〕'입니다. 신이 들으니, 천지의 도는 서로 사귀면 태평해지고 가로막히면 비색해진다고 하는데 군신간도 그 이치는 매한가지입니다. 삼대(三代 하(夏)·은(殷)·주(周)) 시대 임금과 신하가 의견을 자유로이 교환하던 성대함을 말세에 다시 보기란 불가능하겠지만, 제(齊)나라에서 소를 끌고 가던 자가 오히려 선왕(宣王)과 흔종(釁鍾)에 관한 일을 문답하였고[131] 섬돌 아래 있던 관주(貫珠)란 자는 양왕(襄王)

129 진(晉)나라……엎고 : 진나라 원제가 술 때문에 자주 정사를 폐하는 것을 보고 왕도(王導)가 간하자 원제가 술잔을 가져와 엎어버리고 다시는 술을 마시지 않았다. 《晉書 卷6 帝紀 元帝》

130 제(齊)나라……것 : 대본에는 옥으로 만든 소반이라는 뜻의 '옥안(玉案)'으로 적혀 있는데, 《남사(南史)》에는 '옥개도(玉介導)'로 되어 있다. 옥개도는 옥도(玉導)라고도 하는데 관(冠)을 매만질 때 사용하는 연모이다. 검소한 군주였던 제나라 고제가 자신의 옷에 있는 옥개도를 가리켜 '사치를 조장하는 근원'이라 규정하고 깨부수게 하였다. 《南史 卷4 齊本紀上》

의 과실을 멈추게 하였으니,[132] 심부름하는 아이와 천한 노예라도 군왕의 자문을 받들 수 있는 것이며, 한 무제(漢武帝)가 무기고에서 일을 아뢰는 신하를 피하고[133] 당 태종(唐太宗)이 아름다운 새매를 품속에 숨겼던 걸[134] 보면, 조정의 명부에 이름을 올린 선비라면 인견을 청하지

131 제(齊)나라에서……문답하였고 : '흔종'은 종을 만들 때 소를 잡아 그 피로 종의 틈새를 바르는 것이다. 《맹자》 〈양혜왕 상(梁惠王上)〉에 "제나라 선왕(宣王)이 '과인도 백성을 보호할 수 있는가?'라고 묻자 맹자(孟子)가 '가능합니다.' 하였다. 선왕이 '무슨 근거로 나의 가능함을 아시오?'라고 재차 물으니, 맹자는 '신이 호흘(胡齕)에게서 이런 이야기를 들으니, 선왕께서 당상(堂上)에 앉아 계실 때 소를 끌고 당 아래를 지나는 자가 있었다고 합니다. 왕께서 이를 보고 「소가 어디로 가는가?」라고 물으시자, 그 자는 「소를 잡아 종(鍾)의 틈새를 바르려고 합니다.」라고 대답했는데, 왕께서 「놓아주어라. 소가 벌벌 떨며 죄 없이 사지로 가는 것을 차마 못 보겠다.」 하셨다고 하는데……과연 이러한 일이 있었습니까?' 선왕이 '그러한 일이 있었네.'라고 하자, 맹자는 '이 마음이라면 족히 왕 노릇 하실 수 있습니다.' 하였다." 하였다.

132 섬돌……하였으니 : 제나라 재상 전단(田單)이, 치수(淄水)를 건너고 추위하는 노인을 보고는 자기 옷을 벗어서 입게 하자, 양왕은 전단이 인심을 크게 얻어 왕위를 잃게 될까 두려워하였다. 이윽고 전단을 제거할 생각을 하고 주위 신하들에게 의견을 물었는데, 섬돌 아래에 있던 관주(貫珠)가 전단의 선행을 표창하여 전단이 백성들의 고통에 관심을 갖는 것이 바로 양왕의 뜻임을 알게 하라고 진언하자 양왕이 수용하였다. 관주는 관수(貫殊)라고도 한다. 《戰國策 齊策6》

133 한 무제(漢武帝)가……피하고 : 군주가 신하를 접견할 준비가 안 되었는데 신하가 찾아간 것이다. 한나라 무제가 관(冠)을 쓰지 않은 채 무기고 안에 앉아 있다가 급암(汲黯)이 일을 아뢰러 오는 것을 보고는 관을 쓰지 않은 것을 책망할 것이 두려워, 자리를 피하고는 사람을 시켜 그가 올린 안건을 재가하게 하였다. 《漢書 卷50 汲黯傳》

134 당 태종(唐太宗)이……걸 : 당나라 태종이 훌륭한 새매 한 마리를 좋아하여 항상 팔뚝 위에 놓고 보았는데, 신하 위징(魏徵)이 멀리서 오고 있는 것을 보고는 급히 품속에 감췄다. 위징이 눈치 채고 태종에게 와서 옛날의 제왕들이 기이한 것을 좋아하다가 나라를 그르친 일을 말하면서 일부러 오래도록 시간을 끌었는데, 태종은 새매가 품속에

않아도 군주가 있는 장소에 이를 수 있는 것입니다.

공손히 생각건대, 우리나라의 세종대왕(世宗大王)은 집현전(集賢殿)을 성대하게 조직해 당대의 인재들을 영입하고 성종(成宗)은 접견의 예를 숭상하여 매일 신하들과 마주하셨는데, 당시에 성군을 보좌할 신하가 없다는 탄식이 있었습니다. 그러니 구구한 당시 신하들이 두 임금을 대단하게 보좌하지 못할 것 같았는데도 두 임금이 신하들에게 구하기를 더욱 부지런히 하셨던 이유는, 신하들의 의견을 경청하면 성스러워지는 반면 스스로 성스럽다고 여기면 어리석어지기 때문입니다.

신들이 생각건대, 주상 전하께서는 학문이 고매하고 만물 가운데 으뜸으로 나오시어, 한 세상을 굽어보는 마음과 천하를 홀로 다스리려는 의지를 지니고 매일 수많은 정사를 총괄하여 빠트리지 않으셨습니다. 그런데 신하들은 직무를 부지런히 수행하였으나 외려 과오를 고치기에도 시간이 부족하여, '성군을 보좌할 신하가 없다는 탄식'이 불행히 오늘날 다시 등장하게 되었습니다. 그러나 천하의 일은 끝이 없고 한 사람의 총명도 한계가 있어서, 태어날 때부터 이치를 알았던 순(舜) 임금 같은 성인도 오히려 묻기를 좋아하고 천근한 말을 살피셨는데 하물며 순 임금보다 못한 사람이겠습니까.[135]

신의 어리석은 소견으로는, 한(漢)·당(唐) 이전의 규례와 똑같이 할 수는 없겠지만, 마땅히 조종(祖宗)의 고사를 따라 매일 편전에 납시어 대신들과 국사를 의논하면서 마음을 열어 정성을 보이고 겸허하게

서 죽을 것을 걱정하면서도 그의 말을 끝까지 들었다. 《魏鄭公諫續錄 卷下》

135 순(舜)……사람이겠습니까 : 이 말은 《중용장구》 제6장에 보인다.

신하의 말을 수용하십시오. 자주 경연(經筵)을 열고 유신(儒臣)을 인견해서 그들과 경전과 역사를 토론하고 세상일을 상의하는 가운데 신하들로 하여금 놓친 것들에 대해 철저히 논하거나 생각한 바를 명백히 아뢰게 하여, 우물쭈물 물러난 뒤에 말하지 않도록 함으로써 옛사람이 어전에서 직언하고 은미하게 간했던 의리[136]를 다하도록 하소서.

윤대(輪對), 상참(常參), 야대(夜對)의 규례 또한 때에 맞게 자주 거행해야 하고, 왕명을 받든 사신이나 수령, 변방의 장수가 부임하거나 조정에 돌아오면 반드시 불러서 중외의 득실 및 조치, 방략에 대해 하문하시어 신하를 불러 자문하는 길을 넓히십시오. 그리고 또 중외의 대소 신료나 초야에서 벼슬하지 않는 선비들 중 성상을 직접 만나 극언하기를 희망하는 자가 있으면 수시로 면대를 허락하십시오. 그 말이 채택할 만하면 자신을 굽혀 따르고, 망녕된 말일지라도 견책을 가하거나 귀양을 보내지 않으며, 간혹 이치에 맞고 시무(時務)에 적절한 말을 표창하고 받아들이시면, 숨겨진 것들이 반드시 드러나고 많은 선(善)이 모두 모이게 될 것이니, 맹자의 '선을 좋아하면 천하를 다스리는데 충분하다〔好善優於天下〕'는 말[137]은 거짓이 아닐 것입니다.

또한 신들이 삼가 보건대, 성상께서 신하들을 대할 때 오로지 침묵하

136 어전에서……의리 : 《예기》 〈단궁 상(檀弓上)〉에 "임금을 섬길 때에는 임금의 면전에서 직간하고 은미하게 간하지 않으며, 좌우로 나아가 봉양함이 일정한 방소가 있으며, 부지런히 일하여 죽음에 이르며, 부모의 삼년상에 비견한다."라고 하였다.

137 맹자의……말 : 악정자(樂正子)가 노(魯)나라에서 집정(執政)하자 맹자가 몹시 기뻐하니, 공손추(公孫丑)가 그 까닭을 물었다. 이에 맹자가 "그 사람됨이 선(善)하기 때문이다." 하였다. "선을 좋아하는 것으로 족합니까?" 하자, "선을 좋아하는 것은 천하를 다스리는 데도 넉넉하거늘 하물며 노나라 정도랴." 하였다. 《孟子 告子下》

여 깊이 사색에 잠기시고 간언에 귀 기울일 적에도 허심탄회하게 수용하지 않으십니다. 성상의 뜻에 따르거나 거스르는 말 한마디에도 크게 호오를 드러내어, 사람들이 간직한 소회를 모두 털어놓지 못하게 하시니, '잘난 체하는 얼굴빛이 천리 밖에서 사람의 발길을 막는다'[138]는 것과 불행히도 가깝습니다. 이는 소위 녹봉을 받고 지위를 보전하는 신하들이 고분고분 따르며 구차히 용납되기나 할 뿐 국가의 병폐와 군주의 잘못을 익숙히 보고도 감히 일언반구 언급할 수 없는 환경이 만들어진 것입니다.

군주의 위엄을 천둥 벼락에 비하니, 지척에 있는 사람은 두려움을 면치 못합니다. 아무리 부추기며 말하게 하고 온화한 표정으로 수용하더라도 사람들은 두려운 나머지 모든 것을 아뢰지 못하는데, 하물며 우러를 수 없는 위엄과 침묵으로 일관하시는 어전이라면 어떻겠습니까? 군신 간 속내를 깊이 감추고 거리를 두는 것을 귀히 여기지 않고 정의가 서로 부합하는 것으로 아름다움을 삼는 것은, 진실로 임금의 도가 너무도 엄하여 아랫사람의 정이 통하지 않으면 가려져 밝지 못한 근심과 아첨하는 적신(賊臣)의 재앙이 생기기 때문입니다.

삼가 바라건대, 성상께서 득실을 깊이 밝히고 이러한 병통을 고치소서. 신하를 인견할 때 힘써 응답하시고 마음을 비우고 심기를 화평하게 하여 말씨와 얼굴빛에 보이면서도 오히려 저들이 말을 다하지 않으면

138 잘난……막는다 : 《맹자》 〈고자 하(告子下)〉에 "자만해하는 음성과 낯빛이 사람을 천 리 밖에서 막는다. 그리하여 선비가 천 리 밖에서 발걸음을 멈춘다면 아첨하고 비위나 맞추는 사람들이 올 것이니, 아첨하고 비위나 맞추는 사람들과 함께 거처한다면 나라가 잘 다스려지기를 바란들 될 수 있겠는가."라고 하였다.

나의 허물을 들을 수 없다고 염려하신다면, 신하들이 머뭇거리는 걱정이 사라져서 훌륭한 계책과 곧은 말들이 모두 성상께 올라올 것입니다. 이와 같이 되면, 우리는 남에게서 취하여 선(善)을 하기 좋아함이 있게 되고,[139] 또한 이를 통해 어질고 어리석은 것과 충직하고 간사한 것을 구별해서 혼란을 야기하는 헐뜯고 아첨하는 소리에 현혹되지 않을 것입니다. 밝으신 성상께서 유념하십시오.

세 번째는 '어질고 능력 있는 자를 등용해서 많은 공적을 넓히는 것〔擧用賢能, 以熙群功之績〕'입니다. 신들이 삼가 생각건대, 쇠퇴한 말세는 인물이 적어 십분 담당할 사람이 눈에 띄지 않지만 하늘이 한 시대의 인재를 낼 때에는 한 시대의 일을 충분히 다스릴 수 있게 하는 법이니,[140] 그들의 장점을 제대로 취하기만 한다면 모두 등용할 수 있습니다. 걱정할 부분은 선발하여 등용할 때 한 시대의 인재를 공정하게 평가하고 능력에 맞게 부리는가 하는 문제일 것입니다.

아! 우리나라에서 인재를 등용하는 규모는 본디 협소했습니다. 혹은 문벌로, 혹은 과거시험으로 취재하다 보니 재주 있고 현명한 사람을 놓치는 경우가 여럿이어서 식자들이 탄식한 지 오래입니다. 그런데 조정의 논의가 대립한 뒤로 세상의 인재 절반이 버려졌고, 남은 절반도

139 남에게서……되고 : 《맹자》 〈공손추 상(公孫丑上)〉에 "순 임금은 이보다 더한 위대함이 있었으니, 선을 남과 함께 하여 자신을 버리고 남을 따르셨으며, 남에게서 취하여 선을 행하기를 좋아하셨다."라고 한 데서 온 말이다.

140 하늘이……법이니 : 《이정유서(二程遺書)》 권1 〈단백부사설(端伯傳師說)〉에, "천지가 한 시대의 인재를 낼 때는 한 시대의 일을 충분히 완수할 수 있도록 한다. 다만 사람이 천하의 인재를 다 등용할 수 없는 것이 한스러우니, 이것이 크게 다스려질 수 없는 이유이다."라고 하였다.

논의가 공정하지 못하고 시비는 전도된 채 이쪽저쪽으로 갈라져 서로 엎치락뒤치락하니, 국가에서 인재를 등용하는 길이 이에 더욱 좁아지게 되었고, 여러 공적이 실추되고 국사(國事)가 나날이 어긋나는 원인을 제공하였습니다. 또 수 년 전부터는 그중 절반이 스스로 진(秦)나라와 월(越)나라의 관계[141]를 형성하고 셋, 넷으로 쪼개져 각자 명목을 붙였는데 자질구레하고 무례해서 차마 들어줄 수 없는 지경이었습니다. 이런 즈음 재앙이 뚜렷이 일어났고, 인재들 중 현 조정에 등용되지 못한 사람이 열에 아홉은 넘었습니다.

붕당의 화가 예로부터 있었지만 지난날과 같은 사태[142]는 고금천지에 들어 보지 못한 수준입니다. 붕당의 화가 이미 극도에 달해서 전하의 나라가 거의 텅 빈 상태입니다. 지금은 더 이상 지난날처럼 어지러이 공격하는 기상이 없다고 하지만, 사대부들 간에 수십 년 동안 쌓인 고질병을 모조리 극복하지는 못한 상태입니다. 의심하여 멀어지는 것을 해결하지 못하였고 서로의 뜻을 신뢰하지도 않습니다. 관리 임명을 놓고 인물을 취사할 때에 모두가 공정한 것만은 아니며, 조정의 조화로운 기운은 널리 통하지 않고 있습니다. 이것은 조정 신료들이 서로 경계해야 할 바이지만 전하께서도 어찌 바로잡을 방도를 생각하지 않을 수 있겠습니까.

삼가 바라건대, 밝으신 성상께서는 한쪽으로 치우치지 말고 붕당을

141 진(秦)나라와 월(越)나라의 관계 : 무관심한 사이를 말한다. 춘추 시대 진나라와 월나라는 각각 북서쪽과 남동쪽에 위치하여 서로 멀리 떨어져 있었던 연유로 흔히 소원하고 무관심한 관계를 비유한다.

142 지난날과 같은 사태 : 1589년(선조22)에 일어난 기축옥사(己丑獄事)를 가리킨다.

만들지도 말아서 광대하고 공평하게 하여,[143] 먼저 공명정대하게 자신을 다스리신 뒤에 신하들을 밝게 가르치고 전형(銓衡)을 맡은 관리를 신칙해서 치우치고 사사로이 하는 습관을 타파하고 지극히 공정한 도를 넓히도록 하소서. 진퇴와 출척을 단행할 적에는 오직 인물의 현부만 살피고 피차간 무엇이 같고 다른지에 구애되지 않아야 합니다. 만약 공론으로부터 큰 죄를 얻은 게 아니라면, 재주에 따라 일을 맡기고 조그만 장점도 버리지 말아서, 어진 사람이 지위에 있고 유능한 자가 직책을 맡게 하여 저마다 자신의 덕에 걸맞은 자리에서 재주를 온전히 발휘하게 한다면, 공경함을 함께 하고 공손함을 합하는 아름다움[144]과 엄숙하고 공경하며 서로 사양하는 풍도[145]를 다시 볼 수 있을 것입니다.

신들이 또 생각건대, 임진년(1592) 이후로 국가에 많은 일이 생겨 벼슬길이 다양해졌습니다. 군공(軍功), 납속(納粟), 운량(運糧 군량 수송)에 참여한 부류 가운데 재신의 반열에 오르기도 하였고, 서책과 도서를 진상한 사람과 왕명을 받고 관직에 제수된 잡류(雜類)·천예(賤

143 치우치거나……하여 : 《서경》 〈홍범(洪範)〉에 "치우침도 없고 기울어짐도 없어 왕의 의를 따르며, 뜻에 사사로이 좋아함을 일으키지 말아 왕의 도를 따르며, 뜻에 사사로이 미워함을 일으키지 말아 왕의 길을 따르라. 편벽됨이 없고 편당함이 없으면 왕의 도가 광대할 것이며, 편당함이 없고 편벽됨이 없으면 왕의 도가 공평할 것이며, 상도에 위배됨이 없고 기울어짐이 없으면 왕의 도가 정직할 것이니, 그 극에 모여 그 극에 돌아올 것이다."라고 한 데서 온 말이다.

144 공경함을……아름다움 : 군주와 신하가 함께 공경하여 정사에 힘쓴다는 뜻으로, 《서경》 〈고요모(皐陶謨)〉에 보인다.

145 엄숙하고……풍도 : 《한서(漢書)》 권36 〈초원왕전(楚元王傳) 유향(劉向)〉에 "순 임금이 구관(九官)을 임명하자, 엄숙하고 공경하며 서로 사양해서 화목함이 지극하였다.〔舜命九官, 濟濟相讓, 和之至也.〕"라는 내용을 인용한 것이다.

隸)도 모두 동반(東班)에 오르고 심지어 6품으로 승진해 수령이 되기를 도모하는 자도 생겼으니, 환로가 뒤죽박죽 된 것이 오늘날처럼 심한 적은 없었습니다. 재주와 덕을 따져서 인재를 선발하더라도 혹 놓칠까 걱정인데 다른 것으로 선발한다면 인재 확보를 보장할 수 있겠습니까.

신들이 듣기로 지난해 겨울, 성상께서 현자를 구하는 전교를 특별히 내려 언관들로 하여금 각기 아는 사람을 천거하도록 하셨다고 합니다. 성심을 헤아려 보건대, 이는 갖가지 일에 쓰일 관리를 충당하려는 차원이 아니라 참으로 뛰어난 인물을 널리 구해서 시대의 난관을 극복하려는 의도셨습니다. 그런데 당시 추천서가 더러 사심에서 나오거나 형식적이었던 관계로 여론에 부합하지 않는 사람이 있어서, 마침내 성상께서 옆으로 앉는 아름다운 뜻[146]이 헛되이 돌아갔으니, 신들이 통탄을 금치 못합니다.

또 근년 들어 낭서(郎署)와 각 관사의 관원을 너무 빨리 교체해서 일 년 사이에 몇 개의 관사를 옮겨 다닙니다. 간혹 몇 달도 안 돼 여러 번 직무를 옮기는 자들 가운데는 더러 열흘이나 한 달이 채 안 돼 옮기기도 합니다. 임명과 교체가 잦아서 앉은 자리가 따뜻해질 겨를이 없으니 제아무리 남보다 뛰어난 재주를 지녔더라도 소관 업무가 무엇인지 알지 못합니다. 하물며 용렬한 사람이야 어떻겠습니까. 공정한 도가 행해지지 않고 사사로운 감정이 크게 승하여, 논박을 당한 지 얼마

146 옆으로……뜻 : 공손히 현인을 기다리는 것을 가리킨다. 《후한서(後漢書)》 권3 〈장제기(章帝紀)〉에 "짐이 정직한 선비를 생각하며 기다리느라 옆으로 앉아 특별한 소식을 듣는다." 하였는데, 이현(李賢)의 주(注)에 "측석은 똑바르게 앉지 못한 것이니 현명하고 어진 사람을 기다리기 때문이다." 하였다.

되지 않은 자가 갑자기 등급을 뛰어넘어 발탁되기도 하고 근무 성적이 뛰어나 승진해야 할 사람이 도리어 쓰이지 않는가 하면 임기가 찼는데도 적체된 이들이 있고 임기 초반 느닷없이 승진하는 인사도 있습니다. 이것은 조종조(祖宗朝)의 옛 법도가 아닙니다.

의당 전형으로 선발하는 법을 거듭 밝히어 번잡한 무리를 제거하고 각 관사의 구임(久任), 계사(計仕), 승천(陞遷)에 관한 규례를 다시 확립하소서. 유일(遺逸)의 선비를 가려 뽑고 재주와 행실이 있는 인물을 선발해서 사로(仕路)를 투명하게 해야 하니, 예컨대 공천법(公薦法),[147] 이선법(里選法),[148] 보거법(保擧法)[149] 등을 착실히 시행하시고, 감히 예전 버릇을 버리지 못하고 사심에 따라 법을 무시한 자에게는 모두 죄를 물으십시오. 성상께서도 엄격히 자신을 점검하여 사사로운 뜻을 끊으시고 곧은 사람을 등용하고 부정한 자를 버림으로써[150] 인심을 만족시키고 아랫사람을 거느리신다면, 사람들은 과분한 자리를 차지했다는 비난이 사라져서 여러 공적이 모두 확대될 것입니다. 밝으신

147 공천법(公薦法) : 성균관의 거재 유생들이 동료 가운데 벼슬아치의 후보자를 선발하여 이조에 천거하던 일로, 애초에는 생원과 진사 중 대과에 합격하지 못한 나이가 많고 학덕이 있는 인물을 일강(日講)과 월강(月講) 등의 성적을 근거로 선발하였다.

148 이선법(里選法) : 주(周)나라 때의 제도로, 향리에서 재덕(才德)이 있는 사람을 조정에 천거하면 조정에서 그의 기국(器局)에 따라 벼슬을 시키던 인재 등용법이다.

149 보거법(保擧法) : 지방 수령이 관할 지방의 인재를 보증하여 추천하는 제도로, 후일에 천거된 자가 죄를 지으면 천거한 사람이 책임을 지도록 하였다.

150 곧은……버림으로써 : 《논어》 〈위정(爲政)〉에 "곧은 사람을 들어 쓰고 굽은 사람을 버리면 백성이 복종한다.〔擧直錯枉, 則民服.〕" 하였고, 또 〈안연(顔淵)〉에 "정직한 사람을 들어 쓰고 모든 부정한 사람을 버리면 부정한 자를 정직하게 만들 수 있다."라고 하였다.

성상께서 유념하십시오.

네 번째는 '인심을 수습하여 새로운 정치를 펼치는 것〔收拾人心, 以迓維新之命〕'입니다. 신들이 듣건대, 사람을 얻은 자는 흥하고 사람을 잃은 자는 망한다고 합니다. '사람을 얻는다'는 말은 그 마음을 얻는 것을 뜻하며, 사람은 있지만 그 마음을 얻지 못하면 '사람을 잃는다'고 하는 것입니다. 평소 일이 없을 때에는 감히 어기지 않다가도 어느 날 갑자기 혼란에 빠지면 뿔뿔이 흩어지니 두려워하지 않을 수 있겠습니까.

신들이 삼가 생각건대, 요 몇 년 사이 국가에 일이 많아지고 부역은 나날이 늘어 불안해진 백성의 삶이 언제 어떻게 될지 모르는 상황인데, 설상가상으로 세금을 많이 거두는 신하가 나랏일을 한답시고 원망을 사고 있고 공적인 일을 핑계 대고 사욕을 꾀하는 자들은 매일 착취를 일삼습니다.[151] 조정의 경사대부(卿士大夫)는 탐욕을 부리고 재물을 좋아해서 시정배와 이익을 다투는가 하면, 지방에 있는 변방 장수나 수령들은 끝없이 백성의 고혈을 짜면서 군사와 백성을 마치 원수처럼 대합니다. 뇌물을 버젓이 바치기도 하지만 부정하게 받는 사람도 파다해서, 임금의 총애를 받는 신하의 문전에선 뇌물을 널리 받아들이고 왕자의 집에서는 아무런 대가 없이 여염을 침탈합니다. 시장 백성은 무역에 시달리고 시골 백성은 방납(防納)[152]으로 고통을 받습니다. 윗

151 요 몇……일삼습니다 : 정경세(鄭經世, 1563~1633)가 1608년(광해군 즉위년)에 올린 〈구언하는 교서에 응하여 올린 상소〔應求言敎疏〕〉에서도 "10여 년 이래로 조정에 청의(淸議)가 없어지고 요행이나 바라는 풍조가 크게 일어났습니다."라고 하여, 황신과 비슷한 시각을 보이고 있다.《愚伏集 卷3》

152 방납(防納) : 공물(貢物)을 대신하여 바치고 그 대가를 곱절로 받는 제도로, 이

사람과 아랫사람이 오직 이익만을 추구하니 폐습이 고질화되어 장기간 인심을 잃고 있습니다. 불쌍한 백성들이 갈 곳을 잃고 곤궁한 나머지 간악한 짓을 하기도 하는데 어찌 본심에서 나온 것이겠습니까.

아! 임금 계신 곳이 천 리보다 머니[153] 군왕의 은택이 막혀서 입혀지지 않습니다. 민심이 술렁이고 흩어져 행복하게 살려는 마음은 없고 원망하고 근심하는 소리만 날로 커지고 있습니다. 전(傳)에 "백성의 원망이 어찌 환히 드러난 뒤에야 알겠는가. 나타나지 않았을 때 대책을 강구해야 한다."[154] 하였는데, 하물며 이미 환히 드러나고 이미 나타난 지금이겠습니까.

전하께서 지난 역사를 살펴보건대 일찍이 민심과 나라의 형편이 이와 같은 상황에서 난망(亂亡)에 이르지 않고 보전한 자가 있었습니까? 옛날 경방(京房)이 원제(元帝)에게 진언하기를 "폐하는 오늘날을 치세로 보십니까, 난세로 보십니까?" 하자, 원제는 "또한 지극한 난세이네."

때문에 상인이나 하급 관리가 중간 이익을 얻었으며, 국가에서 징수의 편의를 위해 이것을 장려하였으나 뒤에 폐단이 많아 임진왜란 이후 이를 폐지하고 대동법(大同法)을 시행하게 되었다.

153 임금……머니 : 춘추 시대 관중(管仲)이 "당상(堂上)이 백 리보다 멀고, 당하(堂下)가 천 리보다 멀고, 군주의 문이 만 리보다 멀다."라고 하였는데, 이는 군주의 총명이 가려진 폐해를 언급한 말이다. 《歷代名賢確論 卷77 玄宗3》

154 전(傳)에……한다 : 《서경》 〈오자지가(五子之歌)〉에 "내가 천하를 보건대 미련한 지아비와 부인들도 한 사람이 능히 우리를 이긴다고 하니, 한 사람이 세 가지 잘못을 하였으니 원망이 어찌 밝게 드러난 뒤에 아는 것이겠는가. 나타나지 않았을 때에 도모해야 한다." 하였는데, 채침(蔡沈)의 주(注)에 "세 가지 잘못을 했다는 말은 잘못한 것이 많음을 말한다.……이는 자기를 믿을 수 없음과 백성은 두려워할 존재라는 것으로써 그 뜻을 거듭 맺은 것이다." 하였다.

라고 대답하였습니다.[155] 신들 역시 오늘날 국가의 일을 치세라고 칭할 수 없거니와, 민심을 가지고 말한다면 '지극한 난세'라고 해도 과언이 아닐 것입니다.

삼가 바라건대, 전하께서는 근본을 튼튼히 하는 의리를 곰곰이 생각하고 험악한 민심을 두려워하라는 가르침[156]을 새겨서 먼저 덕을 삼가고 의(義)를 이롭게 여기소서. 궁중의 금령을 엄격히 하여 요행의 문을 차단하고 사사로운 진상품을 물리침으로써 빌붙어 이익을 도모하는 길을 끊으며, 뇌물죄 처벌법을 다시 밝히고 탐욕스럽고 아첨하는 신하를 멀리 내쫓으십시오. 요역을 경감하고 세금을 가볍게 하여, 내가 원하는 바를 백성들과 함께하는 것으로 근본책을 삼으십시오.

그리하면 조정의 어진 신하들은 장차 물이 아래로 흐르듯 성상의 덕을 우러르며 교화를 받들 것이며 중인(中人) 이하도 앞 다퉈 자신을 탁마하면서 성상의 덕화에 감복해서, 정치는 투명해지고 폐단은 사라져 백성들이 수혜를 입을 것입니다. 중요한 축이 한번 변하면 바람 따라 풀이 쏠리는 현상이 나타나 윗사람이 좋아하는 것을 아랫사람이

155 경방(京房)이……대답하였습니다 : '경방'은 금문역학(今文易學)의 대가(大家)로, 경씨학(京氏學)의 창시자이다. 한(漢)나라 원제(元帝) 때 낭중(郎中)으로 근무하다가, 간신(奸臣) 석현(石顯)의 질시를 받아 위군 태수(魏郡太守)로 쫓겨 간 뒤에, 다시 석현의 무고(誣告)로 인해 처형되었다. 그가 원제와 나눈 대화는 기원전 37년의 일로, 경방이 권력을 독단하는 석현을 몰아내기 위해 원제에게 지금 세상을 난세로 만든 석현의 죄를 고발했던 것이다. 《漢書 卷75 京房傳》

156 험악한……가르침 : 《서경》 〈소고(召誥)〉에서 소공(召公)이 성왕(成王)에게 전한 경계의 말로, "왕은 감히 뒤늦게 하지 마시어 백성의 엄함을 돌아보고 두려워하소서."라고 한 것을 가리킨다. 백성은 미약하기는 하지만 바위처럼 험하니 백성을 두려워해야 한다는 뜻이다.

더 좋아하기 마련입니다.[157] 하늘의 눈과 귀가 어찌 멀리 있겠습니까.[158] 민심이 기뻐하면 천명도 분명 새로워지니, 국가를 태산과 반석처럼 안정시키는 길도 여기에서 시작할 수 있습니다. 밝으신 성상께서 유념하십시오.

다섯 번째는 '넓게 기강을 세워서 오랫동안 침체된 형세를 만회하는 것〔恢張紀綱, 以振積衰之勢〕'입니다. 신들이 듣건대, 나라에 기강이 있는 것은 사람의 몸에 혈맥이 있는 것과 같다고 합니다. 혈맥이 끊기고도 죽지 않는 사람은 없으니, 기강이 무너지면 전하의 명령이 조정에 행해지지 않고 조정의 명령이 지방 고을에 행해지지 않아 상하대소가 서로 유지하지 못하고 제도와 법전이 형식적인 것이 되어 신하들은 태만해지고 백성들은 느슨하게 됩니다. 이러다가 상을 줘도 사람들이 권면하지 않고 형벌을 내려도 사람들이 두려워하지 않는 상황으로 치달으면, 그야말로 죽을병에 걸려 맥이 약해지고 풀어진 산송장 같이 되어 장차 수습할 수 없게 됩니다.

예로부터 침체한 나라는 항상 기강이 세워지지 않은 것을 걱정했는데, 또한 지금처럼 심한 경우도 없었습니다. 만약 넓게 기강을 세워

157 바람……마련입니다 : 윗사람이 인도하면 아랫사람이 쉽게 교화된다는 말이다. 맹자(孟子)가 말하기를 "위에서 무엇을 좋아함이 있으면 아래에서는 반드시 그보다 더 심함이 있는 것이다. 군자의 덕은 바람과 같고 소인의 덕은 풀과 같으니, 풀 위에 바람이 불면 풀은 반드시 눕는다."라고 하였다. 여기서 '군자'는 위정자를, '소인'은 백성을 가리킨다. 《孟子 滕文公上》

158 하늘의……있겠습니까 : 하늘이 백성의 눈과 귀를 통해서 정치의 득실을 살핀다는 의미이다. 《서경》 〈태서(泰誓)〉에, "하늘은 우리 백성들이 보는 것을 통해서 보고, 하늘은 우리 백성들이 듣는 것을 통해서 듣는다."라고 하였다.

장기간 침체된 형세를 만회하지 않는다면, 정사(政事)의 지엽적인 부분을 다스리는 것만으로는 끝내 오늘의 재앙을 구제하지 못할 것입니다. 옛날 금(金)나라 말기에 신하라는 자들이 모두 멀뚱멀뚱 바라보기만 할 뿐 제 목소리를 내지 않았습니다. 논의를 하면 누군가 나서는 이가 없었고, 어떤 자는 심지어 "성상께서 노심초사하고 계시니 마땅히 훗날을 기다려야 합니다."라고 했다고 하는데, 오늘날 조정의 분위기가 불행하게도 이와 비슷합니다. 통탄하지 않을 수 있겠습니까.

신들이 옛사람이 기강을 논한 것을 살펴보니, 하나같이 '공(公)' 한 글자만을 언급했을 뿐입니다. 군주가 예절을 따르고 법도를 삼가면 법이 확립되어 범할 수 없습니다. 정사와 형벌, 그리고 상벌을 내리거나 조치와 출척을 단행할 때 한결되이 공정한 의리로 결단하여, 권세 있고 지위 높은 사람 때문에 조금도 흔들리지 않고 사사로운 친분으로 인해 혹시라도 편향된 행동을 하지 않아야 합니다. 금석처럼 견고히 하고 사계절처럼 미덥게 해서[159] 요행의 문이 열리지 않고 법망을 빠져나가는 사람도 없도록 해야 합니다. 그리되면 신하들은 두려워하고 복종해서 감히 사사로움을 따르지 못할 것이요, 자연히 정신이 안 좋은 것을 꺾고[160] 맥락이 유통하여 대소(大小)가 서로 유지되고 상하가 이어져서 명령을 내리면 행해지고 금하면 멈출 것이니, 나랏일이 오직 전하의 뜻대로 되어 막을 수 없을 것입니다.

159 금석처럼……해서 : 《한서(漢書)》 권48 〈가의전(賈誼傳)〉에 "선왕(先王)께서 이 정사를 집행하기를 금석처럼 견고하게 하였고, 이 명령을 시행하기를 사계절처럼 미덥게 하였습니다."에서 나온 말이다.

160 정신이……꺾고 : 이 말은 《한서(漢書)》 권75 〈이심전(李尋傳)〉에 보인다.

옛날 자산(子産)이 정(鄭)나라의 재상이 되고 제갈공명(諸葛孔明)이 촉(蜀)나라를 다스릴 때에도 그들은 모두 느슨해진 나라를 엄격히 다스리는 가운데 게으르고 무너진 습성을 우선적으로 타파함으로써 나라의 기강을 세웠습니다.[161] 이른바 '엄격하다'는 것은 법을 가혹하게 적용한다는 소리가 아니라 지공무사해서 법을 엄격히 시행하고 흔들리지 않는 것을 '엄격하다'고 하는 것입니다. 오늘날의 정사는 마땅히 두 가지를 본보기로 삼은 뒤에야 나랏일을 다스릴 수 있고 장기간 침체된 형세를 만회할 수 있습니다.

삼가 바라건대, 밝으신 성상께서 지난날의 과오를 깊이 거울삼아 사사로운 정사를 통렬히 끊으십시오. 공평한 마음으로 타인의 모범이 되고 양단 가운데 중도를 취해서 거울처럼 밝고 저울처럼 공평하게 지극히 공정한 도를 밝게 보이고 털끝만큼도 흔들리는 일이 없도록 하소서. 세 가지 사사로움이 없는 것을 받들어 신하와 백성을 다스려서,[162] 궁중(宮中)과 부중(府中)을 일체가 되게 하여 승진과 처벌에 차등을 없애야 합니다.[163] 간혹 사사로운 정을 따라 국법을 농락하거나

161 자산(子産)이……세웠습니다 : '자산'은 춘추 시대 정나라의 정치가 공손교(公孫僑)로, 자산은 그의 자이다. 관대하면서도 엄격하게 나라를 다스려 40년 동안 진(秦)나라와 초(楚)나라가 감히 정나라를 넘보지 못하게 하였다. 《春秋左氏傳 襄公22年》 《史記 卷119 循吏列傳 子產》 '공명'은 촉(蜀)나라의 재상 제갈량(諸葛亮)의 자이다. 유비(劉備)가 익주 자사(益州刺史)로 있던 유장(劉璋)을 내쫓고 파촉(巴蜀) 지방을 차지하였는데, 공명이 유비를 도와 이곳을 다스리면서 법령을 엄격하게 적용하여 느슨해진 나라의 기강을 다잡았다. 《三國志 卷35 蜀書 諸葛亮傳》

162 세 가지……다스려서 : 《예기》 〈공자한거(孔子閑居)〉에 "하늘은 사사로이 덮음이 없고, 땅은 사사로이 실음이 없고, 해와 달은 사사로이 비춤이 없다. 임금은 이 세 가지 사사로움이 없는 것을 받들어 천하를 다스린다."라고 하였다.

교령(敎令)을 폐기하고 제때 거행하지 않는 자가 있다면 반드시 용서하지 말고 죄를 물어서 진작시켜야 합니다.

위엄과 권력을 크게 세우고 무너진 기강을 거듭 바로잡으신다면, 국면이 전환되어 사방에서 호응할 것이니 누가 순수한 마음으로 성상의 아름다운 덕을 받들지 않겠습니까. 이렇게 하지 않고 그저 소소한 것만 미봉하면서 구차히 시간을 보내려 하신다면, 나라의 형세가 무너져 더 이상 어찌할 수 없게 되어 흙이 무너지고 물고기가 썩어 문드러지는 재앙[164]이 순식간에 이를 것입니다. 그러면 외적의 침략이 없다 하더라도 틀림없이 내부의 적이 기회를 노릴 것이니, 신라(新羅)와 고려(高麗) 말기를 거울삼아야 합니다. 밝으신 성상께서 유념하십시오.

아! 다섯 가지 중에서 첫 번째 조항을 근본으로 삼으셔야 합니다. 진실로 이러한 뜻으로 근본을 삼지 않으시면, 사욕이 개입하고 마음에 주장이 정해지지 않아[165] 마침내 황극(皇極)을 세워 온갖 교화를 만들어 내지 못할 것이요, 나머지 네 가지도 종국엔 허무하게 되어 실효를 거둘 수 없으니, 삼가 바라건대 밝으신 성상께서 더욱 힘쓰십시오.

163 궁중(宮中)과……합니다 : 이 말은 본디 제갈량(諸葛亮)의 〈출사표(出師表)〉에 나오는 말로, 왕실의 비빈이나 궁녀들도 죄를 지었을 경우, 조정의 관료와 똑같은 기준으로 처벌해야 한다는 뜻이다. 《三國志 卷35 蜀書 諸葛亮傳》

164 흙이……재앙 : 내부가 부패하여 급속히 붕괴됨을 비유적으로 표현한 말이다. 《한기(漢紀)》 권5 〈혜제 1(惠帝一)〉에 "군주가 도를 잃으면 천하가 두루 그 피해를 받고, 백성이 한번 어지러우면 물고기가 썩어 문드러지고 흙이 무너져서 구제할 수 없다." 하였다.

165 마음에……않아 : 《이정유서(二程遺書)》 권2하 〈동견록 뒤에 붙이다[附東見錄後]〉에 "사람 마음에 주장이 정해지지 않음은 바로 하나의 번거(翻車)가 돌고 동요하여 잠시도 정지할 때가 없는 것과 같아서 감응하는 바가 만 가지이다."라고 한 데서 나왔다.

이른바 '급히 처리해야 할 일 일곱 가지' 가운데 첫 번째는 '토지 제도를 바로잡는 것〔正田制〕'입니다. 신들이 듣기로는, 조종조(祖宗朝)에서 토지 제도를 바르게 정한 뒤로 조세 수입이 매우 많아져서 일 년간 팔도에서 거둬들이는 조세가 많을 땐 40여 만 섬〔石〕에 달했기 때문에 매년 사용하는 경비를 제하고도 늘 남아서 축적했다고 합니다. 그런데 그 후 토지 제도가 점차 느슨해져서 아홉 등급으로 세금을 나누는 것[166]이 더러 현실과 맞지 않는 경우가 많고 조세 수입도 점점 감소하더니 일 년간 팔도의 세입이 겨우 20여 만 섬 수준에 이르게 되었고, 매년 지출되는 경상비가 도리어 세입을 초과하여 예전에 축적해 놓은 경창(京倉)의 곡식에서 부족분을 매일 차감하였습니다. 그러다가 오늘날에 이르렀는데, 토지를 개간한 것이 태평했던 시대의 절반 정도인데 일 년 세입은 고작 4만여 섬에 불과하니, 결복(結卜)[167]이 현실과 맞지 않는 정도를 이를 통해 알 수 있습니다. 간사한 백성은 수치를 줄여 조세를 면하는 반면 어리석은 백성은 전부 부담하느라 고통이 이만저만이 아니니 어찌 통탄하지 않을 수 있겠습니까.

현재 민간에 끼치는 폐해로는 토지 제도를 정비하지 못한 것이 제일

166 아홉……것 : 연분구등법(年分九等法)을 말한다. 연분구등법은 1444년(세종26)에 실시한 조세 부과의 기준으로, 한 해의 수확을 농사의 풍흉에 따라 상상년(上上年)·상중년(上中年)·상하년(上下年)·중상년(中上年)·중중년(中中年)·중하년(中下年)·하상년(下上年)·하중년(下中年)·하하년(下下年)의 9등으로 나누어 수세액을 정하는 방식이다. 실제 세액을 산출할 때는 토지의 비옥도에 따라 6등으로 나눈 지품(地品 전등(田等)이라고도 함)을 합해 산정했다. 즉 상상년의 경우 1등전은 1결에 30말〔斗〕, 2등전은 25말 5되〔升〕, 최하급인 6등전은 7말 5되를 내게 했다.

167 결복(結卜) : 결(結)과 복(卜)으로, 곧 전지(田地)의 단위 면적(單位面積)이다.

심각하고, 현재 급히 처리할 문제로는 또한 토지 제도를 정비하는 것만큼 시급한 일도 없습니다. 토지 제도가 정비된 다음에 제향, 반록(頒祿 녹봉 지급), 경상비의 규모가 이를 토대로 정해지고, 제향, 반록, 경상비의 규모가 정해진 다음에 공안(貢案)[168]을 개정할 수 있습니다. 그렇다면 양전(量田) 한 가지 일만은 조금도 늦출 수 없으니, 비록 작은 폐해가 있더라도 왈가왈부할 시간이 없습니다.

그렇다고 시행 과정에서 핵심을 놓치면 소란이 일어 도리어 일에 지장을 초래할 것입니다. 지금 경관(京官)을 별도로 파견해서 동시에 측량하는 것은 성공하기 쉽지 않으니, 우선 과조(科條 법률, 명령 따위의 조목)를 엄격히 세우되 예전 법령을 참고하여 사목(事目)을 정하고 각도, 각 읍에 두루 알려 착실히 봉행하여 빠짐없이 모두 기록해서 장계로 보고하게 한 뒤 어사(御史)를 파견하여 무작위로 추출해 사실 관계를 조사한다면, 사업은 성공하기 쉽고 토지 제도는 정비할 수 있습니다.

그러나 일반 백성은 터전에 뿌리박고 사는 게 본래 얕은지라 만약 국가가 토지를 측량한다는 말을 들으면 필시 크게 서로 동요하면서 "세금이 종전보다 몇 배는 많아질 것이다"라고 쑤군거릴 것이요, 개중에 마을을 비우고 서로 인솔하며 떠난다면, 나랏일은 더욱 모양을 갖출 수 없게 됩니다. 그리되면 양전의 이로움을 얻기도 전에 큰 근심거리가 생기는 것이니 이 점을 다시 생각하지 않을 수 없습니다.

168 공안(貢案) : 공물(貢物)의 품목(品目)·수량(數量)을 기재한 책이다. 조선 시대의 재정(財政)은 토지에 대한 수세(收稅)와 공물(貢物)로 충당했기 때문에 공물에 관한 사항을, 매년 말에, 다음 해에 소요되는 수량을 조사 성안(成案)하여 각도 각읍에 시달하였다. 공안은 백성이 상납(上納)할 공물의 예산표(豫算表)였던 것이다.

양전 사업은 일반 백성에게 이롭고 호민(豪民)에게 불리한 정책입니다. 다만 일반 백성이 지극히 어리석어 토호들의 말만 믿기 때문에 토호가 먼저 부르짖으면서 동요시키면 일반 백성이 거기에 동조하는 것입니다. 반드시 자세히 일깨워서 먼저 일반 백성으로 하여금 양전의 이로움에 대해 알게 하고 토호들이 유언비어를 퍼뜨리지 못하게 한 뒤라야 이 법을 행할 수 있습니다. 밝으신 성상께서 유념하십시오.

두 번째는 '호구를 조사하여 호적에 올리는 것〔籍民數〕'입니다. 신이 듣기로, 국가에 태평한 세월이 오래 지속되고 인구가 늘자 좁은 땅에 사람이 많아져서 마을마다 거처를 마련하고 살았습니다. 간혹 부역을 피해 이사하는 자가 있었지만, 종전의 직업도 잃고 새로운 생계도 마련하지 못해서 고생 끝에 다시 떠도는 생활이 불가피했기 때문에 백성들은 모두 살던 지역을 편안히 여기고 쉽게 이사 가기를 좋아하지 않으니, 군정(軍丁)은 탈루될 걱정이 없고 호구는 실질적 증가를 보였던 것입니다.

그런데 지금은 일정한 생업이 없으니 떠나는 것을 연연해하지 않고 가는 곳마다 경작지가 있어 밭이 없을까 걱정하지 않습니다. 그러니 조금이라도 요역을 징발하면 번번이 도피할 생각을 합니다. 살던 지역을 벗어나면 곧 낙토이니 이사 오고 이사 가면서 훌륭한 계책이라고 여깁니다. 지체 있는 집도 오히려 이러한데 일반 백성이야 알 만합니다. 만일 다급한 일이 생길 경우 힘을 모으기가 결코 쉽지 않을 것이니, 이를 생각하면 참으로 한심한 노릇입니다.

오늘을 위한 계책으로는 백성을 안집시켜 어루만지는 일을 우선해야 합니다. 백성들이 그들의 삶을 이루고 그들의 거처에서 안정을 찾게 한 뒤에 거듭 호적법(戶籍法)을 밝히고 호패법(戶牌法)[169]을 강구하여 시행하되 과조(科條)를 엄격히 세우고 획일적으로 통용해야 합니다. 그러면 백성들이 감히 이사하지 않아 실제 호구 수를 파악할 수 있고, 군정에는 탈루된 자가 없어서 각종 궐액(闕額)을 충당할 수 있습니다. 대체로 국가의 정치 근본은 오직 전결(田結)과 호구의 실상을 파악하는 데 있으니, 그런 뒤에야 부역을 고르게 할 수 있습니다. 오늘날 시급한 일 중에서 이 두 가지보다 우선하는 것은 없습니다. 밝으신 성상께서 유념하십시오.

세 번째는 '사전(祀典)[170]을 정하는 것〔定祀典〕'입니다. 신들이 생각건대, 종묘의 예는 선왕의 은혜에 보답하는 것이니 달마다 제사하고 계절마다 제사하는 제도[171]가 원래 정해져 있습니다. 그런데 조종조(祖宗朝)에서 사전(祀典)을 더욱 융숭하게 하여 문소전(文昭殿)[172]과 연은전(延恩殿)[173] 및 각 영전(影殿)[174]에도 특별히 제사를 올리게 하였고,

169 호패법(號牌法) : 호패를 차도록 하는 법제로, 조선 태종 때 처음 시행되었다가 잠시 폐지되었고, 1458년(세조4)에 다시 시행되어 거의 조선조 말까지 시행되었다. 호패는 16세 이상 되는 남자가 차는 길쭉한 패찰로서 전면에는 성명, 나이, 생년의 간지를 새기고 후면에는 해당 관아의 낙인이 찍혔으며 신분에 따라 구별이 있었다.

170 사전(祀典) : 나라의 제사를 지내는 예전(禮典)이다.

171 달마다……제도 : 《국어(國語)》 〈주어 상(周語上)〉에 "날마다 제사 지내고, 달마다 제사 지내며, 계절마다 제사 지낸다." 하였는데, 위소(韋昭)의 주(注)에 "날마다 할아버지와 아버지께 상식(上食)을 올리고, 달마다 증조부와 고조부에게 제사 지내며, 계절마다 불천위(不遷位)에 제사 지낸다." 하였다.

172 문소전(文昭殿) : 원래는 태조(李太祖)의 비(妃)인 신의왕후(神懿王后) 한씨(韓氏)를 모셔 인소전(仁昭殿)이라 했던 것을, 1408년(태종8) 문소전으로 개칭하였는데, 1433년(세종15)에 태조와 태종의 위패를 봉안하였다. 그 후 다시 세종 이하 세 명의 왕을 모시게 되었다.

173 연은전(延恩殿) : 덕종(德宗)의 위패(位牌)를 모신 곳이다. 성종(成宗)은 자기

또 각각의 능침에도 삭망제(朔望祭), 속절제(俗節祭), 사향대제(四享大祭)를 거행하게 하였습니다. 비록 선왕의 지극한 효심에서 나온 것이지만, 제사를 함부로 하면 공경하지 않는 것이 되거니와[175] 사당에는 두 개의 신주가 없는 법이니, 능침의 사향대제와 양 전(殿), 영전의 제사는 고례(古禮)와 어긋나는 점이 있습니다.

난리[176]가 일어난 뒤로 양 전과 영전의 제사는 임시 중단했으나 능침의 제사는 태묘(太廟)보다 풍성하게 지내고 있으니 경중의 차이가 없는 듯합니다. 전례를 널리 상고하여 한 시대의 제도를 정해야 하고, 크고 작은 제사 음식도 참작하여 품수(品數)를 정해야 합니다. 그 외 전례에 맞지 않는 양 전과 영전의 제사 및 능침의 대제, 기제(忌祭), 삭망제를 모두 영원히 중지하고, 기타 대소 사전(祀典) 또한 유사(有司)에게 명하여 전례에 근거하여 참작해서 정한다면, 제사를 함부로 한다는 비판이 잦아들고 물력도 유지할 수 있을 것입니다. 밝으신 성상께서 유념하십시오.

네 번째는 '낭비를 줄이는 것〔省浮費〕'입니다. 신들이 듣건대, 한 가지 이익을 일으키는 것이 한 가지 폐해를 제거하는 것만 못하고, 하나

아버지를 덕종이라 추존하고 따로 경복궁(景福宮) 안에다 연은전을 지어 그의 위패를 모셨다.

174 영전(影殿) : 임금이나 왕비의 초상화를 모시는 전각이다. 진전(眞殿)이라고도 한다.

175 제사를……되거니와 : 《서경》 〈열명 중(說命中)〉에 "제사를 함부로 하는 것을 일러 공경하지 않는다고 하니, 예절은 번거로우면 혼란하여 신을 섬기기 어렵습니다."라고 하였다.

176 난리 : 1592년 4월에 일어난 임진왜란을 가리킨다.

의 일을 만드는 것이 하나의 일을 줄이는 것만 못하다[177]고 합니다. 이로 인해 《논어》에서는 나라를 다스리는 데 물자를 절도 있게 쓰는 것을 급무로 여겼고,[178] 전(傳)에서는 먹는 자가 적고 쓰는 자가 천천히 사용하는 것을 가지고 재화가 넉넉해지는 큰 방도로 삼았던 것이니,[179] 씀씀이를 사치하게 되면 재화를 손상시키고 재화가 손상되면 반드시 백성에게 해를 입히기 때문입니다.[180]

더구나 지금은 전쟁을 겪고 혼란했던 뒤라서 나라에는 일 년 먹을 양식이 쌓여 있지 않고[181] 사방으로 흩어지는 백성이 속출하는 상황인데, 경비는 나날이 커지고 용도는 날로 많아져서 상공(上供)하는 물품

177 한 가지……못하다 : 원(元)나라 명신 야율초재(耶律楚材)가 한 말이다. 야율초재의 자는 진경(晉卿), 호는 담연거사(湛然居士), 시호는 문정(文正)이다. 원 태조(元太祖)에 의해 중용(重用)되어 원나라 초기에 국가의 기틀을 확립하는 데에 큰 역할을 하였다. 《元史 卷146 耶律楚材列傳》

178 논어에서는……여겼고 : 《논어》 〈학이(學而)〉에 "천승(千乘)의 나라를 다스리되 일을 공경하고 미덥게 하며, 재물 쓰기를 절도 있게 하고 사람을 사랑하며, 백성을 부리기를 농한기에 하여야 한다." 하였다.

179 전(傳)에서는……것이니 : '전'은 《대학장구》를 가리킨다. 《대학장구》 전 10장에, "재화를 생산하는 큰 방도가 있으니, 생산하는 자가 많고 먹는 자가 적으며 만드는 자가 빨리 만들고 쓰는 자가 천천히 쓰는 것이다. 이와 같이 한다면 재화는 항상 넉넉할 것이다." 하였다.

180 씀씀이를…… 때문입니다 : 이 말은 바로 앞에 나온 《논어》 〈학이(學而)〉의 "재물 쓰기를 절도 있게 하고 사람을 사랑한다"는 공자(孔子)의 말을 정이(程頤)가 해설하면서 언급한 것이다.

181 나라에는……않고 : 《예기》 〈왕제(王制)〉에 "나라에 9년의 저축이 없으면 부족하다고 하고, 6년의 저축이 없으면 급하다고 하고, 3년의 저축이 없으면 그 나라는 나라가 아니라고 하는 것이다. 3년을 경작하면 반드시 1년 양식의 저축이 있어야 하고, 9년을 경작하면 반드시 3년 양식의 저축이 있어야 한다."라는 말이 나온다.

이 점차 예전 규모를 회복하였고, 여러 항목의 전례도 차례대로 모두 거행하였습니다. 그러니 해당 관사에서 축적한 수량으로는 한 때의 수요를 감당할 수 없게 되자 심지어 시전(市廛)에 강제로 납부하도록 하거나 전결(田結)에서 증세를 하고 있습니다. 백성의 힘은 유한한데 끝도 없는 수요를 바치게 하니 백성들이 어떻게 곤궁하고 원망하지 않을 수 있겠습니까.

삼가 바라건대, 밝으신 성상께서 먼저 솔선수범하시어, 진상하는 방물(方物) 가운데 상공(上供)에 관계된 것이라 하더라도 또한 적당히 감하도록 윤허하시고, 각 관사에서 무역하는 것 중에 급하지 않은 물건과 온갖 불필요한 지출은 아울러 일체 잠정 중단하십시오. 오직 부득이하게 쓰는 일상 용품만을 참작하여 제정해서 일정한 규칙으로 삼은 다음에야 공안(貢案)을 개정할 수 있고 백성들은 실질적인 혜택을 입을 것입니다. 밝으신 성상께서 유념하십시오.

다섯 번째는 '공안을 개정하는 것〔改貢案〕'입니다. 신들이 들으니, 국초에 공안 관련 법을 되도록 간략하게 만들어서 백성들이 매우 편했습니다. 그러다가 후대에 이르러 월령진상(月令進上)[182]에 관한 법규가 처음 만들어지고, 연산군(燕山君) 때 와서 마침내 공안을 고쳐 그 수치를 가중시켰는데, 제반 종류와 명목의 수치가 과거보다 몇 배는 많았으니, 민생이 날로 어려워진 것은 실로 여기에서 비롯되었습니다.

게다가 지금은 난리를 겪은 터라 살아남은 백성이 적고 결복(結卜)은 감소했는데 월령진상 및 여러 관사의 공물이 점점 전례를 회복하고

182 월령진상(月令進上) : 다달이 정한 예에 의하여 그 지방에서 나는 물건을 국왕에게 바치는 것이다.

있습니다. 지금처럼 피폐한 백성들에게 전성기 때의 공물과 부세를 내라고 하는 건 형세 상 결코 감당할 수 없습니다. 비유하자면, 어떤 집에 10명의 노비가 있다면 10명의 힘을 부릴 수 있지만, 10명 중 6, 7명이 떠났는데도 3, 4명의 노비에게 10명이 할 일을 시킨다면 저 3, 4명의 노비는 틀림없이 감당하지 못해서, 병들지 않으면 도망칠 것입니다. 공안에 관한 일을 지금 조정에서 강구하여 확정했으나 근본을 헤아리지 않은 채 그 끝만을 가지런히 하였으니 신들은 타당하다고 보지 않습니다.

지금 먼저 토지 제도를 정비하고, 또 각 항목의 경비에 관한 규정을 정한 뒤에 일 년 동안 사용할 수치를 산출하십시오. 융통하여 마련해서 다소 남겨 두게 하는 것으로 매년 거두는 공물 규정을 삼는다면, 전지(田地)의 부세는 균등해지고 백성의 힘은 펴질 것입니다.

또 우리나라의 제도는 국가에서 상용하는 물건 및 각 고을에서 진상하는 물품을 모두 토산품으로 분정(分定)합니다. 그런데 간혹 토산품이 아닌 것을 억지로 분정한 경우, 어쩔 수 없이 몇 배의 가격으로 무역해서 그 숫자를 채우다 보니 방납(防納)의 폐단이 생겨나게 되었습니다. 이후로는 비록 토산품이 있어도 으레 방납꾼들에게 제지되어 직접 납부하지 못하고 반드시 열 배의 가격으로 대신 물어주니, 백성의 재력이 고갈됨은 형세가 그러한 탓입니다.

지금 다시 자세히 심사해서 토산물에 따라 일정한 공물을 정하고 방납의 폐해를 엄금하십시오. 그리고 서울에서 물건이 많아 값이 싼 물품은 모두 미(米)나 포(布)로 내게 한 뒤 관청에서 무역해서 사용한다면, 민폐는 사라지고 일정한 용처에 또한 부족한 것도 없을 것입니다. 밝으신 성상께서 유념하십시오.

여섯 번째는 '군정(軍政)을 닦는 것〔修軍政〕'입니다. 신들이 생각건대, 군정의 요체는 오직 장수를 고르고 병사를 훈련하며 무기를 수리하고 기강을 엄격히 하는 데 불과합니다. 임진년(1592, 선조25) 이후, 밤낮으로 묘당(廟堂)에서 이 부분에 대해 긴장을 늦추지 않고 고민하였으나, 십 년 동안 예전처럼 안일하게 시간을 보냈기에 수많은 군정 가운데 믿고서 적을 맞이할 수 있게 준비된 것이 하나도 없습니다. 장수가 병법을 모르는 경우를 옛사람이 경계하였는데,[183] 오늘날 장수란 자들은 병법은 모른 채 오직 윗사람을 좌우에서 잘 섬기려고나 하고 있습니다. 이 때문에 무인들이 윗사람을 잘 섬기는 게 출셋길인 줄만 알았지 병법서가 무엇에 쓰는 물건인지 모릅니다. 평범한 좌작진퇴(坐作進退)[184]의 절도에도 몽매한데 하물며 계책을 내고 생각을 짜내 위기 상황에 적절히 대응하기를 바랄 수 있겠습니까.

신들의 어리석은 소견으로는, 재신(宰臣)과 팔도의 방백(方伯)으로 하여금 쓸 만한 중외의 무사를 널리 선발해서, 양성하는 규정을 별도로 만들고 항상 권장하기를 당(唐)나라 무경박사(武經博士)나 송(宋)나라 무학(武學) 제도[185]처럼 하십시오. 성상께서도 때때로 불러 보고

183 장수가……경계하였는데 : 한(漢)나라 조조(鼂錯)를 가리키는데, 조조(晁錯)라고도 한다. 그가 문제(文帝)에게 올린 글에 "기계가 예리하지 않으면 병졸을 적에게 넘겨주고, 병졸이 쓸 수 없는 지경이 되면 장수를 적에게 넘겨주고, 장수가 병법을 알지 못하면 임금을 적에게 넘겨주고, 임금이 장수를 가리지 못하면 나라를 적에게 넘겨주니, 이 네 가지는 군대의 가장 중요한 요체이다." 하였다. 《漢書 卷49 爰盎晁錯傳》

184 좌작진퇴(坐作進退) : 군사 훈련의 한 종목이다. 《주례(周禮)》 〈하관사마(夏官司馬) 대사마(大司馬)〉에 "좌작(坐作)·진퇴(進退)와 질서(疾徐)·소삭(疏數)의 절도를 가르쳤다."라고 하였는데, '좌(坐)'는 앉는 동작, '작(作)'은 일어서는 동작, '진(進)'은 앞으로 나아가는 동작, '퇴(退)'는 물러가는 동작을 말한다.

방략을 물어서 그들의 기용 여부를 몸소 시험하소서. 이와 같이 하시면 무사들은 병법서를 힘쓰게 되어 더 이상 오하아몽(吳下阿蒙)[186]이 아닐 것입니다.

병사를 훈련시키는 한 가지 일에 대해 말씀드리면, 우리나라에는 본디 도시(都試)[187]라든지 연재(鍊才),[188] 관사(觀射),[189] 습진(習陣)[190] 등 약간의 규정이 있었습니다. 이러한 것들은 조종조(祖宗朝)에서 무

185 송(宋)나라 무학(武學) 제도 : 송대(宋代) 무학은 최초로 1043년(경력3)에 설립되고 1072년(희녕5)에 공식적인 면모를 갖추어 우수한 인재를 양성하고 선발하는 기능이 원활해지면서 정치상의 효과를 보아 국가 의 경쟁력을 향상시켰다.《신수용, 송대 무학에 관한 사적 고찰, 한국엔터테인먼트산업학회논문집 8(2), 한국엔터테인먼트산업학회, 2014, 9쪽》

186 오하아몽(吳下阿蒙) : 꽉 막혀 융통성이 없는 사람을 뜻한다. '오하'는 오(吳)나라를, '아몽'은 여몽(呂蒙)을 가리킨다. 오나라 여몽은 애초에 무식하였는데 손권(孫權)이 "국사(國事)를 하려면 학문을 익혀야 한다."라고 하자 열심히 공부하여 마침내 학식이 높아졌다. 그리하여 뒤에 노숙(魯肅)이 그의 등을 쓰다듬으며 "그 옛날 오하의 여몽이 아니구나."라고 하였다.《三國志 卷54 吳書 呂蒙傳》

187 도시(都試) : 무재(武才)를 발굴함과 동시에 무예를 진흥시키기 위하여 1395년(태조4)부터 실시하였으며, 1428년(세종10)에는 병조(兵曹)·도진무(都鎭撫)·훈련원에서 주관하였다. 선발인원은 33명이었는데, 중앙에서는 병조와 훈련도감의 당상관(堂上官) 1명이 공동으로 시험관이 되어 1년에 1번씩 실시하였으며, 지방에서는 각 도의 관찰사와 병마절도사가 매년 봄과 가을에 2차례 뽑아 중앙에 보고하였다. 이때 성적이 우수한 자에게는 상을 주고 전시(殿試)에 응시할 자격을 부여하였다.

188 연재(鍊才) : 군사들에게 무예(武藝)의 능숙을 권장하기 위하여 평소에 단련한 각종 무술을 시험(試驗)하는 일이다.

189 관사(觀射) : 임금이 신하들이 활을 쏘는 것을 구경하고 상을 주던 일로, 무예(武藝)를 권장하는 데 목적이 있었다.

190 습진(習陣) : 진(陣)을 치는 것을 익히는 훈련을 말한다.

예를 중시한 아름다운 뜻이었는데, 지금은 모두 착실히 거행되지 않아 그저 형식적인 것이 되고 말았습니다. 오직 훈련도감(訓鍊都監)의 포수(砲手)·살수(殺手)[191] 규정만은 그것이 창립된 지 오래되지 않은 관계로 폐기되지 않고 약간의 실효를 거두고 있습니다만 여전히 서울에서만 시행하고 지방에서 행해지지 않고 있습니다. 그러므로 훈련받은 사람이 얼마 되지 않는데, 어떻게 이런 군사를 전적으로 믿고 유사시를 대비하겠습니까. 또 우리나라의 장기는 오직 궁마(弓馬)인데 이를 권장하지 않은 탓에 장차 폐기되게 생겼습니다. 궁마의 기술이 장차 폐기되고 훈련시킨 포수와 살수가 많지 않으니, 신들은 앞으로 병사 없는 나라로 전락할까 걱정입니다.

신들의 어리석은 생각에는, 궁마의 권장을 또한 포수와 살수의 규정처럼 하되 서울에 국한할 게 아니라 아울러 지방에서도 훈련하게 하고 별도로 신칙해서 착실히 시행하도록 하십시오. 지방은 감사(監司), 병사(兵使)가 여러 고을을 순시해서 효과를 거둔 정도를 따져 출척을 단행하고, 간혹 경관(京官)을 파견하여 근무 태도를 살핀다면, 창졸간에 징발하더라도 또한 시전 상인이나 김매는 농민을 차출해서 적과 싸우게 하는, 이른바 굶주린 호랑이에게 고기를 던져주는 수준[192]에는

191 훈련도감(訓鍊都監)의 포수(砲手)·살수(殺手) : 훈련도감은 임진왜란 때 조총(鳥銃)의 위력을 목격하고 포수(砲手)의 양성을 위해 임시로 설치한 영문으로, 점진적으로 포수 이외에도 살수(殺手)와 사수(射手)가 포함된 삼수병(三手兵)으로 구성하였다. 포수는 대포와 조총을 익히는 반면, 살수는 창검을 사용하는 보병이다. 훈련도감은 척계광의 《기효신서》에 따라 대부대 단위의 편제에서 벗어나 소부대 단위로 편제하였으며, 임진왜란이 끝난 뒤에도 존속하였다.

192 굶주린……수준 : 별다른 계책도 없이 강력한 적에게 달려드는 무모함을 말한

이르지 않을 것입니다.

또한 전쟁이 발발한 지 십 년이 되었는데도, 정군(正軍)으로 장부에 오른 자가 아직도 도망쳐 숨었고, 어리다가 이제 혈기왕성하게 자란 자들도 많이 누락되었으며, 새로 양인(良人)이 되었으나 아직 소속된 곳이 없는 자들도 대부분 한가로이 놀고 있으니, 군액(軍額)이 부족한 것은 이상할 게 없습니다. 우선 이런 자들부터 자세히 찾아내어 군액을 채우는 것이 또한 지금 군정(軍政)에서 서둘러야 할 일입니다.

무기가 예리하지 못하면 군사를 적에게 그냥 넘겨주는 꼴이니, 오늘날 유념해야 할 것 중에 이보다 중대한 사안은 없을 듯합니다. 그런데 도감(都監)에서 만드는 무기 이외에 조치하여 준비하는 것이 있음을 듣지 못했습니다. 중외에 쌓아둔 무기가 일제히 텅 비었거늘 종전의 게으르고 해이한 폐단을 답습하고 있으니 비통한 마음 금할 수 있겠습니까. 신들의 어리석은 생각으로는, 각 도의 큰 고을에 도회(都會)를 만들어 군대의 기물을 제조하되 부지런하고 일머리를 아는 수령을 별도로 골라서 이를 담당하게 하고, 감사와 병사로 하여금 관장하고 독려하게 하는 것도 서울의 도감에서 하는 수준으로 하게 한다면, 무기가 갖춰짐이 지금처럼 허무하게 되지는 않을 것입니다.

그러나 가령 장수를 이미 고르고 병사를 이미 훈련시키며 무기를 이미 정교하게 만들었다고 해도 진실로 기강이 이를 잡아 주지 못하면, 군대는 흩어져 군의 위용은 엄숙하지 못할 것이니 누가 화살과 돌을 무릅쓰면서 적들의 손에 앞다퉈 죽으려 하겠습니까. 변란이 일어난 뒤로 군대를 버린 장수나 장수를 버린 병사 모두 목숨을 부지하였고

것으로, 《사기(史記)》 권77 〈신릉군열전(信陵君列傳)〉에 나온다.

군율로 처벌했다는 말은 들어 보지 못했습니다. 진격하면 반드시 죽고 물러나면 사는데 저 장수와 병사들이 어찌 고통스럽게 살 길을 버리고 기어이 사지로 달려가겠습니까. 우리나라가 전투를 벌이면 이 때문에 백전백패한 것입니다. 지금 먼저 위엄을 힘써서 기강을 떨치십시오. 군대를 버리거나 장수를 버린 자가 있으면 반드시 군법으로 다스리고 용서해서는 안 됩니다. 처벌할 땐 시간을 끌지 말고 상을 주는 시기도 넘기지 않는다면, 모두가 진격하여 전사하는 것을 영광으로 여기고 물러나 사는 것을 치욕으로 생각하게 되어 소문만 듣고 도망쳐 흩어지는 일은 더 이상 없을 것입니다.

아! 임금의 원수를 갚지도 나라의 치욕을 씻지도 못한 오늘, 첫 번째로 힘써야 할 일은 군정(軍政)만한 게 없는데 신들이 다섯 가지 조목 뒤에 이를 언급한 이유는, 위의 다섯 가지가 모두 실시되어 민심이 차츰 복종하고 국세가 다소 펴진 다음에야 이것을 근본으로 삼아 군정을 닦을 수 있기 때문입니다. 밝으신 성상께서 유념하십시오.

일곱 번째는 '학교를 진흥하는 것〔興學校〕'입니다. 신들이 생각건대, 인재는 국가의 근본인데 인재 양성이 바르지 않아 어려서 배운 것을 장성해서 행하는[193] 효과를 거두지 못하고 있습니다. 이 때문에 옛날에 나라를 다스리던 사람들이 아무리 전쟁의 혼란으로 문교(文敎)를 신경 쓸 겨를이 없는 상황에서도 또한 이것을 조금도 소홀히 하지 않았던 것은, 국가의 흥망이 참으로 인재를 얻는 여부에 달려 있기 때문입니다.

우리나라가 난리를 만난 뒤로 군사에 관한 일이 많아 학교 정책을

193 어려서……행하는 : 《맹자》 〈양혜왕 하(梁惠王下)〉에 "사람이 어려서 배우는 것은 장성하여 실행하고자 해서이다."라고 하였다.

오랫동안 폐하고 실행하지 않은 데다 십 년 동안 덕망 있는 노인들도 세상을 떠났습니다. 선비들 가운데 사방을 떠도는 자들은 입에 풀칠하느라 정신없고, 새로 배운 후학들은 의리와 경학이 무엇에 쓰이는지 모른 채 오직 정문(程文)[194]을 베껴 모아 요행으로 과거에나 합격하려고 기를 씁니다. 심한 자는 배울 시기를 놓치고 쉬운 글자도 구분하지 못하니 참으로 한심한 노릇입니다.

지금 전란이 차츰 안정되어 떠돌던 선비들이 대부분 도읍으로 돌아왔건만 교육하는 방도는 여전히 파행적입니다. 생각건대, 많은 선비들에게 모범이 될 수 있는 경술과 덕망을 갖춘 인물을 엄선해서 태학(太學 성균관)의 장으로 삼으소서. 예전 제도를 자세히 참고하여 학업을 권장하는 방도를 극진히 하고, 오랫동안 보직을 맡긴 뒤에 전직시켜 실효를 거두도록 독려해야 합니다. 지방 향교에도 아울러 선별된 훈도(訓導)를 파견해서 교육을 담당하도록 하고, 또 서국(書局) 및 지방의 부유한 고을에 명해 서적을 다량 간행하여 중외에 보급함으로써 읽을 만한 책과 질정할 만한 스승이 있게 하소서. 그리하면 몇 해가 지나지 않아 선비의 습성이 반드시 변하여 준수한 후학 가운데 틀림없이 학식을 갖춘 이들이 많아지고, 훗날 조정에 출사하는 자들도 분명 지금처럼 형편없지는 않을 것입니다.

또한 신들이 들으니 한(漢)나라 고조(高祖)는 유학을 좋아하지 않는 군주였으나 천하를 통일한 초기에 오히려 공자(孔子)에게 직접 제사를 올렸다[195]고 합니다. 더구나 지금 문치를 숭상하는 세상에서 학교에

194 정문(程文) : 과거를 보는 시험장에서 쓰는 일정한 법식이 있는 문장으로, 과정문(科程文), 과문(科文)이라고도 한다.

거둥하는 예를 장기간 폐하시는 건 유학을 숭상하고 도를 중시하는 뜻이 아닙니다. 삼가 바라건대, 밝으신 성상께서 이따금 태학에 직접 방문하여 몸소 석채(釋菜)[196]를 올리고 신하들을 불러 경서를 펴놓고 묻고 논란함으로써 진작시키는 방도를 다하셔야 합니다. 경술이나 행실이 훌륭한 자가 있으면 특별히 발탁하고 이를 권장하는 규정으로 삼으신다면 사문(斯文)에 매우 다행일 것입니다. 밝으신 성상께서 유념하십시오.

아! 국가의 적폐를 지금 갑자기 거론할 수는 없지만 이상의 일곱 가지가 오늘날 처리해야 할 가장 시급한 과제입니다. 일곱 가지가 바로잡히면 이외의 것들은 완급과 선후를 따져서 차례대로 개혁할 수 있으나, 그렇다 해도 반드시 앞의 다섯 가지를 근본적으로 해결한 뒤에야 뒤의 일곱 가지를 의거하여 행할 수 있으니, 근본 문제의 해결 없이 지엽적인 것이 다스려진 경우는 없었습니다.

아! 오늘의 형세는 가히 위태로운 수준이 한(漢)나라 왕실의 피폐함[197]보다 심하다고 할 수 있습니다. 안으로는 곧고 진실하여 절의를

195 한(漢)나라……올렸다 : 한 고조(漢高祖)가 일찍이 진(秦)나라에 반기를 들고 일어나 패공(沛公)으로 있을 때, 문장을 일삼는 선비를 좋아하지 않아서 선비를 보면 관을 빼앗아 그 안에 오줌을 누곤 하였는데, 기원전 195년에 회남왕(淮南王) 경포(黥布)의 난을 진압하고 돌아오는 길에 노(魯)나라를 지나면서 고조는 태뢰(太牢)를 갖춰 공자(孔子)의 사당에 제사를 올렸다.《漢書 卷1下 高帝紀》《史記 卷97 酈食其列傳》

196 석채(釋菜) : 문묘(文廟)에서 공자(孔子)를 제사지내는 의식(儀式)으로, 음력 2월과 8월의 상정일(上丁日)에 거행하였다.

197 한(漢)나라 왕실의 피폐함 : '한나라 왕실'은 유비(劉備)가 한나라 황실의 회복을 기치로 내걸고 건국한 촉(蜀)나라를 가리킨다. 제갈량(諸葛亮)의 〈출사표(出師表)〉에 "선제께서 창업을 반도 못 이룬 채 중도에 붕어하시고, 지금 천하가 셋으로 나누어진

위해 죽을 신하가 부족하고 밖으로는 자신을 잊고 충성을 바칠 선비가 없으며 윗사람은 도를 믿지 않고 아랫사람은 법도를 신뢰하지 않고 안일하게 시간만 보내면서 쌓여 있는 땔나무에 불이 붙지 않았다며 외려 편안하다고 말합니다. 이러한 행태로는 아무리 쇠퇴함을 부지하고 어지러움을 다스리며 외적을 방어함으로써 와르르 무너지는 형세를 막아보려 한들 또한 어렵지 않겠습니까.

아! 신들이 오늘 아뢰는 말은 또한 너무 늦은 감이 있습니다. 쓸모없고 망녕되어 군주를 보필하기에는 부족하지만, 언관(言官)의 자리에 있으면서 끝내 침묵할 수 없기에 감히 용렬한 생각을 모두 진달하여 만에 하나 성상께서 채택해 주시기를 바랍니다.

삼가 바라건대, 밝으신 성상께서 널리 들으시고 비근한 말도 살피고 받아들이면서[198] 쇠퇴와 혼란이 극에 달한 오늘을 염려하고 선왕께서 왕업을 맡기신 중대함을 생각하십시오. 두려워 놀라기도 하고 발끈 진노하기도 하면서 나라에 크게 명령을 내려 백성들과 새롭게 시작하십시오. 군신 간 서로 경계하고 전철을 되풀이하지 않으려고 노력하는 사이 조종(祖宗)의 뜻에 제대로 부합하고 백성의 바람에 크게 부응한다면, 한마디 말로 나라를 흥하게 하여[199] 창생들이 의지할 것입니다.

가운데 익주가 피폐하니, 이는 참으로 국가가 위급하여 존망의 기로에 선 시기입니다." 라고 하였다. 《三國志 卷35 蜀志 諸葛亮傳》

198 비근한……받아들이면서 : 《중용장구》 제6장에 "순 임금은 묻기를 좋아하시고 비근한 말을 살피기 좋아하셨다." 하였는데, 주희(朱熹)의 주(注)에 "비근한 말도 오히려 반드시 살폈으니, 그가 선(善)을 버린 것이 없음을 알 수 있다." 하였다.

199 한마디……하여 : 노(魯)나라 정공(定公)이 공자에게 묻기를 "한마디 말로 나라를 흥하게 할 수 있다 하니, 그러한 것이 있습니까?"라고 묻자, 공자가 "말은 이와

쇠퇴한 것을 다시 진작시키고 어지러운 것을 재차 다스릴 수 있어서, 우리 조선(朝鮮)의 억만 년 무궁한 아름다움이 실로 여기에 기반을 두게 될 것입니다. 이렇게 하지 않고 과거를 답습하고 구차히 하면서 임시변통으로 처리할 뿐 전면적 개혁을 통해 새로운 교화를 시도하려고 도모하지 않는다면, 이백 년 이어진 조종의 어렵고 큰 왕업[200]이 어떻게 될지 신들은 참으로 알지 못하겠습니다.

신들이 군주가 치욕을 당한 날에 위태로움이 박도한 국가를 보면서 충심을 다해 직언을 올리오나 말을 가려서 하지는 못했습니다. 삼가 바라건대, 밝으신 성상께서 유념하여 살피신다면 종묘사직을 위해서나 국가를 위해 매우 다행일 것입니다. 신들은 너무도 간절하고 황공한 심정 가눌 수가 없습니다.

같이 효과를 기약할 수는 없거니와, 사람들 말에 '임금 노릇 하기가 어려우며 신하 노릇 하기가 쉽지 않다.' 하였으니, 만일 임금 노릇 하기가 어려움을 안다면 한마디 말로 나라를 흥하게 함을 기약할 수 없겠습니까?"라고 하였다. 《論語 子路》

200 어렵고 큰 왕업 : 주(周)나라 성왕(成王)이 말하기를 "내가 하는 일은 하늘이 시키신 것이다. 하늘이 나에게 큰일〔大〕을 내려 주고 어려운 일〔艱〕을 맡기셨다." 하였다. 《書經 大誥》

가선대부를 사직하는 상소[201] 정유년(1597, 선조30) 1월

辭嘉善疏 丁酉正月

삼가 아룁니다. 신이 명을 받들고 적진에 머문 지가 2년이니,[202] 마땅히 내부 사정을 정확히 살피고 이해득실을 통렬히 꼬집어서 적의 흉계를 막고 조정의 계책에 도움을 제공했어야 하는데 신은 그렇게 하지 못하였으니, 신의 첫 번째 죄입니다.

수행하라는 명령이 내려졌을 때[203] 신은 이번 사행이 명분이 없다는 것을 본디 알고 있었으나, 다만 우리의 형세가 매우 위태로웠으므로 구차하지만 이를 통해 다급한 형세를 조금이라도 늦춰 보려는 것이 조정에서 사신을 파견하는 본의였기 때문에 일본으로 떠날 당시 감히 사양하지 못했던 것입니다. 신의 현명하지 못함이 여기에서 이미 드러났거니와, 원수의 뜰에 발을 들여놓았다가 또 적에게 무시당하였습니

201 가선대부를 사직하는 상소 : 이 글은 1597년 1월 3일에 올린 것이다.《宣祖實錄 30年 1月 3日》 황신이 1596년에 일본으로 사행을 다녀온 뒤 이해 12월 21일에 조정에 돌아와 복명하였다. 이때 선조(宣祖)는 노고를 치하하며 복명한 다음날 가선대부로 특별히 가자(加資)한 것이다. 가선대부는 종2품 문무관 품계이다.《宣祖實錄 29年 12月 21日》《秋浦年譜 卷1 萬曆 24年 丙申條》

202 신이……2년이니 : 황신이 1595년 4월부터 이듬해 8월 일본으로 사신 가기 전까지 웅천(熊川)과 부산(釜山)의 왜영(倭營)에 머문 것을 말한다.《宣祖實錄 29年 2月 28日》《국역 명재유고 제42권 추포 선생(秋浦先生) 황공(黃公) 행장》

203 수행하라는……때 : 황신이 1596년 8월 초순부터 11월 23일 사이에 명나라 책봉사(冊封使) 양방형(楊方亨)과 심유경(沈惟敬)을 따라 일본으로 사신 갔던 것을 가리킨다.

다. 신의 용렬함으로 인해 치욕이 나라에 미쳤으니[204] 신의 두 번째 죄입니다.

적이 순종하지 않고 이미 교통(交通)하여 우호를 다지는 예를 폐하여, 초음부터 한마디 말도 걸지 않았고 또 사람을 차출해 사신을 접대하는 통상적인 의례도 없었습니다. 그간 보고 들은 한두 가지는 그저 심유격(沈遊擊)[205] · 평조신(平調信)[206] 무리가 사적으로 해 준 말에서 얻은 것일 뿐입니다. 그러니 신이 한마디 하여 시비를 따지고 싶어도 또한 그럴 입장이 못 되었습니다. 신의 망녕된 생각으로는 적이 이미 이러하니 만남을 요구할 수도, 그렇다고 글로 의사를 전하기에도 마땅치 않은 이러한 상황에서는 왕명을 온전히 하여 돌아가야 한다고 판단했습니다. 만약 신으로 하여금 내리 머물며 회담을 요구하면서 일이 성사되기를 기약하게 했더라면 일은 혹시 성사되었을지 모르지만, 치욕은 더욱 커졌을 것입니다. 신이 왕명을 받들고 헛되이 돌아온 것은 참으로 어쩔 수 없는 선택이었으나, 신이 부끄러움을 안고 치욕을 참으면서도 그 자리에서 자결하여 울분을 씻지 않은 것은 신의 세 번째

204 원수의……미쳤으니 : 정사(正使) 황신이 이끄는 통신사 일행은 1596년(선조 29) 8월 8일 부산을 출발하여 18일에 계빈(堺浜)에 도착하였다. 그러나 풍신수길(豐臣秀吉)이 조선의 통신사에 대하여, 중국과의 통교(通交)를 방해하고 일본을 업신여기며 왕자를 동행하지 않았다는 등의 이유를 들어 국서(國書)의 수령을 거부하고 급기야 사신단 일행을 죽이려고 하자, 황신 일행은 귀국을 결정하고 11월 23일 부산에 도착하였다.

205 심유격(沈遊擊) : 임진왜란 때에 일본과의 화의(和議)를 주선하면서 명나라의 사신 역할을 한 유격장군(遊擊將軍) 심유경을 말한다.

206 평조신(平調信) : 대마도주 종의지(宗義智)의 부관(副官)이다. 1591년 풍신수길의 사신으로 우리나라에 왔으며, 이듬해 임진왜란 때 왜군에 가담하여 쳐들어왔다.

죄입니다.

저 왜적과 우리나라는 실로 만세토록 잊을 수 없는 원수입니다. 혈기가 있는 자라면 다 같이 분통을 터뜨리는 대상이니 같은 하늘 아래 사는 게 부끄러운데, 신은 홀로 적과 함께 거처하며 시간을 보내면서도 일은 뜻대로 완수하지 못하고 마음은 자취와 서로 어긋났기에 공의(公議)의 배척을 받고 오명을 뒤집어써서 결국 '죽음을 아끼다가 나라를 저버린 사람'으로 전락하였습니다.[207] 이것이 신이 스스로 슬퍼하고 길이 애통해서 죽고 싶은 이유입니다. 신하로서 이런 크나큰 죄를 지어 명예와 행실이 이미 훼손되었습니다. 적의 위세를 두려워했다면 무슨 짓인들 하지 않았겠습니까만, 왕법(王法)으로 비추어 보면 적진에 무릎을 꿇은 자들과 별반 다를 게 없습니다. 죽음으로도 부끄러움을 씻기에 부족한데, 신이 어찌 감히 천지 사이에서 살면서 높은 자리를 함부로 차지해 깨끗한 조정의 관직을 욕되게 할 수 있겠습니까.……

207 공의(公議)의……전락하였습니다 : 황신에 대한 가자(加資)가 내려진 다음날, 사간원에서 아뢰기를 "행 돈녕 도정 황신은 이국에 사신으로 갔으니 죽기를 무릅쓰고 임무를 완수해야 하는데도 흉적의 공갈 협박하는 말에 두려워서 적을 꺾는 말 한마디 하지 못하고 결국 사신의 임무를 다하지 못한 채 돌아왔으니, 벌을 받지 않는 것만도 다행입니다. 그런데 도리어 중한 가자를 내리시니, 적이 들으면 더욱 우리나라를 업신여길 뿐 아니라 상벌의 잘못으로 인하여 장차 권선징악의 방도도 사라질 것입니다. 가선대부의 가자를 개정하소서." 하였으나, 선조는 따르지 않았다.《宣祖實錄 29年 12月 23日》

대마도 정벌을 요청하는 상소[208] 무술년(1598, 선조31) 12월
請討對馬島疏 戊戌十二月

삼가 아룁니다. 삼로(三路)에 있던 적장들이 일시에 빠져나갔습니다. 남해(南海)에서 승첩을 거두긴 했지만 울분을 씻기에 부족하니 어찌 통탄할 일이 아니겠습니까. 중국군이 오늘 돌아간다면 적들은 내일 반드시 쳐들어올 것입니다. 적은 하루면 닿을 거리에 있으니 수천 리 떨어진 곳에서 원병이 오기를 바라는 것도 잘못된 계책입니다.

신의 망녕된 생각으로는, 대마도는 우리나라와 가장 가까운 곳에 위치하여 전부터 우리의 은혜를 입은 지 오래입니다. 그런데도 임진왜란 때 이곳의 적들이 앞잡이 노릇을 하였으니, 오늘날 계책을 세운다면 풍신수길(豐臣秀吉)의 머리를 베어 걸지는 못했을망정 대마도의 적을 모조리 죽이고 씨를 남기지 않아서 지극한 아픔을 조금이나마 달래야 합니다.

신이 왕년에 왜국으로 사신 갔을 때 이 섬을 경유하면서 산천의 형세를 자세히 살피고 묵묵히 기록하였습니다. 이 섬은 둘레가 수백 리에 불과한데 중간에 배를 댈 곳이 많고, 육로가 험하고 좁지만 사방에서 넘어 들어갈 수 있습니다. 이른바 '부중(府中)'은 바로 의지(義智)[209]와

208 대마도……상소 : 1598년(선조31) 12월 21일에 올린 글로, 황신은 당시 전라도 관찰사로 재직하고 있었다.《宣祖實錄 31年 12月 21日》

209 의지(義智) : 제15대 대마도주 장성(將盛)의 아들로 아명(兒名)은 언삼랑(彦三郞)이었다. 1579년(선조12) 가형(家兄) 의순(義純)의 뒤를 이어 제20대 대마도주 소경(昭景)이 되어 1587년까지 대마도를 다스렸다. 이후 의조(義調)에게 물려주었다가

조신(調信 의지의 부관(副官))이 거처하는 곳으로 인가가 겨우 3백여 호(戶) 정도이며, 그 밖의 풍기(豊崎)·좌호(佐護)·인위(仁位)·양(良)·좌(佐)·상봉(桑峯)·수(須)·두두(豆豆) 등 8부(部)는 모두 백여 호에 지나지 않으니, 장정을 모조리 징발한들 필시 천 명이 안 될 것입니다.

그러니 만약 절강(浙江)의 병사[210] 7, 8천 명을 선발해 우리 수군과 합세하여 주둔하다가 일거에 바다를 건너 무방비 상태를 엄습한다면 적들은 틀림없이 동요하며 무너질 것이니, 이른바 '천둥이 급히 쳐서 귀를 막을 시간도 없다'[211]라는 것은 이를 두고 한 말입니다. 이 섬은 성곽이 없고 목책과 보루도 없으며 산성은 좁은 데다 식수마저 없으니 오래 버티지 못하고 새처럼 흩어질 게 뻔합니다.

의논하는 자들 중에는 여러 섬의 적들이 반드시 구원하러 올 것이라며 걱정하는 이들이 더러 있습니다. 이에 대해 말씀드리면, 대마도에서 일기도(一岐島)까지 거리가 거의 5백 리이고 일기도에서 평호도(平戶島)[212]까지 또 130리 입니다. 저들이 아무리 빠른 배로 전황을 알리더라

1588년 다시 도주가 되었다. 《宗氏家寶略 昭景君, 義智君》

210 절강(浙江)의 병사 : 명나라 수군 제독 진린(陳璘)이 절강의 수군 5백여 척을 이끌고 와서 전라도에 주둔 중이었다. 《宣祖修正實錄 31年 6月 1日》

211 천둥이……없다 : 적이 대비하기 전에 허를 찌르는 것으로, 병가에서 상책으로 여긴다. 《구당서(舊唐書)》 권67 〈이정열전(李靖列傳)〉에 "지금 우리 군대가 처음 집결함에 소선(蕭銑)이 아직 이 사실을 모르고 있으니, 만약 강물이 불어난 형세를 틈타 갑자기 적의 성(城) 아래에 이르면 병법에서 이른바 '빠른 우레에 미처 귀를 가리지 못한다'는 것이니, 이는 병가(兵家)의 상책이다."라는 내용이 보인다.

212 평호도(平戶島) : 대본에는 '平島'로 되어 있는데, 일반적인 용례를 따라 바로잡아 번역하였다.

도 원병이 나오려면 순풍을 기다려야 하니, 속공을 전개한다면 우리의 뜻을 이룰 수 있습니다.

오늘의 형세는 자국을 방어하기에도 급급한 상황이니 어느 겨를에 다른 나라까지 도모하겠습니까마는, 중국 군대가 현재 남해에 주둔하고 있어서 여기에서 진격하면 많은 힘을 소비하지 않아도 됩니다. 그들이 한 번 돌아가면 다시 군사를 조발하기란 어려우니 이 기회를 놓치면 안 됩니다. 신의 계책대로 한다면 보장하건대 십 년간 무사할 것이요, 이번 기회를 놓치고 도모하지 않으면 일 년도 못 돼 무역을 하자거나 쌀을 달라고 요청해 올 것입니다. 국가의 안위에 관계된 일이라 끝내 함구할 수 없어 아룁니다.……

전라 감사 재임 시 모친 봉양을 청하는 상소[213]

爲全羅監司時 乞養大夫人疏

삼가 아룁니다. 군신의 관계는 부자지간과 같습니다. 질병에 걸려도 부모를 찾는 법인데 하물며 질병보다 심한 경우이겠습니까. 신은 어려서 부친을 잃고[214] 모친과 살았는데 하나 있던 동생마저 또다시 요절하자[215] 외롭고 쓸쓸한 가운데 의지할 데 없는 두 모자는 서로를 목숨처럼 의지하며 하루도 떨어지지 않았습니다.

중간에 외람되이 관직을 받고 조정에 출사하였으나, 뒤이어 변고를 만나 시련 속에 여기저기 떠돌아다녔고, 국가가 바야흐로 위급해지자[216] 모친을 봉양할 겨를이 없게 되었습니다. 신은 본디 독자인 데다 대를 이를 자식도 없었기에 모친이 노쇠하여 병치레가 잦았지만 곁에

213 전라……상소 : 황신은 1597년(선조30) 7월 25일에 전라도 관찰사에 제수되었다. 이 글은 다음 해에 올린 것으로, 선조는 특명으로 모친을 모시고 정무를 살피도록 하였다. 《宣祖實錄 30年 7月 25日》《秋浦年譜 卷1 萬曆 26年 戊戌條》 황신의 모친은 내섬시 정(內贍寺正) 곽회영(郭懷英)의 딸(1538~1599)로, 본관은 청주(淸州)이다. 《黃寅直 編, 昌原黃氏秋浦家乘, 譜典出版社, 34~35쪽》《梧陰遺稿 卷3 朝奉大夫工曹正郎黃公墓碣銘幷序》

214 신은……잃고 : 부친은 황대수(黃大受, 1534~1571)로, 1571년에 영남(嶺南)에 기근이 들자 경차관(敬差官)으로 선발되어 가던 중 이 해 5월에 성주(星州)에서 객사하였는데 당시 황신은 10살이었다. 《梧陰遺稿 卷3 朝奉大夫工曹正郎黃公墓碣銘》

215 하나……요절하자 : 동생은 황척(黃惕, 1569~1588)으로, 본관은 창원(昌原), 자는 염숙(念叔)이다. 《黃寅直 編, 昌原黃氏秋浦家乘, 譜典出版社, 1981, 209~210쪽》

216 국가가 바야흐로 위급해지자 : 1592년 임진왜란이 발발한 이후를 말한 것이다.

서 돌 볼 사람이 없었고, 집은 또 가난하여 숙수(菽水)[217]조차 부족한 형편이었습니다. 그리하여 모친이 굶어도 신은 듣지 못하고 모친이 추위에 떨어도 신은 알지 못한 채 멀리 떨어져 거듭 모친께 염려를 끼쳐 드렸습니다.

지난날 신이 왕명을 받고 왜영(倭營)에서 2년간 머물렀습니다.[218] 그곳에서 특별히 고생한 건 없는데, 외부에서 다들 제가 반드시 죽을 거라고 수군거렸기 때문에 모친은 마음을 졸이다 병을 얻게 되었고 점점 고질이 되어 지금은 정신병에 걸린 사람이 되었습니다. 밤새도록 잠을 못 이루거나 온종일 식사를 하지 않으면서 슬픔과 걱정으로 하루를 보내고 넋 나간 사람처럼 행동하기도 합니다. 옆에 있는 사람도 차마 볼 수 없을 지경이니 모자간 애타는 심정이야 어찌 끝이 있겠습니까.

신이 서른 이후 오랫동안 도로 위를 왕래하다 보니, 일 년 동안 모친과 서로 마주한 시간은 겨우 한두 달 정도이고 모친의 슬하에 머문 것도 길어야 5, 6일에 불과했습니다. 작년 가을, 신이 본직(本職 전라감사)에 제수되었을 때 마침 노모가 병으로 고생하던 터라 제가 곁을

217 숙수(菽水) : 콩죽과 물이라는 뜻으로, 가난하지만 어버이를 극진하게 봉양하는 것을 비유할 때 쓰는 말이다. 공자(孔子)의 제자 자로(子路)가 집안이 가난해서 효도를 제대로 하지 못한다고 탄식을 하자, 공자가 "콩죽을 끓여 먹고 물을 마시더라도 기쁘게 해 드리는 일을 극진히 행한다면, 그것이 바로 효이다."라고 위로했던 고사에서 나온 것이다. 《禮記 檀弓下》

218 지난날……머물렀습니다 : 황신이 1595년 4월부터 이듬해 8월 일본으로 사신 가기 전까지 웅천(熊川)과 부산(釜山)의 왜영(倭營)에 머문 것을 말한다. 《宣祖實錄 29年 2月 28日》 《국역 명재유고 제42권 추포 선생(秋浦先生) 황공(黃公) 행장》

지키고 있었는데, 모친이 왜적이 본도(本道 전라도)에 박도했다[219]는 말을 듣고 더욱 걱정하면서 놓아주지 않았습니다. 이미 소명(召命)을 받든 몸이기에 감히 오랫동안 지체할 수 없어 다음날 집을 나서며 말도 없이 곧장 가버렸으니, 신의 처지가 이렇듯 딱한 상황입니다.

지금 신의 모친은 병과 굶주림, 추위에 시달리며 해서(海西 황해도)와 기전(畿甸 경기) 사이를 전전하는데 장기간 병석에 누운 증세가 악화일로에 있습니다. 얼마 전 손수 쓴 편지를 잇달아 보내 죽기 전에 신의 얼굴을 다시금 보고 싶어 했는데, 읽고 나서 마음을 주체할 수 없었습니다. 다만 감사가 가솔을 임지로 데려가는 규정을 작년에 없애버려서 마음대로 모셔올 수 없으니, 자칫 이렇게 영결하게 되어 마침내 평생 감당할 수 없는 슬픔에 빠지지나 않을지 참으로 걱정입니다. 매번 이를 생각하면 심장이 갈기갈기 찢깁니다. 이것이 신이 하늘을 향해 울부짖으며 호소하는 이유입니다.

전라도 지역은 적들과 매우 가까워 조만간 몰래 쳐들어올 것이니 신이 매우 어리석지만 어찌 많은 생각을 하지 않았겠습니까. 다만 처지가 절박하여 이후에 당하게 될 낭패 일랑 따질 시간이 없습니다. 외람된 행동임을 잘 알기에 죽음을 무릅쓰고 우러러 아뢰오니, 삼가 바라건대 자애로운 성상께서 간절한 소원을 특별히 허락하여 노모를 맞이해 봉양하도록 해서 잠시 전라도로 내려와 한번 만나게 해 주신다면, 모자

219 왜적이 본도(本道)에 박도했다 : 이 글을 작성한 시기가 1598년 언제인지 모르겠으나, 왜군은 1597년 6월 18일 부산포 앞바다와 7월 14일 칠천량 해전에서 조선 수군을 잇달아 격파하여 남해의 제해권을 넘겨받은 뒤 호남지역 점령에 주력하여 같은 해 8월 15일 남원성 전투에서 조명연합군에 승리하였고, 전주성까지 무혈입성하였다.

간에 서로 유감이 없을 것입니다. 신은 마음을 가누지 못하고 너무도 간절히 호소하는 바입니다.

전라 감사의 면직을 청하는 상소[220]

乞免全羅監司疏

삼가 아룁니다. 신이 성상의 총애를 과분하게 입어 차지해서는 안 될 자리를 오랫동안 차지하였습니다. 지난번에 사사로이 간청을 드렸는데[221] 모친 봉양을 특별히 허락해 주시어 어미에게 효도하려는 자식의 마음에 유감이 없게 되었습니다. 은혜를 입고 감격하여 어찌할 바를 모르다가 오직 분골쇄신하여 은혜에 보답할 것을 다짐했습니다.

그런데 뜻하지 않게 이번에 복이 넘쳐 재앙이 발생했습니다. 노모가 평소 앓던 숙환이 지금 더욱 심각해져 병상에 누운 지 두 달인데, 의원은 실력이 없고 약물도 구비되지 않아 생명이 다해 가건만 앉아서 임종 날짜만 기다리고 있습니다. 게다가 신은 또 멀리 최전방 부대로 가야 해서 모친 곁에 머물며 탕약을 살필 수 없습니다. 신은 본래 외아들이라 의지할 형제도 없습니다. 병든 모친을 살리자니 나랏일이 급하고, 애써 직무를 살피자니 마음이 심란하여, 공사 간에 실로 난감한 상황입니다.

220 전라 감사의……상소 : 모친이 대하증(帶下症)으로 위독한 것을 보고 황신이 1598년(선조31) 12월에 올린 사직 상소이다. 대하증은 한사나 습열로 인하여 여성의 질에서 악취가 나거나 흰색 또는 황색의 액체가 흘러나오는 질환이다. 선조(宣祖)가 사직 요청을 윤허하자, 1599년 봄에 모친을 모시고 서울 잠두(蠶頭)로 왔으나, 4월 1일에 모친은 세상을 떠났다.《秋浦年譜 卷1 萬曆 26年 戊戌條》《黃寅直 編, 昌原黃氏秋浦家乘, 譜典出版社, 1981, 219쪽》

221 지난번에……드렸는데 : 바로 앞에 나오는 〈전라 감사 재임 시 모친 봉양을 청하는 상소〔爲全羅監司時乞養大夫人疏〕〉를 가리킨다.

또한 신은 4, 5년 전부터 장기간 영·호남에 머물렀습니다.[222] 도로에서 몸을 상하고 장기(瘴氣)에 시달리면서 온갖 질병에 걸리다 보니 날이 갈수록 눈에 뜨이게 쇠약해져 이젠 제 한 몸 건사하기도 힘든 상태입니다. 그런데도 끝내 신의 질병을 성상께 아뢰지 않았던 건, 참으로 국내 정세가 요동치고 군주가 당한 치욕이 컸기 때문입니다.

신이 노둔하고 졸렬한 나머지 조그만 보탬도 드리지 못했기에, 있는 힘을 다해 부지런히 국가의 일에 종사하기로 마음먹고 어떠한 역경도 피하지 않으면서 큰 은혜에 보답하기를 바랐습니다. 그런데 지금 모친의 병이 이와 같아 조석 간 어떻게 될지 모르게 되니, 절박한 상황에 차마 놔두고 가질 못하고 공무를 오랫동안 폐하고 말았습니다. 국가에 충성을 바치지도, 그렇다고 모친에게 효도를 다하지도 못하니 초심을 돌아보며 답답해서 흐느낄 따름입니다.

지금은 흉적이 멀리 달아났고 변방은 다소 안정을 되찾았습니다. 그러나 수습하고 진정시키는 일은 조금도 늦출 수 없는데, 신처럼 용렬하고 어두운 사람이 거듭 사적인 우환을 만나 시름겹게 날짜만 보내고 일을 제대로 처리하지 않으니 마침내 낭패를 당하고 말 것입니다. 그리되면 신의 죄야 진실로 동정받지 못할 테지만 나랏일은 어이하면 좋단 말입니까.

삼가 바라건대, 자애로운 성상께서는 절박한 사정을 굽어 살펴 특별히 신을 체직하여, 신으로 하여금 일찌감치 도성으로 돌아와 치료에

222 신은……머물렀습니다 : 황신은 1595년 4월부터 이듬해 8월까지 웅천(熊川)과 부산(釜山)에 있는 왜영(倭營)에서 머물렀고, 이어서 통신사가 되어 일본을 다녀왔으며, 1597년부터는 전라도 관찰사에 제수되어 호남에 머물고 있었다.

전념해서 죽어가는 노모를 살리도록 해 주소서. 그리하면 자식 된 자의 마음에 유감이 없을 것이요, 살아서 목숨을 바치고 죽어서 결초보은을 한다 해도 그 은혜를 갚지 못할 것입니다. 너무도 답답하여 눈물을 흘리다가 삼가 죽음을 무릅쓰고 아룁니다.

계사 啓辭

사간원에서 정관을 논한 계사[223] 경인년(1590, 선조23) 4월
諫院論政官啓 庚寅四月

정여립(鄭汝立)[224]이 앙심을 품은 건 일조일석에 이루어진 일이 아닌데도 전조(銓曹 이조)는 일찍이 김제 군수(金堤郡守)와 황해도 도사(黃海道都事)에 의망하여 그의 바람에 부응함으로써 하마터면 불의의 변고가 생길 뻔했으니, 당시의 당상과 낭청을 모두 파직하소서.

이양원(李陽元)이 도사에 의망하였고, 이산해(李山海)가 김제 군수에 의망하였다.[225]

223 사간원에서……계사 : 이 글은 《선조수정실록》 23년 4월 1일 기사에 보인다.

224 정여립(鄭汝立) : 1546~1589. 본관은 동래(東萊), 자는 인백(仁伯)이다. 처음에는 서인(西人)에 속하였으나, 이이가 죽은 뒤 동인(東人)에 가담하여 이이를 비롯하여 서인의 영수인 박순·성혼을 비판하였다. 이로 인하여 왕의 미움을 사 관직에서 물러났다. 이후 진안의 죽도(竹島)에서 대동계를 조직하고 전국적으로 확대하였다. 1589년 황해도 관찰사 한준 등이 연명하여 정여립 일당이 반란을 일으키려 한다고 고변하자, 정여립은 아들 옥남(玉男)과 함께 죽도로 도망갔다가 자살하였다.

225 이양원(李陽元)이……의망하였다 : 이는 《선조수정실록》 23년 4월 1일 기사와 내용이 일치하지만, 이와 달리 이산해가 정여립을 황해도 도사와 김제 군수에 모두 의망했다는 기록도 있다. 《沙溪全書 卷9 松江鄭文淸公行錄》《宋子大全 卷71 與李擇之癸丑十二月五日》

정언을 인피하는 계사[226] 6월

正言引避啓 六月

삼가 보건대, 어제 대사헌 홍성민(洪聖民)이 피혐(避嫌 혐의를 피함)하자, 성상의 비답은 너무도 엄하여 갑자기 체차되었습니다. 신은 이를 듣고 깊은 우려를 금할 수 없습니다. 추국(推鞫)이 벌어졌을 때, 사특한 의론이 횡행하여 사태가 매우 급박하였는데, 만약 성민과 유홍(兪泓)이 목소리를 높여 힘껏 배척하지 않았더라면 나랏일이 마침내 어떻게 되었겠습니까. 이는 국민들도 아는 사실이자 사람들이 크게 분통을 터뜨리는 바입니다.

당시 추국에 참여했던 사람이라면 언신(彦信)의 패악한 말[227]을 들었습니다. 비록 성상께 곧바로 아뢰지 못했어도 놀랍고 분통한 마음에 한시도 잊지 못했을 것인데, 일전에 성상께서 하문하시자 어떤 이는 듣지 못했다고 하고 어떤 이는 기억나지 않는다고 하면서 함구하고 관망하면서 분명하게 말하지 않았습니다. 이것이 과연 신하가 임금을

226 정언을 인피하는 계사 : 대본에는 이 글을 올린 시점이 1590년(선조23) 6월로 되어 있고 《선조수정실록》에는 이 해 4월 1일 기사에 소개하고 있는데, 《선조실록》에는 본문에서 언급한 홍성민(洪聖民)의 피혐이 5월 19일 기사에 보이고 황신이 이 글을 올린 뒤 고산 현감으로 좌천된 날짜가 5월 24일인 점, 그리고 《추포연보(秋浦年譜)》에도 이러한 일련의 일을 5월에 벌어진 것으로 소개하고 있는 것으로 보아 '6월'은 '5월'의 오기인 듯하다. 《宣祖實錄 23年 5月 19日, 24日》 《宣祖修正實錄 23年 4月 1日》 《秋浦年譜 卷1 萬曆 18年 庚寅條》

227 언신(彦信)의 패악한 말 : 정언신이 역모를 고변한 자의 목을 베겠다고 말한 것을 가리킨다. 《宣祖實錄 23年 5月 19日》

섬기는 도리입니까?

이산해(李山海)의 말은 귀머거리처럼 행세하는 자와 차이가 있으나 또한 애매하게 처신한 과실을 면하기는 어렵습니다. 성민이 이 때문에 이상하게 여긴 것이니, 어찌 한낱 정언신을 이용해 죄를 다른 사람에게 전가하려 했겠습니까. 당초 추국의 관원들이 즉시 말하지 않은 잘못은 성민도 피할 수 없습니다. 그러나 그가 피혐한 말은 사실에 입각해 명백하면서도 명료하니, 이산해로 하여금 이를 듣게 하더라도 또한 부끄러워 굴복하느라 여념이 없을 것입니다. 성민의 말이 좀 과하다고 할 수는 있지만 그래도 어떻게 해야 할지 모르고 우물쭈물하는 여러 사람보다야 낫지 않습니까. 그런데 지금 엄한 견책이 저쪽에 내려지지 않고 도리어 이쪽에 내려졌으니, 줏대 없이 머뭇거리며 관망하는 자들이 이를 통해 뜻을 얻어서 충직한 말이 위로 올라오지 않게 될까 신은 걱정입니다.

무릇 국가에서 언관을 대하는 체모는 매우 중요합니다. 제아무리 체차할 만한 혐의가 있어도 반드시 조정의 처치를 기다려야 옳지, 체차하라는 명령이 성상의 비답에서 나오는 건 대간(臺諫)을 중시하고 나라의 체통을 높이는 방법이 아닙니다. 언관의 직임이 이로부터 가벼워져 공론을 부지할 수 없을까 두렵습니다. 신은 성민과 애초에 일면식도 없는 사이이니 감히 구원하려는 것이 아닙니다. 조정의 사체(事體)를 안타깝게 여길 뿐입니다.

또한 신이 성민에게 매우 부끄럽게 여기는 점은, 성민이 말한 내용을 신도 자세히 들었다고 할 수 있는데 언관의 자리에 있으면서 오랫동안 입 다물고 모두 다 아뢰지 않아서 인피(引避)하는 날 성민과 함께 내침을 당하지 않은 것입니다. 신의 죄가 실로 여기에 있으니 어찌 뻔뻔하게 부끄러움을 품고서 언관의 지위를 거듭 욕되게 할 수 있겠습니까. 신의 직임을 체차하라고 명하소서.

황해 감사를 파직하고 옥당에 상으로 자급을 올려준 것을 환수하도록 청하는 사간원 계사[228] 신축년(1601, 선조34) 7월

諫院請罷黃海監司還收玉堂賞加啓 辛丑七月

방백(方伯 관찰사)은 한 도의 주인이니 체면이 매우 중합니다. 진실로 장엄하게 임하지 않으면 사람들에게 모욕을 당하게 되니,[229] 어떻게 열읍(列邑)을 호령하고 한 지방을 통제하겠습니까. 황해 감사 최철견(崔鐵堅)[230]은 감히 이러한 때에 공공연하게 잔치를 베풀고 술에 취해 위엄을 잃었으며, 심지어는 자신이 직접 노래를 부르면서 수령으로 하여금 일어나 춤을 추게 하여 체모를 훼손했으므로 원근에서 비웃고 있습니다. 듣는 사람들이 모두 해괴하게 여기고 있으니, 파직을 명하소서.

작위는 유덕한 사람에게 주고 상은 공로를 세운 이에게 보답하는 것으로 뒤섞어 시행하면 안 됩니다. 옥당(玉堂 홍문관)의 관원은 직무가 매우 중하니 책을 만들고 교정하는 일은 여사일 뿐입니다. 이번에 《춘추(春秋)》를 찬집할 때 가자(加資)되거나 직위가 오른 관원이 있고,

228 황해 감사를……계사 : 대본에는 1601년(선조34) 7월에 올린 것으로 되어 있는데, 《선조실록》에는 이 해 8월 8일 기사에 소개되어 있다.

229 장엄하게……되니 : 이는 《논어》 〈위령공(衛靈公)〉의 "장엄함으로써 백성에게 임하지 않으면 백성들이 그를 공경하지 않는다."라고 한 것을 전용한 것이다.

230 최철견(崔鐵堅) : 1548~1618. 본관은 전주(全州), 자는 응구(應久), 호는 몽은(夢隱)이다. 1585년 별시문과에 장원으로 급제하였고, 1601년 6월 3일 황해도 관찰사에 제수되었다. 《宣祖實錄 34年 6月 3日》

글씨를 쓴 원역(員役) 중에서도 직위를 올리고 관직에 제수하라는 명을 받기도 하여, 작위와 상을 너무 남발하였습니다. 신흠(申欽)·심열(沈悅)·최기(崔沂)의 가자를 개정하고, 그 나머지 직위를 올리고 관직에 제수하라는 승전(承傳 전지(傳旨))도 모두 시행하지 마소서.

대사간을 인피하는 계사[231] 동월

大司諫引避啓 同月

추국청(推鞫廳)의 논상에 비록 잘못된 규례가 있긴 하지만, 은혜를 과하게 베풀고 관작을 남발하는 것은 벼슬을 아끼어 세상을 격려하는 방법이 아닙니다. 따라서 언관이라면 시급히 바로잡아야 하는데, 신의 이름이 그 속에 들어 있었던 관계로 동료들과 함께 논계하지 못하였으니, 손상시킨 바가 큽니다. 직임을 맡는 것이 온당치 못하니, 신의 직임을 체차하라고 명하소서.

231 대사간을 인피하는 계사 : 정여립의 옥사에 관련된 길운절(吉云節) 등을 처형한 뒤 추국청 관원들에게 논상을 단행하였는데, 당시 황신이 가의대부(嘉義大夫)에 가자되자 이 글을 올린 것이다. 대본에는 1601년(선조34) 7월에 올린 것으로 되어 있는데, 《선조실록》을 보면 추국청 관원에 대한 논상은 이 해 8월 13일이고, 이 글이 올라온 것은 같은 달 15일이었다. 가의대부는 종2품이다. 황신이 대사간에 임명된 날은 7월 17일이다. 《宣祖實錄 34年 7月 17日》

각 아문에서 신래를 학대하지 못하도록 청하는 계사[232] 동월
請禁各衙門侵虐新來啓 同月

대소 관원이 체면을 유지하는 방법은 전적으로 아랫사람을 단속하는 데 달려 있으니, 아랫사람을 단속하는 풍습을 폐하기는 어렵습니다. 그런데 이렇게 조정이 새로 시작하고 사람들이 담벼락에 의지한 날[233]을 당하여 '벌례(罰禮)'[234]를 핑계하고 술과 고기를 요구하면서 술자리를 파다하게 마련하여 폐해를 야기하고 있습니다. 지금부터는 각 아문에서 신래를 학대하여 술과 고기를 요구하는 행위를 사헌부로 하여금 일체 금단하도록 하소서.

선전관 송상(宋翔)은 사람됨이 광망하고 소행이 어긋나 시위(侍衛)하는 반열에 적합하지 않습니다. 파직하라고 명하소서.

232 각 아문에서……계사 : 이 글은 1601년(선조34) 8월 26일에 올린 것이다.《宣祖實錄 34年 8月 26日》 '신래'는 새로 과거에 급제한 사람을 가리킨다.

233 이렇게……날 : 임진왜란을 겪고 폐허가 된 조정과 궁궐의 어수선한 상황을 가리킨 말이다.《後漢書 卷9 獻帝紀》

234 벌례(罰禮) : 새로 부임한 관원이 선임 관원들에게 한 턱을 내는 일을 말한다.

관왕묘의 일로 상을 더해 준 것을 환수하고 각 관사를 축나게 한 관리의 죄를 논하기를 요청한 계사[235] 8월

請還收關廟賞加各司無面官吏論罪 八月

근래 은상(恩賞)을 남발하여 관작이 무겁지 못합니다. 재신(宰臣 종2품 이상)의 작질과 숭반(崇班 고위 관원)에 오르는 것도 어렵지 않아, 덕이 있는 사람에게 주는 나라의 벼슬이 극도로 뒤죽박죽이니, 식자들이 한심하게 여긴 지 오래입니다.

이번 관왕묘(關王廟) 조성 사업[236]은 본래 나랏일과 관계되지 않은데다 감독 관원이 시간을 끌면서 백성의 힘을 낭비하였고, 심지어 공사(公事)를 빙자해 폐단을 일으켰다가 대평(臺評 사헌부·사간원의 평론)을 거듭 들었습니다. 전후의 관원들은 모두 허물이 있고 당초 공사 기한도 제대로 맞추지 못하였는데, 가자하거나 상품 수여, 승진이나 관직을 제수하라는 명이 갑자기 공 없이 허물만 있는 사람들에게 내려졌습니다. 국가에서 권장하고 징계하는 방도가 이렇게 전도되었으니, 비단 폐단을 야기하는 온당치 못한 결정일 뿐만이 아닙니다.

상을 크게 내리는 것은 그 일을 중시하는 것입니다. 전에 태묘(太廟)를 영선(營繕 짓거나 수리함)할 때 내린 상도 이보다 과하지 않았습니다

235 관왕묘의……계사 : 이 글은 1601년(선조34) 8월 27일에 올린 것이다.《宣祖實錄 34年 8月 27日》

236 관왕묘(關王廟) 조성 사업 : '관왕묘'는 촉한(蜀漢)의 장수인 관우(關羽)를 모시는 사당인데, 명나라의 임진왜란 참전을 계기로 조선에 관왕묘가 무수히 건립되기 시작하였다.

만, 어떻게 양자를 비교하여 똑같이 취급할 수 있겠습니까. 사체로 헤아려 보아도 더욱 온당치 못하니, 관왕묘 조성에 대해 논상하라는 승전(承傳 전지(傳旨))을 거행하지 말도록 하소서.

신들이 호조에서 번고(反庫 창고 물건을 조사함)한 문서를 가져다 살펴보니, 각 해당 관사에 매년 축이 난 수치가 매우 많았습니다. 전수가 축난 것도 많았고, 과반이 축난 것도 있으며, 원래의 수치에서 3분의 1이 축난 것도 있었습니다.

이는 요 몇 년 사이 관사에서 관원을 제대로 선발하지 않고 대충 인원수나 채우다 보니, 잡류(雜類)나 천한 사람들까지도 그 속에 들어가게 되어 직무가 다스려지지 않고 아전과 하인이 두려워하지 않다가 점차 법을 지키지 않고 제멋대로 훔치게 된 것입니다. 그런데도 해당 관청에서는 관리에 신경 써서 항상 단속하지 않고, 해유(解由)[237]하는 즈음에도 명백하게 조사하지 않아 승진과 거관(去官)할 때 조금도 구애됨이 없어 한 사람도 이로 인해 파면되었다는 말을 듣지 못하였으니, 해이해진 기강을 여기에서 알 수 있습니다.

각 해당 관사의 축이 난 잡물(雜物)을 해당 관청으로 하여금 낱낱이 조사하게 하소서. 담당 관리는 달〔月〕을 가지고 따지는 법에 구애받지 말고 별도로 사목(事目)을 만들어 기일을 정해 나누어 물리고, 그 가운데 재직 일수가 오래되면서 가장 많이 축나게 한 자는 우선 파직한

237 해유(解由) : 경외(京外)의 관리가 체차되었을 때 재직 중의 회계(會計)와 물품 관리에 흠축난 것이 없을 경우, 호조(戶曹) 또는 병조(兵曹)에서 이를 증명해 주어 이에 대한 책임을 면제받는 일, 또는 그렇게 증명하여 지급해 주는 문서를 말한다. 이것이 나오면 이조(吏曹)로 이관(移關)되어, 이조에서 해당 체차된 관원에게 조흘(照訖)을 발부해서 다른 관직에 제수될 수 있도록 하였다.

다음 추고하십시오. 그리고 그 나머지는 경중을 논하지 말고, 비록 이미 자리를 옮긴 자라 할지라도 모두가 해유의 '징수를 마치기 전에는 녹봉을 감한다.'라는 예를 적용해 녹을 받고 관직을 옮기지 못하도록 하소서. 적발하지 못한 해당 관청의 당상과 담당 낭청을 아울러 추고하소서.

이축에게 상을 주어 가자한 것을 환수하고 이원과 우배선의 파직을 청하는 계사[238] 9월

請還收李軸賞加李禹拜善罷職啓 九月

행 판돈녕부사 이축(李軸)[239]은 원훈(元勳)이라는 이유로 여러 번 발탁되어 정경(正卿 정2품)의 지위에 올랐으니,[240] 국가에서 총애하는 대우가 이미 지극하였습니다. 그런데 이번에 숭반(崇班 1품)에 제수하라는 명은 사람들의 기대와는 동떨어진 것입니다. 1품의 높은 작질은 얼마나 중요한 직명입니까? 그런데 주어서는 안 될 사람에게 이유 없이 함부로 준단 말입니까? 모두들 놀라고 이상하게 여깁니다. 개정하라고 명하소서.

위원 군수(渭原郡守) 이원(李瑗)은 노쇠할 뿐더러 이렇다 할 재능도 없으니 중요한 요새지에 적합하지 않은 인물입니다. 파직하라고 명하시고, 그 후임자로 명망이 있는 무관을 신중히 뽑아 보내십시오. 금산 군수(金山郡守) 우배선(禹拜善)[241]은 자리만 차지하고 있을 뿐 직무는

238 이축에게……계사 : 이 글은 1601년(선조34) 9월 1일에 올린 것이다.《宣祖實錄 34年 9月 1日》

239 이축(李軸) : 1538~1614. 본관은 전주(全州), 자는 자임(子任), 호는 사촌(沙村)이다. 양녕대군(讓寧大君)의 현손이다. 1576년(선조9) 식년 문과에 급제하였고, 1589년 안악 군수로 있을 때 한준(韓準)·박충간(朴忠侃)·한응인(韓應寅)과 함께 정여립(鄭汝立)의 모반을 조정에 고변한 공으로 이듬해 평난공신(平難功臣) 1등으로 완산군(完山君)에 봉해졌다.

240 정경(正卿)의 지위에 올랐으니 : 이축은 1601년 1월 6일에 한성부 판윤에 제수되었다.《宣祖實錄 34年 1月 6日》 한성부 판윤은 정2품 벼슬이다.

돌보지 않고 하리(下吏)에게 정사를 맡겼는데 부역이 고르지 않아 백성들이 고통을 참지 못하고 잇따라 떠나가니 원망하는 소리는 길에 가득합니다. 파직하라고 명하소서.

241 우배선(禹拜善) : 1569~1621. 본관은 단양(丹陽), 자는 사성(師聖), 호는 월곡(月谷)이다. 1592년 임진왜란이 일어나자 가재를 털어 의병을 모집하여 화원·달성 등지에서 왜군과 싸워 공을 세웠다. 1600년에 금산 군수에 제수되었다.

세 명절에 바치는 방물을 임시 줄이기를 청하는 계사[242] 동월

請三名日方物權減啓 同月

세 명절의 방물(方物)은 신자(臣子)들이 상에게 바치는 의식이니, 조금이라도 힘이 닿는 한 결코 빠뜨리는 일이 있어서는 안 됩니다. 그러나 근래 전란을 겪은 뒤로 여러 도(道)가 결딴나서 정규적으로 바치는 세금도 오랫동안 폐하고 시행하지 않고 있습니다. 아무리 시대 상황이 그렇게 만들었다고 하지만 아랫사람의 입장에서야 어떻게 편안할 수 있겠습니까.

지난번에 절반을 줄여 봉진(封進)하라는 명은 백성을 걱정하는 성상의 지극한 뜻에서 나온 것이니, 이를 보고 들은 자라면 누군들 감격하지 않겠습니까. 다만 요즘의 물력(物力)을 전성기 때에 비교하면 10분의 1도 못됩니다. 따라서 줄인 것이 많다고는 하나 그대로 남은 품목을 마련하는 것도 대단히 힘들 것이니, 감당하지 못할 게 뻔합니다.

여러 도의 감사와 병사가 진상하는 방물을 거의 대부분 각 읍(邑)에 배정하는데, 각 읍은 으레 10배의 값으로 전결(田結)에 나누어 징수한다고 합니다. 한두 가지를 예로 들면, 아다개(阿多介 표범 가죽으로 만든 요) 한 개 값이 대부분 무명 200필에 이르고 표범 가죽 한 장 가격도 무명 60필인데, 기타 갖가지 피물(皮物) 가격도 모두 이와 비슷한 수준

242 세 명절에……계사 : 이 글은 1601년(선조34) 9월 15일에 올린 것이다.《宣祖實錄 34年 9月 15日》'세 명절'은 조선 시대 설·동지·임금의 탄신일, 또는 설·단오·추석을 이르고, '방물'은 감사나 수령이 임금에게 바치는 지방 산물을 말한다.

입니다. 이러한 것들은 성상께서 긴요하게 사용하지 않는 것으로 심한 폐단을 자아내고 있습니다. 아무리 성상께 올리는 공물이라고 하지만 어찌 변통할 방도가 없겠습니까.

지금 백성은 궁핍하고 재정은 고갈되었는데 설상가상으로 흉년까지 겹쳤으니, 묵은 폐단을 제거해서 혜택을 널리 베풀어야 합니다. 왜적이 물러갔다고 해서 어찌 곧바로 태평했던 시절의 규정을 따를 수 있겠습니까. 신자(臣子)가 군주를 받드는 정성은 진실로 물량의 많고 적음에 달려 있지 않습니다. 설령 물량이 의식을 행하기에 충분치 못하더라도 정성껏 방물을 바치는 의리에 무슨 지장이 있겠습니까.

해당 조(曹)에게 명하여 다시 재정하도록 하되 되도록 간소화시켜, 일상생활에 꼭 필요한, 그러면서도 마련하기 크게 어렵지 않은 몇 가지만을 우선 남겨 두게 하소서. 그리고 나머지 것도 모두 임시적으로 줄임으로써 한편으로는 옛 제도를 보존하는 뜻을 붙이고 다른 한편으로는 백성을 구휼하는 성의를 보이소서.

수원을 변통하고 지방에 사는 왕족을 금하며 탐관오리 처벌을 청하는 계사[243] 동월

請變通水原禁外居宗室罪貪官啓 同月

수원부(水原府)는 경기(京畿)의 보장(保障 국가를 보호하는 울타리)입니다. 방어사를 신설하여 군무(軍務)를 관장시켰으나, 체면이 존중되지 않으면 여러 고을에 명령을 내려 신설된 법규를 처리하는 일을 진행할 수 없습니다. 지금 부사에게 방어사를 겸하게 하였는데, 방어사의 직함은 둘렀지만 일개 수령일 뿐입니다. 체면이 무겁지 못하여 일을 성취하기가 어렵습니다.

그리고 본부(本府)는 난리를 겪은 뒤로 극도에 황폐해졌습니다. 백성을 어루만지고 안정시키는 일까지 장신(將臣)에게 요구할 수는 없습니다. 문신(文臣)인 판관(判官)을 가려서 파견하는 것은 다 의미가 있는 것이니, 비변사로 하여금 다시 의논하여 방어사에게 부사를 겸하게 함으로써 방어의 책임을 중하게 하고, 판관은 영변(寧邊)·경성(鏡城)의 예에 따라 오로지 백성 다스리는 일에만 신경 쓰게 하소서.

지방에 흩어져 사는 종실(宗室)은 모두 서울에 모여 살라고 이미 각 도(道)의 감사에게 글을 내렸는데도 지금까지 그대로 머물면서 오지 않은 채 여러 고을을 횡행하면서 민간에 폐를 끼치는가 하면 심한 자는 녹봉을 받는 달에만 왔다가 곧바로 돌아가기도 하니 매우 경악할

243 수원을……계사 : 대본에는 1601년(선조34) 9월에 지은 것으로 되어 있는데, 《선조실록》에는 이 해 10월 11일 기사에 보인다.

일입니다. 해당 관원으로 하여금 적발하여 죄를 다스리게 하고, 독촉하여 보내지 않는 감사도 추고하소서.

대흥 현감(大興縣監) 신경우(申景祐)는 부임한 뒤에 관청의 사무는 다스리지 않고 사욕을 채우는 데만 힘써 교묘하게 명목을 만들고 비루한 일을 많이 하였습니다. 게다가 백성의 목숨을 아까워하지 않고 형벌을 남용하였습니다. 이와 같은 사람은 하루도 관직에 두면 안 됩니다. 파직하라고 명하소서.

한효순 등에게 가자한 자급을 환수하고 이산휘를 파직하도록 청한 사헌부의 계사[244] 동월

憲府請還收韓孝純等加資罷李山輝啓 同月

작상(爵賞)은 공적인 기물이니, 윗사람이 헛되이 주어서도 안 되고 아랫사람이 공연히 받아서도 안 됩니다. 합당함을 잃으면 종국에는 사적이고 외람되게 되니 조정에서 사람들에게 벼슬을 내리는 뜻이 아닙니다.

함경 감사 한효순(韓孝純)은 방백(方伯)의 소임을 받자마자 품계를 올려 주라는 명이 내려졌습니다.[245] 높은 반열과 거듭된 가자는 이 얼마나 중요한 것입니까. 그런데 베풀면 안 되는 사람에게 이유 없이 함부로 베풀어 준단 말입니까. 한효순이 훗날 북문(北門 함경도)에서 보답해 줄 만한 공로를 세운다면 다시 무슨 상을 더해 주시겠습니까. 근래 작상의 남발이 가장 큰 병폐가 되고 있지만, 숭품(崇品)의 경우 여전히 가벼이 주지 않는 것은 그럴 만한 뜻이 있어서인데, 이번 명령이 내려지자 인심이 해괴하게 여기고 있습니다. 내려진 명령을 도로 거두어

244 한효순……계사 : 대본에는 1601년(선조34) 9월에 지은 글로 되어 있는데, 《선조실록》에는 이 해 11월 24일 기사에 보인다. 황신은 이 해 10월 22일에 대사헌에 제수되었다. 《宣祖實錄 34年 10月 22日》

245 함경……내려졌습니다 : 한효순은 1601년 11월 23일에 함경도 관찰사에 제수되고 종1품인 숭정대부(崇政大夫)에 가자되었다. 《宣祖實錄 34年 11月 23日》 한효순(1543~1621)의 본관은 청주(淸州), 자는 면숙(勉叔), 호는 월탄(月灘)이다. 1576년 식년문과 병과로 급제했으며, 임진왜란에 공을 세우고 1616년 우의정을 거쳐 좌의정에 올랐다.

관직을 중하게 하소서.

청성 첨사(靑城僉使) 이계선(李繼先)[246]은 경력이 아주 적은 데다 기존에 세운 공로도 없는데 갑자기 당상관으로 올리니, 정사(政事)의 체통이 심하게 전도되었습니다. 비록 순서에 구애받지 않고 선발한다 하더라도 이와 같은 초고속 승진이 어찌 마땅하겠습니까. 사람들이 모두 해괴하게 여기니 개정하라고 명하소서.

내섬시 판관(內贍寺判官) 이산휘(李山輝)는 용렬하고 어리석은 자입니다. 전에 수령으로 있을 때 군율을 무겁게 범했는데[247] 요행으로 빠져나왔으니 관리의 반열에 더 이상 둘 수 없습니다. 파직하라고 명하소서.

246 이계선(李繼先) : ?~1628. 1599년에 제주 판관으로 재직 시 제주 목사와의 알력이 드러나 사헌부의 탄핵으로 파직되었고, 뒤에 1628년(인조6)에 훈련도감 중군으로 재직하면서 유효립(柳孝立) 모반 사건에 가담한 죄로 형을 받다가 죽었다. 대본에는 '李繼善'으로 되어 있는데, 실록에 의거하여 '善'을 '先'으로 바로잡아 번역하였다.

247 내섬시……범했는데 : 이산휘는 1597년 정유재란이 발발할 당시 임피 현령(臨陂縣令)으로 있었는데, 일본군이 남원(南原)을 함락하자 관아를 버리고 도망쳤다. 《宣祖實錄 30年 10月 13日, 19日》

중국 사신의 음식 접대와 진상할 방물에 대해 다시 참작하여 정하기를 청하는 계사[248] 12월

請詔使支待進獻方物更爲酌定啓 十二月

국가가 불행하여 상란(喪亂)을 거듭 겪었습니다. 적이 물러간 지 겨우 3년, 중국군 철수도 1년 밖에 되지 않았습니다. 수고로운 백성들이 이제 좀 쉴 만하였는데, 중국 사신이 마침 이러한 때 나오니, 징발의 번거로움과 준비하는 어려움이 중국의 대군이 주둔할 때보다 도리어 심한 점이 있습니다.

아무리 십분 절약하여 간소하게 준비시킨다 해도 힘이 부칠까 염려되는 상황에, 지금 해당 관사가 마련한 수량은 옛날 규례보다 많은 것도 있고 각 도(道)에 배정한 물건도 거개가 과중합니다. 게다가 내년에 각기 중국에 가서 진상할 방물(方物)과 본국의 의장용 물품을 일시에 모두 준비하면 그 비용은 엄두도 낼 수 없을뿐더러 갖가지 소요되는 경비가 끝이 없을 것입니다.

오늘날의 물력으로는 결코 마련할 길이 없는데, 해당 관사의 담당자는 그저 목전의 일만 해결하여 구차하게 처벌만 면하는 데 급급할 뿐, 성상께서 백성을 걱정하는 뜻을 제대로 옮기지 않고 있습니다. 심지어 '민폐의 정도와 물력의 여하에 관계없이 오직 일처리하기를 힘쓴다.'는 등속의 말로 계하(啓下)를 받아 공문을 보냈으니 또한 참담합니다.

248 중국……계사 : 이 글은 1601년(선조34) 12월 12일에 올린 것이다.《宣祖實錄 34年 12月 12日》

성상께서 지성으로 대국(大國 명나라)을 섬기고 중국 사신을 공경히 받드는 것은 매우 성대한 마음입니다. 그러나 기어이 일국의 재물을 탕진하고 백성의 힘을 고갈하여 결딴이 나는데도 돌아보지 않으려고 하신다면 또한 너무 지나칩니다.

신들이 해당 관사의 문서를 가져다 상고하고 경향에 전하는 바 민간에서 바쳐야 할 품목을 참작해 보니, 원지정(元卜定)과 별지정(別卜定),[249] 그리고 추후 지정한 수효를 이루 헤아릴 수 없었습니다. 전결(田結)에서 포(布)를 내는 것 이외에 또 도성(都城)의 호포(戶布)와 수령의 품포(品布)[250]가 있어, 여러 조항의 명목들이 하나의 호칭을 사용하지 않고 있습니다. 설령 태평했던 시절의 규례를 모두 본떠서 만들더라도, 만약 경상 수입의 실수(實數)를 상정하고 수입을 헤아려 지출을 함으로써 너무 지나침이 없게 한다면, 그 비용이 어찌 이처럼 광대한 지경에 이르겠습니까.

저잣거리에서 무역하는 것은 더욱 큰 폐해입니다. 말이 무역이지 실은 값을 지불하지 않습니다. 시장의 백성은 변란을 겪은 뒤로 현존한 이가 얼마 되지 않고 재력은 넉넉하지 못해 쉽게 고갈되는 형편입니다. 매질을 하면 무엇을 얻지 못하겠습니까마는, 줄곧 무섭게 독촉만 해 대니 결국엔 죽지 않으면 도망칠 것입니다. 원망하는 소리가 거리에

249 원지정(元卜定)과 별지정(別卜定) : '지정(卜定)'은 상급 관아에서 공납물의 액수를 결정하여 하급 관아에 내려 매기는 일, 또는 그 액수를 가리킨다. 지정은 다시 원지정과 별지정으로 나누어지는데, '원지정'은 원래 부담시킨 물품이나 인력을 말하고, '별지정'은 원지정 이외에 별도로 부담시키는 것을 말한다.

250 품포(品布) : 국가에 큰일이 있어서 용도가 부족할 때 품계가 있는 벼슬아치에게 그 품계에 따라 거두던 베를 말한다.

가득하여 차마 들을 수 없으니, 상황이 참혹하고 인심은 두려워합니다. 도성이 이 지경이니 지방 고을이야 알 만합니다. 나라의 근본이 한 번 흔들리면 무슨 일을 할 수 있겠습니까.

현재 변경의 일이 시급하고 오랑캐의 정상을 헤아릴 수 없습니다. 우리로서는 힘을 기르고 재물을 저축하여 변고에 대비하는 일을 조금도 느슨히 할 수 없거늘, 어찌 바닥난 백성의 힘을 낭비하면서 나라의 근본을 스스로 해칠 수 있단 말입니까. 한 달 전부터 중외가 시끄럽고 원근이 놀라 흩어져서 양호(兩湖) 사이에 도적떼가 등장하고 양서(兩西)의 도로에는 굶어 죽은 시체가 즐비합니다. 흙더미가 무너지는 환란[251]이 바로 앞에 닥쳤건만 유사(有司)는 감히 아뢰지 않고 대신(大臣)은 과감하게 말하지 못하니, 어찌 가슴 아픈 일이 아니겠습니까.

각 읍(邑)에 지정한 물건 가운데 절반은 이미 민간에서 수합하였다고 들었습니다. 그러니 다시 참작하여 변통하더라도 지난 일에는 도움이 될 것 같지 않지만, 지금이라도 구제하여 중단한다면 그래도 조금이나마 숨통이 트일 것입니다. 비록 이미 거두어들인 것은 또한 옮겨서 보충할 수가 있으니, 유사의 유능한 일처리에 달려 있을 뿐입니다. 시장에서 마련하게 한 진상할 방물과 의장용 물품 및 중국 사신이 나올 때 필요한 잡물(雜物)에 대해 유사가 지금 한창 독촉하고 있으니, 때에 맞게 참작하여 감해서 어려운 백성의 고통을 덜어 주어야 합니다.

251 흙더미가 무너지는 환란 : 일의 상황이 수습할 수 없는 혼란한 지경에 빠지는 것을 뜻한다. 《사기(史記)》 권6 〈진시황본기(秦始皇本紀)〉 반고(班固)의 논평에 "진나라는 이미 오랫동안 쇠퇴하여 흙더미가 무너지는 듯하고, 기왓장이 풀어지는 듯하였다."라는 표현이 나온다.

해당 관사가 개정하여 마련하라고 하소서. 중국 사신의 음식 접대 및 진상할 방물에 관한 일체를 모두 참작하여 정해서 힘에 따라 준비하게 하고, 각 도에 배정한 물품도 모두 헤아려 줄이며, 의장용품도 우선 중지하고, 시장 무역도 수량을 간소화한 다음 즉시 가물(價物 대가로 치러 주는 물건)을 수량대로 지급해 줌은 물론, 기타 긴급하지 않은 것도 일체 중지시켜 목전의 다급함을 풀어주게 하소서.

또[252] 동월

又 同月

신들이 삼가 어제 내리신 성상의 비답[253]을 보니, 간언을 따르는 미덕과 대국을 섬기는 정성이 그 안에 모두 담겨 있었기에 신들이 감격스러움을 견디지 못하였고 이어서 길게 탄식하였습니다.

상께서 중국 사신을 존경함이 이처럼 지극하시니, 대소 신료 가운데 누가 마음과 힘을 다해 성상의 뜻을 받들려 하지 않겠습니까. 다만 지금 국가와 개인의 재정이 바닥나고 또 흉년을 만났는데, 중국 사신이 마침 이러한 때 나왔으니, 십분 절약하여 간소화하더라도 힘이 부칠까 염려됩니다. 그런데 해당 관사에서 마련한 것이 과다한 탓에 각 도(道)에 배정한 것이 대부분 지나칩니다. 심지어 철이 지나서 마련하기 어려운 물건과 실속 없이 형식적인 행사, 중국인이 사용하지 않는 물품까지 모두 태평했던 시절의 고사(故事)에 의거하니 갖가지 소요되는 경비가 한도 끝도 없습니다. 지금 백성의 물력으로 어떻게 마련하겠습니까.

당초 창졸간에 너무 지나친 수량을 책정한 것이야말로 유사(有司)가

252 또 : 이 글은 1601년(선조34) 12월 13일에 올린 것이다.《宣祖實錄 34年 12月 13日》

253 어제……비답 : 전날인 12월 12일, 중국 사신에 대한 접대 및 진상품을 현실에 맞게 줄일 것을 사헌부에서 요청하였는데, 선조(宣祖)는 즉시 비답을 내려 "중국 사신을 접대하는 것은 일국의 대사이다. 유사가 참작하여 마련한 것이니, 함부로 이견을 내어 그 사이에서 왈가왈부할 필요가 없다. 별행차(別行次)의 방물에 관한 일과 의장에 관한 일은 윤허한다." 하였다.《宣祖實錄 34年 12月 12日》

한 일입니다. 신들이 성상을 번거롭게 해 드리기를 좋아해 이 일에 참견하려는 것이 아니라, 진실로 국가의 안위에 관계된 일이기 때문에 부득불 논하는 것입니다. 해당 관사로 하여금 중국 사신의 음식 접대에 관한 모든 일을 모두 참작하여 정하게 하소서. 각 도에 배정한 물품도 아울러 헤아려 줄이고, 시장에서 이루어지는 무역도 최소한으로 수량을 정한 다음 가물(價物 대가로 치러 주는 물건)을 수량대로 지급하게 하소서.

음식 접대와 잡물을 참작하여 정하고 김태허 등을 논죄하도록 청하는 계사[254] 12월

請酌定支待雜物論罪金太虛等啓 十二月

중국 사신의 음식 접대에 관한 일들은 이미 해당 조(曹)로 하여금 참작하라는 비답이 있으셨는데, 또다시 연향(宴享)을 줄일 수 없다는 하교를 내리시니[255] 신들은 이해할 수 없습니다.

성상께서는 현 시대를 어떻게 진단하십니까? 국가와 개인의 재정으로 마련할 수 있다고 보십니까? 궁궐은 아직도 여염에 있고 종묘는 옛 모습을 회복하지 못했으며 창고는 텅 비고 여러 해 흉년이 이어지고 있는데 중국 사신의 접대만큼은 태평했던 시절의 규례를 적용하려고 하십니다. 이는 백성들이 감당 못할 바이니 신들이 이 때문에 백성을 걱정하는 것입니다. 변경을 굳게 지켜 중국의 울타리 역할을 하는 것이 제후로 봉해진 나라의 직분이지 음식과 그릇, 형식적인 예절이나 지엽적인 절차는 정성껏 공경하는 근본이 될 수 없습니다. 성상께서는 생각을 바꾸시어 조속히 참작하라고 명하소서.

경상 우병사(慶尙右兵使) 김태허(金太虛)[256]는 과거 성주 목사(星州

254 음식……계사 : 이 글은 1601년(선조34) 12월 18일에 올린 것이다.《宣祖實錄 34年 12月 18日》

255 중국……내리시니 : 1601년 12월 13일에 당시 찾아온 중국 사신의 접대와 진상품을 현재 상황에 맞게 줄여야 한다고 사간원에서 아뢰자 선조(宣祖)는 해당 관사가 참작하여 시행하라는 비답을 내렸다. 그런데 이 달 16일, 선조는 연향에 관한 모든 일을 줄일 수 없다고 호조(戶曹)에 전교를 내렸다.《宣祖實錄 34年 12月 13日, 17日》

牧使)로 재직할 때 호민(豪民)의 기세를 겁낸 나머지 그들의 사적인 청탁을 받고 반노(叛奴 주인을 배반한 사내종)와 연루된 사람이라고 칭탁하고는 소송을 제기한 사람과 공청(公廳)에 마주 앉아 형벌을 가혹히 적용한 끝에 무고한 사람을 4명이나 함부로 죽였는데, 그중 둘은 사인(士人)이었습니다. 그가 사사로움을 따라 법을 무시하고 사람 목숨을 가볍게 여겼으니 기탄없이 방자한 죄상이 극에 달했습니다. 원근의 사람치고 분통을 터뜨리지 않는 이가 없습니다. 먼저 파직시키고 나서 추고하라고 명하소서. 그 당시 감사도 그런 사정을 알았을 텐데 추문(推問)하여 죄를 다스리지 않은 건 또한 잘못입니다. 추고하라고 명하소서.

감사는 한 도(道)의 주인이니 호령과 형벌을 살피지 않을 수 없습니다. 지중추부사(知中樞府事) 김신원(金信元)[257]은 경상 감사로 있었을 때 경박한 무리가 저희들끼리 별인 어긋나고 과격한 논쟁을 가지고 저들의 소장(訴狀)에 보이는 대단치 않은 말을 주섬주섬 모으고는 '선성(先聖)을 모욕했다'고 단죄한 뒤 부모를 욕한 법률을 적용해 사형을

256 태허(金太虛) : 1555~1620. 본관은 광주(廣州), 자는 여보(汝寶), 호는 박연정(博淵亭)이다. 1580년(선조13) 무과에 급제하였고, 1592년 임진왜란 때 밀양성이 함락된 뒤 밀양 부사로 임명되어 분전하였다. 1600년 2월 29일에 성주 목사에 제수되었다가, 이듬해 1월 22일 경상우도 병마절도사가 되었다. 한편 《운석유고(雲石遺稿)》 권14 〈지중추부사 김공 행장(知中樞府事金公行狀)〉에서는, 김태허가 성주 목사에 제수된 시기를 '1599년 여름'이라고 적시했다.

257 김신원(金信元) : 1553~1614. 본관은 선산(善山), 자는 수백(守伯), 호는 소암(素菴)이다. 동서 분당 때 동인을 대표한 김효원(金孝元)의 동생으로, 후에 김이원(金履元)으로 개명하였다. 1583년 알성 문과에 병과로 급제, 1600년 2월 27일에 경상도 관찰사에 제수되었고, 1601년 9월 18일에 지중추부사(知中樞府事)에 임명되었다.

감해 정배시켰습니다.[258] 죄 없는 사람이 억울하게 죄를 받았으니, 들는 사람마다 원통하게 여기지 않은 사람이 없습니다. 국법을 어지럽히고 갈팡질팡하며 전도시킨 것이 심하니, 파직하라고 명하소서.

258 경상 감사로……정배시켰습니다 : 《국역 선조실록》 34년 12월 18일 기사에 이와 관련된 내용이 보인다.

대사헌을 인피하는 계사[259] 12월

都憲引避啓 十二月

신이 삼가 문경호(文景虎)의 상소를 보니, 성혼(成渾)가 최영경(崔永慶)을 모함해 죽였다고 극력 주장하면서[260] 터무니없는 거짓말로 극도로 헐뜯고 배척했기에 신의 마음이 아픕니다. 신은 약관 시절부터 성혼의 문하에서 학문을 배웠습니다. 거기서 매번 들은 건 최영경이 가정에서 행한 절조와 효성에 대한 칭찬이었지, 글을 읽지 않고 식견이 좁아 시골에서 잘 처신하지 못했다는 정도만 단점으로 꼽을 뿐이었습니다.

기축옥사(己丑獄事)[261]가 일어났을 때, 적당(賊黨)의 공초(供招)에

259 대사헌을 인피하는 계사 : 이 글은 1601년(선조34) 12월 22일에 올린 것이다. 《宣祖實錄 34年 12月 22日》

260 문경호(文景虎)의……주장하면서 : 정인홍(鄭仁弘)의 사주를 받은 문경호(文景虎)가, 성혼(成渾)과 그와 관련된 사람들을 일망타진할 생각으로 1601년(선조34) 12월 20일에 상소하여 성혼이 최영경(崔永慶)을 모함해 죽였다고 주장하였다. 이에 당시 대사헌으로 있던 황신이 성혼의 무고를 조목조목 반박하였는데, 이후 정국을 잡은 북인(北人) 세력들이 성혼 및 서인(西人)에 대해 강력한 공세를 취한 결과 1602년 2월, 성혼의 관작이 추탈되고 같은 해 4월에는 황신의 관작이 삭탈되었다. 황신은 이후 광해군이 즉위할 때까지 출사하지 않았다.《宣祖實錄 34年 12月 20日・22日・23日・30日, 35年 4月 13日・17日》《月沙集 卷51 秋浦黃公行狀》《牛溪年譜 卷1 萬曆 30年 壬寅條》

261 기축옥사(己丑獄事) : 흔히 '정여립(鄭汝立) 사건'을 불리는 이 옥사는 1589년(선조22)에 일어났다. 당시 혼란한 시대적 상황 속에 서인계 인물들과 가까이 지내다 동인으로 전향한 정여립(1546~1589)이 체제 전복을 꾀하다가 사전에 발각되어 자살했다고 알려지자 그것을 계기로 하여 일어난 옥사였다.

서 “길삼봉(吉三峰)이 적의 괴수이다”라는 말이 나왔는데, 뒤이어 “길삼봉은 최삼봉(崔三峰)을 가리킨다”라는 적의 공초가 있었고, 또 지리산 아래에 살고 있다는 주장이 제기되었습니다. 이에 유언비어가 급기야 최영경을 길삼봉으로 지목하였고 중외에 떠들썩하게 전해지니, 그 흉흉한 소리는 이루 말할 수 없었습니다.

신이 경인년(1590, 선조23) 봄에 마침 정언(正言)으로 있으면서[262] 성혼의 집을 찾아갔었습니다. 성혼이 신에게 “자네가 최영경의 사람됨을 아는가?”라고 묻기에, 잘 모른다고 대답했습니다. 그러자 성혼이 또 “최영경은 집안에서 효도와 우애를 하는 데다 기개와 절조까지 겸한 인물이니, 비록 문제점이 많긴 하지만 그의 장점은 숭상할 만하네. 근자에 떠도는 낭설은 얼토당토않은 소리일세. 혹시 이를 언급하는 사람이 있다면 절대 부하뇌동하면 안 되네.”라고 하였습니다.

그 뒤 사간원 완의석(完議席)[263]에서 과연 이를 언급하는 자가 있길래, 신이 “성스럽고 밝은 세상에서 유언비어를 가지고 사람을 죄줄 수 없다. 더구나 최영경은 한 도(道 경상도)에서 두터운 명망을 얻고 있는 사람인데, 지금 애매한 말로 죄를 주면 반드시 한 도의 인심을 잃을 것이니 걱정하지 않을 수 없다.”라고 말했습니다. 당시 사간(司諫) 유근(柳根)도 말하기를, “정언(正言)의 말이 옳소. 옛날 제갈량(諸葛亮)이 ‘실상이 없으면서 명성이 있는 자는 허정(許靖)’이라고 하였는데,

262 신이 경인년……있으면서 : 1590년 3월에 황신은 사간원 정언에 제수되었다.《秋浦年譜 卷1 萬曆 18年 庚寅條》

263 완의석(完議席) : 사헌부(司憲府)나 사간원(司諫院)의 관원들이 죽 둘러앉아 풍헌(風憲)에 관한 일과 탄핵(彈劾)하는 일 및 서경(署經)에 관한 일을 의논하는 자리. 원의석(圓議席).

제갈량이 정사를 맡게 되어서는 오히려 맨 먼저 허정을 등용하여 촉중(蜀中)의 인심을 수습하였소. 이를 통해 보면, 헛된 명예일지라도 돌아보지 않을 수 없는 것이오.……"라고 하자,[264] 이 논의가 마침내 중지되었습니다.

이때는 신이 실로 최영경의 사람됨이 어떠한지 알지 못하였으나 사우(師友)의 논의를 독실히 믿었기 때문에 이처럼 힘껏 변론한 것이었습니다. 이 부분은 유근이 아직 살아 있으니 지금 사실 관계를 따져 볼 수 있습니다. 성혼이 과연 최영경을 해칠 뜻이 있었다면, 그때 대간(臺諫) 중에 성혼과 절친한 사이로는 신 만한 사람이 없었으니, 반드시 신에게 먼저 말했을 것인데 성혼이 신에게 한 말이 이러하니 성혼의 심사를 이로써 알 수 있습니다.

그 뒤 신은 곧 외직에 보임되었고 성혼도 고향으로 물러났습니다. 그리고 한 달이 지나서야 옥사가 일어났고, 재차 국문하자는 건의도 최영경이 방면 받은 바로 그날 있었습니다. 그러니 성혼이 백 리 밖에 있으면서 어떻게 알고 참여했겠습니까. 그렇다면 성혼이 이 옥사에 시종 관여하지 않았다는 것은 설명이 필요 없이 자명해집니다.

문경호 무리는 어떠한 사람들이기에 감히 밝은 하늘 아래에서 제멋

264 사간(司諫)……하자 : 이 내용은 《국역 선조수정실록》 23년 6월 1일 기사에 간략히 보인다. '유근'(1549~1627)의 본관은 진주(晉州), 자는 회부(晦夫), 호는 서경(西坰)이다. 1572년(선조5) 별시 문과에 장원하였고, 대제학과 좌찬성 등의 벼슬을 역임하였다. '사간'에 제수된 시기는 미상이다. '허정'은 촉중(蜀中)의 명사(名士)인데, 유비(劉備)가 촉 지역을 평정한 뒤에 허정을 유명무실한 사람이라고 쓰지 않으니, 제갈량이 말하기를, "아무리 실상이 없더라도 이름 있는 사람이니, 그를 써서 인심을 수습하소서."라고 하였다. 《三國志 卷37 蜀書 法正》

대로 속이려 드는 것입니까. 이는 남의 사주를 받고 시험 삼아 조정을 뒤흔들어 보려는 속셈에 불과합니다. 그러니 저들의 말을 가지고 서로 이러니저러니 따질 필요는 없습니다. 그러나 문경호 상소 중에 "문생과 도당(徒黨)이 요로를 차지하고 있다"는 말이 있는데, 신은 성혼의 문생입니다. 이미 크게 배척을 받아서 그대로 언관의 자리에 있을 수 없으니, 신을 체직하라고 명하소서.

호남으로 부임하러 가면서 진달한 계사[265] 정유년(1597, 선조30) 8월

將赴湖南陳啓 丁酉八月

지금 흉적이 재침하려는 움직임을 이미 보였습니다. 본도(本道)와 조만간 충돌할 것이니, 방어하는 계책을 서둘러 조치하지 않으면 안 되는데, 신이 새로 중임을 받았으나 어떻게 해야 할지 모르겠습니다. 임지에 도착하자마자 곧바로 쳐들어온 적과 맞닥뜨릴 경우, 정예병을 선발해 통솔하고 험한 요충지에서 파수하는 일을 끊임없이 해야 할 텐데, 적과 싸울 준비가 된 것은 포수(砲手)・살수(殺手)에 불과할 뿐, 각 고을에 흩어져 있는 자들은 모여서 훈련을 받은 적이 없어 전선에 투입하기 부적합합니다. 서울의 포수・살수 1, 2초(哨)를 특별히 데려가고 화약과 화기(火器)도 아울러 넉넉히 가져가는 게 어떻겠습니까?

당초 조정의 논의가 수군을 중시하느라 내지(內地)의 육군을 모두 선발해서 격군(格軍 노를 젓는 사람)으로 만들었습니다. 지금은 적장이 수륙으로 나누어 점거하고 있지만 육로가 더욱 위급하니, 내지의 장정을 수군으로 이속시켜 내지를 텅 비게 해서는 안 됩니다. 지금부터는 수군과 격군을 연해의 고을에서 전적으로 충원하고, 내지의 육군을 다시는 이동시키지 말도록 하는 것이 어떻겠습니까?

265 호남으로……계사 : 황신은 1597년(선조30) 7월 25일에 전라도 관찰사에 제수되었다.《宣祖實錄 30年 7月 25日》

중국군 군량 조달이 오늘날 가장 시급한 문제입니다. 본도에 현재 남아 있는 곡식은 지금 거의 소진된 상태이고 중국에서 보내온 양식도 수송 도중 필시 지체될 것이니 물자를 낼 방책이 없어 매우 걱정입니다. 본도에서 올해 국가에 납부해야 할 전세를 모두 거두어 중국군 군량에 사용하고, 중국에서 보내온 양식으로 수량을 채워 경창(京倉)에 수송하여 들인다면, 피차간 수송의 폐해를 줄일 수 있어 양쪽 모두 편할 듯합니다.

또 말먹이를 무엇보다 지속적으로 대기 어려운 실정입니다. 본도에서 전세로 내는 베와 콩은 일 년 치가 5, 6천 석(石) 이상인데 으레 잡물로 마련하니, 지금 수확한 콩을 고대로 상납하게 하여 봉입할 잡물을 대신하게 하면, 우선 임시로 감하게 되어 시급할 때 사용할 수 있을 것이며, 또한 편리하고 합당합니다.

신의 이번 부임은 너무도 갑작스럽습니다. 군관 10명에게 말을 지급하여 데리고 가는 것이 어떻겠습니까? 감히 아룁니다.

진주사가 돌아온 뒤 상사와 연명해서 올린 계사[266]

무신년(1608, 광해군 즉위년) 12월

陳奏使回還後 與上使聯名啓 戊申十二月

신들이 북경(北京)에 있을 때 중국 조정의 여론을 들어 보니, 노추(奴酋)[267]를 골칫거리로 여겼습니다. 그리고 북쪽 오랑캐의 사정을 살피게 되었는데, 수년 동안 조공을 바치지 않다가 금년에 부하 8백 명을 북경에 보냈지만 상으로 내린 은(銀)의 많고 적음을 가지고 다투어서 중국 조정을 심하게 모욕하였습니다.

신이 임진왜란 때 우리나라를 구원하기 위해 이 길을 지나왔던 사람들을 만나 물어보니, 모두들 하는 말이 "이 적들은 요동(遼東)과 광녕(廣寧)에 근심을 끼치고 있는데 그 다음은 귀국이 될 것이요. 그러니 지금처럼 한가한 시기에는 험한 요새지를 손보아 군사들이 들어가 지킬 수 있는 계책을 세워야 합니다. 만일 왜인(倭人)처럼 간주하고 도피하려다가는 철기병이 비바람처럼 들이닥쳐 한 사람도 빠져나가지 못할 것이니, 귀국은 잘 대비해야 하오."라고 하였습니다.

관서(關西 평안도)의 국경 근처 중 반드시 수비해야 할 곳은 미리

266 진주사가……계사 : 이 글은 1608년(광해군 즉위년) 12월 18일에 올린 것이다. 《光海君日記 卽位年 12月 18日》 당시 황신은 부사가 되어 상사(上使) 이덕형(李德馨), 서장관(書狀官) 강홍립(姜弘立)과 함께 봉전(封典)을 청하러 명나라에 다녀왔다.

267 노추(奴酋) : 청나라 태조 누르하치(奴兒哈赤, 1559~1626)를 가리킨다. 건주(建州) 일대를 통일한 다음 차츰 세력을 넓혀 1616년에 황제의 자리에 올라 국호를 후금(後金)이라 하였다.

형세를 살피고 가려서 보루(堡壘)의 터를 정한 뒤에 상황을 보며 적절히 대처하는 일을 멈출 수 없을 듯합니다. 그러나 현재 굶주린 백성들이 떠돌아다니고 물력은 전부 바닥난 상태에서 갑자기 이 일을 추진할 수는 없으니, 다만 미리 논의하여 결정해서 훗날 돌이킬 수 없는 후회를 면할 수 있기를 기약해야 합니다.

관서 한 도(道)는 지난해에 가뭄과 메뚜기 피해로 백성들이 살기 막막한데, 올해의 가뭄은 지난해보다 더욱 심각합니다. 지금 선처하지 않으면, 내년 봄이나 여름쯤에는 이들 백성들이 구렁에 떨어지지 않으면 틀림없이 산속에서 도적떼가 될 것입니다. 그런데 노상에서 물어보았더니, 조정에서는 조치하는 한 장의 명령도 없었다고 합니다. 이는 필시 이러한 위급 상황을 깊이 인지하지 못해서 그런 것일 것입니다.

민간에서 또 하는 말이, "차라리 떠돌아다니며 살 길을 찾고 말지 구황 어사(救荒御史)가 오지나 않을까 몹시 두렵다"고 하였습니다. 이는 사신이 이르는 곳마다 실질적인 혜택은 없이 분주히 그들을 접대하느라 도리어 폐단만 많이 생겼기 때문입니다. 만일 여러 방면으로 곡식을 준비하여 본도의 감사에게 주어, 그로 하여금 사람들을 불러 모아 둔전(屯田)을 만들도록 하면, 주린 백성을 진휼하고 곡식을 생산하는 일을 함께 진행할 수 있을 것입니다. 이는 묘당(廟堂)과 방면의 일을 담당한 사람이 헤아려서 적절히 조치하는 데 달려 있을 뿐입니다. 신이 경유한 길에서 보고 들은 것이 너무도 참혹하여 감히 이렇게 모두 아룁니다.

진휼 종사관을 차출하기를 청하는 계사[268] 동월
請出賑恤從事官啓 同月

신이 지금 진휼사의 명을 삼가 받들었으니 앞으로 진휼할 일을 즉시 궁구해서 거행해야 합니다. 그런데 올해의 흉년은 요 몇 년간 경험하지 못한 것이어서, 이렇게 추수를 마친 날에 벌써 예상(翳桑) 사람[269]이 생겨나 떠돌면서 도로를 가득 메우니 참담하여 차마 볼 수가 없습니다.

반드시 내년 봄에 진휼하려고 한다면, 그 전에 모든 백성이 구덩이로 떨어질 것이니 형세상 구제하지 못할 게 뻔합니다. 경창(京倉)의 축적분도 반년을 감당 못할 양이라 절대 다른 용도로 덜어 낼 수 없는 실정입니다. 아무리 솜씨 좋은 부녀자라도 쌀이 들어가지 않은 밥을 만들 수 없거늘 신처럼 노둔한 사람은 더 이상 할 수 있는 것이 없습니다.

어제 비변사(備邊司)에서 계청한 양호(兩湖 충청도·전라도)의 미(米)·조(租) 실 수량이 어느 정도인지 모르겠지만,[270] 거두어 운반했

268 진휼……계사 : 대본에는 이 글이 앞에 보이는 계사와 똑같은 1608년(광해군 즉위년) 12월에 올린 것으로 규정했는데, 황신이 진휼사가 된 것은 이듬해 9월이다.《秋浦年譜 卷1 萬曆 37年 己酉條》

269 예상(翳桑) 사람 : 먹을 것이 없어 굶어 죽는 처지에 놓인 사람을 가리킨다. '예상'은 춘추 시대 진(晉)나라 하동(河東) 포판현(蒲阪縣) 동남쪽 수산(首山) 아래의 지명이라고도 하고, 뽕나무에 그늘이 많이 진 곳이라고도 하는데, 진나라 영첩(靈輒)이 이곳에서 3일간 굶주렸다는 고사가 있다.《春秋左氏傳 宣公2年》

270 어제……모르겠지만 : 1609년 10월 23일에 기민 구제를 위해 비변사가 아뢴 것을 지칭하는 듯하다.《光海君日記 1年 10月 23日》

을 때는 봄 이후가 될 것입니다. 이는 서강(西江)의 물을 끌어와 헐떡거리는 물고기를 살리려는 격이니, 분명 건어물 가게에서 찾게 될 것입니다.[271]

신의 생각으로는, 형조 좌랑 오환(吳煥)[272]과 병조 좌랑 양응락(梁應洛)[273]을 종사관으로 삼고 사목(事目)을 엄격하게 정한 뒤, 곧장 나누어 보내 충청·전라 등지로 달려가 앞에서 언급한 미·조를 재촉해 거두고 운반해서 얼음이 얼기 전에 선운(先運 먼저 보내는 물건)을 발송하도록 하고, 뒤에 거둔 것도 얼음이 녹기 전에 즉시 올려 보내서 시기적절하게 진휼하는 용도로 삼는 것이 편리하고 합당할 듯합니다. 감히 아룁니다.

271 서강(西江)의……것입니다 : 구제할 적절한 시기를 놓치면 쓸데없는 일이 되고 만다는 뜻이다. 《莊子 外物》

272 오환(吳煥) : 1572~?. 본관은 해주(海州), 자는 사휘(士輝), 호는 설애(雪厓)이다. 1606년(선조39) 증광문과에 병과로 급제하였고, 이후 수찬·필선 등을 역임하였다.

273 양응락(梁應洛) : 1572~1620. 본관은 남원(南原), 자는 심원(深源), 호는 만수(漫叟)이다. 1606년 증광문과에서 장원하였고, 뒤에 평산 현감(平山縣監) 등을 지냈다.

진휼사가 되었을 때 올린 계사[274] 11월

賑恤使時啓 十一月

오늘날은 진휼하는 일이 가장 긴급한 과제이니 의당 십분 강구하여 서둘러 조치해야 합니다. 그러나 이렇게 국가와 개인의 재정이 바닥난 때에 더 이상 곡식을 얻을 계책도 없으니, 믿는 것은 오직 앞서 계청한 양호(兩湖 충청도·전라도)의 미(米)·조(租) 뿐인데, 그 수량이 또한 넉넉지 않으니 앞으로의 일이 매우 염려스럽습니다.

대체로 굶주린 백성 가운데 진휼 대상은 세 부류입니다. 지방 농민으로 전결(田結)이 있는데도 공부(貢賦)와 요역(徭役)을 견디지 못해 앞으로 유랑 생활을 하게 될 자와, 서울의 백성으로 농사를 짓지 않고 장사를 일삼다가 오늘날 곡식이 귀하게 되자 생계가 막막해진 자, 그리고 본업도 없고 의지할 데도 없는 무리로서 하루아침에 흉년을 만나 배고픔에 시달리며 떠돌아다닐 자가 여기에 해당됩니다.

지금 만약 다른 도(道)의 곡식을 옮겨 각지의 굶주리는 백성을 나누어 진휼한다면, 형세상 분명 두루 미칠 수도 없겠지만 그저 민폐를 야기할 뿐입니다. 또 중간에 어수선해질 수 있어, 지난날 이정귀(李廷龜)가 진달한 바와 같은 상황[275]도 고려하지 않을 수 없습니다.

그러므로 신들의 생각에는, 양호(兩湖)에서 운송해야 할 미(米)를

274 진휼사가……계사 : 이 글은 1609년(광해군1) 11월 15일에 진휼 부사 황신이 진휼사 이항복(李恒福)과 함께 올린 것이다.《光海君日記 1年 11月 15日》

275 지난날……상황 : 1609년 10월 8일에 지중추부사 이정귀가 다음과 같이 진달하였다.《光海君日記 1年 10月 8日》

경강(京江)으로 수송하게 하고, 경기 및 양서(兩西)에서 올해 상납해야 할 공물미(貢物米)를 적당히 헤아려 감해주되 이 미(米)·조(租)로 그 값을 대신 갚도록 하고 싶습니다. 이렇게 하면 전결이 있는 백성은 실질적인 혜택을 입을 것입니다.

또 양호 연해(沿海)에 있는 원곡(元穀)의 미·조를 덜어내어 관가의 힘을 들일 필요 없이 배를 임대하여 경강으로 운반한 다음, 그것을 무명과 바꾸게 하되 실제 가격보다 조금 더 쳐준다면, 사람들은 틀림없이 무역을 즐거워하고 시장의 가격도 조금 저렴해질 것이니, 이렇게 하면 서울 백성들이 실질적인 혜택을 입을 것입니다.

이를 통해 이 무명을 본처(本處)로 돌려보내 추수가 끝난 뒤 곡식으로 바꾸어 갚으면, 국고의 원래 수량을 모두 채우고도 남아 원곡이 줄지 않아서 다급한 백성을 구할 수 있으니 편리하고 합당할 듯합니다.

중앙이나 지방 각지에서 굶주림으로 죽어 가는 백성도 적절한 시기에 구휼하지 않을 수 없습니다. 이미 다른 도에서 옮겨올 만한 곡식이 없지만 그렇다고 그들의 죽음을 가만히 바라볼 수도 없는 노릇입니다. 각 도의 감사(監司 관찰사)로 하여금 미리 먼저 알도록 해서 회계 밖의 곡식을 덜어낸다거나, 혹은 별도의 조치를 취해 내년 봄을 기다린 뒤 장소를 마련해 굶주린 백성을 구제하는 것도 마땅하겠습니다. 감히 아룁니다.

각 해당 관사에서 축이 나게 한 관원의 죄를 청하는 계사

경술년(1610, 광해군2) 2월

請罪各該司無面官員啓 庚戌二月

근래 해당 관사의 관원은 전적으로 자신의 직임을 살피지 않고 본사(本司)의 크고 작은 일을 모두 하리(下吏)에게 맡깁니다. 그런데 곳간의 물건이 절반이나 부족하고 조금 남아 있는 것도 대부분 조심스럽게 보관하지 않은 관계로 썩어서 사용할 수 없습니다. 이는 모두 백성의 고혈을 짠 것인데 진흙 버리듯이 버리니 어찌 마음이 아프지 않겠습니까.

각 해당 관사의 잡물(雜物)을 지금 차례대로 번고(反庫 창고의 물건을 검사함)하고 있으니, 축이 난 수량은 뒤에 조사해서 조치해야 합니다. 다만 번고해서 축이 났다면, 색관(色官 일정한 책임을 맡은 관원)을 추고하는 정도로 그쳐야지 태만한 죄를 물을 수는 없을 것 같습니다. 앞으로 해당 관사를 번고해서 특히 심하게 축이 난 경우, 색관을 먼저 파직한 뒤에 추고하고 색리(色吏)를 구금해서 죄를 다스리도록 승전을 받들어 시행하는 것이 어떻겠습니까?

호조 판서의 처벌을 기다리며 올리는 계사[276] 7월

戶判待罪啓 七月

신이 호조 판서의 직무를 맡은 지도 어느덧 일 년이 되었습니다.[277] 주청사(奏請使)가 출발[278]하고부터 중국 사신 접대에 드는 비용 일체를 요량하여 마련하였습니다. 신이 이번에 드는 비용을 헤아려 보니, 사신 유용(劉用)[279]이 왔을 때의 전례에 따른다면 무사히 넘어갈 수 있겠지만 그래도 의외의 용처가 있을지 모른다는 생각에, 모든 준비를 작년 수량보다 조금 더 넉넉하게 하여 은자 2만 4천여 냥 외에 1만 1천여 냥을 더 준비하였습니다. 이 정도면 부족할 걱정은 없겠다고 판단했던 것입니다.

그런데 지금 사정은 전혀 그렇지가 않습니다. 개성(開城)을 지난 뒤로 벌써 7, 8천 냥을 소비하였고, 서울에 들어와서는 은자로 환산하면 매일 4백여 냥 정도를 사용했는데, 연회에서 뇌물로 바친 수량은 포함시키지도 않았습니다. 예물로 나간 은자가 이미 1만 수천 냥인데,

276 호조 판서의……계사 : 이 글은 1610년(광해군2) 7월 19일에 올린 것이다.《光海君日記 2年 7月 19日》

277 신이……되었습니다 : 황신은 1609년 9월 6일에 호조 판서에 제수되었다.《光海君日記 1年 9月 6日》

278 주청사(奏請使)가 출발 : 1609년 겨울, 세자 책봉을 주청하러 신흠(申欽)을 정사로 한 사신단이 북경에 갔었다.

279 유용(劉用) : 명(明)나라 사신으로, 1609년에 광해군의 책봉조서(冊封詔書)를 가지고 왔다.《光海君日記 1年 6月 2日》

앞으로 노자(路資)·수(壽)·발매(發賣) 등에 은자 4, 5천 냥은 필요할 테고, 이후 열흘 동안의 절건(折乾)도 4천여 냥 정도 필요할 것입니다. 전후로 드는 비용이 끝이 없어, 해를 넘겨가며 애써 장만한 것을 열흘 만에 모두 다 써버렸습니다.

지금 해당 관사의 미(米)·포(布)는 이미 바닥났고 공사 간 보유한 은도 고갈돼, 무역할 때 값을 치를 물건이 없을뿐더러 매입할 은도 없는 실정입니다. 정포(正布 품질이 좋은 베)·공목(貢木 결세(結稅)로 바치는 무명)·공물(貢物)을 은으로 바꾸는 일은 큰 이익이 생길 수 있는데, 계하(啓下)받아 통지한 지 며칠이 지나도록 전혀 응하는 자가 없으니, 이런 상황에서는 신도 어떻게 계획을 세워야 할지 모르겠습니다.

오늘날 당면한 것이 전에 없었던 일이라고는 하나, 이토록 군핍한 것은 또한 일을 담당한 신하의 일처리가 서툴렀기 때문입니다. 지금 신이 지혜와 힘을 모두 다했지만 장차 국가에 문제를 일으켜 성상께서 중국 사신을 존경하는 뜻이 빛을 바래게 되었으니, 신이 만 번 죽더라도 책임을 지기에 부족합니다.

바라건대 사패(司敗 사법 기관)에 나아가 속히 나라의 형벌을 받게 하여 한편으로는 신하로서 직무를 잘 살피지 못한 자들의 경계가 되게 하고, 한편으로는 책봉 사신으로 하여금 우리나라에 일을 처리하는 신하가 없어서 성상께서 지성으로 사신을 존경하고 대우하는 성대한 뜻에 부응하지 못하는 현실을 훤히 알게 하여 혹여 이로 인해 저들의 끝없는 요구를 조금이라도 중지시킬 수 있다면, 신은 죽음도 달게 여기고 조금의 여한도 없을 것입니다. 황공하여 땅에 엎드리고 처벌을 기다립니다.

체찰 부사에서 체직되기를 청하는 계사[280] 11월

請遞體察副使啓 十一月

신이 외람되게 체찰 부사(體察副使)의 임무를 수행한 지 벌써 2년[281]이 되었습니다. 스스로 생각해 보면, 재주와 식견이 모자라고 군대의 일에 평소 어두운 데다, 서북 변방에 한 번도 가 본 적이 없으며, 변방의 일과 적의 정황에 대해 보고 들은 것 또한 적어서 귀머거리나 장님 수준입니다. 그러므로 막부(幕府)의 기무(機務)에 관련된 일에 감히 조금도 간여하지 못하고 군리(軍吏)가 문서를 가져와 보일 때마다 그저 종이를 펴놓고 끝에 조심스럽게 날인이나 할 뿐이었습니다.

신이 그동안 맡은 임무 중에 무엇 하나 잘한 것이 없습니다만, 이 임무는 더욱 자리만 차지하고 있는 형편이라 항상 부끄러워 마음이 편치 못했습니다. 매번 변방으로 가기를 자청하여 서북방 일대를 순시함으로써 몸으로 직접 부딪치며 구구한 정성을 바치고 싶은 마음은 굴뚝같지만, 호조의 임무가 너무나 번다한 탓에 감히 멀리 나가지 못하니, 민망하고 낭패스러워 어찌해야 할지 모르겠습니다.

그런데 이번에 장만(張晩)[282]과 이시발(李時發)[283] 등이 모두 서북

280 체찰 부사에서……계사 : 이 글은 1610년(광해군2) 11월 19일에 올린 것이다. 《光海君日記 2年 11月 19日》 황신은 1609년 3월에 체찰 부사에 차임되었다. 《秋浦年譜 卷1 萬曆 37年 己酉條》

281 2년 : 대본에는 '三年'으로 되어 있는데 《광해군일기》와 《추포연보(秋浦年譜)》에 의거하여 '三'을 '二'로 바로잡아 번역하였다.

282 장만(張晩) : 1566~1629. 본관은 인동(仁同), 자는 호고(好古), 호는 낙서(洛

지방의 감사(監司)로 있다가 체직되어 올라왔습니다. 게다가 이들은 신의 이 직임을 기존에 맡았던 사람들입니다. 그들의 재략(才略)으로 말하면 신이 헤아릴 수 있는 바가 아니며 변방 사정에도 밝아 모두 공적을 드러냈으니, 오늘날 체찰 부사를 뽑는다면 이 두 사람을 뛰어넘을 자가 없습니다.

삼가 바라건대 신에게 주셨던 소임을 거두어 감당할 수 있는 사람에게 내리시어 공사(公私) 모두에 편하게 한다면 더할 나위 없이 다행이겠습니다. 신이 감히 일을 회피하거나 어렵다고 사양하는 것이 아니라 무능한 자가 유능한 이에게 양보하는 것이 사리상 당연하기에 황공하게 감히 아뢰는 것입니다.

西)이다. 1591년 별시 문과에 병과로 급제하였고, 1607년 윤6월에 함경도 관찰사에 제수되었다.《宣祖實錄 40年 閏6月 1日》

283 이시발(李時發) : 1569~1626. 본관은 경주(慶州). 자는 양구(養久), 호는 벽오(碧梧)·후영어은(後潁漁隱)이다. 1589년(선조 22) 증광 문과에 병과로 급제한 뒤 여러 관직을 거쳐 1608년 6월에 평안도 관찰사에 제수되었다가, 1610년에 아내 민씨(閔氏) 부인의 장례를 치르기 위해 체직되었다. 1607년에 체찰 부사가 되었다.《藥泉集 卷23 刑曹判書李公請諡行狀》《光海君日記 卽位年 6月 1日》

호조 판서의 처벌을 기다리며 올리는 계사[284] 12월 16일

戶判待罪啓 十二月十六日

근래 각 관사의 하인(下人) 및 사주인(私主人), 방납인(防納人) 등이 마음대로 기만하여 관사를 협박하거나 뇌물을 바쳐 원하는 것을 기어이 이룬 뒤에 그만두는데, 심지어 함부로 상언해서 요행을 바라기도 합니다. 외부에서 이에 대해 말이 많았기 때문에 신이 연석(筵席)에서 이러한 폐해를 언급했던 것입니다. 성상께서 하문하실 때 다른 일은 떠올릴 겨를도 없이 납포인(納布人)이 가격을 올리는 한 가지 사안만 경솔하게 아뢰었는데, 납포인은 방납을 하는 또 다른 무리로서 그간의 정황은 과연 추악한 짓들이 많았습니다. 그러나 그 판부(判付 임금의 재가)는 바로 계목(啓目)에 대한 판하(判下)였지, 당초 상언한 것에 대한 판부는 아니었습니다. 신이 어둡고 전도되어 사실대로 말씀드리지 못하였으니 만 번 죽어 마땅한 죄를 지었습니다. 황공하여 처벌을 기다립니다.

붙임

대신(大臣)이 조도색(調度色) 낭관을 파직하지 말기를 청하는 계사[285] 경술년(1610, 광해군2) 12월

284 호조 판서의……계사 : 1610년(광해군2) 11월 18일에 황신이 광해군에게 방납인, 사주인의 폐해를 아뢰던 가운데 그들의 상언에 대해 판부한 일이 쟁점이 되었다. 당시 황신은 판부한 일이 있다고 주장했으나 그것이 자신의 착오였음을 인정하고 이 계사를 올려 죄를 청한 것이다. 《光海君日記 2年 11月 18日》《秋浦集 卷2 登對說話》

호조 낭청이 대신의 뜻으로 아뢰기를,

"작년 겨울, 조사(詔使)를 접대하는 수요가 막대한 상황에 해당 관사의 재정이 바닥나 임시적인 궁핍을 면할 수 없게 되자, 비변사에서 부득이 계청하여 호조(戶曹)의 정랑과 좌랑 1명씩을 더 차출하여 조도색(調度色)이라 칭하고 그들로 하여금 사전에 준비하게 함으로써 갖가지 강매(强買)하는 폐단을 줄이도록 하였습니다. 이를 시행한 일 년 동안 공사(公私) 모두에 편하여, 비단 중국 사신을 접대하는 데에 부족함이 없었을 뿐만 아니라 부묘(祔廟)나 책례(冊禮), 추존(追尊) 등의 도감(都監)에서 필요로 하는 경비를 모두 여기에서 마련한 덕분에 무사히 일을 치렀습니다. 지금은 중국 사신 및 여러 대례(大禮)를 이제 막 치른 뒤여서 국고가 바닥나고 시민의 힘도 완전히 고갈되었지만 앞으로 또 가례(嘉禮)와 수개(修改) 등 도감의 일이 남아 있어, 나랏일을 처리하는 데 조도색의 역할이 전보다 몇 배 더 중요한 상황이고, 또 한창 일을 요량하여 조치하는 중이었습니다. 그런데 얼마 전 대간(臺諫)이 아뢴 일로 인하여 혁파하라는 명이 내려졌습니다.[286] 이후로 들어갈 허다한 수요를 다시 마련할 길이 없고, 본조(本曹)의 일도 필시 대부분 낭패를 보게 될 것입니다. 만약 적절히 대처하지 않으면 일을 그르치고 후회하게 될 테니 매우 걱정입니다. 대간의 말은 새로운 규정을 없애고 남는 관원을 줄이려

285 대신(大臣)이……계사 : 이 글은 1610년(광해군2) 12월 25일에 올린 것이다. 《光海君日記 2年 12月 25日》

286 얼마 전……내려졌습니다 : 혁파하라는 명은 《광해군일기》 2년 12월 21일 기사에 보인다.

는 뜻에서 나온 것이지만, 지금의 형편으로는 특별한 조치를 하지 않을 수 없습니다. 또 본조는 해당 업무가 복잡하고 많아서 선왕조에서도 낭청 2명을 증설한 적이 있는 만큼, 이렇게 편하고 좋은 계책을 갑자기 없애기는 곤란할 듯합니다. 조도색 정랑·좌랑을 국고가 다소 넉넉해질 때까지 그대로 두고, 선왕조의 규례에 따라 판적사(版籍司)[287]와 경비사(經費司)[288]에 분속시켜 경비 마련을 전적으로 맡기는 것이 매우 편리하고 합당할 듯합니다. 감히 아룁니다."

라고 하였다.

287 판적사(版籍司) : 조선 시대 호조에 딸린 관아로, 호구(戶口)·토지(土地)·조세(租稅)·부역(賦役)·공헌(貢獻)과 농상(農桑)의 권과(勸課), 풍흉(豐凶)의 고험(考驗), 진대(賑貸)·염산(斂散) 등에 관한 일을 맡아 보았다.

288 경비사(經費司) : 조선 시대 호조에 딸린 관아로, 서울에 있는 각 관아의 경비 지출과 왜인(倭人)의 양료(粮料) 등에 관한 일을 맡아 보았다.

추포집

제2권

啓 계
議 의
書牘 서독
教書 교서
檄文 격문
上梁文 상량문
祭文 제문
登對說話 등대설화
科製四六 과제사륙

계 啓

조도사 변통을 청하는 계사[1] 7월

請變通調度司啓 七月

보잘것없는 신이 일 처리를 제대로 하지 않고 지금까지 자리만 차지하다가 헛되이 허물만 쌓았으니 신의 민망하고 절박한 사정은 이미 차자(箚子) 속에 모두 진달하였습니다. 이에 더하여 신이 질병으로 한창 고통받아 벼슬할 수 없는 상황이기에 죽음을 무릅쓰고 정고(呈告)하면서 체차되기를 간절히 바랐는데, 윤허해 주지 않으시고 규정에도 없는 휴가를 특별히 내리시니 신은 참으로 황공하여 어찌할 바를 모르겠습니다.

신이 며칠 전 성상의 비답을 삼가 받드니, "분국(分局)의 설치는 선왕조에서 없던 일이다. 본조(本曹)에 통합해서 적당한 사람을 골라 임명하도록 하라"는 말씀이 있었습니다.[2] 무릇 재정을 관리하는 직임은 예로부터 어렵게 여겼습니다. 일 처리가 노련한 자는 잇속을 따지는

1 조도사……계사 : 이 글은 1611년(광해군3) 7월 20일에 올린 것이다.《光海君日記 3年 7月 20日》

2 성상의……있었습니다 : 이 해 7월 8일에 황신이 올린 차자에 대한 광해군의 비답 속에 있던 말이다.《感樹齋集 卷6 從仕日記》

문제가 있고, 본분을 지키는 자는 직무를 감당하지 못한다는 비판을 받습니다. 이른바 '위의 것을 덜어서 아래에 보태고' '수입을 계산해 지출을 삼는' 것이야말로 재정을 관리하는 하나의 큰 방법이고, 이를 벗어나면 모두 구차할 따름입니다.

난리를 겪은 후 국가의 재용(財用)이 제 모양을 갖추지 못하자, 지난 을사년(1605, 선조38) 연간에 비로소 공안(貢案)을 상정(詳定)하였으나, 전결(田結) 수가 적어 대부분 감소하였기 때문에 공물의 세입(歲入)이 태평했던 시절의 10분의 2, 3도 못되었습니다. 그러다가 요사이 몇 년 동안 크고 작은 수요가 점차 예전 규모를 회복하여, 전부(田賦)는 증가하지 않는데 경비만 나날이 커진 결과, 일 년 동안 바치는 공물로 일 년의 경비를 채우지 못하는 수준에 다다랐습니다. 나올 곳이 없다면 반드시 다른 조치를 취해야 하기에 부득이 조도사(調度使)를 두게 된 것이나, 유정지공(惟正之供 경상적인 조세)을 놓아두고 무역으로 마련해서 이를 이은 건 몹시 구차한 일이었습니다.

신의 생각으로는, 조도(調度)의 일은 나라의 체통에 방해가 될 뿐 아니라 계속해서 추진할 만한 방도도 아닙니다. 그저 눈앞의 급한 불을 끄는 것이지 결코 영구적으로 시행할 규정이 되기는 어렵습니다. 그러니 수삼 년 뒤에 민력(民力)이 어느 정도 갖추어지면 실제의 논밭을 조사하여 공안을 개정한 다음 국가의 비용을 감당하게 해야 합니다. 그런 뒤에 서서히 의논해서 개혁해야지, 이를 믿고 변통할 방법을 생각하지 않는 것은 불가합니다. 그러나 일에 닥쳐 군색하고 다급해서 시전(市廛)의 물건을 거저 빼앗는 일에 비하면, 이것은 양책입니다. 지금은 각 관사의 잡물(雜物)이 한결같이 고갈되어 해당 관원은 단지 빈 창고만 지키고 있으니, 만약 조도(調度)가 조처하여 마련하는 것이 아니면,

국가에서 필요로 하는 바를 장차 어디에서 가져다 마련할 것인지 모르겠습니다.

당초 분호조(分戶曹)의 설치는 웅(熊)·유(劉) 두 중국 사신이 왔을 때[3] 처음 만들어졌습니다. 그 뒤 성상의 전교에 "분호조는 쓸데없는 듯하니 속히 혁파하라"는 말씀이 있었으므로[4] 뒤이어 대신(大臣)이 아뢴 것을 인해 본조에 합치고 정랑·좌랑 각 1원(員)을 증설하여 그들로 하여금 감독하게 하였으니, 이제 분조(分曹)라는 명칭은 더 이상 없습니다.

다만 조도의 직임이 이권에 관한 일을 전담하다 보니, 해당 관사의 하인(下人) 및 부민(富民) 가운데 방납을 하면서 기회를 이용해 이익을 꾀하는 무리가 모두 이들과 원수가 되어 뇌물로 청탁하는 폐단이 다른 관사보다 심하고, 조금이라도 걸맞지 않는 점이 있으면 비방과 욕설이 뒤따릅니다. 그러니 적임자를 찾아 맡기지 못할 바에야 차라리 아울러 조도와 함께 없애 버린다면 사람들의 비난을 그치게 하고 체면을 보존할 수 있을 것입니다.

그러나 이후에 들어갈 비용을 마련하지 않고 조도를 혁파한다면, 한때의 궁핍과 고민은 지난날보다 도리어 심하질 뿐더러 틀림없이 가만히 앉아 있다가 곤궁함을 맞이하게 될 것입니다. 우선 이를 대신할 만한 훌륭한 계책을 별도로 세워야 합니다. 정기적으로 걷는 정상적인

3 웅(熊)……때 : 1609년(광해군1)에 행인사 행인(行人司行人) 웅화가 나와서 선조가 죽은 데 대한 제문(祭文)과 부의(賻儀)를 전하였으며, 태감(太監) 유용(劉用)이 나와서 광해군이 즉위한 데 대한 책봉조서(冊封詔書)를 전하였다.

4 성상의……있었으므로 : 이 내용은 《광해군일기》 1년 10월 26일 기사에 보인다.

세금처럼 시행해도 폐단이 생기지 않고 국가의 경비가 넉넉해지는 것을 확인한 뒤에야 이 법을 폐지할 수 있습니다. 대개 조도를 설치한 것은 애당초 대신이 아뢴 데서 비롯되었으니, 그대로 둘 것인지 없앨 것인지 아니면 변통할 것인지에 대한 계책을 다시금 대신으로 하여금 좋은 방향으로 의논하여 처리하도록 하소서.

호조에서 의견을 올리는 계사[5] 8월

地部獻言啓 八月

신이 얼마 전에 올린 계사에 대한 성상의 비답을 삼가 받드니 '오랫동안 맡겨서 성취하기를 요구하는' 뜻으로 하유하셨기에, 신은 진실로 황공하고 감격스러워 죽을 곳을 모르겠습니다.

신이 이어서 삼가 생각건대, 직임을 받은 지 벌써 3년이 되었으나 재주가 졸렬하고 국량이 부족해 일처리가 서툰 탓에 제대로 조치하고 계획해서 원대한 규모를 만들지 못하였고, 전후로 힘을 들인 것이라고는 소소하게 보충하여 목전의 위급함을 구하는 정도에 불과했습니다. 그러므로 지금 국가의 재정이 점차 고갈되어 관아에 저축해 둔 것이 없고 해당 관원은 실직한 채 단지 허명만 남게 되었습니다. 이미 수입을 헤아려 지출을 삼지 못한 데다, 또 지출을 헤아려 거둬들이지도 못하니, 비유하자면 근원이 없는 물이 마르기를 기다리는 것과 같습니다. 하물며 이미 마른 것이야 어떻겠습니까. 진실로 지금 당장 변통을 하여 국가의 큰 규모를 수립하지 않으면, 몇 해 지나지 않아 공사(公私) 간에 모두 바닥날 것이니, 그리되면 제아무리 지혜로운 자가 있더라도 또한 수습을 하지 못할 것입니다.

신이 사적인 우려를 억누르지 못하고 감히 구구한 견해를 조목조목 별지에 적어 아룁니다. 간절히 바라건대, 밝으신 성상께서는 특별히

5 호조에서……계사 : 이 글은 1611년(광해군3) 8월 8일에 올린 것이다. 《光海君日記 3年 8月 8日》

묘당(廟堂 조정)으로 하여금 다시 심의하도록 하소서. 그리하여 만약 가능하다고 하면 근거 없는 논의에 흔들리지 말고 착실하게 시행하십시오. 그렇게 해 주시면 신이 비록 재직하다가 말라 죽더라도 조금도 한스럽지 않을 것입니다. 그렇지 않고 신으로 하여금 줏대 없이 남의 뒤나 따르면서 의례적인 책임만 지게 하신다면 이는 신이 평소 원하던 바가 아니요, 훗날 적폐가 더욱 고질화되어 큰 형세를 지탱하기 어렵게 되면, 하는 일 없이 자리만 차지하며 일을 그르친 죄를 반드시 면하기 어려울 것입니다. 신은 걱정스러워 황공하게도 감히 아룁니다.

6조 별단

六條別單

1. 양전(量田)을 개정하여 부역을 균등하게 해야 합니다. 세금을 거두고 노동력을 차출하는 모두가 전결에서 나오는 만큼, 혹여 문란하여 바르지 않다면 부역을 어떻게 균등하게 할 수 있겠습니까. 전란 이후 토지 제도는 오랫동안 두서가 없었습니다. 그저 당시의 경작지 수에 입각해 연분(年分 풍흉에 따른 전세의 비율)을 살펴 정했는데, 간리(奸吏)와 호민(豪民)이 제멋대로 농간을 부리는 바람에 십 년간 시행하면서 구제하기 힘든 폐단을 이루었습니다.

계묘년(1603, 선조36) 연간에 비로소 양전법(量田法)을 시행하였는데, 각 관아에서 오로지 고식적인 방법을 일삼아서 이전의 폐단을 통렬히 제거하지 못한 채[6] 감관(監官)·서원(書員)을 대략 차출하여 마치

6 계묘년……채 : 이른바 '계묘양전(癸卯量田)'이다. 임진왜란 이후 진황지(陳荒地)가 증가하고 전세 부과의 근거가 되는 양안(量案)도 소실되면서 세입이 큰 폭으로 줄었을 뿐 아니라, 지역별 과세 불균형도 심하였다. 특히 양안은 전세 뿐 아니라 각종 요역을 부과하는 기준이 되었기 때문에 국가체제를 재정비하는 데는 양안의 복구만큼 시급한 사안이 없었다. 양전은 많은 인력과 물력이 소요되고, 부세 증가를 우려하는 민심도 고려해야 했기 때문에 간단히 추진할 사안이 아니었지만, 재정의 시급함으로 인해 1601년에 '계묘양전'을 강행하였다. 4년여에 걸친 양전 사업은 여러 문제를 노출시키기도 하였다. 수령이 양전을 늦추거나 충실히 시행하지 않는 경우가 많았고, 수령이 추생복심을 우려하여 임의로 결수를 많이 산정하는 데만 주력하면서 전형(田形)이나 등제(等第)가 사실과 맞지 않는 사례가 많았다. 이서가 농간을 부려 전결의 다과(多寡)가 불균하고 진전과 기경전(起耕田)이 뒤섞이는 일도 비일비재했다.《임성수, 癸卯·甲戌量田의 시행과 田稅 운영 변화, 진단학보 132, 진단학회, 2019, 135~143쪽》

연분을 책정하려고 실지 답사를 하는 것과 비슷한 점이 있었습니다. 그러나 등수(等數)를 올리고 내리거나 결부(結負)[7]를 더하고 줄이는 것이 모두 그들의 손에 달렸기 때문에 토호들이 위세를 부려 제멋대로 결정하고 간사한 백성들은 뇌물을 주니, 혹은 평시에 1, 2등(等)하는 토지를 5, 6등으로 강등하기도 하고 혹은 평시 1, 2결(結)짜리를 2, 3부(負)로 줄이기도 하며 혹은 전체의 수를 누락시키기도 하였습니다. 그런데 세력이 없는 곤궁한 백성의 경우, 당초 4, 5등 짜리를 1, 2등으로 올리는가 하면 2, 3십 부에 해당할 것을 1, 2결로 둔갑시켰고 더러는 다른 사람의 결부까지 더해서 기록하기도 하였습니다. 같은 고을인데도 적용하는 것이 서로 다르고 하나의 도(道) 안에서도 경중이 현격한 차이를 보이니, 양전의 불균형이 지금처럼 심했던 적은 없었습니다.[8]

우리나라에서 각 도의 상황에 맞게 여섯 등급으로 나눈 것은, 〈우공(禹貢)〉에서 각 주(州)마다 상(上)·하(下)로 구분한 것[9]과 같습니다. 이 때문에 경기·황해·강원·양계(兩界 함경도·평안도)가 5, 6등이 많

7 결부(結負) : 전세(田稅)를 매기는 기준이 되는, 논밭의 면적을 나타내는 단위로, 10속(束)이 1부(負), 100부가 1결(結)이 된다.

8 같은……없었습니다 : 계묘양전에서 토지 등급이 헐하게 조정된 것은 전체적인 결수 감소와 지역 간 불균을 초래하는 결정적인 원인이 되었다. 충청도의 사례를 볼 때, 좌도의 전안(田案)은 모두 계묘년에 측량하여 4~6등이 많고, 우도의 왜란을 겪지 않은 연해 13고을은 1592년 이전 전안을 그대로 사용하여 1~3등이 많았다. 등급이 헐하게 책정된 지역의 전결수가 양전 이전보다 줄어드는 것은 당연한 순리였다. 이러한 상황은 충청도에만 국한된 것이 아니라 경상좌도 일부 군현과 경기의 인천·안산 등의 읍에서도 동일한 문제가 제기되고 있었다.《임성수, 앞의 논문, 144쪽》

9 우공(禹貢)……것 : '우공'은 《서경》의 편명으로, 우(禹) 임금의 조세 제도가 소개되어 있다. 주(州)의 토질과 인구 등을 감안하여 부(賦)와 공(貢)을 정한 것이 특징이다.

고 2, 3등이 적은 반면, 하삼도(下三道 충청도·경상도·전라도)는 1, 2등이 많고 5, 6등이 적으니 이는 조종 조에서 정한 옛 규정입니다. 그러나 계묘년의 양전은 그렇지 않아, 하삼도에서 5, 6등이 많아져 위의 다섯 도와 별반 다를 게 없습니다. 전결의 감축은 전적으로 여기에서 비롯되었습니다.

각 도 각 읍에서 타관살이하는 사람이 경작한 전답은, 양전하던 당시에는 경작지로 장부에 등록됐으나 곧바로 이사 가서 황무지로 버려진 것이 또한 많은데, 세금을 거두고 노동력을 차출할 때 매번 본토 사람에게 책임을 전가하니 본토 사람이 큰 피해를 입습니다. 이것도 속히 변통하지 않을 수 없습니다.

신이 시험 삼아 평시의 각 도 전결 수를 가지고 지금 현재의 전결과 비교해 보겠습니다. 전라도가 44만여 결이었던 것이 지금은 21만여 결이 되었고, 경상도 43만여 결은 지금 7만여 결이 되었습니다. 충청도 26만여 결은 지금 11만여 결로, 황해도 11만여 결은 지금 6만 1천여 결로, 강원도 2만 8천여 결은 지금 1만 1천여 결로, 경기도 15만여 결은 지금 3만 9천여 결로, 함경도 12만여 결은 지금 4만 7천여 결로, 평안도 17만여 결은 지금 9만 4천여 결로 줄었습니다. 팔도의 현재 전결을 합해 봐야 평시 전라도의 전결 수를 겨우 넘는 수준입니다. 아무리 전란을 겪은 뒤 백성이 줄었다고는 하지만 황무지 숫자가 어찌 이렇게까지 많기야 하겠습니까.

지금 우선 하삼도를 가지고 말하면, 전라도와 충청도에서 현재 경작하는 전답은 10분(分)의 7, 8 밑으로 내려가지 않을 것입니다. 설령 3분이 황무지로 변했어도 전라도는 30만 결, 충청도는 15, 16만 결을 확보할 수 있습니다. 경상도는 특히 심해서, 전란의 피해로 현재 경작지는 분명 평시의 결부에 절반도 미치지 못하겠지만 그래도 16, 17만 결은 얻을 수 있을 테니, 지금과 비교하면 그 수치가 배도 넘습니다.

삼가 바라건대 전하께서 사목(事目)을 엄격히 밝히고 전결을 다시 헤아리시어, 간사한 백성이 부역을 부담하지 않고 도피하는 폐단을 없애고 곤궁한 백성이 크게 고통받는 근심을 면하게 해 주시면, 토지 제도가 바로 서고 부역은 균등해질 것입니다.

1. 공안(貢案)[10]을 개정해서 국가 재정을 넉넉하게 해야 합니다. 무릇 토질에 맞추어 공물을 내는 것은 옛날의 제도입니다.[11] 그러므로 소금, 갈포, 해산물을 연주(兗州)와 기주(冀州)에 요구하지 않고, 이리, 살쾡이, 직피(織皮 직물과 피복)를 형주(荊州)와 양주(楊州)에 요구하지 않았던 것[12]입니다. 농민이라면 다만 세미(稅米)만 납부하고

10 공안(貢案) : 공물(貢物)의 품목과 수량을 기록한 문부(文簿)로 공적(貢籍)이라고도 한다.

11 토질에……제도입니다 : '토질에 맞추어 공물을 내는 것'은 이른바 임토작공(任土作貢)으로, 《서경》 〈우공(禹貢)〉에 보이는 말이다. 즉 우(禹) 임금이 홍수를 평정한 뒤 전국을 9주(州)로 구획 편성하고 산을 따라 천(川)을 준설하고 토질에 맞게 공물을 바치게 하였다. 9주 가운데 천자(天子) 봉내(封內)의 땅인 기주(冀州)를 제외한 여덟 개의 주에서 공물을 받았는데, 여기서의 이른바 임토작공이 바로 유교국가 공물제의 근본을 이룬다. 공물은 직접적으로, 혹은 가공된 형태로 천자와 백관의 제사나 의례, 왕실의 생활, 조정의 운영에 사용되었다.《신진혜, 조선 시대 종묘의 薦新 進上과 儀節, 민족문화연구 86권, 고려대 민족문화연구원, 2020, 49쪽》

12 소금과……것 : 그 지역에서 생산되지 않는 물건을 공물로 바치도록 하지 않았다는 말이다. '소금'·'갈포'·'해산물'은 청주(青州)에서 바치는 공물이고, '이리와 살쾡이'·'직피'는 양주(梁州)에서 바쳤던 공물이다.《書經 禹貢》

공물은 모두 토산물로 바치니, 만약 농민에게 세금을 납부하게 하고 또 다시 그들로 하여금 곡물로 바꿔서 윗사람에게 바치게 한다면, 백성들이 어떻게 곤궁하지 않을 수 있겠습니까.

우리나라의 공안은 토산물로 취하지 않아, 산군(山郡)에서 해산물을 공물로 거두고 해군(海郡)에서는 산에서 나오는 물건을 공물로 거두는 가운데 북쪽 지방에서 남쪽 지방의 산물을 구하고 남쪽 지방에서 북쪽 지방의 산물을 내게 하였습니다.[13] 그러므로 어쩔 수 없이 전결(田結)을 가진 백성으로 하여금 곡물을 가지고 무역해서 납부하게 하였는데, 해군에서 공물로 바치게 하는 해산물이나 산군에서 공물로 바치게 하는 산에서 나오는 물건 중에 그 지역에서 생산되지 않는 것까지 모두 전결에서 거두게 되었습니다. 고금천지에 어찌 이런 이치가 있단 말입니까.

그렇다면 잘못된 규정이 이미 만들진 이상 지금 갑자기 바꾸기는 어렵습니다. 다만 공물 수를 전결의 양에 따라 분정(分定)하면 불균등한 폐단은 없을 수 있는데, 지금은 그렇지 않습니다. 전결은 많은데 공물이 적기도 하고 공물은 많은데 전결이 적기도 하며, 강원도의 공물이 황해도보다 무겁고 영남의 공물이 호남보다 가볍습니다. 경중의 불균형이 이와 같으니, 이것이 더욱 걱정과 탄식을 불러일으키는 것입니다.

13 우리나라의……하였습니다 : 원래의 공납제는 토산물의 분정(分定)을 지향하는 것이지만 공물의 분정은 일차적으로 중앙의 재정 수요를 따랐고, 산지(産地)에만 부담을 편중시킬 수 없었기 때문에 생산되지 않는 물품을 분정하는 경우도 많았다.《박현순, 16~17세기 貢納制 운영의 변화, 한국사론 38권, 서울대 국사학과, 1997, 12쪽》

게다가 을사년(1605, 선조38)에 상정(詳定)한 공물 수가 평시의 10분의 2, 3 수준에도 미치지 못하니 일 년 수입을 가지고 일 년 비용을 감당하지 못하였습니다. 그러므로 부득이하게 무역하고 다른 물건으로 바꾸어 바치는 일이 생겼고, 또 부족할 경우 가지정(加卜定)[14]·별지정(別卜定)[15]이란 명목이 붙었습니다. 이런 폐단을 없애려고 별도의 조치를 내린다면 구차하고 자질구레해져 종국에는 백성을 해치고 나라를 병들게 하고 말 것입니다.

대개 전결의 실제 수량을 잃어버려서 공물 마련은 간략히 줄일 수밖에 없는데, 훗날 경비가 날로 늘어나 옛날 평시 수준을 점차 회복하였으니, 부족한 국고를 항상 걱정하는 건 형세상 당연한 일입니다. 지금 만약 실제 전결을 조사하여 위에서 아뢴 것처럼 추진한다면, 정해진 공물을 헤아려 더 늘릴 수 있어, 매년 들어오는 수입으로도 그 해의 비용을 충당할 수 있고, 갖가지 별지정이나 바꾸어 바치고 무역하는 등의 구차한 일들이 모두 불필요하게 될 것입니다.

또 우선 일 년 동안 바쳐야 할 일정한 공물 수를 마련한 다음 팔도의 전결 수에 비추어 각 도내(道內)에 분정하고, 또 본도 공물 수를 각 고을 전결의 많고 적음에 비추어 분정하여, 전결마다 내는 미(米)·포(布) 수량을 많든 적든 통일한 뒤라야[16] 백성의 힘이 바닥나지 않고

14 가지정(加卜定) : 공물(貢物) 따위를 필요에 따라 더 지정(卜定)하는 것을 말한다.

15 별지정(別卜定) : 정례(定例)로 정하여 놓은 것 외에 하급 기관이나 백성에게서 지방의 산물을 따로 거두어들이던 일을 말한다.

16 전결마다……뒤라야 : 모든 전결에서 동일한 양의 공물을 부담했던 것은 아니다. 공물은 그 품목이 다양하였기 때문에 모든 전결에 균일하게 부과하는 것은 불가능하였다. 따라서 대개의 경우 윤회분정(輪回分定)되었으며, 또 일부에서는 전결에 특정한

국고는 넉넉해질 것입니다.

1. 공물을 미(米)나 포(布)로 바꾸어 방납(防納)의 폐해를 없애야 합니다.[17] 무릇 각 읍(邑)의 공물을 전결에 부과하는데, 농민 스스로 납부할 수 없기 때문에 본래 가격보다 몇 배의 값을 방납인(防納人)에게 지불합니다. 이에 기회를 이용해 이익을 꾀하는 자들이 주변에 일어나서 관청에 빌붙고 상하에 결탁하여 틈과 기회를 파고들며 좋고 나쁜 것을 뒤바꾸어 놓았습니다. 겨우 포 1필(疋)이 들었으면서 심한 경우 백성들에게 2, 3십 필을 거두기도 하고, 단지 미(米) 몇 말〔斗〕 쓰고서 걸핏하면 백성들에게 3, 4십 말을 독촉하여 징수합니다. 백성의 고혈은 다 말랐는데 이들의 욕심은 끝이 없으니, 불쌍한 우리 백성들이 어떻게 곤궁에 빠지고 또 도적질을 하지 않을 수 있겠습니까.

세금을 많이 거둬 백성을 해치는 신하가 한두 명만 있어도 충분히 나라를 망칠 수 있습니다. 그런데 지금 방납의 무리가 중외에 가득하여 몇 명인지 알 수 없는 데다 그들이 백성들에게 끼치는 해독도 세금을 많이 거두는 신하보다 심하니 전고에 없던 변고입니다. 더구나 부끄러

공물을 전담시키는 제역(除役)을 실시하기도 하였다.《박현순, 앞의 논문, 9쪽》

17 공물을……합니다 : 당시 호조의 재정보충책으로 가장 유용하게 활용된 것이 공물의 작미(作米)였다. 공물을 작목(作木) 또는 작미하는 것은 현물의 소비를 줄여 여분(餘分)을 전용(轉用)할 수 있다는 점에서 16세기에도 재정 보충을 위한 임시적인 방편으로 활용되었다. 그러나 17세기에는 공물의 여유분이 많지 않았기 때문에 국가에서는 새로운 방식의 공물작미를 도입하였다. 그것은 방납에 소요되는 비용을 국가 재정으로 흡수하고, 계절과 지역에 따른 미가(米價)의 차이를 이용하는 것이었다.《박현순, 앞의 논문, 22쪽》

움이 없는 사부(士夫)와 세력을 가진 제궁(諸宮)에서 이들과 연결되어 이들의 소행을 본받으면서 더욱 악랄하게 뜯어냅니다. 이러한 폐단을 조금이라도 개혁하려고 하면 마치 사적인 원수를 대하듯이 무리들이 모여 비웃고 욕하면서 서로 근거 없는 소문을 퍼트려 기세를 도우니 참으로 가슴 아픈 일입니다.

무릇 아래에서 덜어 위에 더하는 것[18]은 법을 세우는 본의가 아닙니다. 하물며 아래에서 덜었는데도 위에 더할 수 없는 경우는 어떻겠습니까. 예로부터 재화는 국가에 있지 않으면 민간에 있었고 민간에 있지 않으면 국가에 있었지, 국가에도 민간에도 있지 않고 중간에 있는 간사한 무리로 하여금 재화와 이문을 독점하게 하는 오늘날 같은 경우는 들어 보지 못했습니다.

신이 매번 민간에 돌아다니는 말을 들어 보면, 일 년 치 공물·방납·인정(人情)의 값이 많으면 결(結)당 미(米) 3, 4십 말, 적어도 결당 수십 말은 된다고 하는데, 지금 선혜청(宣惠廳)에서 상정한 값으로 계산하면, 팔도의 공물 가격을 통틀어도 미 7, 8만 섬〔石〕에 불과합니다. 현재 팔도의 전결 수가 55, 56만 결이 있으니, 만약 지금 결당 6말의 미를 거두면 미 22만여 섬이 되고, 이것을 일 년 치 공물로 바꾸면 몇 배의 양을 마련하고도 남아서 비정기적인 뜻밖의 수요에 대비할 수 있습니다. 공물은 적고 소비만 많은 오늘날에 비하면 열 배의 차이가 날 뿐만이 아니니, 이해관계가 분명하여 어렵지 않게 알 수 있습니다.

지금 말하는 자들은 대부분 "각 관사의 크고 작은 수요는 전적으로

18 아래에서……것 : 《주역》 〈손괘(損卦) 단(彖)〉에 "손은 아래를 덜어 위에 더하는 것이다.〔損, 損下益上.〕"라고 한 데서 나온 말이다.

사주인(私主人)에게 의지하니, 만일 이 법을 시행한다면 사주인들은 이익이 없어져 각 관사의 일이 제대로 진행되지 않을 것"이라고 하는데, 이는 그렇지 않습니다. 각 고을의 방물 가격이 비록 몇 배로 치솟더라도 절반은 방납인이 중간에서 나누어 가지니 사주인이 얻는 건 기껏해야 절반입니다. 지금 만일 상정한 가격 내에서 그 수치를 조금 더하여 이익을 잃지 않게 하면, 사주인들은 반드시 기뻐하며 달려들 것이요, 이익을 챙기지 못한 자는 중간에 있는 방납인들 뿐이니, 국가에서 방납인에게 무슨 조금의 미련이 있어서 변통을 하지 않겠습니까.

진실로 결단해서 시행하되 그 도리(道里)의 비용을 계산해 정하여 미(米)로 상납하고, 산군(山郡)의 경우 목(木 무명)으로 상납하게 한 다음, 이 미와 포(布)를 가지고 사주인에게 분급해서 그들로 하여금 본색(本色)에게 납부하도록 하소서. 이와 같이 한다면 부세를 추가로 거둘 필요 없이 국가의 경비는 저절로 넉넉해지고, 시행한 지 몇 해 되지 않아 효과를 볼 수 있습니다. 오늘의 급선무로 이 한 가지 일보다 시급한 것은 없습니다.

1. 어염(魚鹽)을 거두어 사적으로 점유하는 피해를 제거해야 합니다.[19] 무릇 어염은 강과 바다라는 자연이 준 이익을 나라의 경비에 보

19 어염(魚鹽)을……합니다 : 조선은 산림천택(山林川澤)은 백성과 함께 이용하는 것으로 개인이 사적으로 이익을 독점하는 것은 안 된다는 이론을 산림천택을 국가가 관리해야 한다는 근거로 이해하였다. 그리고 국가 관리권을 수세의 근거로 삼았다. 정부에서는 임진왜란 이후 국가 재정이 바닥을 드러내자 군비 확보를 위해 염업의 전매제를 논의한 것인데, 이러한 논의는 1595년에 유성룡(柳成龍)도 당(唐)나라 상평염(常平鹽)을 거론하며 건의한 바 있다. 《備邊司謄錄 顯宗 3年 9月 18日》《宣祖實錄 28年

충할 수 있는 것입니다. 옛날 태공(太公)이 제(齊)나라를 다스릴 적에 나라의 동쪽이 바다였기 때문에 어염의 이익을 일으켜 부강한 나라를 만들었는데,[20] 우리나라는 삼면이 바다입니다. 제나라가 한 면만 바다에 접한 반면 우리는 세 면이 맞닿아 있고, 오늘날 염분(鹽盆)[21]과 어살(魚箭)[22]이 바닷가에 많은데도 나라에 들어오는 어염의 수는 극히 적습니다. 심지어 사재시(司宰寺)[23]의 젓갈은 매번 부족해 다른 물건으로 대신 봉상(封上)하며, 내자시(內資寺)[24]에서 공상(供上)하는 장(醬)은 소금이 없어 담글 수 없다고 보고합니다. 일상에서 사용하는 사소한 수량도 계속해서 대지 못할까 늘 걱정하니 한심한 나랏일을 이를 통해 알 수 있습니다.

대체로 인민(人民)이 있으면 토지가 있고 토지가 있으면 재물이 있기 마련이니,[25] 어찌 토지에서 나오는 재물을 모조리 사문(私門)에 귀

7月 14日》《노혜경, 조선후기 어염업의 경영방식 연구, 경영사연구 75권, 한국경영사학회, 2015, 59~61쪽》

20 태공(太公)이……만들었는데 : 주 무왕(周武王)이 상(商)나라를 평정한 뒤 강태공을 제(齊)나라 영구(營丘)에 봉하였다. 강태공은 이곳을 다스리면서 상공업을 장려하고 어염의 이익을 유통시켜 제나라를 부국으로 만들었다.《史記 卷32 齊太公世家》

21 염분(鹽盆) : 바닷물을 졸여서 소금을 만들 때에 쓰는 큰 가마이다.

22 어살(魚箭) : 물고기를 잡는 장치의 한 가지로, 싸리·참대·장목 등을 강이나 바다에 날개 모양으로 둘러 꽂고, 그 가운데에 그물을 달아 두어 고기가 들어가서 집히도록 장치하였다.

23 사재시(司宰寺) : 수산물을 조달하는 일과 하천의 교통에 관한 일을 맡아보던 관청이다.

24 내자시(內資寺) : 대궐에서 쓰는 여러 가지 식품, 직조(織造)와 내진연(內進宴)에 관한 일을 맡아보던 관청이다.

속시키고 거두지 않을 수 있겠습니까. 옛날에 고려(高麗) 태조(太祖 왕건)는 일국의 전토(田土)를 모두 공전(公田)으로 만들고 차등을 두어 전토를 나누었고,[26] 우리 태조(太祖 이성계)께서는 개국 초기에 제일 먼저 사전(私田)을 혁파하셨습니다.[27] 왕자(王者)가 정치를 펼쳐 진실로 기강을 세우면 비록 전토일지라도 사람들이 사적으로 소유할 수 없는데, 하물며 강이나 바다의 이익이겠습니까.

오늘날 각 영(營)·각 관아 및 여러 궁가(宮家)·여러 상사(上司)에서 각기 점유하였고 내수사(內需司)와 관학(館學)에 속한 수량이 가장 많은데,[28] 하인(下人)들이 중간에서 모두 헛되이 써버리고 관청에 들어

25 인민(人民)이……마련이니 : 《대학장구》 전 10장에 "그러므로 군자는 먼저 덕을 삼간다. 덕이 있으면 이에 인민이 있고, 인민이 있으면 이에 토지가 있고, 토지가 있으면 이에 재물이 있고, 재물이 있으면 이에 재물을 쓰는 일이 있다." 하였는데, 주희(朱熹)의 주(注)에, "덕은 이른바 명덕(明德)이다. 인민이 있다는 것은 민중을 얻었다는 말이고, 토지가 있다는 것은 나라를 얻었다는 뜻이다. 나라가 있으면 재용(財用)이 없음을 걱정할 필요가 없을 것이다." 하였다.

26 고려(高麗)……나누었고 : 태조 왕건(王建)은 후삼국을 통일한 뒤 4년이 지난 940년에 역분전(役分田)을 제정하였다. 그 내용은 조신(朝臣)에서 군사(軍士)에 이르기까지 관계(官階)를 논하지 않고 사람의 성품과 행동의 선악 및 공로의 대소에 따라 차등을 두는 것이었다.《高麗史節要 卷1 太祖 23年》《이진한, 고려 시대 토지 제도의 변화와 鄕吏, 동방학지 125권, 연세대 국학연구원, 2004, 7쪽》

27 우리 태조(太祖)께서는……혁파하셨습니다 : 1388년(우왕14) 6월, 위화도 회군을 계기로 권력을 장악한 이성계 세력이 가장 먼저 취한 조치는 바로 토지 제도의 개혁이었다. 조준, 이행 등이 사전(私田)을 혁파해야 한다고 상서하는 형태로 시작된 토지 제도 개혁은 3년여에 걸친 치열한 논의 끝에 1391년 5월에 과전법(科田法)을 제정하는 것으로 일단락되었다. 과전법이 제정된 다음 해인 1392년 7월 결국 새로운 국가 조선이 건국되었고, 고려 말에 제정된 토지 제도는 그대로 계승되었다.《이민우, 고려 말 조선 초 토지 제도 개혁과 사회 변화, 역사비평 120, 역사비평사, 2017, 76쪽》

오는 건 열에 한두 개 뿐이니 더욱 통탄할 노릇입니다. 진실로 사적인 점유를 엄금한 다음 이것을 전적으로 유사(有司)에게 맡기고 법을 만들어 조치해서 천조(天朝 명나라)의 《회전(會典)》[29]에 실려 있는 내용처럼 어염의 이익을 크게 일으킨다면, 재물을 다스리는 계책으로 이보다 좋은 건 없을 것입니다.

만약 '여러 궁가·여러 상사의 사패지(賜牌地) 및 내수사·관학에 속한 것을 모두 거두는 것은 불가하다'고 한다면, 또한 정해진 규정을 밝게 세워서, 대군(大君)과 여러 왕자, 공주, 옹주 및 충훈부(忠勳府)·기로소(耆老所) 등지에 염분이나 어살, 어선(魚船)을 각각 1좌(坐)씩 지급하고 중복 수령하지 말도록 하며, 또 영원히 후세에 전하지 못하도록 하소서. 내수사와 관학도 지금의 세입(歲入)을 계산해서 해당 관사에서 수송케 하고, 그 관사의 하인이 개인적으로 거두지 못하게 한다면, 이권이 나누어지지 않아 관(官)을 침범하는 폐단은 자연히 사라질 것입니다.

또 평안도의 함종(咸從), 황해도의 강령(康翎)·옹진(甕津), 충청

28 각 영(營)……많은데 : 민간에서 경영하는 방식으로, 궁방에서의 어염 경영이 그 시초였다. 전쟁 이전에 궁방의 재정 수입원으로 이용되었던 면세전이 전쟁으로 황폐화되자 궁방의 재정으로 충당할 새로운 방안이 필요했다. 따라서 그동안 느슨하게 운영되어 왔던 어살과 염분에 절수(折受)를 하게 되었다. 《노혜경, 앞의 논문, 61쪽》

29 회전(會典) : 명나라 《대명회전(大明會典)》을 가리킨다. 전제(典制)에 관한 문헌으로, 정덕본(正德本)과 만력본(萬曆本) 두 종이 있다. 서부(徐溥) 등에 의해 1502년에 완성되어 다시 1509년 이동양(李東陽) 등에 의해 정정 보완되어 간행된 것이 정덕본 180권이다. 이후 1576년에 신시행(申時行) 등에 의해 정덕본과 가정본(嘉靖本)에 수정 보완을 더한 것이 만력본 228권이다. 구성은 각 관청별로 해당 법전이 정리되어 있는데, 명나라 제도사뿐만 아니라 정치사나 사회경제사적으로 중요한 문헌이다.

도의 태안(泰安), 전라도의 흥양(興陽)·영광(靈光) 등 몇몇 고을에 요공(徭貢 요역(徭役)과 공부(貢賦))과 잡물(雜物)을 모두 면제시키고 소금 만드는 일을 전적으로 맡긴 다음 염창(鹽倉)과 염관(鹽官)을 두어 판매를 감독하게 한다면, 군국(軍國)의 경비가 됨이 분명 적지 않을 것입니다.

1. 부비(浮費)를 줄여 재력을 축적해야 합니다. 무릇 나라를 풍족하게 만드는 계책은 재화를 저축하는 데에 있습니다. 이 때문에 나라에 9년의 저축이 없으면 부족하다고 하고 나라에 6년의 저축이 없으면 위급하다고 하고 3년의 저축이 없으면 그 나라는 나라답지 못하게 됩니다.[30] 일반 백성의 집이라도 반드시 어느 정도는 남겨서 뜻밖의 일에 대비하는데 하물며 나라에 저축이 없다면 무엇으로 나라를 다스리겠습니까.

우리 조종조(祖宗朝)에서는 경성(京城)에 쌓아 둔 곡식이 묵어서 붉게 썩은 것이 서로 이어지고, 해당 관사의 물건은 저장 창고에 가득 찼는데도 오히려 힘껏 공손과 검약을 숭상하여 재용(財用)을 절약하였습니다. 하물며 지금은 창고가 모두 텅 비어 나라에 1개월 치 저축조차 없으니 위급함이 심각한 수준입니다. 전하께서는 어떻게 영성(盈成)[31]

30 나라에……됩니다 : 《예기》 〈왕제(王制)〉에 "나라에 9년의 저축이 없으면 부족하다고 하고, 6년의 저축이 없으면 위급하다고 하고, 3년의 저축이 없으면 그 나라는 나라가 아니라고 하는 것이다. 3년을 경작하면 반드시 1년 양식의 저축이 있어야 하고, 9년을 경작하면 반드시 3년 양식의 저축이 있어야 한다."라고 하였다.

31 영성(盈成) : 지영수성(持盈守成)의 준말로, 이루어놓은 것을 지킬 때에 물이 가득 찬 그릇을 드는 것처럼 조심해서 잘 지킨다는 뜻이다. 임금이 처음 나라를 세우는

을 자처하여 풍족하고 안락한 세상을 만드시겠습니까. 신이 가만히 따져 보니 몇 년 전부터 국가의 경비가 나날이 증가하였습니다. 일 년 동안의 지출을 합산하여 비교한 결과, 지난날보다 몇 배나 많아졌으니 오늘날 가장 큰 근심거리는 실로 여기에 있습니다. 반드시 조종(祖宗)에서 나라를 창건했던 초기처럼 쓸데없는 소비를 없애고 재력(財力)을 아껴야 나라를 다스릴 수 있습니다.

옛날 우리 태조(太祖 이성계)께서 개국한 원년에, 대사헌 민개(閔開) 등이 상소하여 절약하는 것을 제일의 덕목으로 삼았습니다.[32] 그 대략적인 내용은, "궁실을 낮게 만들고 의복을 검소하게 한 것은 하(夏)나라 우(禹) 임금의 성스러운 덕이며,[33] 100금(金)을 아끼고 거친 비단옷을 입은 것은 한(漢)나라 문제(文帝)의 아름다운 일입니다.[34] 그들이

것을 창업이라 하고, 자손이 계승하여 지키는 것을 수성(守成)이라 한다.

32 대사헌……삼았습니다 : '민개(閔開, 1360~1396)'의 본관은 여흥(驪興), 전리 판서(典理判書) 민변(閔抃)의 아들이다. 고려 말에 문과에 급제하였고, 조선이 건국되자 대사헌과 경상도 관찰출척사 등을 역임했다. 상소문의 내용은 《국조보감(國朝寶鑑)》 권1 〈태조조(太祖朝) 임신(壬申)〉에 보인다.

33 궁실을……덕이며 : 《논어》 〈태백(泰伯)〉에, "우 임금에 대해서는 내가 흠잡을 데가 없다. 음식을 보잘것없이 먹으면서도 귀신에게는 효도를 다하였고, 의복은 초라하게 입으면서도 제복(祭服)에는 아름다움을 다하였으며, 궁실은 낮게 지으면서도 봇도랑을 파는 일에는 힘을 다하였다. 우 임금에 대해 흠잡을 데가 없다."라고 하였다.

34 100금(金)을……일입니다 : 한나라 문제가 일찍이 노대(露臺)를 지으려고 도목수를 불렀는데, 비용이 100금(金)이나 필요하였다. 이에 문제는 "100금은 일반 백성 열 가구의 재산에 해당한다. 내가 선제(先帝)의 궁실(宮室)을 받들면서 늘 이를 두려워하고 부끄러워하는데, 어떻게 노대를 짓겠는가."라고 하고는 그만두었다. 《史記 卷12 孝文本紀》 '거친 비단옷'은 《한서(漢書)》 권4 〈문제기 찬(文帝紀贊)〉에 보면, 한 문제는 거친 비단옷을 입었고, 자신이 총애하는 후궁인 신부인(愼夫人)은 옷자락이 땅에 끌리

귀하기로는 천자(天子)가 되었으며 부유하기로는 사해(四海)를 소유하였지만 오히려 이와 같이 절약하였는데, 하물며 우리나라는 지리적으로 산과 바다 사이에 끼어 있어서 인구와 재정이 얼마 되지 않으니 어떻게 세입과 세출을 따지지 않고 낭비할 수 있겠습니까. 고려(高麗)는 재변이 조금만 발생해도 공구수성(恐懼修省)[35]할 줄은 모른 채 오직 부처나 신을 섬기는 데만 혈안이었는데, 그 엄청난 비용은 이루 다 기록할 수 없을 정도였습니다. 이것은 전하께서도 환히 아시는 바입니다. 바라건대, 이제부터 하나라 우 임금과 한나라 문제의 검소한 덕을 본받아서 복식(服飾)과 기용(器用)을 일체 검소하게 하고 부처와 신에게 바치는 급하지 않은 비용은 모두 없애 버리소서."라고 하였는데, 성조(聖祖 이성계)께서 그 말을 기꺼이 받아들이셨습니다.

그 뒤 선공감(繕工監)에서 세자의 저택에 정자를 짓자고 청하자, 하교하기를, "요 몇 해 공역(工役)이 다소 번다하다. 모두 부득이하게 일으킨 것이지만, 세자의 경우 정자가 없어도 괜찮다."라고 하셨으며, 세종대왕(世宗大王)께서는 즉위 초에 맨 먼저 쓸데없는 관직을 줄이셨고, 일찍이 경회루(慶會樓) 주변에 쓸모없는 나무로 별실을 만들면서 주춧돌과 섬돌을 사용하지 않고 띠풀로 지붕을 덮으셨습니다.[36] 우리 조종(祖宗)께서 검약을 숭상하고 씀씀이를 절약한 미덕은 후대의 미담

지 않게 하였다는 내용이 보인다.

35 공구수성(恐懼修省) : 재이가 발생하면 임금이 그 재이를 소멸시키기 위해 두려운 마음으로 몸을 닦고 허물을 반성하는 것이다.

36 경회루(慶會樓)……덮으셨습니다 : 이 내용은 《국조보감(國朝寶鑑)》 권3 세종(世宗) 3년 기사에 보인다. 세종은 고요하고 궁벽진 곳에서 학문에 전념하기 위해 별실을 지은 것이었다. 《承政院日記 英祖 4年 3月 6日》

이 되니 어찌 오늘날 본받아야 하지 않겠습니까.

근년 들어 급하지 않은 건축 공사가 꼬리를 물고 이어지며, 긴요하지 않은 쓸데없는 관직이 점차 다시 설치되고 있습니다. 수시로 궐내로 들이는 물건은 경비에 포함되지도 않거니와, 기타 크고 작은 수요까지 죄다 태평했던 세월의 예전 규례를 따르고 있으니, 이는 밝으신 성상께서 마땅히 살피셔야 합니다. 조종의 전성기 때에도 절약을 힘썼거늘 하물며 지금이겠습니까.

공자(孔子)는 "씀씀이를 절약하고 사람을 사랑한다〔節用而愛人〕"라고 말씀하였습니다.[37] 무릇 '사람을 사랑하는 것'과 '씀씀이를 절약하는 것'은 서로 무관해 보이지만, 씀씀이를 절약하지 못하면 종국에는 세금을 많이 거두어 백성을 해치게 됩니다. 그러므로 사람을 사랑함에 씀씀이를 절약하는 것이 선결 과제가 되는 것입니다. 삼가 바라건대, 전하께서는 급하지 않은 건축 공사를 중지하고, 긴요하지 않은 쓸데없는 관직을 없애며, 수시로 거두는 수요를 줄임으로써 재력(財力)을 축적하신다면 매우 다행이겠습니다.

1. 해당 관원에게 직임을 오랫동안 맡기고 나서 성과를 요구해야 합니다. 무릇 대소 관원은 반드시 그들을 구임(久任)시킨 뒤라야 그 성과를 요구할 수 있습니다. 비유하면, 나무가 반드시 오랜 기간 토양

37 공자(孔子)는……말씀하였습니다 : 이는 《논어》 〈학이(學而)〉에 보이는 말로, 주희(朱熹)의 주(注)에 "《주역》에 이르기를 '절약하여 법도를 따라서 재물을 상하지 않고 백성을 해치지 않는다.' 하였으니, 쓰기를 사치하게 하면 재물을 손상하고, 재물을 손상하면 반드시 백성을 해침에 이른다. 그러므로 백성을 사랑함은 반드시 먼저 씀씀이를 절약하는 것이다." 하였다.

에 뿌리를 내린 다음에 생의(生意)가 두루 통하여 가지와 이파리가 펴지고 왕성해지는 것과 같습니다. 아무리 천하에 잘 사는 식물이라 할지라도, 아침에 옮겨 심고 저녁에 다른 곳으로 이동한다면 말라서 시들 게 뻔한데, 어떻게 꽃을 피우고 열매 맺기를 기대할 수 있겠습니까.

우리나라의 관제(官制)는 순자(循資) 제도[38]에 입각해 벼슬자리를 옮깁니다. 그러므로 참하관(參下官 정7품 이하의 관원)은 오직 날짜나 따지면서 승진할 생각만 하고, 참상관(參上官 6품~정3품 당하관)의 경우 교체가 더욱 잦은 형편입니다. 좋은 관직을 희망하고 수령이 되기를 도모할 뿐, 직무가 어떤 일인지 전혀 알지 못합니다. 이 때문에 해당 관사의 관원은 여관을 거쳐 가는 나그네 같다는 느낌마저 듭니다. 본조(本曹 호조)의 낭관 역시 차임과 체차가 갑작스러워, 앉은 자리가 따뜻해지기도 전에 새로운 사람으로 바뀌니, 이러한 상황에서 전말을 자세히 파악하여 직무 돌보는 일을 기대할 수 있겠습니까.

삼가 생각건대 전하께서 구임시키는 법을 거듭 밝히시어, 앞으로는 본조의 낭관 및 각 관사의 관원을 다른 자리로 옮기지 못하게 하고 옛날의 창씨(倉氏)와 고씨(庫氏)처럼[39] 모두 오랫동안 그 자리를 지키도록 한 다음, 우열을 엄격히 밝히고 성적을 심사하여 출척을 단행하십시오. 만약 칭찬할 만한 성과가 있다면,-이하 결락-

38 순자(循資) 제도 : 관리 승진(昇進)의 한 표준이다. 관리를 승진시킬 때는 직책에 얼마나 있었는가를 표준으로 하여 일정한 자격을 갖춘 데 따라 승진시키는 제도이다.

39 옛날의 창씨(倉氏)와 고씨(庫氏)처럼 : 한(漢)나라 문제(文帝) 때에 창씨와 고씨가 있었는데, 그 집안이 대대로 곳집을 맡아 보았으므로 자손들이 창(倉)과 고(庫)를 성씨로 삼은 데서 생겨난 말이다. 《通志 氏族略》

상의원과 내의원의 무역가를 줄이도록 청하는 계사[40] 동월
請減尙方內局貿易價啓 同月

요사이 국가에 일이 많은 까닭에 여러 도감(都監)에서 공사를 잇달아 일으키고 있습니다. 그리하여 본조(本曹 호조)의 경비가 날이 갈수록 커져서 힘겹게 지탱하면서 구차히 하루하루를 보내는 실정이니, 그 답답하고 애타는 상황을 모두 아뢰기 어렵습니다.

그런데 이번 동지사 행차 때, 상의원(尙衣院)에서 당물(唐物) 무역가(貿易價)로 마련해야 하는 수치[41]가 지난해에 비해 목면 12동(同)이 추가되었고, 내의원(內醫院)에서 약재(藥材) 무역가로 추가적으로 내야 하는 것도 2동 늘었습니다. 이 수량은 소소한 것 같지만 지금 나라에 저축된 것을 가지고 말하면, 마련하기가 아무래도 매우 녹록치 않습니다. 그러니 상의원과 내의원이 지난해 수량 안에서 참작하여 줄이도록 하소서.

40 상의원과……계사 : 이 글은 1611년(광해군3) 7월 30일에 올린 것이다.《光海君日記 3年 7月 30日》

41 상의원(尙衣院)에서……수치 : 고급필단, 법복 부속품, 장식류, 모피 등 국내에서 생산되지 않거나 품질이 좋지 못한 물품을 연례적으로 중국과의 무역을 통하여 조달했다. 사신이 북경에 갈 때 상의원의 포목을 가지고 가서 중국의 채단으로 바꾸어 오는데 상의원 사람을 보내어 구입하거나 부경(赴京) 사신을 통해서 구입하였다. 궁에서 소용되는 고급직물의 수요 때문에 중국산 능단을 많이 필요로 하였다.《김소현, 조선 시대 상의원의 왕실복식 공급체계 연구, Journal of Koraen Society of Costume 57(2), 한국복식학회, 2007, 20쪽》

사신의 사적인 청구를 막도록 청하는 계사[42] 동월

請杜使臣私求請啓 同月

북경(北京)에 가는 사신의 노잣돈을 분정(分定)하여 상납하는 일은 이미 계하(啓下 임금의 재가)를 받았습니다. 다만 사신이 사사로이 청구하는 일은 유래가 오래되다 보니 청구하는 자도 혐의쩍게 여기지 않고, 주는 자도 사사롭게 여기지 않습니다. 그러므로 몸가짐이 청렴하고 신중한 사람조차도 전례에 따라 청구하니 이미 고사(故事)로 굳어진 상태입니다.

지금 비록 분정해서 관청에 납부했다지만, 만약 엄하게 금지하여 단속하지 않으면 반드시 예전 버릇을 그대로 답습하며 사사로이 청구하는 폐단이 발생할 것입니다. 이와 같이 되면 이미 관청에 납부해 놓고 또 사적인 청구에 응해서 종국에는 백성의 힘을 거듭 소모하게 되니 또한 걱정스러운 일입니다. 앞으로는 본조(本曹 호조)에서 지정(卜定)한 이외에 사사로이 청구하는 자가 있으면, 사헌부(司憲府)로 하여금 살피게 하여 장물(贓物)의 수량을 계산해 죄를 논하도록 승전(承傳 전지(傳旨))을 받들어 시행하게 하소서.

42 사신의……계사 : 이 글은 1611년(광해군3) 8월 16일에 올린 것이다.《光海君日記 3年 8月 16日》

정랑 허함을 잉임시키도록 청하는 계사[43] 임자년(1612, 광해군4) 6월

請仍正郎許涵啓 壬子六月

본조(本曹 호조)의 업무는 다른 어느 관사보다도 제일 번잡하고 바쁩니다. 그러나 당상(堂上)은 서무를 총괄할 뿐이고, 직접 장부를 다루며 명목을 종합 검토하는 일은 낭관(郎官)에게 달려 있으니 적임자를 골라 장기간 맡기지 않을 수 없습니다. 그러나 근래 본조의 낭관이 가장 그 직임에 오래 있지 못하여 제수되었다 금세 다른 자리로 옮기니 굳은 의지를 가진 사람이 없습니다. 문관으로서 점점 명망이 드러나는 자는 발꿈치를 들고 승진을 기다리며, 음관(蔭官) 가운데 좀 세력이 있는 자는 팔을 걷어붙이고 승진을 도모하니, 어느 겨를에 직무에 뜻을 기울이고 전말을 자세히 파악해서 성과를 거두겠습니까.

신이 본직에 임명된 뒤로 교체된 낭관이 많아 무려 54명이나 되니, 마치 여관을 거쳐 가는 나그네 같습니다. 오직 정랑 허함(許涵)[44]과 윤신(尹璶)[45] 두 사람이 가장 오랫동안 재직하여 본조의 일에 익숙한

43 정랑……계사 : 이 글은 1612년(광해군4) 6월 5일에 올린 것이다. 《光海君日記 4年 6月 5日》

44 허함(許涵) : 적어도 1605년(선조38)부터는 호조의 낭관이 되었던 인물이다. 《선조실록(宣祖實錄)》 38년 5월 29일 기사에 "허상(許鏛)의 아들 허함(許涵)이 호조 좌랑이 된 지 10여 일만에 낭료(郎僚)들이 사사로이 쓰는 버릇을 일체 막았는데, 심지어는 지장(紙丈)까지도 허용하지 않았다고 합니다."라고 한 대목에서 그의 강직한 정신을 엿볼 수 있을 듯하다.

데다 또 시종 공손하고 근실하여 마음을 다해 공무에 힘쓰니, 그동안의 낭관 가운데 이 두 사람보다 나은 자가 없습니다. 그런데 지금 허함이 또 합천 군수(陜川郡守)에 제수되었습니다. 만약 이 사람을 잃는다면 본조의 일은 더욱 수습할 수 없으니 매우 걱정입니다. 합천 군수는 다른 사람이라도 할 수 있는 만큼, 허함을 임기 만료에 구애받지 말고 다른 사람으로 바꾸어 임명하고, 다른 곳으로 옮기지 말고 그대로 연임시킴으로써 탁지(度支)의 사무를 중하게 하소서.

45 윤신(尹璶) : 1568~1624. 본관은 해평(海平), 자는 희옥(希玉)이다. 《백호집(白湖集)》 권18 〈통훈대부 평양부서윤 평양진병마동첨절제사 증 통정대부 승정원좌승지 겸 경연참찬관 윤공 묘지명(通訓大夫平壤府庶尹平壤鎭兵馬同僉節制使贈通政大夫承政院左承旨兼經筵參贊官尹公墓誌銘)〉에는 윤신에 대하여 다음과 같이 기술되어 있다. "경술년(1610, 광해군2)……얼마 뒤 형조 좌랑에 제수되었다. 이 때 중국 사신이 국경에 다다랐는데 조도(調度)를 맡길 적임자 물색이 난항이었다. 유사(有司)가 공을 맨 먼저 천거하여 영접도감의 낭청이 되게 하니, 음직으로 출사해서 이 직책을 맡은 사람은 공이 처음이었다. 7월에 호조 정랑으로 승진하였다. 번거롭고 복잡한 사무를 능숙하게 처리하고 종합적으로 다스림에 여유가 있어 명성이 동료들을 능가하였다. 판서 황신이 매우 탄복하여 호조의 일을 모두 공에게 맡기자, 공은 폐단을 없애려고 하여 즉시 규제(規制)를 만들었는데, 지금까지도 호조에서 이를 따른다고 한다."

균전사를 속히 파견하도록 청하는 계사[46] 윤11월

請速遣均田使啓 閏十一月

양전(量田)을 하지 않으면 모를까 진행하려고 한다면 반드시 과조(科條)를 엄격히 세워 단행하고 중간에 그치지 않아야 일이 이루어질 것입니다. 그런데 양전을 하라는 명이 내려진 지 벌써 석 달이 지났는데도 지금까지 질질 끌며 착수하지 않고 있으니, 농사철이 돌아오기 전에 결코 일을 끝마치기 어렵습니다. 대간(臺諫)이 아뢴 것[47]은 과연 사의(事宜)에 합당합니다만, 양전 사업은 한 달 동안 끝낼 수 있는 것이 아닙니다. 겨울에는 눈 때문에, 여름에는 농사 때문에 못하고, 봄에는 곡식을 심고 가을에는 수확하느라 못한다면 양전 사업은 행할 만한 때가 없습니다.

이렇게 기강이 해이한 때에 단지 한 장의 문서로 각 도(道)에 고지한

46 균전사를……계사 : 이 글은 1612년(광해군4) 윤11월 13일에 올린 것이다.《光海君日記 4年 閏11月 13日》

47 대간(臺諫)이 아뢴 것 : 1612년 윤11월 7일에 사헌부에서 논계하기를 "기강이 해이해지자 이서(吏胥)들이 권세를 부려 전제(田制)가 바르지 않고 요역이 고르지 않으니, 특별히 사신(使臣)을 파견하여 다시 측량하지 않을 수 없습니다. 그런데 생각해 보니, 지금은 이미 한겨울이라 들판에 눈이 가득 쌓여 경계를 구분하기 어려우니 조사할 길이 없겠습니다. 그리고 일이 채 시작도 되지 않아 봄갈이 할 때가 닥칠 것이므로 실효를 보지 못하고 한갓 민폐만 끼치게 될 것입니다. 그러니 우선 각도 균전사(均田使)를 보내지 말고 먼저 해조로 하여금 공문을 보내 상세히 조사하여 토지대장을 만들게 하였다가 그들이 보고한 뒤 내년 초가을쯤에나 내려 보내소서." 하였다.《光海君日記 4年 閏11月 7日》

뒤에 상세히 조사하여 보고하기를 기다리려 한다면 착실히 봉행하지 않을 게 뻔하니, 계묘년의 양전 사업이 귀감이 될 만합니다. 그러니 우선 해당 조(曹)의 공사(公事)[48]에 의거하여 각 도의 균전사를 모두 속히 출발시키십시오. 직접 가서 점검하고 신칙하면서 각 읍에서 조사하여 보고하기를 기다린 뒤에 처음부터 다시 심사하되, 기한에 구애되지 말고 오직 균전(均田)의 실상을 파악하는 데에 힘써야 합니다.

만약 현지답사를 다하지 않았는데 농사철이 임박했을 경우에는 중지하고 돌아왔다가 추수를 마친 뒤에 다시 시행해도 무방할 것입니다. 균전사가 한번 오가는 일은 대단한 노고와 비용이 들지 않는 반면, 양전은 중대한 일이라 재상 경차관(災傷敬差官)[49]처럼 대충대충 둘러보아서는 안 되기 때문에 이와 같이 감히 아뢰옵니다.

48 공사(公事) : 서울과 지방 각 관사나 관원이 왕에게 올리거나 다른 관사로 보내는 공문서(公文書), 문건(文件)을 뜻하는 말이다. 계목(啓目), 계본(啓本), 장계(狀啓), 초기(草記), 관문(關文) 등이 모두 포함된다.

49 재상 경차관(災傷敬差官) : 바람・큰물・가뭄・서리・황충(蝗蟲) 등 천재지변(天災地變)으로 인한 전곡(田穀)의 손실 등을 조사하기 위하여 지방에 파견하던 임시 벼슬이다.

통신사 임무를 마치고 돌아온 뒤 올린 서계[50] 병신년(1596, 선조29) 11월

通信回還後書啓 丙申十一月

1. 평조신(平調信)[51]이 말하기를, "관백(關白)[52]이 청정(淸正)·장정(長政)·길성(吉盛)·행장(行長) 등 네 장수로 하여금 먼저 떠나게 하였으니 이 네 사람이 선봉장이 될 것이다. 청정은 이번 겨울에 먼저 바다를 건너갈 거고,[53] 장정과 길성은 겨울이 끝나갈 무렵이나 봄쯤에 나갈 것이다. 청정 등이 비록 먼저 간다 해도 예전 성루에 주둔할 뿐이니, 대군(大軍)은 2월경에나 나갈 것이다."라고 하였습니다. 신들이 낭고야(浪古耶)에 도착한 날,[54] 장정은 풍전주(豊前州)에서 출발해 이미 도착한 상태였습니다. 저들이 바다를 건널 시기를 탐문해 보니, 그 수하들의 군병과 기계가 정리되지 않은 탓에 당시 날짜를 정하지 못했다고 하였습니다.

50 통신사……서계 : 이 글은 《선조실록》 29년 12월 21일 기사에 보인다.

51 평조신(平調信) : 대마도주 종의지(宗義智)의 부관(副官)이다. 1591년 풍신수길의 사신으로 우리나라에 왔으며, 이듬해 임진왜란 때 왜군에 가담하여 쳐들어왔다.

52 관백(關白) : 천황을 대신하여 섭정(攝政)한다는 뜻으로, 막부(幕府)의 최고 실력자인 쇼군〔將軍〕을 가리키는데, 여기서는 풍신수길을 말한 것이다.

53 청정은……거고 : 가등청정(加藤淸正)은 1596년 5월에 본국으로 소환된 상태였다.《김경태, 임진전쟁 전반기 가토 기요마사(加藤淸正)의 동향, 대동문화연구 제77집, 성균관대 대동문화연구원, 2012, 259쪽》

54 신들이……날 : 통신사 일행은 1596년 10월 9일에 낭고야에 도착해서 이 달 13일에 일기도(一岐島)로 떠났다.《海行摠載 日本往還日記 丙申年 10月 9日, 13日》

1. 신들이 대포(大浦)에 있을 때 평행장(平行長)이 역관(譯官) 박대근(朴大根)에게 말하기를, "청정이 비록 빨리 오고 싶더라도 반드시 병기를 수선하고 군량을 모은 뒤에 바다를 건널 것이다. 그렇다면 1, 2월은 돼야 하니, 대군은 3, 4월쯤 일제히 부산에 이를 것이다." 하였습니다.[55]

1. 평행장이 또 박대근에게 말하기를, "지금 이러한 관백의 노여움은 실로 뜻밖의 일로, 앞으로 조선은 왕자를 보내려 하지 않을 게 틀림없다.[56] 그러나 중국에서 지시가 있으면 끝내 거절하지는 못할 것이

55 신들이……하였습니다 : 통신사 일행이 대마도의 대포에 머문 기간은 11월 7일부터 22일까지인데, 이 기간 동안 황신의 일기나 부사로 간 박홍장(朴弘長)의 일기 어디에도 행장(行長)을 만난 기록은 없다. 오히려 대마도 부중(府中)에 머물던 11월 6일에 황신의 일기에만 행장이 박대근에게 말한 내용이 소개되어 있어, 비록 본문의 내용이 보이진 않지만 이때를 가리킨 것이 아닌가 싶다.《海行摠載 日本往還日記 丙申年 11月 6日, 7日, 22日, 23日》 박대근(朴大根)의 본관은 무안(務安), 자는 현구(玄久)이다. 임진왜란 때 적정(敵情)을 정찰한 공으로 서부 참봉(西部參奉)이 되었고, 그 뒤 왕명으로 풍신수길(豊臣秀吉)의 사신을 자주 만나 능(陵)을 범(犯)한 적을 색출하는 등의 공으로 첨지중추부사(僉知中樞府事)에 특진되었다. 그 뒤 여러 번 사신을 따라 일본에 갔으며, 또 선위사(宣慰使)를 따라 부산에 가서 포로로 잡힌 남녀 수천 명을 쇄환(刷還)하는 데 힘을 썼다.

56 지금……틀림없다 : 당시 풍신수길은 강화(講和)의 전제 조건으로 명과 조선에 요구한 것은 조선의 전라·경상·충청의 3도를 일본에 할양할 것, 그 자신을 일본의 국왕으로 책봉할 것과 그에 준하는 인신(印信)·의복(衣服)·관(冠) 등을 보내줄 것, 명과의 무역을 허락할 것, 명의 공주(公主)를 자신에게 시집보낼 것 등과 같은 일곱 가지의 받아들이기 곤란한 것들이었다. 또 조선에 대해서 왕자를 사신으로 파견할 것을 요구하기도 하였다. 그런데 당시 강화를 주선하고 있던 심유경(沈惟敬)과 같은 인물들은 풍신수길의 일본국왕 책봉과 무역의 허락만을 명에 보고하였기 때문에 풍신수길의

니, 만일 보내기로 허락한다면 우리들이 먼저 관백의 처소로 찾아가 상의한 뒤 관백이 손수 적은 서문(誓文)을 받아 와 한편으로는 철병하고, 한편으로는 왕자를 모시고 바다를 건너갈 것이다. 약속하건대 지금처럼 두서없이 일을 진행하지는 않을 것이다." 하였습니다.

1. 평행장이 또 박대근에게 말하기를, "나는 조선이 모든 일을 반드시 중국의 지휘부에 고하는 줄 안다. 중국을 왕래하는 데 몇 달이 걸릴 테니 내년 2월까지 회답을 기다릴 생각이다. 이 기간이 지나면 반드시 군사를 움직일 것이다. 만약 조선이 확실히 왕자를 보내기로 하고, 또 대신(大臣)을 파견하여 우리 진영에 머물게 한다면, 이에 의거하여 관백에게 급히 보고할 수 있다." 하였습니다.

1. 유부(游府)의 휘하에 있는 왕천총(王千總)이란 자가 신에게 말하기를 "전날 사개(沙蓋)에 있을 때,[57] 행장·정성(正成)·조신(調信)·소서비(小西飛)[58] 등 네 사람이 심 노야(沈老爺 심유경)의 숙소에 왔

야욕을 충족시킬 수 없었고, 강화도 추진될 수 없었다.《장동익, 1596년 통신부사 朴弘長의 생애와 그의 東槎錄, 퇴계학과 유교문화 31권, 경북대 퇴계연구소, 2002, 131쪽》 한편, 교섭결렬의 원인을 왕자에 주안점을 둔, 다시 말해 왕자가 일본에 오지 않았던 데서 찾아야 한다는 주장도 있다.《跡部信, 豊臣政權の對外構想と秩序觀, 日本史硏究 585, 2011》

57 전날……때 : 통신사 일행은 윤8월 18일에 하내주(河內州) 사개(沙蓋)에 도착하여 29일간 머물고 9월 9일에 귀국길에 올랐다.

58 소서비(小西飛) : ?~1626. 일본의 장수로, '소서비탄수(小西飛彈守)'를 줄여서 말한 것이다. 원래 단파귀(丹波龜)의 성주로, 소서행장의 가신이 되어 소서(小西)라는 성을 얻었다. 이름은 나이토 타다토시〔內藤忠俊〕이며, 기독교 신자라 세례명 조안〔요

었다. 행장이 노야에게 말하기를, '조선이 왕자 보내는 일을 기꺼이 허락하겠는가?' 하니, 노야가 답하기를 '나는 이곳에서 죽기를 사양하지 않지만, 서울에 가서도 죽음을 사양치 않을 것이다. 조선이 어찌 왕자를 보낼 리가 있겠는가. 이는 결코 이루어지지 않을 것이니, 나는 감히 허투로 말할 수 없다.' 하였고, 소서비도 '왕자는 반드시 오려고 하지 않을 것이다.'라고 말하자, 행장이 '나도 또한 이와 같이 생각한다.' 하였다. 그런데 조신이 웃으면서 말하기를 '왕자가 어쩌면 올 수도 있다. 우리가 군대의 형세를 가지고 위협한다면 저들은 따르지 않을 수 없을 것이다.'라고 하였다." 하였습니다.

1. 왕천총이 다시 신에게 이르기를, "전날 관백이 측근 인사인 장문(張文)이란 왜승(倭僧)을 심 노야에게 보내어 말하기를 '조선이 일본을 막아 중국으로 통하지 못하게 하고, 지금 또 왕자를 보내 사례하지 않으니, 이는 우리를 매우 얕본 짓이다.[59] 일본에서 먼저 조선을 공격하는 것이 당연한가, 아니면 중국에서 먼저 치겠는가?' 하니, 심 노야가 임기응변으로 답하기를 '너희는 군사를 움직여서는 안 된다. 내가 너희를 대신해 돌아가 우리 조정에 보고하여 조선을 처벌하도록 청하면, 반드시 어떤 조치가 취해질 것이다.'라고 했다." 하였습니다.

한의 포르투갈식 발음]을 붙여 나이토 조안[內藤如安]이라고도 한다. 임진왜란 때 일본의 강화사(講和使)로 활약하여 1594년(선조27) 북경에 가서 봉공(封貢)의 3조건을 확약한 후 귀국하였다.

59 조선이……짓이다 : 이 내용은 윤8월 29일에 평조신(平調信)이 박대근(朴大根)을 불러 말해준 내용이기도 하다.《海行摠載 日本往還日記 丙申年 閏8月 29日》

1. 신들이 낭고야에 있을 때[60] 평조신이 박대근에게 말하기를, "행장의 말에 의하면, 청정이 지금 비후(肥後)에서[61] 널리 전사(戰士)를 모집하면서 매양 '내가 조선에 가서 5년만 둔전을 경작하면 양곡을 많이 얻을 수 있는데, 그렇게 되면 다시는 일본에서 주는 녹을 기다리지 않아도 식량이 떨어질 걱정은 없을 것이다.[62] 너희들은 일본에 있어 봐야 조그만 밭뙈기도 없지만, 조선에 가서 공을 세우면 반드시 땅을 나누어 줄 것이다.'라고 하는 말을 듣고 무뢰배들 중에 따르는 자가 많다고 한다. 그는 10월 안으로 몸을 일으키려 하지만 어찌 그렇게 빨리 되겠는가." 하였습니다.

1. 평경직(平景直 평조신의 아들)이 박대근에게 말하기를, "관백의 수하에 감물(監物)하는 자가 있는데, 청정과 함께 조선에 가기를 자청하였다. 그가 5년간의 녹봉을 받아 군기(軍器)를 수선하고 조선에 가서 5년 동안 농사지으면 내려 준 쌀을 모두 상환하겠다고 하자, 일본 장수들이 그의 망언을 모두 싫어하였다. 어떤 자가 '네가 조선을 빼앗을 수 있는지 어찌 아느냐?' 하고 물으니, 답하기를 '나는 일찍이 청정과 이에 대한 일을 미리 강구해 놓았다. 조선인은 전사자가 태반인데 반해 생존자는 겨우 3분의 1이니 이것이 빼앗을 수 있는 첫째 이

60 신들이……때 : 통신사 일행은 1596년 10월 9일에 낭고야에 도착해서 이 달 13일에 일기도(一岐島)로 떠났다.《海行摠載 日本往還日記 丙申年 10月 9日, 13日》

61 청정이 지금 비후(肥後)에서 : 1588년에 가등청정은 비후의 새 영주가 되었다.《김경태, 앞의 논문, 229쪽》

62 내가……것이다 : 당시 일본군 및 함경도를 침탈한 가등청정 군의 군량 부족 문제에 대해서는《김경태, 앞의 논문, 231~236쪽》을 참조.

유이고, 조선 백성들은 부역에 시달리느라 원망하는 자가 매우 많으니 이것이 빼앗을 수 있는 둘째 이유이며, 조선인은 전투에 익숙하지 못하여 가는 곳마다 도망쳐 무너지니 이것이 빼앗을 수 있는 셋째 이유이다.……' 하였다." 하였습니다.

1. 요시라(要時羅)[63]는 "명년 봄에 군대를 다시 움직이게 된다면, 평수가(平秀家)[64]가 다시 대장이 될 것이다."라고 말하였습니다. 그런데 어떤 자는 "소조천융경(小早川隆景)[65]의 양자인 금오(金吾)[66]가 대장이 될 것이다."라고 하는데, 그는 관백의 조카라 합니다.

1. 조신(調信)이 박대근에게 말하기를, "우리들이 지금 다시 거병한다면 전라도부터 침범할 것이다. 더구나 조선에는 지금 비축해 놓은

63 요시라(要時羅) : ?~1598. 임진왜란 당시 소서행장 부대에 소속된 무관으로 조선과 명에서 파견한 사신들의 접대와 통역을 담당하였다. 1594년(선조27) 경상 우병사의 진(鎭)에 드나들면서 거짓 귀순하면서 첩자 활동을 벌였다. 그 뒤 1597년 삼도수군통제사 이순신을 모함하여 하옥되었다.

64 평수가(平秀家) : 1573~1655. 우희다수가(宇喜多秀家)로, 풍신수길(豊臣秀吉)의 부하이다. 임진왜란 때 행주(幸州) 싸움에서 대패하고, 정유재란 때 남원(南原)·전주(全州)를 점령하였다가 퇴각하였다.

65 소조천융경(小早川隆景) : 1533~1597. 1592년 금산 전투에서 조헌(趙憲)이 이끄는 의병을 패퇴시켰고, 이듬해에는 평양성을 회복한 이여송(李如松) 부대를 벽제관(碧蹄館)에서 크게 무찔렀다.

66 금오(金吾) : 1582~1602. 풍신수길의 정실 부인의 조카인데, 풍신수길의 양자가 되었다가 1594년에 풍신수길의 명으로 소조천융경의 양자가 되었다. 관직은 중납언(中納言)이었지만, 관례 때 받은 관위인 좌위문독(左衛門督)의 중국 명칭인 집금오(執金吾)와 합쳐 '금오중납언(金吾中納言)' 또는 '소조천금오(小早川金吾)'라고 불렸다.

곡식이 없어 대군(大軍)의 식량이 염려되는 상황이다. 반드시 선운미(先運米 먼저 보내는 쌀)를 기다려 수군을 격파한 다음에야 수륙으로 병진할 수 있기 때문에 제장들이 이미 이런 계획을 의논하여 결정하였다." 하였습니다.

1. 조신은 또 역관 이언서(李彦瑞)에게 말하기를, "조선의 수군이 차츰 수전(水戰)을 익히고 선박도 튼튼하고 두꺼우니 피차가 줄지어 상대하며 진퇴하면서 싸운다면 반드시 이기기 어렵다. 만약 어두운 밤에 몰래 가서 습격하되 조선의 큰 배 한 척에 으레 일본의 작은 배 5, 6척 내지 7, 8척으로 대적하여 화살과 돌을 무릅쓰고 돌진하여 일시에 맞붙어 치고받으며 싸운다면 수군도 격파할 수 있다. 지난날 거제(巨濟) 전투 때, 나는 삼포(森浦)에 있으면서 사람을 시켜 거제에 진을 치고 있는 장수에게 속히 알려 그들로 하여금 배를 타고 나가 싸우지 말고 다만 성벽을 굳게 지키다가 저들이 육지에 내려온 뒤 교전하라고 당부했다. 그때 이 방법을 사용했기 때문에 조선의 수군은 기회를 잡지 못하고 퇴각하였다." 하였습니다.

1. 조신은 또 말하기를, "일본인이 탐라(耽羅 제주도)에 좋은 말이 있다는 소문을 듣고 오래전부터 가서 약탈하려 하였으나 이루지 못하였다. 지금은 전라도를 우선 침범하고, 탐라가 분명 그 다음이 될 것이다." 하였습니다.

1. 조신이 이언서에게 말하기를, "내가 듣건대, 조선인이 지난날 의지(義智) 등이 왔을 때[67] 논의가 통일되지 못하여, 혹자는 '현소(玄

蘇)와 의지 등의 목을 베어 효시해야 한다' 하였고, 혹자는 '이와 같이 해서는 안 되니 사신을 보내어 통신하는 것이 마땅하다'고 하였다 한다. 그 후 변란이 일어난 처음에 사람들이 모두 말하기를 '당초에 이 두 사람을 죽이지 못한 것이 애석하다. 그때 효시하자는 의논이 참으로 밝은 견해였다'고 했다는데 그 말이 사실인가? 만약 그렇다면 조선 사람은 참으로 졸렬한 생각을 가진 것이다. 당초에 이 두 사람을 죽였다면 일본이 조선을 두려워해서 오지 않았겠는가? 더욱 일본의 분노를 사 반드시 조선에 그 책임을 물으려 했을 것이다. 예로부터 통신하는 사신을 죽이는 나라가 있었던가? 비록 두 적국이 교전하더라도 사신은 그 사이에 있는 법이다. 지금 조선이 일본에게 불쾌한 일을 해도 일본이 통신하는 사신을 보란 듯이 죽이겠는가. 이는 잔단자의 소견이다." 하였습니다.

1. 신들이 사개(沙蓋)에 있을 때, 한 왜승(倭僧)이 묵은 종이 한 장을 보이면서 말하기를, "이는 왕년에 서(徐)·사(謝) 두 명나라 사신이 왔을 때 의정한 조약을 베낀 것이다." 하였습니다. 신들이 받아서 보니, 그 안에 7건의 조약이 있었습니다.[68] 그 종이를 가지고 왔습니다.

67 지난날……때 : 1588년에 일본의 사신 의지와 현소(玄蘇) 등이 풍신수길의 서신을 가지고 조선에 와서 일본에 통신사를 보내달라고 요구하였다. 의지가 해로(海路)에 밝아 일본에 가는 통신사 일행의 길을 안내한다는 명분을 내세웠으나 실상은 우리나라를 정탐하기 위해서 온 것이었다.

68 왕년에……있었습니다 : 1593년, 일본 측은 명고옥(名古屋)에서 중국 측 사신 사용재(謝用梓), 서일관(徐一貫)과 회담하면서 강화의 조건으로 대명황제의 공주를 일본 국왕의 후비(后妃)로 삼게 할 것, 명나라와 일본 간의 무역을 재개하여 관선(官船)과

1. 신들이 사개에 있을 때, 포로로 끌려간 우리나라 사람 염사근(廉士謹)이란 자가 일본의 사정을 글로 적어 보여 주었습니다.[69] 또 신들을 찾아와 만나 보았는데 신들이 그와 담화하면서 그의 사람됨을 보니, 자못 경박한 것 같고 하는 말도 너무 과장되어 믿음이 가지 않았습니다. 그가 써서 보여준 별지는 가지고 왔습니다.

1. 신들이 대포(大浦)에 있을 때, 요시라(要時羅 소서행장 부하)가 박대근에게 말하기를, "어제 행장(行長)·정성(正成)·의지(義智) 등이 함께 앉아서 나를 불러 묻기를, '우리들이 지금 부산에 도착하여 조선의 회답을 기다리면, 조선은 또한 반드시 중국 조정에 처치를 품달

상선(商船)을 왕래하도록 할 것, 명나라와 일본 양국의 전권대신(全權大臣)이 통교(通交)를 서약하는 문건을 교환할 것, 조선의 4도(道)를 일본에 넘겨줄 것, 조선의 왕자와 대신을 일본에 볼모로 보낼 것, 일본은 포로로 잡아 온 조선의 두 왕자와 대신을 조선으로 송환할 것, 조선의 중신이 일본에 영원한 항복을 서약할 것 등 일곱 개 조항을 요구하였는데, 심유경이 일본과의 강화를 성사시키고자 하여 명나라 조정의 허락도 받지 않은 채 이를 수락하였다.《壬辰倭亂史 193쪽》 한편, 당시 이들 사신은 명나라 조정의 사신이 아닌 송응창(宋應昌)의 사신으로 일본에 파견되어 풍신수길로부터 성대한 대접을 받았다. 뒤에 명·일간 강화협상이 명나라 조정이 중심이 된 협상이 아님을 풍신수길이 알게 되자 파국으로 치달아 1597년 정유재란이 발발하는 데 일조하였다.

69 신들이……주었습니다 : 《국역 대동야승(大東野乘)》 제38권 〈재조번방지(再造藩邦志) 4〉에 "임진왜란이 일어나서 왜적이 서울에 들어오자 (염)사근이 곧 그 누이동생을 왜장 장성(長成)에게 바쳤는데 장성은 관백이 친히 신임하는 장수로서 창동(倉洞)에 와서 있던 자이다. 염사근이 그 어미와 누이동생을 데리고 장성을 따라서 바다를 건너 일본에 와서 바야흐로 병고관(弁古關)에 살고 있었다. 이번에 우리나라 사신이 왔다는 말을 듣고서 곧 와서 사신을 뵙고서 그 말하는 것이 장황하고 허풍이 많았는데, 겉으로는 고국을 생각하는 체하나, 속으로는 실로 일본을 위하는 것이어서, 그 정상이 지극히 통탄스러웠다."라는 내용이 보인다.

할 것이다. 중국에 왕복하다 보면 내년 중춘은 될 것인데, 그러는 사이 조선이 우리 세력이 고립된 것을 이용하여 부산을 습격한다면 어찌하는가? 너는 조선의 사정을 알고 있으니 말해 보라.' 하기에, 나는 '조선은 모든 일을 감히 독단으로 하지 못하고 반드시 중국의 지시를 받으니, 경솔히 군대를 일으킬 리는 없을 듯합니다. 하지만 저 역시 감히 장담할 수는 없습니다.'라고 대답했다." 하였습니다.

1. 요시라가 또 비밀히 박대근에게 말하기를,[70] "관백은 지금 인심을 많이 잃었고 포악한 짓을 고치지 않고 있으니, 3~5년도 넘기지 못하고 필시 자리를 보전하지 못할 것이다. 지금 조선이 왕자를 일본에 보낼 수 없더라도 또한 회유책으로 세월을 끈다면 끝내 후환은 없을 것이다."라고 하였습니다. 박대근이 "무엇을 회유책이라고 하는가?" 라고 묻자, 요시라가 "청정과 장정이 나오는 시기가 아무리 빠르더라도 틀림없이 연말이나 혹은 명년 2월 이후는 되어야 군량을 먼저 운반할 것이고, 대군(大軍)은 3, 4월 이후에나 부산에 일제히 도착할 것이다. 그러니 조선은 내년 1, 2월 내에 사람을 보내어 알리기를 '왕자는 나이가 어리고 병이 많을 뿐 아니라 지난번 북방에 있을 때 처사를 잘못하여 토착민에게 결박되어 군영으로 보내졌다. 그런 까닭에 국왕이 그의 죄상을 알고 노하여 변방에 폐치(廢置)하였고, 사람들이 모두 추하게 여기고 있다. 그러니 지금은 외국에 사신으로 보낼

70 요시라가……말하기를 : 요시라의 이 말은 《일본왕환일기(日本往還日記)》 10월 10일 기사에도 보이나, 일기에서는 요시라가 통신사를 직접 찾아와 이야기한 것으로 되어 있다.

수 없다. 작질이 높은 재상을 직접 관백에게 보내 화친에 관한 일을 논의하여 정하고, 매사에 서신과 폐백을 통하여 항식(恒式)을 정하고자 한다.'라고 하면, 행장(行長)이 반드시 이 뜻을 관백에게 전달할 것이고, 관백도 그 말에 기뻐하여 혹시 허락할 수도 있을 것이다. 이와 같이 왕복하면서 일자를 끌어 나가는 사이 저들도 변고가 발생할 가능성이 있다." 하였습니다.

또 말하기를, "관백은 깊은 궁궐에서 성장하여 민간의 고통을 모르는 자가 아니다. 그는 또한 천한 신분[71]에서 우뚝 일어난 사람이기에 걸어 다니는 고통도 알고, 땔감이나 쌀을 지고 다니는 고통도 알며, 남에게 구타나 욕설을 당하면 화가 난다는 것도 알고, 남에게 칭찬을 들으면 기쁘다는 것도 알 텐데도, 지금 그가 아랫사람을 이와 같이 대하면서 노고를 전혀 생각하지 않으니 일본의 크고 작은 사람들 모두가 원한이 뼈에 사무쳤다. 결코 좋게 끝마칠 리 없다. 그도 이를 아는지 항상

71 천한 신분 : 풍신수길의 출생에 관해서는 빈농설과 부농설로 양분되어 있다. 근세 초기에 쓰여진 《태합소생기(太閤蘇生記)》에 따르면, 풍신수길은 '목하미우위문(木下弥右衛門)'의 아들로 아명은 '목하등길랑(木下藤吉郎)'이었다고 한다. '목하(木下)'라는 성을 갖고 있다는 것은 적어도 상층 농민 이상의 신분을 갖고 있었던 것의 반증이므로 부농설의 근거가 되었다. 그러나 빈농설을 주장하는 연구자는 당대 사료가 아닌 후대의 전문에 의해 쓰여진 이 사서(史書)의 신빙성을 의심하는 입장이다. 실제로 풍신수길의 출생과 관련해서는 사생아설, 낙윤설(落胤說), 태양의 아들설 등 다기한 주장이 있으며, 이와 같이 출생에 관한 설명이 복잡하다는 것 자체만으로도 풍신수길이 미천한 신분의 출신임을 반증하는 것이다. 대략 현재까지 통설은 히데요시가 부농이 아니라 조상의 계보를 확인할 수 없는 하층 농민 출신이었던 것으로 보고 있다.《박수철, 풍신수길은 왜 장군이 되지 못했나, 전남사학 제21집, 호남사학회, 2003, 371~372쪽》《선조실록》 25년 4월 13일 기사에는 풍신수길이 출세한 내력이 소개되어 있다.

말하기를, '내가 친조카를 자식으로 삼아 부유하고 귀하게 만들어 주었는데 도리어 나를 해치려 하였다.[72] 온 나라의 크고 작은 사람들이 모두 나를 죽이려고 하는 걸 알고 있다. 가만히 앉아서 화를 당하기보다는 차라리 마음껏 위세를 부리다가 죽으련다.……'라고 하였다. 그의 의도는 아마도 일본 사람은 조금만 안일해지면 반드시 음흉한 꾀를 만든다고 판단해 해마다 사람들을 수고롭게 하려는 것이다. 반드시 병사를 거둘 이치는 없으니, 장차 스스로 망하게 되어서야 그만둘 것이다." 하였습니다.

1. 요시라(要時羅)가 또 말하기를, "어제 관백이 조선의 일로 화를 내니 행장(行長) 등은 모두 감히 한마디 말도 하지 못했는데, 오직 정성(正成)만이 꿋꿋하게 관백에게 청하기를 '한마디 드릴 말씀이 있습니다.' 하였다. 관백이 '할 말이 무엇인가?'라고 묻자, 정성이 말하기를 '지금 이 일을 행장 등과 처음부터 끝까지 힘써 주장했는데도 끝내 이처럼 어긋났으니, 명나라와 조선은 반드시 우리들이 거짓을 꾸며 속였다고 생각할 게 틀림없습니다. 우리들이 무슨 면목으로 그들을 보겠습니까. 남아가 세상에 태어나 이러한 나쁜 평판을 받느니 차라리 이 자리에서 죽고 싶습니다.' 하니, 관백은 별로 노하는 기색 없이

72 내가……하였다 : '친조카'는 풍신수길의 누이의 아들인 풍신수차(豊臣秀次, 1568~1595)를 말한 것이다. 어린 시절 풍신수길의 지시로 다른 가문의 양자로 들어가야 했으며, 젊어서는 풍신수길를 따라 여러 전쟁에서 공훈을 세우기도 했다. 풍신수길이 정권을 잡자 아이가 없던 풍신수길의 후계자로서 관백(關白)의 자리에 올랐다. 그러나 풍신수길이 뒤늦게 아이를 낳으면서 풍신수차는 오히려 풍신수길의 장애물이 되고 말았다. 결국 모반을 꾀했다는 죄로 추방된 후 풍신수길의 명령에 따라 자결하고 말았다.

그저 '너의 말은 행장과 다르지 않다. 당초에 어찌 나에게 상세히 알리지 않고 이제서야 그런 말을 하느냐.' 하였다." 하였습니다.

1. 평행장(平行長)이 신들에게 말하기를, "조선에서는 필시 왕자가 일본에 가면 억류될 것이라 여기겠지만 절대로 그럴 리 없다. 왕자가 한번 오면 더 이상 아무 일 없을 것이요, 왕자가 아닌 백관이 모두 오더라도 도움이 안 될 것이다." 하였습니다. 또 말하기를, "왕자가 올지 안 올지 분명히 회답하라. 내가 3, 4개월 기다리겠다. 대군(大軍)이 나오기 전에 통지해 주면 매우 좋겠다. 만약 군대가 출동한 뒤에 형세를 살펴 대처하려 한다면 이미 늦을 것이다." 하였습니다.[73]

1. 평행장이 신들에게 말하기를, "장정(長政)은 청정(淸正)과 한편이니, 이 두 사람이 나가면 먼저 울산(蔚山)·기장(機張) 등 옛 성루에 자리 잡을 것이다. 관백이 조선의 회답을 기다리라는 명령을 이미 내린 이상, 저들도 감히 먼저 움직이지는 못할 것이다. 다만 저들이 혹시 때때로 몰래 행동하여 화친을 망치려 들까 걱정이다. 경주(慶州) 등지에 방비를 강화하고, 또 그런 곳에 군량을 비축하는 것이 좋다." 하였습니다. 또 말하기를, "관백은 내가 처음부터 조선의 일을 주관했다 하여 전년에 나를 선봉으로 삼았고 앞으로도 다시 선봉으로 삼아 나가도록 할 것이다. 설혹 부득이 교전하게 되더라도 통지할 일이 있으면 나에게 통지하는 것이 좋을 것이다." 하였습니다.

73 평행장(平行長)이……하였습니다 : 이 내용은 《일본왕환일기(日本往還日記)》 12월 8일 기사에도 보인다.

의 議

왜적과의 강화에 대한 의견[74] 신축년(1601, 선조34) 7월

倭奴講和議 辛丑七月

왜적은 우리나라가 만세토록 반드시 갚아야 할 원수이니 진실로 그들과 사이좋게 지낼 수 없습니다. 더구나 이번 왜서(倭書)[75]는 단지 정성(正成)과 조신(調信) 등 가까운 2, 3개 섬의 우두머리가 만든 것일 뿐 특별히 그 나라의 서계(書契)나 사신이 온 것이 아니니, 그들이 중간에서 공갈하는 말을 가지고 강화하는 일을 경솔하게[76] 의논해서는 더욱 안 됩니다.

다만 대마도의 적은 우리와 국경이 가장 가깝기 때문에 예전부터

74 왜적과의……의견 : 이 글은 1601년(선조34) 7월 4일에 올린 것이다.《宣祖實錄 34年 7月 4日》

75 이번 왜서(倭書) :《국역 선조실록》 34년 7월 1일 기사에, "4도 도체찰사(四道都體察使) 이덕형(李德馨)이 왜서(倭書) 2함(函)을 올렸는데, 적장 평조신(平調信)·평의지(平義智)·정성(正成)의 서계(書契)였다. 서계의 내용은 주로 강화(講和)에 대한 것이었는데, 평조신의 서계에는 요시라(要時羅)를 돌려보내지 않는다는 것으로 불손한 말이 많았다."라고 하였다.

76 경솔하게 : 대본에는 '經'으로 되어 있는데,《선조실록》 34년 7월 4일 기사에 의거하여 '輕'으로 바로잡아 번역하였다.

우리나라에 의지하여 먹고 산 지 오래인 만큼, 일본의 다른 왜적들과 비교할 바는 아닙니다. 이번에 예전 관계를 회복하려는 것은 사실인 듯하고, 우리가 회유하는 계책에 있어서도 일체 거절하여 물리치기는 어렵습니다. 지금 단지 '사안이 중국에 관계된다'는 말로만 답하면, 저들은 필시 회피하는 말로 생각하여 앞으로 계속해서 찾아오는 일을 포기하지 않을뿐더러 이런 식으로는 결말을 보지 못할 듯싶습니다.

신이 삼가 보건대, 조신의 글에 "비밀히 의논할 뜻이 있거든 먼저 통역에 능한 한두 사람을 선별해 풍기(豐崎)로 보내 달라.……" 하였으니, 우선 당장은 그의 말대로 믿을 만한 사람을 뽑아 먼저 조신의 처소로 보내 임시방편의 말로 두루 알려야 합니다. 그리하여 한편으로는 저들의 사정을 밝게 살피고, 한편으로는 대마도를 회유하는 계책으로 삼는 것이 시의(時宜)에 합당할 듯합니다. 중국 조정에 아뢰어 처분을 기다리는 일은 하지 않을 수 없습니다. 삼가 바라건대 상께서 재결하소서.

서독 書牘

목사 우복룡[77]에게 답하는 편지
答禹牧使伏龍書

삼가 영공의 편지를 받고 가을 늦더위 속에 기거가 편안하심을 알게 되니 매우 감격스럽고 위안이 됩니다. 제가 이번에 먼 길을 가게 되었는데, 기한이 촉박해서 무엇 하나 제대로 모양을 갖추지 못하니 이것이 가장 큰 걱정입니다. 나랏일이 이 지경에 이르러 근심과 치욕이 한창 심한 지금이야말로 신하가 목숨을 바쳐야 할 때이니, 끓는 물이나 타는 불이라도 또한 피하지 않을 것입니다. 다만 조정의 처치가 여전히 온당하지 못한 점이 있어, 앞으로 당할 갖가지 낭패는 그저 하늘에 맡길 뿐입니다.

77 우복룡 : 1547~1613. 본관은 단양(丹陽), 자는 현길(見吉), 호는 구암(懼庵)·동계(東溪)이다. 1573년(선조6) 사마시에 합격하여 진사가 되었고, 1592년 임진왜란이 일어날 때에는 용궁 현감(龍宮縣監)으로서 끝까지 고을을 지킨 공이 인정되어 안동 부사로 승진하였다. 그 뒤 강화도호부사(江華都護府使)로 있을 때 일을 공정하게 처리하여 권세가의 횡포를 금단하니, 권세가들의 미움을 받아 1599년 홍주 목사(洪州牧使)로 전임되었다. 나주, 충주 목사를 거쳐 1612년(광해군4) 성천 부사에 이르렀다. 문집으로 《구암집(懼庵集)》이 있다.

후한 노잣돈을 받으니 영공의 사랑을 알기에[78] 충분합니다. 공손히 심부름꾼을 대하고 은혜에 고마워하는 것 말고는 너무도 감사한 마음을 전할 길이 없습니다. 오직 바라건대 절서에 따라 스스로 보중하시기를 간곡히 당부 드립니다. 직접 뵙고 인사드릴 길이 없어 더욱 서글픕니다.

78 알기에 : 대본에는 '訒'으로 되어 있는데, 용례에 맞게 '認'으로 바로잡아 번역하였다.

송인수 영구 에게 답하는 편지[79]

答宋仁叟 英耉 書

헤어진 지 10년,[80] 소식도 듣기 힘들어 그리움이 시간과 함께 날로 쌓였는데, 이런 즈음 보내 준 편지를 받고 잘 지내는 근황을 알게 되니 괴로운 마음이 다소 풀립니다. 저는 늙은 몸으로 도성에 들어와서 좋은 정취는 하나 없이 복잡한 사무에 매여 벗어나지 못하고 있으니[81] 탄식할 따름입니다.

지난달 인사 조치에서 형이 사성(司成)에 제수되는 걸 보고 조만간

79 송인수에게 답하는 편지 : '송인수'는 송영구(宋英耉, 1556~1620)로, 본관은 진천(鎭川), 자는 인수, 호는 표옹(瓢翁)·일호(一瓠)·백련거사(白蓮居士)이다. 1584년(선조17) 유학으로서 친시 문과에 병과로 급제하였고, 병조 참판 등을 지냈다. 이 편지는 내용으로 보아 1610년(광해군2) 봄에 작성된 것으로 보인다. 당시 황신은 호조 판서로 재직 중이었다.《光海君日記 1年 9月 6日》 한편 송영구는 언제나 자신의 벗으로 이항복(李恒福), 이정귀(李廷龜), 황신을 꼽았다고 한다.《月沙集 卷43 同知中樞府事贈禮曹判書宋公神道碑銘》

80 헤어진 지 10년 : 두 사람은 대체로 1599년(선조32) 4월에 황신이 모친상을 당하면서 헤어진 뒤로 만나지 못하였다. 황신이 1601년 상복을 벗은 뒤 잠시 조정에 나오긴 했지만 스승인 성혼(成渾)의 억울함을 대변하다가 곧바로 파직되어, 이후 대부분의 시간을 광해군 즉위 전까지 고향 및 부여에서 보냈다. 송영구는 이 기간 동안 청풍부사 등 외직을 전전하거나 향리로 물러나 있었다.

81 저는……있으니 : 1608년 2월에 선조(宣祖)가 죽고 광해군이 즉위하자 황신은 곧바로 등용되어 이 해 5월에는 호조 참판에, 1609년 1월에는 공조 판서에, 9월에는 호조 판서에 제수되었다.《光海君日記 1年 1月 14日, 9月 6日》《秋浦年譜 卷1 萬曆 36年戊申條》

만나리라 생각했는데, 지금 형의 집안 동생을 통해 형이 현재 북쪽으로 올라올 계획이 없음을 듣고 망연자실하였습니다. 담제[82]가 멀지 않으니 어찌 한번 왕래할 생각을 하지 않겠습니까. 여익(汝益) 영공은 임지에서 무탈하게 지낸다고 합니다.[83] 우리들이 쇠퇴하는 나이에 접어들었으니, 이별할 때도 아닌데 한곳에 단란히 모이지 못하는 것이 가장 견디기 힘듭니다. 오직 진중하기를 빕니다.

추신

시의(時議)에서 형을 청망(淸望)에 의망하려고 하는 소리를 들은 듯한데, 어떤 생각에서 나왔는지는 모르겠습니다.

82 담제 : 대상(大祥)을 지낸 뒤에 한 달을 건너서 지내는 제사이다. 즉 대상을 치른 뒤의 다음다음 달〔中月〕로, 초상부터 윤달을 따지지 않고 27개월이 되는 달의 하순의 정일(丁日)이나 해일(亥日)에 지내는 제사를 말한다. 여기서는 1610년 4월 2일에 거행된 선조(宣祖)의 담제를 가리킨 것이다.《光海君日記 2年 4月 2日》

83 여익(汝益)……합니다 : '여익'은 오윤겸(吳允謙, 1559~1636)으로, 본관은 해주(海州), 자는 여익, 호는 추탄(楸灘)·토당(土塘)이다. 오윤겸은 1609년부터 동래 부사로 재직하고 있었다.《光海君日記 1年 5月 22日》

최 참의[84]에게 답하는 편지

答崔參議書

삼가 영공의 편지를 받고 깊이 사랑해 주심을 알았으니 감사하고 또 감사합니다. 조도(調度)에 관한 일은 제가 강력히 주장한 것인데, 이번에 무단히 논의를 일으켜 색랑(色郎)을 거듭 논박하고[85] 또 색리(色吏 담당 아전)까지 형장(刑杖)으로 심문하니 제가 어떻게 마음이 편하겠습니까. 며칠 안으로 차자를 올려 해직을 청하고 이어서 정고(呈告)할 생각입니다.

7일의 모임은 형이 한 말씀도 있지만 또 이날은 죽은 벗의 노친을 위한 술자리이니, 하던 일을 제쳐 두고 공손히 참석하지 않을 수 있겠습니까. 다만 모르겠습니다만, 연회 자리에 낯선 손님은 없는지요? 부디 미리 알려 주시어 낭패당하는 일이 없도록 해 주십시오. 급히 적느라 송구합니다.

84 최 참의(崔參議) : 누구를 가리키는지 미상이다.

85 이번에……논박하고 : 1611년(광해군3) 7월 2일에 사헌부에서 분조랑(分曹郎) 김경립(金敬立)이 행실을 삼가지 못한 일로 논핵하였는데, 이것을 가리키는 듯하다. 《光海君日記 3年 7月 2日, 7日》

이종사촌 동생 정랑 안명원[86] 욱 에게 보내는 편지
與姨弟安正郎明遠 旭 書

외진 바닷가에 사느라[87] 소식이 오래 끊겼는데, 이런 즈음 고모[88]의 기거가 편치 못하다가 이제야 다소 회복되셨다는 소식을 접하고 처음에 깜짝 놀랐다가 뒤이어 안도하였네. 또 자네도 건강하지 못하다고 하니 어찌 우연한 감기이겠는가. 매우 걱정일세. 나는 2월 그믐부터 목이 심하게 아파 매일 침을 맞으며 거의 죽을 뻔하다가 50일쯤 지나서야 수그러들었으니, 우리 두 집이 똑같이 이런 재앙을 만나게 된 걸 생각해 보았네.

보내 준 편지에서 끝없이 그리워하는 뜻을 느낄 수 있었네. 자네 사정이야 듣지 않아도 아는 것 아니겠나. 다만 세도가 날로 험한데 그대는 세상 물정에 크게 어두우니 부지불식중에 천 길 연못으로 떨어질까 늘 걱정이네. 때때로 이를 생각하다가 눈물 흘리며 탄식한 것도

86 안명원(安明遠) : 안욱(安旭, 1564~?)으로, 본관은 광주(廣州), 자는 명원, 호는 청천(淸川)이다. 1602년(선조 35) 알성문과에 장원으로 급제하였고, 예조 좌랑・사헌부 감찰 등을 지냈다. '정랑'을 지낸 시기를 상고할 수 없다.

87 외진 바닷가에 사느라 : 황신은 1602년에 북인(北人)의 공격을 받는 스승 성혼(成渾)을 변호하다가 관작이 삭탈되자, 이 해 10월부터 1607년 1월에 부여(扶餘)로 거처를 옮기기 전까지 강화도에 머물렀다.《秋浦年譜 卷1 萬曆 30年 壬寅條, 35年 丁未條》

88 고모 : 황신에게는 네 명의 고모가 있었다. 큰고모는 안숭조(安崇祖)에게 시집갔고, 둘째는 이사립(李思立)에게, 셋째는 강윤(康允)에게, 넷째는 이형운(李亨運)에게 시집갔는데, 이들 가운데 누구를 지칭하는지는 알 수 없다.《昌原(檜山)黃氏大同譜 - 別提公編, 家乘出版社, 2017, 10쪽》

여러 번일세. 너무 아끼기 때문에 걱정하는 마음도 큰 것이니 그대는 이상하게 여기지 않을 테지. 어떻게 생각하는가? 올 들어 쇠약하고 병들어 거의 죽게 되자 다시 만나지 못하고 갑자기 저승으로 갈까 두려운 마음에 이렇게 말하였네. 다른 사람에게 이 글을 보여서 죄가 커지게 하지 말게나.

흥덕 현감 안명원에게 보내는 편지[89]

與安興德明遠書

지난달에 거듭 편지를 썼는데 받아 보았는가? 더운 날씨에 어버이[90] 모시면서 건강은 더욱 회복했으리라 여겨지네. 나는 큰 병을 앓고 나서 다시 무덥고 습한 날씨에 시달리느라 전혀 즐거운 흥취가 없네. 지난번에 도사(都事) 안홍(安泓)을 만나 자네의 병이 덜하다는 소식을 들었지만 노비들이 양식 구하기에 바빠 지금에야 편지를 쓰니 한스럽네.

그대가 매번 대간(臺諫 사헌부·사간원의 관원) 후보에 들면서도 성상의 낙점을 받지 못하니, 한편으로는 탄식하면서도 한편으로는 위안을 삼네. 세상길이 점점 험해져 온갖 모략이 난무하니, 자네처럼 우활해서 세상 물정 모르는 사람이 이러한 때 이런 일에 적합하겠는가. 마음을 놓을 수 없구려. 자네와는 친형제보다 더한 사이기에 재앙을 받을까 두려워 함구하고 있을 수 없으니, 부디 구구하고 지극한 마음을 헤아려 주게. 어떻게 생각하는가? 이 글을 다 읽으면 불태우고, 다른 사람에게 보여 나의 죄를 키우지 말게나.

89 흥덕……편지 : '흥덕'은 전라북도 고창지역의 옛 지명으로, 안욱은 1605년에 흥덕 현감으로 있었는데, 정확한 재임 기간은 미상이다. 《竹陰集 卷4 興德錄奉安明遠》

90 어버이 : 안욱의 아버지는 안천복(安天福)이고 어머니는 곽회영(郭懷英)의 막내딸인데, 생몰년은 미상이다.

안명원에게 보내는 편지
與安明遠書

겨울 추위가 점점 심해지는데 어버이 모시는 근황은 어떠한가? 그리움에 자꾸만 생각난다오. 나는 앓던 복통이 고질이 되었는데 외딴 시골이라 약이 없네. 멀리 서울에서 의원을 구하고 있지만, 오고 가는 사이 증상이 바뀌니 이런 상황에서 병을 고치기란 또한 어렵지 않겠는가? 지금의 증세를 보건대, 좋은 것보단 흉한 게 많으니 또한 하늘에 맡겨 둘 뿐일세.

생각해 보면 나와 그대는 동기간보다 더한 사이라서 백발의 나이에 서로 떨어지지 않기를 언제나 바랐는데 노쇠한 몸으로 이렇게 헤어지고 보니, 어느 날 갑자기 죽어 다시는 만나지 못하고 영결하게 될까 걱정이라오. 오직 몸을 아끼도록 하시게.

추신

회옹(晦翁)이 죽을 때 항안세(項安世)에게 부친 편지가 있네.[91] 이것

91 회옹(晦翁)이……있네 : '회옹'은 송(宋)나라 학자 주희(朱熹)를 가리키고, '항안세' 역시 당시의 학자였다. 황신은 당시 《주서(朱書)》를 탐독했는데, 여기서 《주서》는 《주자서절요(朱子書節要)》로 추측된다. 회옹이 항안세에게 부친 편지는 《주자서절요》 권2 〈항평보에게 보내는 편지〔與項平父書〕〉로 보이며, 편지 내용 중에 "당시의 논의가 한번 변해서 말을 다하는 사람은 화를 당하고, 온전함을 구하는 사람은 비방을 얻으니, 이해와 장단의 사이에서 밝은 사람은 잘 살펴서 대처해야 하네."라고 하였다. 앞에 나온 황신이 안욱에게 보낸 〈이종사촌 동생 정랑 안명원에게 보내는 편지〔與姨弟安正郎明遠書〕〉와 〈홍덕 현감 안명원에게 보내는 편지〔與安興德明遠書〕〉에서도 세도(世道)가 변

을 자네에게 말해 주고 싶으나 몹시 지쳐서 이만 줄이네.

해 처신하기 어려움을 강조하였으니, 주희의 편지 내용과 상통한다.《黃寅直 編, 昌原黃氏秋浦家乘, 譜典出版社, 1981, 139쪽》

김자범 우엄 에게 답하는 편지[92]

答金子范 友淹 書

내가 서울로 돌아왔을 때는 그대가 시골로 내려간 뒤였지. 공교롭게 어긋나 서로 만나지 못함을 한창 아쉬워하던 차에, 심부름꾼이 가져온 서찰을 받고 잘 지내는 근황을 알게 되니 크게 위로가 되네. 나는 만 리 먼 길에서 돌아와 다행히 아픈 곳은 없으나[93] 곧바로 입은 은전(恩典)[94]이 너무도 과분해서 황송하고 불안한 마음에 어찌할 바를 모르고 있다네.

92 김자범에게 답하는 편지 : 1609년(광해군1)에 쓰여진 글이다. 김우엄(金友淹, 1584~1662)의 본관은 강릉(江陵), 자는 자범이다. 태천(泰川)에서 강화도로 이사하였고, 1602년(선조35) 겨울부터 당시 강화도 추풍정(秋風亭)에서 한가롭게 거처하던 황신의 제자가 되었다. 황신이 1607년 1월에 부여로 거처를 옮기자 책 상자를 들고 따라가기도 하였다. 인조반정 이후 진산 군수(珍山郡守)・군기시 부정(軍器寺副正) 등을 지냈다.《魯西遺稿 卷18 通訓大夫行軍器寺副正金公墓誌銘》《黃寅直 編, 昌原黃氏秋浦家乘, 譜典出版社, 1981, 139쪽》《秋浦年譜 卷1 萬曆 35年 丁未條》

93 나는……없으나 : 1608년 2월 1일에 선조(宣祖)가 승하하자, 황신은 습봉(襲封)을 청하는 진주 부사(陳奏副使)에 뽑혀 정사(正使) 이덕형(李德馨)과 함께 이 해 6월 20일에 명나라로 향했다. 사안이 시급했던 관계로 한양에서 북경까지 27일 만에 달려갔고, 일을 마치고 10월에 조정에 돌아와 복명하였다.《秋浦年譜 卷1 萬曆 36年 戊申條》《光海君日記 卽位年 6月 5日, 20日》

94 곧바로 입은 은전(恩典) : 진주사로 다녀온 공로를 인정해 광해군은 1609년 1월 5일, 황신에게 전(田) 20결(結)과 외거 노비 4구를 주고 품계를 자헌대부(資憲大夫 정2품)로 올려 주었으며, 또 이 달 14일에는 공조 판서에 제수하였다.《光海君日記 1年 1月 5日, 14日》

백강(白江 백마강)의 옛 보금자리가 오랫동안 꿈속에 아른거리지만 국상(國祥)이 가깝고[95] 책봉 사신도 당도할 예정이라 떠나기 어려운 형편이니, 어찌하겠는가? 청향(淸香) 1봉(封)을 보내니 기쁘게 받아 주면 다행이겠네. 끝으로 새해에 학문이 깊어지고 복을 받기 바라네.

95 국상(國祥)이 가깝고 : 선조(宣祖)의 소상(小祥)을 가리키니, 1609년 2월 1일이었다.

김자범에게 답하는 편지

答金子范書

세밑에 그리워 견디기 힘들었는데 이런 때 아들이 와서 자네 편지를 전해 주었네. 공부하는 생활도 좋고 어버이 모시는 기쁨도 가득한 것을 알았으니 먼 지역 기쁜 소식 가운데 무엇이 이보다 더하겠는가.

선물한 밀과(蜜果)는 정으로 준 것이니 고맙게 받지 않을 수 있겠나? 다만 자네가 어버이 봉양에 쓸 맛있는 음식도 계속 마련하기 힘들 텐데, 어찌 남에게 베풀 여유가 있겠는가? 지극한 마음을 느낄 수 있으니 부끄럽고 감사하기 그지없네.

우리 집은 재앙이 끝나지 않아서 하나밖에 없던 생질[96]이 갑자기 세상을 떠났네. 과부인 여동생만 외롭게 혼자 남았는데 멀어서 위문을 못하고 있네. 비통하지만 어찌하겠나. 끝으로 학문이 깊어지고 자중자애하기를 바라네.

96 하나밖에 없던 생질 : 이름은 미상이다. 송환기(宋煥箕)는 〈증 우의정 황공 시장(贈右議政黃公諡狀)〉에서 황신의 매제는 서흡(徐潝)이고, 그의 아들은 '서경휼(徐景霱)'이라고 적시하긴 했으나, 이탁남(李擢男, 1572~1645) 부인의 기록에 의하면 황신의 매제가 '서경휼'이라고 적고 있다. 이탁남 부인은 황신의 제수(弟嫂)인 강씨 부인(姜氏夫人)의 친정 여동생이며 또 당대의 기록이므로 신빙성이 높아 보인다. 《性潭集 卷27 贈右議政黃公諡狀》《黃寅直 編, 昌原黃氏秋浦家乘, 譜典出版社, 1981, 35쪽》《昌原(檜山)黃氏大同譜 - 別提公編, 家乘出版社, 2017, 10쪽》

이종사촌 아우 흥덕 현감 안욱에게 보내는 편지[97]

與姨弟安興德 旭 書

어제 뱃사공이 돌아갈 때 편지 한 통을 주어 보냈는데 받아 보았는가? 내가 장기간 조정에서 버려졌다가 서용되었으니,[98] 사은숙배를 지체하는 건 매우 온당치 않다고 생각하네. 더구나 한 번도 사은숙배를 하지 않는다면, 훗날 줄곧 물러나기란 형편상 어려울 것이네. 그러므로 어쩔 수 없이 이달 그믐 전에 상경해서 한차례 사은(謝恩)한 다음 곧바로 체직되기를 청하고 내려올 테니, 돌아오는 시기는 7월 20일 이후가 될 것이네.

전에 범바위〔虎巖〕 근처로 새 거처를 정했다가 강물이 다소 먼 것이 마음에 들지 않아 지금 다시 공주(公州) 경내의 창두(倉頭) 땅에 자리를 잡았네. 맑은 물결이 가까워 구부리면 침을 뱉을 만하고, 아침저녁으로 낚시를 즐길 수 있다오. 만약 이 놀이가 하늘의 도움으로 지속된다면, 늙은이가 한가롭게 세월을 보내면서 스스로 위안을 삼게 만들어 줄 것이네.

이웃 중에 집터를 팔려는 사람이 있는데 가격이 매우 저렴하네. 자네

97 이종사촌……편지 : 이 편지는 1607년(선조40) 윤6월에 작성된 것이다. 《秋浦年譜 卷1 萬曆 35年 丁未條》

98 내가……서용되었으니 : 황신은 1602년에 북인(北人)의 공격을 받는 스승 성혼(成渾)을 변호하다가 관작이 삭탈되어 등용되지 못하다가, 1607년 5월에 직첩(職牒)을 환급받고 윤6월에 서용되어 용양위 부호군(龍驤衛副護軍)에 제수되었다. 《秋浦年譜 卷1 萬曆 35年 丁未條》

가 매입해서 그 위에 집을 짓고 임기를 마친 뒤 이곳으로 오면 이러한 맑은 놀이를 함께할 수 있으니, 그 행복감을 말로 표현할 수 있겠나? 자네가 만일 관심이 있다면 마땅히 자세히 물어서 통하게 할 생각이네. 두루 헤아려 주기 바라네.

안명원에게 답하는 편지[99]

答安明遠書

전에 보내 준 편지에서 감당할 수 없는 일을 권면하면서 말과 뜻이 간곡하고 지극하니, 내가 부끄럽고 감격스러워하다가 길게 탄식하였네. 천한 신분으로 감히 조정에 들어갈 수 없네. 이 시대에 훌륭한 정치를 펼 수 없다고 여기는 것은 아니네. 다만 종전에 죄를 지은 나머지 공론에서 용납하지 못하는 사람이 되었고, 더군다나 돌아가신 스승이 여전히 죄적(罪籍 죄인의 장부)에 있으니,[100] 더욱이 얼굴을 뻔뻔히 하고 나아갈 수 없네. 이 때문에 줄곧 물러난 것이니, 요컨대 마음에 부끄러움이 없도록 하려 할 뿐이네.

인산일[101]이 정해지지 않고 재궁(梓宮)[102]은 빈소에 있는데 어찌 신

99 안명원에게 답하는 편지 : 본문의 내용으로 보아 1608년(광해군 즉위년) 2월에서 5월 사이에 지어진 글이다.

100 천한……있으니 : 정인홍(鄭仁弘)의 사주를 받은 문경호(文景虎)가, 성혼(成渾)과 그와 관련된 사람들을 일망타진할 생각으로 1601년(선조34) 12월 20일에 상소하여 성혼이 최영경(崔永慶)을 모함해 죽였다고 주장하였다. 이에 당시 대사헌으로 있던 황신이 성혼의 무고를 조목조목 반박하였는데, 이후 정국을 잡은 북인(北人) 세력들이 성혼 및 서인(西人)에 대해 강력한 공세를 취한 결과 1602년 2월, 성혼의 관작이 추탈되고 같은 해 4월에는 황신의 관작이 삭탈되었다. 황신은 이후 광해군이 즉위할 때까지 출사하지 않았다.《宣祖實錄 34年 12月 20日・22日・23日・30日, 35年 4月 13日・17日》《月沙集 卷51 秋浦黃公行狀》《牛溪年譜 卷1 萬曆 30年 壬寅條》

101 인산일 : 선조(宣祖)의 인산일로, 1608년 6월 12일이다.《광해군일기 즉위년 6월 12일》

102 재궁(梓宮) : 가래나무로 만든 임금이나 후비(后妃)의 관을 말한다.

하된 자가 물러나 편안히 지낼 수 있겠는가마는, 이렇게 하지 않을 수 없는 형편이니 어찌하겠는가? 이 사이의 사정을 필설로 다 형용하기 어렵네. 부디 그대는 묵묵히 헤아리게나. 국장(國葬)에는 마땅히 한번 가야 할 텐데, 다시 어떤 낭패를 당할지는 모르겠네. 일호(一皓)가 부안(扶安)에 있는 누이를 살피러 가기에[103] 어버이 모시는 자네 안부를 가면서 묻도록 하였네.

103 일호(一皓)가……가기에 : '일호'는 황신의 양자 황일호(黃一皓, 1588~1641)이고, 누이는 휴옹(休翁) 심광세(沈光世, 1577~1624)에게 시집간 황신의 딸(1579~1621)을 가리킨다. 심광세가 1607년 1월 13일에 부안 현감(扶安縣監)에 제수되어 부부가 함께 임소에 가 있던 상태였다. 《靑松沈氏大同世譜 卷1, 起昌族譜社, 2002, 366쪽》《宣祖實錄 40年 1月 13日》

우계 선생에게 올리는 편지
上牛溪先生書

어제 온 한생(韓生) 편에, 여름 이후 도체(道體)가 만복을 누리심을 알고는 한없이 위로되었습니다. 저는 지난달에 모친을 모시고 서울로 올라왔습니다. 당초 계획은 보름 전후로 선생님을 찾아뵙고 풍덕(豐德)을 경유해 해장(海莊)으로 돌아가는 것이었으나, 개인적인 일로 미뤄져 출발하지 못하다가 마침내 변고를 만나 이곳에서 지금껏 발이 묶여 있습니다.

적의 기세가 하늘을 찌르고 중외가 술렁여서, 근본이 되는 서울조차 보전할 수 없는 마당에 시골은 어떻겠습니까? 전해 듣기로는 연해의 거진(巨鎭)이 이미 여러 곳 함락되었고 적군은 승승장구하며 침입하는 바람에 변방 장수들이 대단히 많이 피살되었다고 하는데, 예봉을 꺾고 적진을 함락해서 나라의 치욕을 갚았다는 이야기는 들리지 않고, 조정에는 또 급난에 믿을 만한 원대한 계책을 가진 인물이 없으니 마음이 아픕니다. 어찌하겠습니까?

또 생각건대, 국가에서 선비를 양성한 지가 200년인데, 어지러운 나라를 부흥시켜 다스리는 책임을 매양 무장들의 손에만 맡기고 있으니 너무도 부끄럽습니다. 저처럼 쓸모없는 사람은 끝내 골짜기에 부질없이 버려져 보기 좋게 초목과 함께 썩고 말 것이니, 슬픈 일입니다. 간재(簡齋)의 시에 "세상을 걱정하나 힘이 미치지 못하니, 옷깃 가득 눈물만 흐르네.〔憂世力不逮, 有淚盈衣襟.〕"라고 한 표현[104]은 진실로 귀신도 눈물짓게 할 것입니다.

그곳은 큰길과 가장 가까워서 적들이 만약 바다를 건너 서쪽으로 침략한다면 열흘이면 다다를 거리이니, 전란을 피할 땅은 아닌 듯합니다. 모르겠습니다만, 어떤 계획을 세우셨는지요? 참으로 걱정스럽습니다. 나머지는 그저 도(道)를 위하여 자중하시기 바랍니다.

104 간재(簡齋)의……표현 : '간재'는 송(宋)나라 진여의(陳與義)이며, 이 시의 제목은 〈차무양(次舞陽)〉이다. 《簡齋集 卷3 次舞陽》

자식과 손자들에게 주는 편지 만력 41년 계축년(1613, 광해군5) 12월 12일

付兒及諸孫書 萬曆四十一年癸丑十二月十二日

내가 몸가짐이 보잘것없어서 오명을 뒤집어썼는데 다행히 성상의 큰 은혜에 힘입어 몸을 보전하였으니[105] 몸이 목석이 아닌 바에야 어찌 감격할 줄 모르겠느냐. 다만 생각건대, 젊어서 사우(師友)를 따르면서 임금 섬기는 의리에 대해 듣고는, 항상 나라를 위해 목숨을 바침으로써 알아 준 성상의 은혜에 보답하려 하였는데 결국에는 큰 죄에 걸려 세상의 큰 치욕을 받고 말았다. 명예가 죽는 것이 중하고 몸이 죽는 건 그 다음이니, 지금 아무리 목숨을 보전한다 한들 무슨 얼굴로 다시 세상을 살아갈 것이며, 또한 무슨 면목으로 지하에서 조상님을 뵐 수 있겠느냐. 그러니 내가 죽으면 베옷으로 염을 하고, 관(棺)만 사용하고 곽(槨)은 생략하며, 죽은 곳에 바로 묻고 절대로 선영으로 돌아가 묻지 말거라.

또 생각해 보면, 예로부터 군주에게 신임 받지 못하고 형벌을 받거나 사형에 처해진 신하가 얼마나 많았느냐? 그런데 나는 성상의 지우를 입고 피난 초기부터 같은 방에서 매일 모시니 한집안의 부자지간이나 다름없었다. 구구한 견마지성이 다른 사람의 갑절은 되었는데 충심을

105 내가……보전하였으니 : 1613년(광해군5) 5월에 일어난 계축옥사(癸丑獄事)로 인하여 황신은 10월 6일에 옹진현(甕津縣)으로 유배시키라는 명이 내려졌고, 이에 이달 13에 적소(謫所)에 도착했다.《秋浦年譜 卷1 萬曆 41年 癸丑條》

드러내지 못하고 무참히 불측한 화에 빠졌으니, 이 때문에 더욱 부끄럽고 두려운 것이다. 차라리 아무것도 모르게 빨리 눈을 감고 싶구나.

지난번 죄를 입던 날에, 성상의 전지(傳旨)가 전후로 간곡하면서도 특별히 장려하기를 거듭하시다가 마침내 관대한 처벌을 내리셨다. 이는 내가 성스러운 조정을 저버렸음에도 성스러운 조정에서는 일찍이 나를 저버리지 않은 것이니, 너희들은 또한 나의 이러한 뜻을 알아서 나라에 보답하는 정성을 더욱 돈독히 하고 추호라도 지금 사람들을 원망하는 뜻을 품으면 안 된다.

내가 평소 마음을 다해 공직에 복무한 것은 너희도 아는 사실이다. 호조(戶曹)에서 재직한 5년 동안 사첩(私帖) 위에 단 한 번도 서명을 한 적이 없는데, 도리어 수백 냥이나 되는 은자와 수십 동(同)의 면포(綿布)를 삼적(三賊)에게 빌려주고 상환 받지 않았다고 죄안을 삼았으니[106] 이는 참으로 억울한 누명이다. 은자를 받았다는 비방은 매우 이치에 닿지 않는 소리이지만, 이는 사가(私家)의 비밀스러운 일이라 입증하기 어려운 부분이다. 그런데 지금 성상께서 내가 그때 밖에 있던 것을 또한 아시거니와, 호조의 일에 관해서는 3건의 장부가 기존에

106 수백……삼았으니 : '삼적'은 서양갑(徐羊甲) · 심우영(沈友英) · 박응서(朴應犀)를 가리킨다. 《광해군일기》 5년 8월 30일 기사에 "서양갑 · 심우영 · 박응서 등 세 역적에 이르러서도 황신이 역시 친밀하게 지냈습니다. 황신이 호조(戶曹)에 있을 때 세 역적이 공공의 조도(調度) 물자 사용을 제집 물건을 쓰듯이 하였는데, 은자 수백 냥과 면포 수백여 동을 임의로 대여해 주면서 낭사(郎舍)가 혹 주려 하지 않으면 공공연히 힐책을 하였고, 일단 대여해 준 뒤에는 즉시 완전 상환토록 하지 않아서 지금까지도 오히려 미납된 부채가 있습니다."라는 내용이 보인다. 면포의 수량에 대해서는 실록과 문집이 다소 차이가 있다.

있고 또 그 당시 다른 당상과 낭청 및 산원(算員)・서리(書吏)의 무리가 있어서 바로 분별할 수 있으니, 내가 죽은 뒤 너희들은 이 한 가지 조항을 가지고 억울함을 호소해야 할 것이다.

내가 이런 말을 하는 건 추후에 관작을 회복하고 죄적에서 빠져나오려는 의도가 아니라, 다만 하늘의 태양처럼 밝으신 성상께서 혹여 살피지 못하고 정말로 믿으실까 두려운 것이다. 만약 그리되면 나는 지하에서 눈을 감지 못할 것이나, 한번 밝혀진다면 다시 무슨 여한이 있겠느냐?

이어서 생각해 보면, 나의 선대는 고조할아버지 이하로 모두 장수하지 못하여 어떤 분은 나이 사십을 채우지 못하고 돌아가셨다.[107] 그런데 나는 지금 오십을 넘겼고 지위도 1품에 올랐으며, 공도 없이 외람되이 훈적(勳籍 공신의 사실을 적은 기록)에 기록되기도 해서 이미 분에 넘치는 삶을 살았다. 지금 땅속에 들어가더라도 내게는 충분하니 너희들은 모름지기 이러한 뜻을 알아야 할 것이다.

이곳 바닷가에 와서 나 혼자 외로이 지내고[108] 너희들은 멀리 수백 리 밖에 있는데 쇠약한 병이 점점 고질이 되는 걸 느낀다. 해줄 말도 못하고 어느 날 갑자기 죽을까 두려워 마음속 생각을 대략 써서 너희에게 주어 알게 하는 것이다. 집안의 자잘한 일과 어린아이를 구제하는 따위는 호아(皓兒)[109] 네가 반드시 잘 처리하거라. 여기에서 언급할

107 나의……돌아가셨다 : 황신의 고조할아버지는 황예헌(黃禮軒, ?~?)이고, 증조는 황형(黃衡, 1459~1520), 조부는 황원(黃瑗, 1492~?), 부친은 황대수(黃大受, 1534~1571)이다. 《昌原(檜山)黃氏世譜 卷2, 譜典出版社, 1979》

108 이곳……지내고 : 계축옥사로 인해 황신은 황해도 옹진(甕津)으로 유배되었다.

겨를이 없구나. 모두 잘 알았을 것이다.

109 호아(皓兒) : 황신의 아들 황일호(黃一皓, 1588~1641)를 가리킨 것이다.

외손자 심헌[110]에게 주다

與櫶孫

네 외할머니가 죽을 때[111] 너의 얼굴을 보지 못했으니 지하에서 눈을 감지 못할 것이다. 네 어미는 수천 리 밖에 멀리 떨어져서 마침내 영결하였으니[112] 사람의 정리상 감당하기 어렵지만 어쩌겠느냐? 죽은 사람이야 이제 그만이지만 살아 있는 사람은 어떻게 마음을 가눈단 말이냐?

어리고 약한 네가 이런 참혹한 슬픔을 만났으니, 만약 과도하게 슬퍼하면 필시 건강을 해칠 것이다. 모름지기 나의 지극한 마음을 생각해서 부디 자제하기를 바란다. 또 길 중간에 나와서 맞이하지 말고 서산(西山)[113]에 가서 곡하기를 간곡히 부탁한다. 지금 인마(人馬)를 보냈다.

110 외손자 심헌(沈櫶) : 1604~1665. 황신의 사위 심광세(沈光世)의 셋째 아들이다. 자는 자휘(子翬)로, 예빈시 정(禮賓寺正)을 지냈다. 1623년에 인조반정(仁祖反正)에 참여하여 정사 원종공신(靖社原從功臣)에 녹훈되었다.《青松沈氏大同世譜 卷1, 起昌族譜社, 2002, 339쪽》

111 네……때 : '외할머니'는 황신의 아내인 전주 이씨(全州李氏, 1561~1616)를 가리킨다. 1616년 8월 15일에 황신의 유배지 옹진(甕津)에서 별세하였다.《象村稿 卷26 秋浦黃公神道碑銘》《黃寅直 編, 昌原黃氏秋浦家乘, 譜典出版社, 1981, 49쪽》

112 네 어미는……영결하였으니 : '네 어미'는 황신의 딸(1579~1621)로, 당시 남편 심광세의 유배지인 영남(嶺南)의 고성(固城)에 가 있던 상태였다.《芝所集 卷1 祭沈舍人室內姊氏文》《休翁集 卷5 祭外姑貞敬夫人全州李氏文》

113 서산(西山) : 경기도 양주시 장흥면 부곡리에 있는 홍복산(洪福山)을 가리킨다. 이곳에 황신의 부친 황대수(黃大受)의 산소가 있었다.《黃寅直 編, 昌原黃氏秋浦家乘, 譜典出版社, 1981, 34쪽》

아들과 며느리[114]를 맞이해 집안일을 처리하게 하였으니 너는 서호(西湖)에 가서 한번 보고 송별하는 것이 좋겠구나. 이만 줄인다.

114 아들과 며느리 : '아들'은 1609년(광해군1)에 양자로 삼은 황일호(黃一皓)를 말하고, '며느리'는 황일호의 두 번째 부인이었던 신평 이씨(新平李氏, 1595~1620)를 말한다. 신평 이씨는 참봉 이언경(李彦慶)의 딸이다.《秋浦年譜 卷1 萬曆 37年 己酉條》《黃寅直 編, 昌原黃氏秋浦家乘, 譜典出版社, 1981, 219~228쪽》

교서 教書

왕세자가 성천에서 친히 임하여 군사들에게 음식을 내리고 위유하는 글[115]

王世子在成川親臨犒軍慰諭書

왕세자는 이르노라. 하늘이 우리나라를 돌보지 않아 섬 오랑캐가 벌과 전갈처럼 제멋대로 해독을 끼치고 있지만, 각 고을에 의로운 선비들이 있어서 군대가 위엄을 떨치고 있다. 이에 한마디 해서 여러 사람들에게 크게 고하노라.

생각건대 오랑캐들이 분수를 모르고 초여름에 쳐들어와서[116] 옛 도

115 왕세자가……글 : 왕세자는 광해군(光海君)을 가리키며, 1592년(선조25) 8월 1일부터 성천(成川)에 머물고 있었다.《宣祖實錄 25年 8月 1日》 조경남(趙慶男, 1570~1641)은 《난중잡록(亂中雜錄)》에서 이 글을 소개하면서 "왕세자가 이천에 머문 지 한 달여 만에 적병이 사방에서 나오므로 따라간 모든 재상과 더불어 밤에 곡산(谷山)으로 가서 강동(江東)으로 가고 강동으로부터 성천(成川)으로 갔다가 도로 영변으로 향하니, 중도에 위태로운 변고는 차마 말할 수 없었다. 각 도의 의병에게 내린 글은 다음과 같다.……"라고 첨언하였다. '위유(慰諭)'는 천재지변이나 병란이 났을 때에 임금의 명령을 받고 백성들을 위로하고 타이르는 것이다.

116 오랑캐들이……쳐들어와서 : 일본군이 1592년 4월 13일에 부산을 침략함으로써 임진왜란의 서막을 열었다.

성의 개와 닭까지도 남아난 게 없으니 도탄에 빠진 백성을 어찌 차마 볼 것이며, 고국의 종틀[117]을 지키지 못했으니 종묘가 폐허로 변함을 어이하겠느냐. 성상께서는 멀리 한쪽 구석에 계시고 적의 칼날은 팔도를 휘젓고 다닌다. 용만(龍灣 의주(義州))은 어디쯤에 있는가? 그곳으로 거둥하신 지 벌써 세 달이 되었도다.[118] 패수(浿水)는 부질없이 흐르나니 누가 갈대 하나로 건너리오.[119]

돌아보건대 나는 불초한 몸으로 분조(分朝)의 책임을 맡았다. 나뉘어 피난가다 보니 성상과 천 리나 떨어지게 되었지만, 흩어지고 도망친 군사를 수습한 뒤에 외로운 성(城)에서 한의(漢儀)[120]를 보전하고 있노라. 비록 나라의 운명이 이러하나 기회는 기다리고 있다. 정성껏 호소하여 원군을 청하니 황제의 은혜가 천조(天朝)에서 내려왔고, 의병을

117 고국의 종틀 : '종틀'은 종묘에 다는 것으로, 국운(國運)을 비유하는 말이다. 《신당서(新唐書)》 권203 〈우공이열전(于公異列傳)〉에 "종틀이 옮겨 가지 않았고, 종묘도 예전과 같았다."라는 말이 나온다.

118 용만(龍灣)은……되었도다 : 피난길에 오른 선조(宣祖)는 1592년 6월 18일에 의주(義州)에 도착하였다. 《宣祖實錄 25年 6月 20日》 《난중잡록(亂中雜錄)》에는 이 부분이 "용만(龍灣)에 파천하심은 어인 일인가? 벌써 한 달이 되었도다.〔龍灣何故? 垂閱三旬.〕"라고 되어 있다.

119 갈대 하나로 건너리오 : 《시경》 〈하광(河廣)〉에 "누가 하수가 넓다 이르는가? 갈대 하나로 건널 수 있도다.〔誰謂河廣? 一葦杭之.〕"라고 한 데서 나온 말로, '갈대 하나'는 작은 배를 가리킨다.

120 한의(漢儀) : '한(漢)나라 관리의 위의(威儀)'라는 뜻으로, 중국의 예의와 제도를 일컫는다. 왕망(王莽)이 한(漢)나라를 찬탈하여 신(新)나라를 세웠는데, 뒤에 광무제(光武帝) 유수(劉秀)가 군사를 일으켜 한나라의 의식(儀式)을 회복하자 백성들이 감탄하며 "오늘에 한관(漢官)의 위의를 다시 볼 줄 몰랐다."라고 한 데서 나왔다. 《後漢書 卷1上 光武帝紀》

일으켜 근왕(勤王)을 하니 신하의 절개를 오늘에 보았노라. 내가 숱한 난리를 감당할 능력은 안 되지만 하늘이 우리나라를 버리지는 않으셨다.

평안도에서 이천(伊川)으로 갈 때 여러 번 변고를 겪었고 곡산(谷山)에서 송양(松壤 성천(成川))에 도달하면서 갖은 고생을 하였는데, 이는 감히 위급함을 피해 안전한 곳을 찾은 게 아니라, 오직 종묘사직을 위한 대계를 생각한 것이었다. 원수를 갚아 치욕 씻기를 언제나 고대하니 적과는 함께 살지 않기를 맹세하노라. 비록 왕래하며 헛고생을 할지언정 또한 어려운 상황을 꺼리지 않을 것이니, 원수와 같은 하늘 아래 있는 것을 생각하면 안타깝게도 내가 용납될 땅이 없구나. 땔나무에 눕고 창을 베개 삼는 일[121]을 어찌 잠시라도 해이하게 하겠는가. 마음이 비통하고 머리가 아파서 살고 싶지 않도다.

너희 군사들이 기꺼이 따라와 다행히 끝까지 나를 버리지 않은 건 실로 열성(列聖)께서 남기신 은택이 미친 바이며, 또한 너희들의 충성스러운 절개가 드러난 것이다. 화란이 크고도 많아 정벌하기 더욱 힘든 상황이라, 다른 걸 돌아볼 겨를이 있었겠는가? 민생이 안주하지 못하고 있기에 행군을 멈추지 않았으니 사졸들이 오랫동안 밖에서 고생하였다. 갑옷과 투구에 이와 서캐가 생기는 상황[122] 속에 홀로 고생하는

121 땔나무에……일 : 땔나무에 눕는 것은 와신상담을 말한다. 창을 베개로 삼는 것은, 진(晉)나라 조적(祖逖)과 그의 친구 유곤(劉琨)이 중원(中原)을 수복할 뜻을 품고 있었는데, 한번은 조적이 기용되었다는 말을 듣고 유곤이 다른 친구에게 보낸 편지에서 "나는 창을 베고 아침이 오기를 기다리면서 역적의 머리를 효시하려는 생각뿐인데, 항상 조생(조적)이 나보다 말채찍을 먼저 잡을까 염려라네."라고 하였다.《晉書 卷62 劉琨列傳》

슬픔[123]에 얼마나 잠겼더냐? "해 저물면 소와 양도 집으로 돌아오는데 군자는 어디에 있는가"[124]라는 탄식이 간절하리라.

하물며 가을 날씨가 점점 쌀쌀해지는 지금, 추위가 일찍 찾아오는 관서 지방은 어떠하겠느냐. 거처할 곳도 없는데 춥고 배고픈 걱정을 누가 달래주겠나. 편안하고 길한 의식을 마련하지 못했는데 어떻게 한 해를 보낼 것인가. 너희들은 애써 나를 따르건만 나는 무슨 마음으로 너희들을 수고시키랴. 생각이 이에 미칠 때마다 병든 사람처럼 슬프구나. 옷도 없는 너희를 보면서 좋은 비단옷 입은 게 부끄럽고 배고픔과 갈증에 허덕이는 모습이 애처로운데 나 홀로 쌀밥을 먹으면서 어찌 마음이 편하겠는가.

이에 유사(有司)에게 명하여 약간의 음식을 잠시 베푼다. 소를 잡아 군사들에게 먹이면서 감히 사관(史官)의 말을 잊을 수 있겠는가.[125] 흐르는 물에 술을 붓고 나누어 마시면서 옛사람의 일을 그윽이 사모하노라.[126] 내가 진실한 마음을 너희에게 전했으니 너희들은 모름지기

122 갑옷과……상황 : 이 말은 《한비자(韓非子)》 〈유로(喩老)〉에 나온다.

123 홀로 고생하는 슬픔 : 나라 일을 위해 남들보다 더 특별히 애쓰면서 고생하는 것을 말한다. 《시경》 〈북산(北山)〉에 "대부도 많은데 불공평해라, 나만 혼자 잘났다고 뛰어다니니."라고 하였다.

124 해……있는가 : 이는 《시경》 〈군자우역(君子于役)〉에 "군자(君子)의 부역 감이여, 돌아올 기약을 모르니, 지금 어디에 이르렀는가? 닭은 홰에 깃들며, 날이 저물어 양과 소가 내려오는데."라고 하였다.

125 소를……있겠는가 : 역사서에 등장하는 한(漢)나라 장군 마원처럼 군사들에게 연향을 베푼다는 말이다. 《후한서(後漢書)》 권54 〈마원열전(馬援列傳)〉에 "마원이 소를 잡고 술을 걸러 군사들의 노고를 위로하니……속관들이 모두 엎드려서 만세를 외쳤다."라고 하였다.

나라를 위해 목숨을 바쳐야 할 것이다.

옛날 신릉군(信陵君)이 출병할 때, 아비와 아들이 함께 군중(軍中)에 있으면 아비가 집으로 돌아가고 형제가 함께 군중에 있으면 형이 집으로 돌아가며 형제 없는 외아들도 돌아가서 어버이를 봉양하였다. 이 말이 책 속에 있는데[127] 내가 어찌 모르겠는가. 다만 사세가 급박한 나머지 징발하는 데 어수선했던 것이다. 누군들 부모가 없으랴마는 자식이 돌아오기를 간절히 바라는 부모 마음을 위로하기 어렵고, 또한 아내가 있을 테니 집을 떠난 원한이 오래도록 맺혔으리라. 부득이 일어난 일이니 어찌 즐거워서 벌인 것이겠는가.

아! 공을 세우면 반드시 상을 주고 죄를 지으면 반드시 징계하는 원칙을 감히 오늘에 와서 바꾸지 않을 것이니, 윗사람을 친애해서 장관(長官)을 위해 죽는 의리[128]를 너희들에게 바라노라. 요망한 기운을 신속히 소탕하지 못한다면 어떻게 평소의 포부에 부응하겠느냐. 바라건대 함께 끓는 물에 뛰어들고 타는 불을 밟으면서[129] 천하를 일신시키는 데 동참해서, 궁궐을 맑게 하고 능침(陵寢)에 전알하여 왕실의 부흥

126 흐르는……사모하노라 : 월(越)나라 구천(句踐)이 와신상담하며 술이 생기면 강에다 부어 백성들과 함께 여럿이 나누어 먹었다. 《呂氏春秋 順民》

127 옛날……있는데 : 신릉군은 위(魏)나라 공자(公子)인 무기(無忌)이다. 이 말은 《사기(史記)》 권77 〈위공자열전(魏公子列傳)〉에 보이는데, 진 소왕(秦昭王)이 조(趙)나라를 침범하자 조나라의 구원을 위해 신릉군이 출병하면서 한 말이다.

128 윗사람을……의리 : 《맹자》 〈양혜왕 하(梁惠王下)〉에 "임금께서 어진 정치를 행하기만 한다면 이 백성들이 그 윗사람을 친근하게 여겨 어른을 위해서 자신의 목숨을 기꺼이 바칠 것이다."라고 한 데서 나온 말이다.

129 끓는……밟으면서 : 어떤 괴로움이나 위험한 일도 피하지 않는다는 말이다. 《漢書 卷49 晁錯傳》

을 이룩할 것이요, 삼경(三京 한성(漢城)·개성(開城)·평양(平壤))을 회복하고 어가를 맞이하여 영원토록 태평한 세상을 같이 누려 보자. 이런 까닭에 이에 교시하노니 의당 잘 알았으리라 생각한다.

대가가 도성으로 돌아온 뒤 내린 교서[130]

大駕還都後教書

왕은 이르노라. 하늘이 우리를 망하게 하지 않고 이미 우리나라에 재앙을 내린 것을 뉘우쳤으니, 나는 어디로 돌아가겠는가. 다행히 옛 도읍으로 수레를 돌릴 수 있었다. 이에 교서에 선양하는 내용을 담아 사방에 크게 고하노라.

내가 서쪽으로 파천한 지 지금까지 몇 달이었던가. 삼도(三都 한성(漢城)·개성(開城)·평양(平壤))가 무너져 창졸간 일어난 변고에서 빠져나오기 참으로 급급했으니, 필마(匹馬)로 달아나는 속에서 목전의 일인들 무슨 대책이 있었겠는가. 바람과 서리, 추위와 더위를 여러 번 겪었고, 위험하고 어려운 일을 두루 경험하였다. 용만(龍灣 의주(義州))의 외로운 성에 체류하니 한쪽 모퉁이에서 구자(龜玆)[131] 신세가 되었노라.

오묘(五廟 종묘)의 종틀에 월출(月出)의 의관(衣冠)을 오랫동안 폐하였고,[132] 10대의 원릉(園陵)에는 한식날 제삿밥도 올리지 못하였다.

130 대가가……교서 : 이 글은 조경남(趙慶男)의 《난중잡록(亂中雜錄)》 3 〈계사 하(癸巳下)〉에도 실려 있는데, 선조(宣祖)가 1593년 10월 4일에 환도(還都)했다고 하면서 그 다음에 소개하였다.

131 구자(龜玆) : 천산(天山)의 남쪽 기슭에 있었던 나라이다. 한 대(漢代) 서역 여러 나라 중 하나인데, 일명 구자(鳩玆)·굴자(屈茨)·귀자(歸玆)·굴지(屈支)·구자(丘玆)라고도 하였다.

132 오묘(五廟)의……폐하였고 : 전란으로 인해 종묘에서 오랫동안 제사를 지내지 못했다는 말이다. '월출의 의관'은 선왕(先王)이 입던 의관을 가리킨다. 한(漢)나라 혜제(惠帝)가 궁전에 복도(複道)를 가설하려 하자 숙손통(叔孫通)이 "폐하께서 스스로

남은 백성들은 도탄에 빠지고 옛 궁궐은 비린내로 뒤덮였다. 난리가 일어나던 초기를 회상하며 당시의 일을 차마 말할 수 있으랴.

내가 임금답지 못하여 이 많은 어려움을 만났다. 천명과 인심은 크게 두려워해야 하건만 경계하는 데에 어두웠고, 높은 성과 깊은 해자가 견고하지 않은 건 아니었지만 내버리고 방치하였다. 전후로 낭패를 당하니 허물이 실로 나에게 있도다. 마음이 괴롭고 머리가 아프지만 뉘우친들 무슨 소용이랴. 두려운 마음에 감히 편히 있지 못하고 위축되어 의지할 데가 없었다.

다행히 민심이 한(漢)나라를 생각하였고[133] 또한 하늘의 뜻도 당(唐)나라를 부흥시키는 데 있었다.[134] 요망한 기운이 멀리 걷히어 왕사(王師 명나라 군대)에 힘입어 빨리 소탕하였고, 나라가 다시 살아나니 황제의 은혜를 입고 돌아오게 되었다. 답답하게 오래 머물 수 있었겠는가. 동쪽으로 가고픈 계획이 얼마나 간절하였던가.[135] 더디고 더딘 행차였

복도를 가설하시려 하는데, 고제(高帝) 침전의 의관을 매달 고제 사당에 가지고 가서〔高帝寢衣冠月出遊高廟〕 배알하는 행차가 있으니 자손들이 어떻게 종묘로 통행하는 길 위를 다닐 수 있겠습니까."라고 하니, 혜제가 가설한 복도를 허물었다.《漢書 卷43 叔孫通傳》

133 민심이 한(漢)나라를 생각하였고 : 전한(前漢)이 왕망(王莽)에 의하여 멸망한 뒤에도 한나라 유민들이 여전히 한나라의 치세를 생각하였기 때문에 광무제(光武帝) 유수(劉秀)가 후한(後漢)을 건국할 수 있었다. 여기서는 왜적에 의하여 종묘사직이 위태롭게 되었으나 백성들이 조선 왕실을 생각하고 있다는 뜻이다.

134 하늘의……있었다 : 당나라는 조선을 비유한 것으로, 하늘은 조선을 버리지 않고 부흥시킬 것이라는 뜻이다. 당나라가 안사(安史)의 난으로 멸망의 위기에 처했다가 다시 부흥했기 때문에 인용한 것이다.

135 답답하게……간절하였던가 : 선조가 의주에서 오래 머물지 않고 다시 나라를 회

지만 비로소 서쪽에서 수레를 돌리게 되었다.

왕업은 한쪽 구석에서 안정될 수 없는 법인데 오늘에야 예전 도읍으로 돌아왔도다. 잿더미 속에서 종묘를 찾고, 고통받는 생존자들을 위문하였다. 성곽은 남았지만 시야에 들어오는 산천은 참혹하기 이를 데 없고, 위의(威儀)를 다시 보매[136] 부로(父老)와 마주하고 상심하였다. 서울이 겨우 평정됐다지만 왕업이 혹여 실추될까 두렵구나.

하늘이 장차 태평함을 열어 주려고 먼저 액운을 준 것이니 어찌 어려운 고비를 넘길 생각을 하지 않으랴. 일은 반드시 위기를 겪은 뒤에 안정되기에 시종일관 기대에 부응하기를 바라노라. 치세를 바라는 지극함을 만나지 못하면 어찌 난을 평정하는 공을 이루겠는가. 벼슬과 상을 주는 건 나의 권한이니 보관했던 바지를 어찌 후일까지 기다리리오.[137] 정책과 법령에 간혹 문제가 있으면 지금 급히 뜯어고쳐야 마땅하

복하려고 남쪽으로 내려갈 생각이 간절했다는 말이다. 한 고조(漢高祖)가 한중(漢中)을 차지한 뒤 동쪽을 정벌하려고 하면서 "나도 역시 동쪽으로 가고 싶을 뿐이오. 어찌 답답하게 이곳에 오래도록 있을 수 있겠소?"라고 했던 말을 전용한 것이다.《史記 卷92 淮陰侯列傳》

136 위의(威儀)를 다시 보매 : 신망(新莽) 말년에 유수(劉秀)가 회양왕(淮陽王) 유현(劉玄)에 의해 사예교위(司隸校尉)에 발탁되었을 때, 그동안 왕망(王莽)에 의해 폐기된 한나라의 복식(服飾) 등 옛 제도를 모두 복구시키자, 늙은 관리들이 눈물을 흘리며 "오늘에 다시 한관의 위의를 보게 될 줄은 생각하지도 못하였다."라고 탄식한 고사가 전하는데, 이를 차용한 것이다.《後漢書 卷1上 光武帝紀》

137 벼슬과……기다리리오 : 공을 세우는 사람에게 벼슬과 포상을 아낌없이 베풀겠다는 말이다. 전국 시대 한(韓)나라 소후(昭侯)가 그의 시자(侍者)에게 찢어진 바지를 주면서 잘 보관해 두라고 하자, 그 시자가 못마땅하게 여기면서, "없는 자에게 주지 않고 왜 보관해 두라고 합니까?" 하였는데, 소후는 "밝은 임금은 신하에 대해서 한 번 웃고 한 번 찡그리는 것조차도 아껴야 하는 법인데, 하물며 입다가 해진 바지야

리다.

이에 유사(有司)에게 명하여……[138]이 시대정신을 고취하고 사방에 있는 백성의 힘을 조금 덜게 하노라. 신하 백성과 더불어 정치를 새롭게 하여 옛 것을 바꾸어 혁신하고, 국가의 중흥을 이룩해서 오래도록 함께 누려 보자. 아! 촉중(蜀中)에서 수레가 돌아왔으나 회계(會稽)의 쓸개를 여전히 맛보고 있노라.[139] 전란이 2년 동안 이어지고 있는 전대미문의 화란인데, 원수와 같은 하늘 아래 산다면 우리가 조종(祖宗)을 저버리는 행위가 될 것이다. 부디 합심하는 너희들에 힘입어 훗날 설욕하기를 바라니, 너희 신하와 백성들은 나의 지극한 심정을 알아다오.

더 말할 것이 있겠는가. 나는 반드시 공이 있는 사람에게 줄 것이다."라고 말한 고사가 있다. 《韓非子 內儲說上》

138 …… : 조경남(趙慶男)의 《난중잡록(亂中雜錄)》 3 〈계사 하(癸巳下)〉에는 이 생략된 부분에 "충신 · 효자 · 열녀로 전란에 죽은 이를 물어 특별히 표창을 할 것이며, 각 도에서 공헌(貢獻)하는 물품은 참작해 감면(減免)하여"라고 기록되어 있다.

139 촉중(蜀中)에서……있노라 : 선조가 의주(義州)에서 서울로 돌아왔지만 일본에 대해 설욕할 뜻이 있다는 말이다. '촉중에서 수레가 돌아온' 것은 당(唐)나라 황제가 안사(安史)의 난으로 촉중에 피난 갔다가 난리가 평정된 후 돌아온 고사를 인용한 것이고, '회계의 쓸개'는 와신상담의 고사를 인용한 것이다.

격문 檄文

호소사 황정욱을 대신해서 삼도에 내린 격문[140]

代號召使黃廷彧檄三道文

남의 즐거움을 즐거워하는 자는 그 사람의 근심을 걱정하고, 남의 음식을 먹은 자는 그 사람의 죽음에 목숨을 바친다[141]고 들었으니, 모두 복종하도록 타일러서 올바른 말을 함께 따라야 할 것이다. 나라가 무너지고 집이 망해가는 지금, 어찌 임금이 욕을 당하면 신하가 죽어야

140 호소사……격문 : 황정욱(黃廷彧, 1532~1607)의 자는 경문(景文), 호는 지천(芝川)이다. 1558년 식년 문과에 급제하였고, 1584년 종계변무주청사(宗系辨誣奏請使)로 명나라에 가서 성공하고 돌아와 장계부원군(長溪府院君)에 봉해졌다. 1592년 임진왜란이 일어나자 이 해 4월 30일에 호소사가 되어 왕자 순화군(順和君)을 배종하여 강원도로 가서 의병을 모집하였다. 격문의 작성 시기는, 왜군이 1592년 5월 20일에 임진강을 건넜는데 격문 가운데 도원수가 임진강에 병력을 주둔하고 있다는 내용이 보이므로 이 해 5월로 추측된다.《宣祖實錄 25年 5月 20日》

141 남의……바친다 : 유세가인 괴통(蒯通)이 한신(韓信)에게 한왕(漢王)인 유방(劉邦)을 배신하도록 설득하니, 한신이 "한왕이 나를 매우 후대하여 자신의 옷을 내게 입히고 자신의 음식을 내게 먹였다. 내가 듣기로 '남의 옷을 얻어 입은 자는 그 사람의 근심을 생각하고 남의 음식을 얻어 먹은 자는 그 사람의 일에 목숨을 바친다.'고 하였으니, 내가 어찌 이익 때문에 의리를 저버릴 수 있으랴."라고 한 데서 나온 말이다.《史記 卷92 淮陰侯列傳》

하는 의리[142]를 잊을 수 있겠는가.

저 추한 왜적이 중국을 원수로 여겨, 처음에는 우호를 닦자고 하면서 우리의 허실을 엿보다가, 사신 파견을 요구하며 우리 조정을 속이고 업신여기면서 감히 중국에 대항하려는 계략을 부려 정명가도(征明假道)[143]를 시험하려 들었다. 천지간 불변의 이치를 어떻게 바꿀 수 있으랴. 큰 분수와 바른 명분은 또한 지엄한 것이기에 우리는 말로써 거절하였는데 왜적은 이에 준동하였다.

벌과 전갈이 독을 뿜고 개와 양이 깊숙이 무리를 몰고 가듯 쳐들어왔다. 부산(釜山)・동래(東萊)가 졸지에 함락되는 사이 전사한 신하는 고작 한 사람이었고, 돌연 낙동강(洛東江)과 조령(鳥嶺)을 넘으면서 아국의 대군이 연달아 궤멸되었다. 지방 장관은 가만히 앉은 채 구경만 했으며 장수와 수령은 태반이 직소를 버리고 도망쳤다. 죽을 자리에서 목숨을 구걸하는데 누가 기꺼이 북채 잡고 군졸들 앞에 서겠는가. 숲속에서 살기를 도모하며 대부분 자신과 처자식 지키기에 급급한 무리들 뿐이었다.

여러 군진이 소문만 듣고 줄줄이 무너졌는가 하면, 삼군(三軍)은

142 임금이……의리 : 《사기(史記)》 권79 〈범수열전(范雎列傳)〉에 "진(秦)나라 소왕(昭王)이 조회 때 탄식을 하자 응후(應侯) 범수가 앞으로 나와 '신이 들으니, 군주가 근심하는 것은 신하의 치욕이고, 군주가 모욕을 받는 것은 신하의 죽을죄라고 하였습니다. 지금 대왕께서 조정에서 근심하시니, 신이 감히 그에 해당하는 죄를 청합니다.'라고 하였다."라는 내용이 보인다.

143 정명가도(征明假道) : 일본의 풍신수길(豐臣秀吉)은 조선에 사신을 요구하였고, 조선에서는 일본의 정세를 탐지하기 위해 통신사를 보냈다. 1591년 사신이 가져온 국서에 "명나라 정벌을 위해 길을 빌려 달라〔征明假道〕"는 구절이 있었는데, 조선에서는 거절하였다.

싸워보지도 못한 채 와해되었다. 요충지를 잃으니 서울을 침략해 더 큰 치욕을 입혔고, 어가는 황급히 몽진 길에 올라야 했다. 어육이 되는 백성을 차마 볼 수 있겠으며, 폐허로 변한 종묘를 어이하면 좋단 말인가. 조정에서 금(金)나라와 화친을 강력 주장했던 진회(秦檜)의 고기를 씹어야 하고,[144] 촉(蜀) 땅으로 피난 가야 한다고 제일 먼저 부르짖던 양국충(楊國忠)의 머리를 베어 높이 매달아야 한다.[145] 이는 공경대부가 함께 부끄러워하는 것이자 충신열사도 깊이 통탄하는 바이다.

11대 동안 왕위를 전해오는 동안 조종(祖宗)에서 끼친 은택이 아직 남아 있고, 200년간 국가에서 선비를 양성하였으니 어찌 의병이 일어나지 않으랴. 지금 검찰사(檢察使)가 연천(漣川)에서 군대를 독려하고 있고, 도원수(都元帥)는 임진강(臨津江)에 병력을 주둔시켰으며, 강원도와 함경도의 군사와, 황해도·평안도의 병졸이 모두 근왕(勤王)을 위해 모여들고 있으니 적을 섬멸할 날을 기약할 만하다. 그런데

144 조정에서……하고 : 진회(秦檜, 1090~1155)는 중국 송(宋)나라 말기의 간신이다. 금(金)나라와의 화친을 적극 주장하여 송나라의 중흥을 방해하였을 뿐만 아니라 충신 악비(岳飛)를 죽이고, 장준(張浚)·조정(趙鼎) 등을 내쫓고 정권을 마음대로 농락한 결과, 송나라를 패망의 길로 이르게 하였다. 여기서는 임진왜란 때 우리나라 조정에서 일본과 화친을 말하는 자를 진회에 비유하며 노골적으로 비판한 것이다. 한편 명재(明齋) 윤증(尹拯)은 이 구절이 화친을 주장한 유성룡(柳成龍)에 빗대어 노골적으로 비판한 것이어서, 이로 인해 1595년에 심유경을 따라 왜영에 갈 배신(陪臣)을 뽑을 때 유성룡이 황신을 추천해 앙갚음을 했다고 하였다.《국역 명재유고 제42권 추포 선생(秋浦先生) 황공(黃公) 행장》

145 촉(蜀)……한다 : 중국 당(唐)나라 현종(玄宗) 때 양국충(楊國忠)이 안녹산(安祿山)의 난이 일어나자 먼저 촉 땅으로 피난 갈 것을 주장하였다가, 피난 도중 마외역(馬嵬驛)에서 금군(禁軍)들에게 살해되었다. 여기서는 임진왜란의 발생과 함께 왕에게 피난을 건의한 대신들을 양국충에게 비유한 것이다.

너희 삼도(三道)는 큰 고을이면서도 의로운 선비가 한 사람도 없단 말인가. 살기를 도모함은 부끄러운 일이며 왕실은 어찌하란 것인가. 의로움을 보고 실천하지 않으면 장부가 아니로다.

여러분 중에는 관찰사도 있고 작은 고을의 수령도 있으며, 대대로 나라의 은혜를 받았거나 자신이 재신(宰臣 종2품 이상)의 반열에 몸담고 있는 이도 있다. 국가가 난리를 당하여 신하라면 목숨을 바쳐야 할 때인데, 어찌하여 군사를 거느리고 싸우지 않으면서 도탄에 빠진 조국을 생각지 않는 것인가. 분기탱천해서 진격할 계획은 세우지 않고 머뭇거리다 진군하지 않은 죄만 자초할 뿐이다. 위태로운 상황에서 무관한 사람처럼 행동하는 짓을 어찌 차마 할 수 있으며, 적들을 군주에게 보내면서 그대들의 마음이 어떻게 편안할 수 있겠는가. 비록 청사에 아름다운 이름을 남기는 데 뜻이 없다 하더라도, 훗날 군법에 회부돼 처형당할 것을 생각하면 두렵지 않은가?

조사아(祖士雅)는 장강(長江)을 건너면서 노를 두드렸으니 어찌 한강(漢江)을 속히 건너지 않으리오.[146] 유원규(庾元規)는 눈물을 뿌리며 갑판에 올랐으니[147] 일찌감치 진격해 성(城) 밑에 배를 대어야 하리라.

146 조사아(祖士雅)는……않으리오 : '조사아'는 진(晉)나라 때의 명장 조적(祖逖, 266~321)의 자(字)이다. 조적이 진 원제(晉元帝) 때 군사를 통솔하여 북벌하기를 자청하자, 원제는 그를 분위장군(奮威將軍)으로 삼았다. 그가 북벌군을 거느리고 장강을 건너갈 때 노를 치며 "중원을 깨끗하게 하지 못하고 다시 건너게 된다면, 이 강물에 빠져 죽겠다."라고 맹세하였다. 《晉書 卷62 祖逖列傳》 여기서는 조사아 같은 의지로 한강을 건너 왜적을 토벌해야 한다고 역설한 것이다.

147 유원규(庾元規)는……올랐으니 : 원규는 유량(庾亮, 289~340)의 자(字)이다. 유량은 동진(東晉)의 외척으로서 조카인 성제(成帝)가 즉위하자 중서령(中書令)이 되어 정권을 장악했다. 327년(성제2)에 소준(蘇峻)이 반란을 일으켜 다음 해인 328년

군사(軍事)는 전진하고 물러서지 않음으로써 결사항전 의지를 더욱 불태우고, 충신은 자신보다 나라를 앞세워 의당 죽음으로 국가에 보답해야 한다.

나는 원훈공신(元勳功臣)[148]에 봉해진 늙은 몸으로, 후한 녹을 받으며 여생을 살다가 파천 중에 내리신 성상의 명을 받들어 패전하고 흩어진 병사들을 다시 모집하고 있다. 바야흐로 빼앗긴 영토를 다시 수복해서 백성을 다시금 안정시킬 것을 기약하고, 반드시 옛 도읍을 회복하여 종묘가 예전 모습을 되찾도록 힘써야 한다. 진실로 한마음 한뜻으로 힘을 합친다면, 난리를 평정하고 쇠퇴한 나라를 부흥시키는 일이 무엇이 어려우랴. 다만 옷깃을 끊고 소매를 떨치면서 원수를 갚으려는 사람이 적어 더욱 와신상담하며 절치부심하는 중이니, 바라건대 즉시 전쟁터로 나와 천지를 안정시키는 대업에 동참하도록 하라.

의산(義山)은 옛 군주를 구하지 못해 한스러워했는데[149] 왜적 토벌은 그야말로 시급한 과제요, 거백옥(蘧伯玉)은 홀로 군자가 되기를 부끄러워하였으니[150] 의병 일으키는 일을 다른 사람에게 뒤지지 않도록 해

2월에 소준의 군대가 이기고 유량은 온교(溫嶠)가 있는 심양(尋陽)으로 도망하였다. 4월에 유량과 온교가 소준을 토벌하고자 군대를 일으키자, 도간(陶侃)은 즉시 군복을 입고 배에 올라서 밤낮으로 진군하였고, 온교는 7천 명의 병력이 있었는데 소준의 죄상을 열거하자 7천 명의 군사가 눈물을 흘리면서 배에 올랐다고 한다. 이 전투에서 소준은 창에 맞아 죽게 된다. 《晉書 卷67 溫嶠列傳》

148 원훈공신(元勳功臣) : 공신 중에서도 가장 많은 공로를 세운 공신을 말한다.

149 의산(義山)은……한스러워했는데 : '의산'은 삼국(三國) 위(魏)나라 사람 양부(楊阜)의 자(字)이다. 이 내용은 《삼국지(三國志)》 권25 〈위지(魏志) 양부전(楊阜傳)〉에 보인다.

150 거백옥(蘧伯玉)이……부끄러워하였으니 : '거백옥'은 춘추 시대 위(衛)나라의

야 할 것이다. 격문이 도착하면 내용에 따라 시행하라. 글 속에 모든 뜻을 적지 못한다.

대부(大夫)이다. 《후한서(後漢書)》 67권 〈당고열전(黨錮列傳)〉 및 《삼국지(三國志)》 6권 〈위서(魏書) 유표전(劉表傳)〉 등에, "거백옥이 혼자서 군자가 되기를 부끄러워하였다.〔蘧伯玉恥獨爲君子.〕"라는 내용이 보인다.

상량문 上梁文

추풍정 상량문
秋風亭上梁文

반평생 지난 자취, 유자(儒者)의 관(冠) 쓰고 몸을 그르친 지 오래로다. 1묘(畝) 크기의 새집[151]은 무릎만 겨우 들어가도[152] 한가롭게 기거하기 즐거우리. 평생 강호에서 살고 팠는데 오늘에야 숲과 연못 있는 곳에 집을 짓누나.[153]

송산(松山) 주인[154]은 일찌감치 졸렬함을 달게 여기고 만년에 갈매기

151 1묘(畝) 크기의 새집 : 가난한 선비의 좁은 거처를 말한다. 《예기(禮記)》 〈유행(儒行)〉에 "선비는 1묘의 담장과 환도의 실에다 대를 쪼개어 엮은 문을 달고 문 옆에 작은 문을 내며, 쑥대로 엮은 출입문과 옹기로 들창을 달고, 옷은 번갈아 입고 나오고 이틀에 하루치의 음식을 먹는다."라고 하였다.

152 무릎만 겨우 들어가도 : 이 말은 동진(東晉)의 도잠(陶潛, 365~427)이 지은 〈귀거래사(歸去來辭)〉에 "남쪽 창에 기대 오만한 마음 부치니 무릎 하나 들여놓을 만한 방이 편안함을 알겠네."라고 한 데서 나왔다. 《陶淵明集 卷5》

153 숲과……짓누나 : 두보(杜甫)의 〈복거(卜居)〉에 "완화계 흐르는 물 물의 서쪽 편에, 주인이 숲과 못 그윽한 곳에 살 집을 정하였네.〔浣花溪水水西頭, 主人爲卜林塘幽.〕"라고 한 데서 나온 말이다. 《杜少陵詩集 卷9》

154 송산(松山) 주인 : 황신 자신을 가리킨 것이다.

와 함께하리라 맹세했다오. 30년간 고생했지만 여전히 창려(昌黎)의 집은 없고,[155] 문자 5천 권으로 옥천(玉川)의 창자만 부질없이 채웠네.[156] 병든 게 아니라 가난한 몸으로[157] 거두어 감추는 뜻[158]을 품은 거라오. 나라를 이롭게 할 재주 없으니 서울에서 벼슬살이할 마음 없어라. 전원으로 돌아갈 계획 늦었지만 고향의 뽕나무 가래나무[159]가 시야에 들어왔네.

은거하며 단표누항 즐길 수 있는데 어이해 아들딸 시집 장가보낼 때까지 기다릴까. 세상일 감당하기 어려우니 숙야(叔夜)의 게으름[160]

155 30년간……없고 : '창려'는 당(唐)나라 문장가 한유(韓愈)의 봉호(封號)이다. 그의 〈아이에게 보이다〔示兒〕〉에 "처음 내가 서울에 올라올 적엔, 한 묶음 서책만 가져왔을 뿐인데, 30년 고생하고 나서야 드디어 이 집을 가졌네."라고 하였다. 《韓昌黎集 卷7》

156 문자……채웠네 : '옥천'은 당(唐)나라 시인 노동(盧仝)의 호이다. 그의 〈다가(茶歌)〉에 "셋째 잔은 메마른 창자를 헤쳐주니, 뱃속엔 문자 오천 권이 있을 뿐이네."라고 하였다. 《唐百家詩選 卷15》

157 병든……몸으로 : 공자(孔子)의 제자 원헌(原憲)이 노(魯)나라에서 움집 같은 오두막에서 가난하게 살 때, 동문수학한 자공(子貢)이 화려한 옷을 입고 좋은 수레를 타고 찾아가 그의 누추한 행색과 거처를 보고 "아, 선생은 어찌하여 이처럼 괴롭게 사십니까?〔嘻, 先生何病?〕"라고 하자, "제가 들은 바로는, 재물이 없는 것을 가난하다 이르고, 배우고도 실천하지 못하는 것을 괴롭다고 한답니다. 지금 저는 가난할 뿐 괴롭지는 않았습니다."라고 답하였다고 한다. 《莊子 讓王》

158 거두어 감추는 뜻 : 세상이 혼란하면 벼슬하지 않고 은둔하는 마음을 가리킨다. 《논어》 〈위령공(衛靈公)〉에 "군자답다, 거백옥이여! 나라에 도가 있으면 벼슬하고, 나라에 도가 없으면 거두어 감춘다."라고 하였다.

159 고향의 뽕나무 가래나무 : '뽕나무와 가래나무'는 고향을 상징하는 말이다. 황신의 고향은 강화도로, 증조부인 공조 판서 황형(黃衡)이 이곳에 정착하면서 자손들이 세거하였다.

160 숙야(叔夜)의 게으름 : '숙야'는 진(晉)나라 때 죽림칠현(竹林七賢)의 한 사람인

더욱 심해지고, 산림과 약속 맺으니 마힐(摩詰)의 성벽[161]만 굳어졌다. 등창 빨고 치질 핥기를[162] 잘하지 못하니, 해상으로 쫓겨나고 산골에 유배된들 무엇이 한스러우랴.

장차 거북처럼 움츠리려 하면서 은둔할 곳을 정하기 바랐네. 공형(孔兄)[163]과 절교할지언정 고향에 은거하게 되어 다행이로다. 티끌세상에서 지척으로 군주 모시며 늙은 몸 바삐 움직였는데 밝은 달 둥실 떠 있는 바닷가 산으로 일엽편주 돌아가게 맡기고는 이에 집터 살펴 점을 쳤다오.

진실로 세 오솔길[164]을 만들지는 못하지만 어찌 마음 붙일 나뭇가지 하나 없을까. 아스라이 보이는 선도(仙島 신선이 사는 섬)를 돌아보고,

혜강(嵇康)의 자이다. 그가 친구에게 보낸 편지에서, 자신은 성질이 거칠고 게을러서 보름 혹은 한 달씩이나 머리와 얼굴을 씻지도 않고, 잠자리에서는 아주 늦게 일어나곤 하여 몸에는 이가 항상 득실거리며, 방종한 생활이 이미 오래되어 예법에 관한 일을 다스리기에 합당치 못하다고 하였다. 《嵇中散集 卷2 與山巨源絶交書》

161 마힐(摩詰)의 성벽 : '마힐'은 당(唐)나라 시인 왕유(王維)의 자이다. 왕유는 아름다운 경치를 사랑하여 그곳에 별장을 짓고 시주(詩酒)를 즐기며 살았다. 《舊唐書 卷190 文苑列傳 王維》

162 등창……핥기를 : 비굴하고 악착같이 윗사람에게 아첨하는 행위를 뜻한다. 《莊子 列禦寇》

163 공형(孔兄) : 돈〔錢〕을 말한 것이다. 공방형(孔方兄)이라고도 하는데, 동전에 네모난 구멍이 있어 붙여진 이름이다. 송(宋)나라 황정견(黃庭堅)의 〈장난삼아 공의보에게 올리다〔戱呈孔毅父〕〉에 "관성자에겐 고기 먹을 상이 없거니와, 공방형에겐 절교서를 지어 보냈다오.〔管城子無食肉相, 孔方兄有絶交書.〕"라고 하였다.

164 세 오솔길 : 한(漢)나라 장후(蔣詡)가 왕망(王莽)이 집권하자 벼슬에서 물러나 향리인 두릉(杜陵)에 은거하였는데, 집의 대발 아래에 세 개의 오솔길을 내고 구중(求仲)과 양중(羊仲) 두 사람하고만 교유하였다. 《蒙求 卷上 蔣詡三逕》

드넓게 펼쳐진 푸른 바다를 굽어본다. 맑은 물가 달빛 비치는 모래밭이 소 우는 소리가 들릴 만한 거리[165]에 있고, 청작과 황룡을 그린 배[166]들이 달팽이의 두 뿔 위에서 얼마나 싸우는가.[167]

산으로 에워싸인 말을 돌려보낸 터[168]이자, 돌로 변했지만 신비한 양이 있던 섬.[169] 강촌의 여덟아홉 집은 꿈속에서 본 화서(華胥)[170]의 옛길에 놓였고, 마니산[171] 두세 봉우리는 바다 밖 봉래산의 신선 궁궐일세. 쌀밥 먹고 사는 이들이 이를 곳이 아닌 듯하니, 참으로 운무 속에 사는 사람들의 거처로다. 부디 천겁의 인연 사라지고 아울러 삼생(三生

165 소……거리 : 5리(里) 정도의 거리를 말하며, 일반적으로 가까운 거리를 뜻한다.

166 청작과……배 : 푸른 익조(鷁鳥)와 누런 용을 그린 뱃머리를 말한 것으로, 전하여 화려한 배를 가리킨다.

167 달팽이의……싸우는가 : 달팽이의 왼쪽 뿔 위의 촉씨(觸氏)라는 나라와 오른쪽 뿔 위에 있는 만씨(蠻氏)라는 나라가 서로 다투었다는 《장자(莊子)》 〈칙양(則陽)〉의 고사를 전용한 것이다.

168 산으로……터 : 말을 돌려보낸다는 것은 전쟁이 종식되었다는 뜻이다. 《書經 武成》 강화도는 말을 기르는 목장이 많았으므로 이렇게 말한 것이다.

169 돌로……섬 : 황초평(黃初平)이 15세에 양을 치다가 신선술을 닦으러 도사를 따라 금화산(金華山) 석실(石室) 속에서 수도하였다. 40년 뒤에 형이 찾아와서 양이 어디 있느냐고 묻자, 황초평이 형과 함께 그곳에 가서 흰 돌을 향해 "양들아, 일어나라!"라고 소리치니, 그 돌들이 수만 마리의 양으로 변했다는 전설이 진(晉)나라 갈홍(葛洪)의 《신선전(神仙傳)》 〈황초평전(黃初平傳)〉에 나온다.

170 화서(華胥) : 황제(黃帝)가 낮잠을 자다가 꿈속에서 보았다는 이상 국가의 이름이다. 황제가 이 나라를 여행하면서 무위자연(無爲自然)의 이상적인 정치가 실현되는 꿈을 꾸고는, 여기에서 계발되어 천하에 크게 덕화(德化)를 펼쳤다는 전설이 전한다. 《列子 黃帝》

171 마니산 : 강화도호부 남쪽으로 35리 정도 떨어진 곳에 있는 산이다.

전세·현세·후세)에 진 빚을 갚으리라. 하늘이 어쩌면 기다려 준 것 같기에, 사람들은 이를 두고 우연이 아니라고 말하네.

황량한 터 한번 개척하니 바닷가에 세 번 반달이 떠오르네. 잠시 마음속 경륜 수고로웠으나 홀연 우뚝 솟은 모습이 눈에 들어오누나. 앞뒤 동산과 채마밭은 대나무며 화초를 심어도 괜찮고, 서쪽 문과 동쪽 창에선 바람을 쐬고 달빛을 맞이하네. 도끼질과 톱질을 숭덩숭덩하면서 크고 화려한 건물을 자랑하리오. 반쪽 골짜기의 경치 마음껏 즐기며 한줄기 강물의 새와 물고기랑 벗 삼아야지. 낙천(樂天)은 세 칸짜리 집[172]이 상쾌하였고 상여(相如)는 쓸쓸히 사방 벽만 있었다네.[173]

지붕을 덮은 집이 있으니 물을 베개 삼고 돌로 양치질하는 데[174] 무슨 상관이며, 성곽 근처에 전답 없으니 그저 물에서 낚시하고 산에서 나물 캐기 알맞도다. 오고 갈 땐 문거(文擧 후한 시대 공융(孔融)의 자)의 지팡이 짚고, 언제 어디서든 백륜(伯倫)의 삽자루 짊어진다.[175] 낙양(洛陽)의

172 낙천(樂天)은……집 : '낙천'은 당(唐)나라 시인 백거이(白居易)의 자이다. 그의 〈향로봉 밑에 점을 쳐서 새로 거처를 정하고 초당을 지은 뒤 우연히 동쪽 벽에 적다〔香爐峰下新卜山居草堂初成偶題東壁〕〉에 "다섯 시렁 세 칸짜리 새로 지은 초당은, 돌계단, 계수나무 기둥, 대로 엮은 울타리라네.〔五架三間新草堂, 石階桂柱竹編牆.〕"라는 구절이 있다. 《白香山詩集 卷16》

173 상여(相如)는……있었다네 : 가난한 생활을 의미한다. '상여'는 한(漢)나라 사마상여(司馬相如)로, 임공(臨邛)의 부호(富戶)인 탁왕손(卓王孫)의 딸 탁문군(卓文君)을 좋아하였다. 탁문군이 밤에 도망 나와 사마상여를 찾아가자 함께 성도(成都)로 갔는데, 성도에 있던 사마상여의 집에는 물건 하나 없고 사면에 벽만 있었다고 한다. 《史記 卷117 司馬相如列傳》

174 물을……데 : 은거하여 한적하게 생활함을 비유하는 말이다. 《世說新語 排調》

175 백륜(伯倫)의 삽자루 짊어진다 : '백륜'은 죽림칠현(竹林七賢)의 한 사람인 유령

독락원(獨樂園)[176]이거니와, 후미진 반곡(盤谷)을 누가 뺏으려 다툴가?[177] 푸른 삿갓 쓰고 녹색 도롱이 걸치는[178] 놀이는 너무 늦었지만, 순챗국[179]과 국화주 있으니 이 밖에 무엇을 구하리오.

새로운 조수 처음 생길 때가 가장 사랑스럽고 돛 펼친 배가 순항하는 모습도 기뻐라. 굳이 금당(金堂)과 석실(石室)[180]만 고집할 필요 있나. 여기가 신선이 사는 곳이요, 천태산(天台山)[181]과 무릉도원(武陵桃源)

(劉伶)의 자이다. 천성이 술을 좋아하여 항상 술병을 차고 다니며 사람을 시켜 삽을 메고 뒤따르게 하면서 "죽으면 바로 그 자리에 나를 묻으라."라고 하였다.《晉書 卷49 劉伶列傳》

176 낙양(洛陽)의 독락원(獨樂園) : 송(宋)나라 사마광(司馬光)이 낙양 남쪽 교외의 독락원(獨樂園)에서 혼자 전원생활을 즐겼다.《宋史 卷336 司馬光列傳》

177 후미진……다툴까 : '반곡'은 태항산(太行山) 남쪽에 있던 지명으로, 당(唐)나라 한유(韓愈)의 친구 이원(李愿)가 은거한 곳이다. 한유가 그를 전송하는 글에 "반곡이 후미졌으니, 그대의 처소를 누가 와서 다투어 빼앗겠는가.〔盤之阻, 誰爭子所?〕"라고 한 말을 전용한 것이다.《韓昌黎集 卷19 送李愿歸盤谷序》

178 푸른……걸치는 : 당(唐)나라 장지화(張志和)의 〈어가자(漁歌子)〉에 "푸른 삿갓 쓰고 초록색 도롱이 걸쳤으니, 비낀 바람 가랑비에 굳이 돌아갈 것 없네."라고 한 구절을 차용한 것이다.《新唐書 卷196 隱逸列傳 張志和》《全唐詩 卷308》

179 순챗국 : 진(晉)나라 때 장한(張翰)이 낙양(洛陽)에서 벼슬하다가 가을바람이 불자 고향인 오중(吳中)의 농어회와 순챗국이 생각나 벼슬을 버리고 고향으로 돌아갔다.《晉書 卷22 張翰列傳》

180 금당(金堂)과 석실(石室) : 전설상 내려오는 신선의 거처를 말한다. '금당'은 동정산(洞庭山) 아래에 있던 옥녀(玉女)가 거처하던 곳이고, '석실'은 곤륜산(崑崙山)에 있던 서왕모(西王母)의 거처이다.《拾遺記 洞庭山》《列仙傳 卷上》

181 천태산(天台山) : 중국의 절강성(浙江省)에 있는 대표적인 명산이다. 진(晉)나라 손작(孫綽)의 〈유천태산부(遊天台山賦)〉에 "아, 우뚝 솟은 천태산 기이하도다! 참으로 신명이 붙들어 일으켰도다."라고 하였다.《文選 卷11》

일 필요 있나. 이곳도 훌륭한 땅이로다. 아이들도 이를 깨달을 터이니 어이해 세상에서 지기(知己)를 구하리오.

돌아보건대 맑은 바람 밝은 달이 끝없이 펼쳐지며, 진실로 단표(簞瓢)를 즐기는 재미[182] 있어라. 묘당(廟堂 조정)에 앉아 밝은 군주를 보좌하는 건 운명이 정하는 일, 시골에서 착한 사람 소리 듣는 것으로도 또한 만족한다오. 늙어가는 줄도 모르고 애오라지 이 삶을 즐기노라. 통달한 육귀몽(陸龜蒙)을 사모하여 강호산인(江湖散人)의 호(號)를 빌리기 원하니,[183] 백거이(白居易)에게 부끄러운 재주로 향산거사(香山居士 백거이의 호(號))의 이름을 감히 뽐낼까.

두 개의 마룻대가 무지개처럼 나니, 여섯 위(緯)가 우레처럼 진동하네.

들보 동쪽으로 떡을 던지세[184] 抛梁東

182 단표(簞瓢)를 즐기는 재미 : 안빈낙도(安貧樂道)의 생활을 말한다. 《논어》 〈옹야(雍也)〉에 공자가 안회를 칭찬하면서 "어질다, 안회여! 한 대그릇 밥과 한 표주박의 물을 가지고 누추한 골목에 사는 어려운 생활을 사람들은 견디지 못하는데, 안회는 그 즐거움을 바꾸지 않으니 참으로 어질다, 안회여!"라고 하였다.

183 통달한……원하니 : 당(唐)나라 육귀몽은 자가 노망(魯望), 호가 천수자(天隨子)·보리(甫里) 선생·강호산인이다. 육경(六經)에 밝고 《춘추(春秋)》에 통달하였으나 벼슬하지 않고 송강(松江) 보리(甫里)에 은거, 고저산(顧渚山) 밑에 다원(茶園)을 경영하였으며, 항상 강호(江湖)에 배를 띄워 낚시를 즐겼다. 《新唐書 卷196 隱逸列傳 陸龜蒙》

184 들보……던지세 : 상량문 말미의 축송에 상투적으로 붙는 말로, 상·하·사방 중 첫째로 동쪽을 든 것이다. 서사증(徐師曾, 1517~1580)의 《문체명변(文體明辯)》에 따르면, 건축물의 기본 골격이 완성된 뒤에 길일(吉日)을 골라 들보를 올리며 상량식을

홀을 괴니 청산이 눈에 들어오고[185] 柱笏青山入眼中
여섯 굽이 난간엔 가랑비 지나는데 六曲欄干微雨過
해당화에 바람 불자 향기가 물씬물씬 天香一陣野棠風

들보 서쪽으로 떡을 던지세 抛梁西
바위 옆 외로운 솔 아래로 늘어지려 하고 巖畔孤松翠欲低
한밤중 석단에는 찬 기운 매서워라 午夜石壇風露重
달빛이 뜰에 가득한데 깃든 학은 놀라네 滿庭山月鶴驚棲

들보 남쪽으로 떡을 던지세 抛梁南
바다 어귀 천 리 호남으로 이어지고 海門千里接湖潭
간밤부터 바다 위로 바람 거세니 昨夜潮頭風力緊
강을 메운 상선들 돛을 펼친다 滿江商船儘張帆

들보 북쪽으로 떡을 던지세 抛梁北
누대에서 또렷이 보이는 화악[186] 臺上分明望華嶽

하는데, 이때 친지들이 음식을 싸 와서 축하하고 목수들을 대접한다. 그러면 도목수가 대들보 위에 걸터앉아 만두·떡 등을 상·하·사방으로 던지며 상량문을 읽어 축원한다고 한다.

185 홀(笏)을……들어오고 : 진(晉)나라 왕자유(王子猷)가 환온(桓溫)의 참군(參軍)이 되었을 때, 환온이 "경은 부(府)에 오래도록 있었으니 일을 잘 처리할 줄로 믿는다."라고 하니, 자유가 업무에 대해서는 아무 말도 하지 않고 홀을 턱에 괴고는 "서산의 아침 기운이 상쾌하다."라고 응대하였다. 《世說新語 簡傲》

186 화악(華岳) : 서울의 삼각산을 가리킨다. '화악'은 본디 중국의 오악(五嶽) 중

강호에서 대궐이 사무치게 그리워　　江湖戀闕此時多
밤마다 맑은 혼 자극[187]을 맴도네　　夜夜淸魂繞紫極

들보 위로 떡을 던지세　　抛梁上
달이 떠오른 하늘에 외로운 기러기 끼룩대네　　明月一天孤雁響
평생 드높던 장부의 마음이여　　平生廓落壯夫心
무지개 광채로 변해 만 길을 뻗치도다　　化作虹光衝萬丈

들보 아래로 떡을 던지세　　抛梁下
넘실대는 푸른 바다 침을 뱉을 만해라　　碧海湛湛俯可唾
물가에서 낚시 후 귀가 잊고 앉았자니　　磯頭罷釣坐忘歸
청풍 부는 달 밝은 밤 좋을시고　　好是風淸月白夜

삼가 바라건대, 대들보를 올린 뒤에 청산은 늙지 않고 푸른 물 장구히 흐르리라. 계응(季鷹 장한(張翰)의 자(字))은 농어회와 순챗국 생각에 오중(吳中)으로 가는 수레를 일찍 준비시켰고, 연명(淵明)은 소나무와 국화 있는 율리(栗里)의 삶을 잊지 못하였네.[188] 험난한 양장판

하나로 당나라의 수도인 장안(長安) 북쪽의 산 이름인데, 조선의 한양 북쪽에 있는 삼각산이 또 조선의 오악 중 하나였다.

187 자극(紫極) : 임금의 궁궐이다. 본래 천제(天帝)는 자색(紫色)의 궁궐에 거처한다 하여 궁궐을 자미궁(紫微宮), 자궁(紫宮), 자달(紫闥) 등으로 표시하기 때문에 붙여진 이름이다.

188 연명(淵明)은……못하였네 : '연명'은 진(晉)나라의 처사(處士) 도잠(陶潛)의 자이고, '율리'는 그가 은둔했던 곳이다. 도잠은 벼슬을 버리고 집으로 돌아가면서 지은

(羊長阪)[189]은 쉽게 질리는 법, 계륵(鷄肋)의 맛에 연연하지 말아야지.[190] 자미(子美)의 천만 칸 넓은 집[191]을 얻으면 이전의 장한 회포 떠오를 테지만, 원룡(元龍)의 백척루(百尺樓)[192]에 누워 젊은 시절 호방한 기상을 저버리지 않으리라.

〈귀거래사(歸去來辭)〉에서 "세 오솔길은 황폐해졌으나 소나무와 국화는 그대로 남아 있으리."라고 하였다. 《陶淵明集 卷5》

189 험난한 양장판(羊長阪) : 산서성(山西省)에 위치한 비탈길을 말한다. 비탈길이 마치 양의 창자처럼 꼬불꼬불하여 매우 험난하므로 붙여진 이름인데, 흔히 험난한 세로(世路)에 비유된다.

190 계륵(鷄肋)의……말아야지 : '계륵'은 닭의 갈비로, 그다지 취할 만한 가치도 없지만 그렇다고 차마 버릴 수도 없는 사물을 비유하는데, 여기서는 벼슬하는 재미를 말한 것이다. 송(宋)나라 양만리(楊萬里)의 시에 "반평생의 공명은 하나의 계륵이요, 평생 지나온 길은 아홉 번이 양장판(羊長阪)이었네."라고 하였다. 《宋詩鈔 卷74 曉過皀口嶺》 《後漢書 卷54 楊震列傳 玄孫脩》

191 자미(子美)의……집 : 두보(杜甫)의 〈모옥위추풍소파가(茅屋爲秋風所破歌)〉에 "어이하면 너른 집 천만 칸을 얻어 천하에 가난한 선비들 크게 비호하여 모두 즐거운 얼굴로 풍우에도 움직이지 않고 산처럼 편안히 있게 할런가." 하였는데, 이를 원용하였다. 《杜少陵詩集 卷10》

192 원룡(元龍)의 백척루(百尺樓) : 원룡은 삼국(三國) 시대 위(魏)나라 고사(高士)인 진등(陳登)의 자이다. 허사(許氾)가 말하기를 "옛날 난리를 당하여 하비(下邳)에 들러 원룡을 만났는데, 원룡은 손님 접대할 뜻이 없이 오랫동안 말도 걸지 않더니, 끝내 자기는 큰 와상(臥床)으로 올라가 눕고 손님은 아래 작은 와상에 눕도록 하였다." 하자, 유비(劉備)가 곁에 있다가 말하기를 "……원룡은 그대에게 우국충정을 기대하였는데 그대가 일신상의 안일만 도모하기 때문에 더불어 말할 것이 없다고 생각해서 그랬을 것이다. 이 때문에 원룡이 그대를 그렇게 대한 것인데 어떻게 그대와 말을 할 수 있었겠는가. 내가 원룡의 입장이었다면 의당 나는 백척루(百尺樓) 위로 올라가고 그대는 땅에 눕도록 하였을 것이다. 왜 상상(上床)과 하상(下床)의 차이만 두었겠는가." 한 데서 온 말이다. 《三國志 卷7 魏書 陳登傳》

제문 祭文

임진강에서 전사한 장병들에 대한 제문[193]

祭臨津陣亡將士文

왕은 이르노라. 남아라면 한 번 죽을 뿐이지만 적의 칼을 억울하게 만난 것이 안타깝고, 산하는 그대로인데 전쟁터를 돌아보매 슬픔이 더한다. 너희들을 이 지경으로 만들었으니 너희들을 위해 슬퍼하지 않고 누굴 위해 슬퍼하겠는가.

아! 너희 전사한 장졸들은 굳세고 굳센 간성(干城)이요,[194] 용맹한 범과 비휴였다.[195] 새벽에 배수의 진을 치고 정형(井陘)의 험지를 피하

193 임진강에서……제문 : 1592년(선조25) 5월 18일에 벌어진 임진강 전투에서 전사한 장병들의 넋을 기리기 위해 지은 글이다. 《선조실록(宣祖實錄)》 26년 10월 1일 기사에 "전교하기를, '임진강에서 전사한 장사들에게는 이미 치제(致祭)하였다.' 하였다."라는 내용이 보인다.

194 굳세고 굳센 간성(干城)이요 : '간성'은 방패와 성으로, 국가를 지키는 방패가 되고 성(城)이 되는 훌륭한 장수를 뜻한다. 《시경》 〈토저(兎罝)〉에 "굳세고 굳센 무부여, 공후의 간성이로다."라고 하였다.

195 용맹한 범과 비휴였다 : 용감하고 사나운 장수와 군사를 비유한 말이다. '비휴'는 표범의 일종이다. 《서경》 〈목서(牧誓)〉에 "부디 굳세고 굳세어 범과 같고 비휴와 같으며 곰과 같고 큰곰과 같이 상나라 교외에서 싸워 도망하는 자들을 맞아 공격해서 서쪽

지 않았고,[196] 낮에는 창을 휘두르며 노 양공(魯陽公)의 기상[197]을 얼마나 떨쳤던가. 처음에 적의 보루에 접근해 용맹을 떨치다가 이윽고 갓끈을 고쳐 매고[198] 순국했구나. 원숭이와 학, 사충(沙蟲)[199]은 억울한 영혼이 의탁할 곳 없음에 마음 아파하고, 개미와 물고기, 자라는 유해를 누가 수습할지 슬퍼한다네.

마침 내가 돌아오다가 이곳을 지나게 되었다.[200] 산천으로 막힌 가운데 이미 많은 시간이 흘렀으니 어이하면 좋은가. 이승과 저승이 비록

지방 사람들을 수고롭게 하지 말라."라고 하였다.

196 배수의……않았고 : 한신(韓信)이 조(趙)나라 군대와 싸우면서 정형구(井陘口)에서 배수진(背水陣)을 쳐서 크게 승리를 거둔 일이 있는데, 전투가 끝나고 연회를 벌일 때 장수들이 "병법에는 오른쪽으로 산을 등지고 왼쪽으로 물을 앞에 두고 싸우라고 했는데, 이번에는 물을 등지고 싸워서 마침내 크게 승리를 거두었습니다. 이것은 대체 무슨 병술(兵術)입니까?"라고 물었다. 그러자 한신이 "이것도 병법에 있는데, 단지 그대들이 살피지 못했을 뿐이다. 병법에서 '사지에 빠진 뒤에야 살 수 있고, 망할 처지가 된 뒤에야 보전할 수 있다.'라고 말하지 않았던가."라고 대답했던 고사가 있다. 《史記 卷92 淮陰侯列傳》

197 창을……기상 : 옛날에 노 양공이 한(韓)나라와 싸움이 한창 절정에 이르렀을 때 해가 저물려 하자 창을 잡고 해를 향하여 휘두르니, 해가 90리를 되돌아왔다는 고사로, 전하여 위태로운 국면을 만회하는 것에 비유된다. 《淮南子 覽冥訓》

198 갓끈을 고쳐 매고 : 의연하게 죽음을 맞이하는 자세를 말한다. 공자(孔子)의 제자 자로(子路)가 위(衛)나라 난리에 싸우다가 적의 창에 찔려 갓끈이 끊어지자 "군자는 죽을 때에 갓을 벗지 않는다." 하고 갓끈을 매고서 죽었다. 《春秋左氏傳 哀公16年》

199 원숭이와 학, 사충(沙蟲) : 전사(戰死)한 장병들을 가리키는 말이다. 주 목왕(周穆王)이 남정(南征)할 때 군사들의 몸이 모두 바뀌어 장교는 원숭이와 학이 되고 사병은 벌레와 모래〔沙蟲〕가 되었다는 전설에서 비롯되었다. 《抱朴子 釋滯》

200 마침……되었다 : 선조(宣祖)는 개성(開城)에서 임진강을 건너 벽제관(碧蹄館)을 경유한 뒤 도성으로 돌아왔다. 《宣祖實錄 26年 9月 27日·28日·29日, 10月 1日》

다르지만 정성 어린 마음은 막힘이 없으리라. 이에 변변찮은 제수 진설하고서 나의 심정 쏟아내노라. 불후의 충절 생각하니 어찌 하염없이 눈물 흘리지 않으리오. 망자가 일어날 수 있다면 영령은 아직 존재할 것이니, 영령은 부디 어렴풋이 와서 흠향해 다오.

전사한 장병 및 살해된 사람들에 대한 제문
祭陣亡將士及被害人文

왕은 이르노라. 만물은 반드시 마침이 있는데 온전히 죽는 자는 드물다. 사람이라면 누구나 죽기 마련이지만 죽을 곳에서 죽기란 어려운 일이다. 아! 너희들이 어려운 시대에 태어났으니 너희들을 애통해하지 않고 누구를 애통해하겠는가.

아, 너희 전사한 장병들이여! 재주와 명성은 백 보(步) 떨어진 곳에서 버들잎을 맞추는 솜씨[201]였고 기상은 오구(吳鉤)[202]였도다. 용감한 비휴와 범, 곰・큰곰 같아서[203] 남보다 큰 용기를 함께 짊어졌고, 굳세고 굳센 간성(干城)과 심복(心腹)이어서[204] 군주에게 보답하려는 충심

201 백 보(步)……솜씨 : 춘추 시대 초 공왕(楚共王)의 장군인 양유기(養由基)가 백 보 떨어진 거리에서 버들잎을 활로 쏘아 백발백중시켰다는 고사가 전한다.《史記 卷4 周本紀》 여기서는 전사한 장병들의 활 솜씨가 양유기 같았다고 찬미한 것이다.

202 오구(吳鉤) : 갈고리 모양으로 휘어진 병기(兵器)로, 춘추 시대 오(吳)나라 사람이 이를 잘 만들었기 때문에 오구라고 일컫는데, 후에는 예리한 검을 뜻하는 말로 쓰인다. 대본에는 '吳釣'로 되어 있는데, 일반적인 용례에 따라 '釣'를 '鉤'로 바로잡아 번역하였다.

203 용감한……같아서 : 용감하고 사나운 장수와 군사를 비유한 말이다. '비휴'는 표범의 일종이다.《서경》〈목서(牧誓)〉에 "부디 굳세고 굳세어 범과 같고 비휴와 같으며 곰과 같고 큰곰과 같이 상나라 교외에서 싸워 도망하는 자들을 맞아 공격해서 서쪽 지방 사람들을 수고롭게 하지 말라."라고 하였다.

204 굳세고……심복(心腹)이어서 : '간성'은 국가의 방패와 성이 되는 훌륭한 장수를 가리키고, '심복'은 복심(腹心)과 같은 말로 마음과 덕이 같은 사람을 가리킨다.《시경》〈토저(兎罝)〉에 "씩씩하고 늠름한 장수여, 공후의 방패와 성이로다.……굳세고 굳센

을 앞다퉈 품었다. 처음에는 맥철장(麥鐵杖)이 먼저 성루에 오른 것[205]과 비슷했는데 종국엔 경솔하게 진격한 기량(杞梁)[206]과 유사했구나. 좋지 못한 시대를 만난 건 운명이니 어이하겠는가. 개미나 까마귀·솔개에게 던져진 전사자 유해[207]를 누가 거둘지 애통하고, 사충(沙蟲)과 원숭이·학이 된 이들[208]의 떠도는 원혼이 의지할 데 없음을 슬퍼하노라.

아, 살해를 당한 사람들이여! 어떤 이는 산속으로 쥐처럼 달아났고 어떤 이는 도로에서 새처럼 놀라기도 하였다. 창과 방패가 눈앞에 가득한 상황에서 끝내 몸을 빼내어 어디로 가겠는가. 승냥이와 범이 사람을 깨무는 마당에 살 방법이 없었노라. 이미 불구덩이로 나아가거나 물속으로 투신하였고, 또한 화살받이가 되거나 칼날을 만났도다. 너희로 하여금 이 지경에 이르게 한 건 실로 나의 허물이다.

무부여, 공후의 복심이로다.〔赳赳武夫, 公侯干城.……赳赳武夫, 公侯腹心.〕"라고 하였다.

205 맥철장(麥鐵杖)이……것 : 맥철장은 수(隋)나라 장수이다. 수 양제(隋煬帝) 때 한왕(漢王)이 반란을 일으키자 반란군을 진압할 때와, 고구려 침공 시 매번 먼저 적의 성벽을 올라 공을 세웠다. 《隋書 卷64 麥鐵杖列傳》

206 경솔하게 진격한 기량(杞梁) : 춘추 시대 제(齊)나라의 대부로, 장공(莊公)을 도와 거(莒)를 칠 때 적 300인을 죽인 공을 세웠다. 장공의 만류에도 다시 적진 속에 들어가 용전하다가 전사하였다.

207 개미나……유해 : 《장자(莊子)》 〈열어구(列禦寇)〉에 "위에 있으면 까마귀와 솔개의 밥이 되고 땅속에 있으면 땅강아지와 개미의 밥이 된다."라는 말에서 온 것이다.

208 사충(沙蟲)과……이들 : 전사(戰死)한 장병들을 가리키는 말이다. 주 목왕(周穆王)이 남정(南征)할 때 군사들의 몸이 모두 바뀌어 장교는 원숭이와 학이 되고 사병은 벌레와 모래〔沙蟲〕가 되었다는 전설에서 비롯되었다. 《抱朴子 釋滯》

나랏일을 하다가 죽은 것과 골짜기에 떨어져 죽은 것은 공사(公私) 간에 의미가 다르긴 해도 백성과 장병을 애통해하는 마음이야 어찌 차이가 있겠는가. 종국에는 너희 시신을 덮어 주고 너희 처자식을 구휼할 것이다. 무사들은 진실로 살신성인을 실천하였고 백성들은 죄 없이 죽은 만큼 의당 너희들이 유감을 갖지 않도록 할 테니, 이는 참으로 나의 마음에 차마 할 수 없는 바가 있어서이다.

이에 유사(有司)에게 명하여 조촐한 제수를 진설하게 하였다. 죽어도 썩지 않고 영령은 남아 있을 터, 혼령이 지각 있다면 부디 어렴풋이 와서 흠향해 다오. 제문을 너희에게 고하노니 너희들은 흠향하거라.

증 판서 고경명에 대한 왕세자 치제문[209]

王世子致祭贈判書高敬命文

영령이여! 동남의 빼어난 기운과 산악의 정기 받으니, 봉황이 되고 기린이 되며 거북이나 용이 되어 세상을 상서롭게 하는 덕이 성대하였고, 규(奎)와 같고 벽(璧)과 같으며 금(金) 같고 석(錫) 같아[210] 세속을 뛰어넘은 자태 온화하였네. 일찌감치 조정에서 명성을 떨쳤는데 갑자기 남쪽 지방에서 한가로이 살았도다.[211] 술에 취해 소리 높여 읊은 시만도 3천수, 푸른 깁으로 장식한 옛 시[212]는 어디어디에 걸렸

209 증 판서……치제문 : 1594년(선조27) 1월 20일에 왕세자가 익위사 부솔(翊衛司副率) 이희간(李希幹)을 보내어 치제할 때 사용된 글이다.《亂中雜錄 1 壬辰上》 고경명(高敬命, 1533~1592)의 본관은 장흥(長興), 자는 이순(而順), 호는 제봉(霽峰)·태헌(苔軒), 시호는 충렬(忠烈)이다. 1592년, 임진왜란(壬辰倭亂)이 일어나 왜군이 파죽지세로 한성을 점령하고 전라도 관찰사 이광(李洸)이 이끄는 관군 5만 명이 왜군에게 어이없게 패배하자 고경명은 격문을 돌려 의병을 모집한 다음, 7월에 금산(錦山)에 도착해 곽영(郭嶸)의 관군과 함께 왜군에 맞서 싸우다가 작은아들 고인후(高因厚)와 함께 전사하였다.

210 규(奎)와……같아 : 《시경》 〈기욱(淇奧)〉에 "문채나는 군자여, 금(金)과 같고 석(錫)과 같으며, 규와 같고 벽과 같도다.〔有匪君子, 如金如錫, 如圭如璧.〕" 하였는데, 주희(朱熹)의 주(注)에 "금(金)·석(錫)은 단련(鍛錬)함이 정순(精純)함을 말한 것이요, 규(圭)·벽(璧)은 타고난 자질이 온윤(溫潤)함을 말한 것이다." 하였다. 대본에는 '奎'로 되어 있는데, 《시경》 〈기욱(淇奧)〉에 의거하여 '圭'로 바로잡아 번역하였다.

211 일찌감치……살았도다 : 고경명은 1558년(명종13)에 장원급제한 뒤 주로 홍문관에서 재직하였는데 시를 잘 지어서 왕은 명화(名畫) 62폭을 내려 시를 지어 올리게 하기도 하였다. 1563년에 울산 군수에서 파직된 이후 19년 동안 고향에서 머물렀다. 《月汀集 卷6 參議高公神道碑銘》

던가. 편의(便宜)와 방략(方略) 12조로 두 차례나 동향(桐鄕)[213]에 사랑을 남기었지.

국가가 많은 어려움에 놓이자 충의를 외치며 근왕(勤王)을 하였다. 소매를 떨치고 나아가니 무부들도 입 다물고 기가 눌렸으며, 단상에 올라 맹세하니 삼군(三軍)이 팔뚝을 걷어붙이고 죽음을 결심하였네. 군중에선 원규(元規)를 맹주로 추대하였고,[214] 사람들은 천상(天祥)의 의로운 거사[215]를 흠모하였지. 조정에서 군사를 훈련시킨 지 30년 만에 서생의 몸으로 왜적 토벌에 나서니, 국가가 선비를 기른 지 200년 된 오늘에야 충성을 바치는 모습을 보았노라.

어찌하여 장성(長城)이 갑자기 무너졌는가. 마침내 하나의 나무로 지탱하기 어려웠도다. 혈전(血戰)을 벌이며 맞서다 천금 같은 몸이 호랑이 굴에 빠지니, 남아에겐 죽음만 있을 따름이라 7척의 몸을 새

212 푸른……시 : 고경명의 시를 애지중지하여 푸른 깁으로 장식해서 보관한 것을 가리킨다. 옛날 귀인과 명사가 지어 벽에 걸어 놓은 시문을 푸른 깁으로 덮어서 오래도록 보존하며 존경의 뜻을 표하였다.

213 동향(桐鄕) : 선정(善政)을 베푼 고을을 뜻한다. 한(漢)나라 주읍(朱邑)이 젊었을 때 동향의 관리로 있으면서 선정을 베풀자, 동향에서 그를 못내 사모하여 죽어서 그곳에 장사 지냈다.《漢書 卷89 循吏傳 朱邑》

214 군중에선……추대하였고 : '원규'는 진(晉)나라 명목황후(明穆皇后)의 오빠 유량(庾亮)으로, 원규는 그의 자이다. 소준(蘇峻)이 반란을 일으켰을 때 사람들이 유량을 반란군 진압하는 맹주로 추대한 적이 있었기 때문인데, 여기서는 고경명을 가리킨 것이다.《晉書 卷73 庾亮列傳》

215 천상(天祥)의 의로운 거사 : '천상'은 송(宋)나라 때 승상을 지낸 문천상(文天祥)을 가리킨다. 그는 송나라가 원(元)나라와 전쟁할 때 송나라의 도독(都督)으로 조양(朝陽)에서 항전하다 원나라 장수 장홍범(張弘範)에게 잡혔는데, 원나라에서 항복을 권했으나 끝내 불복하고 사형당했다.《宋史 卷418 文天祥列傳》

깃털보다 가볍게 여겼네. 종전에 공들인 일이 중간에 물거품 되고, 장한 뜻 품은 채 순절하였구나.

일의 성패야 운명이니 다시 무얼 말하랴마는, 하늘이 착한 사람에게 보답하는 이치는 과연 누가 알겠는가. 한 집안에서 나랏일에 세 사람이나 죽었으니,[216] 짧은 기간 동안 가장 혹독한 재앙을 받았도다. 남긴 자취 생각하며 길이 애통해하니 흐르는 눈물 주체할 수 없구나. 이에 유사(有司)에게 명하여 조촐한 제수를 진설하게 하였다. 죽어도 썩지 않고 영령은 남아 있으리라. 혼령이 만일 지각이 있다면 부디 어렴풋이 와서 흠향하시라. 아, 슬프다!

216 한 집안에서……죽었으니 : 1592년 금산 전투에서 죽은 고경명과 고인후, 그리고 이듬해 진주성 전투에서 순절한 고경명의 큰아들 고종후(高從厚, 1554~1593)를 가리킨다. 고종후의 자는 도충(道冲), 호는 준봉(隼峰)이다.

바다에 맹세하는 글[217]

誓海文

만력(萬曆) 24년(1596, 선조29) 8월 25일 경신(庚申)에 조선 통신사 황모(黃某 황신(黃愼))는 감히 동해(東海)의 신께 고합니다.

승냥이와 범이 우글대는 속에서 2년 동안 접반사가 되었는데,[218] 8월에 또 교룡이 사는 바다에서 사신의 배를 탔습니다.[219] 목숨 바치는

217 바다에 맹세하는 글 : 1596년(선조29) 8월 4일 일본을 향하여 부산을 떠난 20여 일 후 곧 8월 25일, 바닷길이 험하고 파도가 사납기로 유명한 대마도와 일기도(一岐島) 사이의 바다를 건너고 있을 때 바람이 세게 불고 파도가 치솟아 파도 거품이 배 안에 뿌려 비오듯 하고 돛끈이 바람을 못이겨 끊어지려 하였으며 선체는 말이 뛰어가듯 요동치자 배 안의 사람들이 모두 혼이 나갔다. 이때 황신이 〈서해문〉을 지으니 조금 있다가 바람이 수그러들었다고 한다.《海行摠載 日本往還日記 丙申年 8月 25日》

218 승냥이와……되었는데 : 1595년부터 이듬해까지 명(明)나라 사신 심유경(沈惟敬)을 따라 웅천(熊川) 왜영(倭營)과 부산(釜山) 왜영에서 머물렀던 일을 가리킨다. '승냥이와 범'은 왜놈을 비유적으로 표현한 것이다.

219 8월에……탔습니다 : 이에 대해서는《국역 월사선생집》권51 〈추포(秋浦) 황공(黃公) 행장〉에, "(황신이) 여름에 돈녕부 도정(敦寧府都正)에 배수되었다. 천조(天朝)가 양 부사(楊副使)를 정사(正使)로 승진시키고 심유경을 부사로 삼아서 일본에 보냈다. 행추(行酋)가 우리나라 신사(信使)를 보내 줄 것을 청하여 '천조가 책봉하고 사신을 보냈는데 조선은 유독 사신을 보내지 않으니, 그렇다면 천조와 화친하는 것일 뿐이다. 반드시 조선의 사신이 와야만 대사(大事)를 완결할 수 있을 것이다.' 하니, 심 부사(沈副使)가 그 말을 옳다고 여겨 누차 자문을 보냈다. 우리 조정은 머뭇거리며 대답하고 분명히 결정하지 않았다. 두 중국 사신이 부득이 먼저 바다를 건너 일본에 가며 평의지(平義智)를 우리나라에 남겨 두어 서둘러 우리 사신과 함께 일본으로 오게 했다."라고 하여 상세하게 소개되어 있다.

것도 달게 여기오니 머리 숙여 스스로 맹세합니다.

삼가 생각건대, 제가 위태롭고 혼란한 시대를 만나 조국을 위해 동분서주하며 험난한 역경을 두루 맛보았습니다만, 조국과 오랑캐 땅에서 임무를 완수할 수 있겠나이까? 일편단심은 변함없을 것이니 하늘에 질정해도 부끄럽지 않습니다. 4천 리 사행 길에 어찌 추호라도 노고를 마다하겠습니까. 30년 공부가 바로 지금 힘을 발휘해야 할 때입니다. 진실로 나랏일을 견고히 하는 것은 또한 신의 당연한 직분이기에 곧장 순풍에 돛을 걸고 저 멀리 일본으로 향합니다. 사직을 안정시키고 나라를 이롭게 할 수만 있다면 죽음도 사양하지 않을 것이요, 왕명을 욕되이 하고 지조를 잃는다면 살아도 무슨 보탬이 있겠습니까. 바라건대 신령하고 성스러운 신께서는 저의 정성을 굽어 살피소서. 이 말에 거짓이 없음은 하늘이 아시는 바이니, 혹여 조금이라도 태만한 생각을 품는다면 신께서 저를 죽이소서.

부인에 대한 제문[220]

祭夫人文

만력(萬曆) 44년 병진년(1616, 광해군8) 10월 무술삭(戊戌朔) 6일 계묘(癸卯)에, 남편 창원(昌原) 황모(黃某 황신(黃愼))는 삼가 맑은 술과 여러 제물을 올리고 고인이 된 전주 이씨(全州李氏) 부인의 영전에 감히 고합니다.

애통해라 부인이여	我哀夫人
우리 집에 일찍 시집와서[221]	早歸我家
갖은 고생에다 멀리 떨어져 사느라	艱難契闊
즐거움 적고 고통만 많았구려	樂少苦多
우리 집 본디 가난한데	我素居貧
당신의 안살림에 힘입어	賴君主饋
가문 계승과 봉제사에	承家奉祀
어긋남이 없었다오	得以無墜
당신이 시집온 지도	自君結髮

220 부인에 대한 제문 : 황신의 부인은 전주 이씨(全州李氏, 1561~1616)로, 원천군(原川君) 이휘(李徽)의 딸이다. 1613년(광해군5) 일어난 계축옥사로 황신이 황해도 옹진(甕津)에 유배되자 부인이 함께 따라갔다가 1616년 8월 15일, 그곳에서 별세하였다.《黃寅直 編, 昌原黃氏秋浦家乘, 譜典出版社, 1981, 49쪽》

221 우리……시집와서 : 부인은 16세 되던 1576년(선조9)에 혼례를 치렀다.《秋浦年譜 卷1 萬曆 4年 丙子條》

어느덧 사십 년	倏垂四紀
그간 인생살이에서	中間人事
겪지 않은 일 없었구려	何所不有
저 옛날 임진년에	昔在壬辰
왜구 피해 함께 도망가는데	同避倭寇
도보로 굶주림 참으면서	徒步忍飢
어머니와 시누이 받들었고[222]	奉母及姊
나를 따라 행재소까지 오느라	隨我行在
이리저리 천 리 길 돌아다녔으며[223]	奔播千里
친정 부모 돌아가셨을 때[224]는	私親偕沒

222 저 옛날……받들었고 : 1592년에 발발한 임진왜란 때 피난 갔던 상황을 회고한 것이다. 당시 피난길에 오른 선조(宣祖)가 도성을 버리고 임진강을 건넌 뒤 배들을 감춰버리자, 황신은 호종하러 갔다가 강을 건너지 못하고 집으로 돌아와 가족들과 강원도를 향해 피난 갔다. 이때 함께 피난 간 사람은 황신 부부와 황신의 모친 곽씨 부인(郭氏夫人), 황신의 장인인 원천군(原川君) 이휘(李徽), 황신의 제수(弟嫂)인 강씨 부인(姜氏夫人) 모자, 황신의 매제인 서경휼(徐景霱) 부부, 그리고 강씨 부인의 친정 식구들이다.《黃寅直 編, 昌原黃氏秋浦家乘, 譜典出版社, 1981, 215~216쪽》

223 나를……돌아다녔으며 : 황신은 가족들과 평강(平康)에 이르렀다가 세자(世子)가 이천(伊川)에 있다는 소식을 듣고 가족과 이별한 뒤 장인 이휘와 함께 이천으로 향했다. 남겨진 가족들은 평강 일대를 떠돌다가 성천(成川)으로 가서 세자를 모시고 있던 황신과 재회하였고, 이후 영유(永柔)·숙천(肅川)·증산(甑山)·함종(咸從)·용강(龍岡)·영변(寧邊)·정주(定州)를 경유하던 중 의주(義州)에서 돌아오는 행재소 행렬을 만나 이를 따라왔다.《黃寅直 編, 昌原黃氏秋浦家乘, 譜典出版社, 1981, 216~217쪽》

224 친정……때 : 친정아버지는 이휘(1533~1594)이다. 친정어머니는 감찰(監察) 여세평(呂世平)의 딸인데 생몰년은 미상이다.《白沙集 卷3 宗室中義大夫原川君兼五衛

임종을 지키지도 못하였지	未及面訣
내가 호랑이 굴로 들어가던 날[225]	我入虎穴
당신이 시골집에 있어서	君在鄕屋
맛있는 음식 올리는 일[226]을	甘旨之養
전적으로 당신 손에 맡겼네	緊君是托
사 년간 적진에 있다 보니	四載賊壘
살지 죽을지 알 수 없었고	生死堪疑
삼년상 치를 적[227]에는	三年草土
목숨이 실낱 같았다오	殘喘如絲
내가 만난 고난으로 인해	緣我屯厄
당신이 근심 걱정 안고 사니	致君愁思
깊은 시름에 명이 줄어	沈憂損性
노년도 안 돼 늙어버렸네	未老先衰
애통해라 부인이여	我哀夫人
반평생 병도 많아	半生多疾

都揚府副揚管墓碣銘》

225 내가……날 : '호랑이 굴'은 왜영(倭營)을 가리킨다. 황신이 1595년부터 웅천(熊川)과 부산(釜山)의 왜영에서 머물렀고 또 1596년에는 통신사가 되어 일본을 다녀오기도 하였다. 《宣祖實錄 29年 2月 28日》《국역 명재유고 제42권 추포 선생(秋浦先生) 황공(黃公) 행장》

226 맛있는……일 : 맛있는 음식을 어버이에게 올리는 것을 말한다. 《禮記 內則》

227 삼년상 치를 적 : 황신의 모친 곽씨 부인의 상(喪)을 말한 것이다. 곽씨 부인은 1599년(선조32) 4월 1일에 향년 62세로 타계하였다. 《黃寅直 編, 昌原黃氏秋浦家乘, 譜典出版社, 1981, 34쪽》

몸은 야위고 혈색은 없어	形銷血耗
몸뚱이만 앙상했다오	四體骨立
의원이 말하길 이 병은	醫云此疾
참으로 마음병이라서	實緣心恙
약으론 치료하지 못하니	藥不能治
오직 몸 관리 잘하라 했네	唯在善養
부디 남은 인생일랑	庶幾餘生
마음 편히 살기를 바랐는데	安心自全
별안간 집안의 재앙 만났으니	旋罹家禍
하늘이여 어이하면 좋은가	奈何乎天
애통해라 부인이여	我哀夫人
노년의 운명 기구하여	垂老命薄
남편은 멀리 유배가고[228]	良人遠謫
딸 하나와는 생이별하였네[229]	一女生別
서쪽으로 마음 달려가고	西憶心馳
남쪽을 끝없이 바라보매	南望目極
슬픔과 근심 속에 초췌하니	悲憂憔悴
어찌 견딜 수 있었겠나	此豈可堪
화산의 바닷가[230]는	花山濱海

228 남편은 멀리 유배가고 : 1613년 계축옥사가 일어나자 황신이 황해도 옹진(甕津)으로 귀양 간 것을 말한다.《秋浦年譜 卷1 萬曆 4年 丙子條》

229 딸 하나와는 생이별하였네 : 황신의 딸(1579~1621)은, 당시 남편 심광세(沈光世)의 유배지인 영남(嶺南)의 고성(固城)에 가 있던 상태였다.《芝所集 卷1 祭沈舍人室內姉氏文》《休翁集 卷5 祭外姑貞敬夫人全州李氏文》

아래는 습하고 위는 이내 끼는	下濕上嵐
기후가 달라도 다른	風氣不侔
낯선 지역이라	水土未諳
아픈 몸 이끌고 멀리 온 것이	扶病遠來
이 어찌 마땅하였겠소	此豈所宜
지병이 점차 고질이 되어	沈痾漸痼
끝내 보전하기 어려웠네	竟不能支
내가 쌓은 허물 때문에	由我積釁
결국 이 지경에 이르니	遂至於斯
애통해라 부인이여	我哀夫人
객지에서 숨을 거뒀구려	淪沒異地
슬하의 자식은 없이	膝下無兒
눈앞엔 여종만 있었는데	眼前唯婢
갑작스런 발병에 숨을 헐떡이다	病遽氣促
유언도 남기지 못하였네	不及有言
누군들 죽지 않으랴마는	誰無一死
당신처럼 원통한 이 또 있을까	孰如君冤
멀고 먼 고향으로	家山迢遞
상여가 돌아가려 하는데	歸紼將動
죄인으로 매인 외로운 이 몸	孤囚匏繫
멀리까지 전송하지 못하외다	未獲遠送

230 화산(花山)의 바닷가 : 황해도 옹진현의 유배지를 가리킨다. '화산'은 옹진현에 있는 산이다.

당신 가고 나는 머무르니	君去我住
어찌 다시 만날 수 있겠소	那有後期
한평생 금슬 좋았던 아내여	百年之好
갑자기 이별하게 되었구려	一朝分離
관을 어루만지며 영결하는데	撫柩長辭
그대는 아시는가	君豈有知
양주 서산은	惟楊西麓
우리 집 선영이라	是我先塋
위에는 시부모 계시고	舅姑在上
며느리 손자가 옆에 있으니[231]	婦孫在傍
당신 돌아가 의지할 수 있기에	君歸有托
스스로 위안이 된다오	庶可自慰
나 또한 쇠하고 병들었으니	我亦衰病
앞으로 살날이 얼마나 되겠소	在世能幾
지금은 구속 받는 신세지만	生雖見纍
죽으면 어찌 다시 얽매일까	死豈復縶
마침내 세상을 하직하면	終當一逝
당신과 함께 묻히리다	與君同穴

231 양주(楊州)……있으니 : '서산'은 경기도 양주시 장흥면 부곡리에 있는 홍복산(洪福山)을 가리킨다. 이곳에 황신의 부모와 며느리, 손자 산소가 있었다. '며느리'는 아들 황일호(黃一皓)의 초취 부인이었던 안씨(安氏, 1585~1611)이고, '손자'는 안씨 소생의 아들을 가리킨다. 안씨가 결혼 8년째이던 1611년 7월 16일에 아들을 출산하였는데 산후 7일만에 산모가 죽고 몇 달 뒤 아들도 죽었다.《黃寅直 編, 昌原黃氏秋浦家乘, 譜典出版社, 1981, 34・219・221쪽》

이승과 저승으로 떨어져도 幽明雖隔
꿈속에선 만날 수 있고 魂夢可通
거리가 아무리 멀다 해도 川路雖遙
물은 땅속에 있는 법[232]이니 水在地中
떠나시게 부인이여 逝矣夫人
무엇이 한스럽고 무엇이 슬프리오 奚憾奚悲
상여 실은 수레 일찍 멍에하니 靈輀夙駕
이 행렬 어디로 향하나 此行何之
나만 홀로 남아서 念我獨留
심장이 갈기갈기 찢기네 心肝如割
한잔 술로 영결하니 一杯相訣
흠향하고 살펴주오 願垂歆察
아 슬픕니다 嗚呼哀哉
흠향하소서 尙饗

232 물은……법 : 신령은 땅속의 물과 같아서 어느 곳에서나 정성껏 받들면 그곳으로 온다는 것이다. 소식(蘇軾)의 글에 "공의 정신이 천하에 있는 것은 물이 땅속에 있어서 어디를 가든 있지 않음이 없는 것과 같다."라고 하였다. 《東坡全集 卷86 潮州韓文公廟碑》

등대설화 登對說話

병신년(1596, 선조29) 어전에서 오간 이야기 1[233] 2월 무술삭 을축일(28일)

丙申登對第一 二月朔戊戌乙丑日

주강(晝講)[234]에 상이 참찬관(參贊官) 신식(申湜)[235]에게 이르기를,

"황모(黃某 황신(黃愼))가 부산(釜山) 왜영(倭營)에서 왔으니 반드시 적의 정세를 알 것이다. 그를 들어오게 하라."

하였다. 황모가 종종걸음으로 어전에 나아가니-심 유격(沈遊擊)이 바다를 건넌 뒤[236] 어버이를 살피러 서울에 온 것이다.- 상이 이르기를,

233 병신년……1 : 1596년(선조29) 2월 28일에 있었던 대화 내용을 기록한 것이다. 《宣祖實錄 29年 2月 28日》

234 주강(晝講) : 경연(經筵)이나 서연(書筵)에서 한낮에 하는 진강(進講)을 말한다.

235 참찬관(參贊官) 신식(申湜) : 1551~1623. 본관은 고령(高靈), 자는 숙지(叔止), 호는 용졸재(用拙齋)·임곡(臨谷)이다. 1576년(선조9) 별시문과에 급제하였고, 1595년 12월 7일에 동부승지에 제수되었다. '참찬관'은 조선 시대 경연의 정3품 벼슬로, 승지나 부제학이 겸하였다. 《宣祖實錄 28年 12月 7日》

236 심 유격(沈遊擊)이……뒤 : '심 유격'은 임진왜란 때 화의(和議)를 주선한 명나라 사신 심유경(沈惟敬, 1527~1599)이다. 심유경의 일본행은 1596년 1월 15일 배를 타서 16일에 바다를 건너 17일에 대마도에 도착하였고, 기후가 좋지 않아 2월 1일에야 목적

"그대가 국사를 위해 오랫동안 적진에 있느라 고생이 많았다."

하니, 황모가 아뢰기를,

"국사가 이런 상황에 놓였으니 일신의 고생은 돌아볼 겨를이 없습니다. 저 왜적은 온갖 교활하고 간사한 짓을 부리는데, 유부(遊府 심유경(沈惟敬))가 바다에 이른 뒤로 적들의 상황을 더욱 탐지하기 어렵게 되었습니다."

하였다. 상이 이르기를,

"심 유격은 어째서 바다를 건넜다고 하던가?"

하니, 황모가 아뢰기를,

"유경(惟敬)이 신에게 '관백(關白)이 나를 청하니 내 마땅히 바다를 건너가 조정하겠다.'라고 하기에, 신이 '노야(老爺 심유경)가 바다를 건넌 뒤 별일이 생기지는 않겠습니까?'라고 물으니, 유경이 '절대 그럴 리 없다.'라고 하였습니다. 그런데 그 후 병부(兵部)에 보고하기를 '해외의 비루한 풍속이 예의를 익히지 못했으니, 만약 책사(冊使)를 접대할 때 혹 오만불손하게 행동하면 많은 모욕을 받을 것이다. 내가 먼저 바다를 건너가 관백과 의례를 상의하여 정한 다음

지 나고야에 이르렀다. 이후 심유경은 나고야에 주둔하면서 곳곳으로 사람을 보내 동태를 살폈다. 이 행차는 일본의 외교 담판 책임자였던 소서행장(小西行長)의 간절한 요청 때문에 이루어진 것이다. 소서행장의 서신 등에 따르면, 일본 내에서 평화 회담에 불리한 의견들이 나오고 있었기 때문에 소서행장은 심유경의 조기 일본행을 통해 양국의 평화 회담에 대한 신용을 표방하고자 하였으며, 동시에 책봉시 접대 의례에 대한 문제들을 고려하여 심유경을 미리 초청하여 준비해야 하는 사안들에 대한 지도도 받고자 하였다.《정결서, 萬曆 24년 일본 부사 沈惟敬의 일본행적 고찰, 경남문화연구 33권, 경상대 경남문화연구소, 2012, 121~122》

천사(天使)를 모시고 바다를 건널 것이다.' 하였다고 합니다. 신이 행장(行長)의 부하에게 물었더니 '관백이 유격을 청한 것이 아니라, 일본에서 이간질하는 말이 크게 일어나자 행장이 직접 들어가 조정하려 하면서 자신의 힘이 부족할까 두려워 유격에게 함께 바다를 건너자고 요구한 것이요.'라고 하였습니다."

하였다. 상이 이르기를,

"적들이 다시 침입할 조짐이 있던가?"

하니, 황모가 아뢰기를,

"조만간 준동할 기미는 특별히 없었습니다. 통신(通信)에 관한 말[237]은 사실인지 낭설인지 알 수 없지만, 조신(調信)이 나온 뒤에 반드시 성사될 것으로 믿고, 현소(玄蘇)[238] 등이 날마다 모여 상의하고 있습니다."

하였다. 상이 이르기를,

"만약 다시 침략할 계획이라면, 저들의 은밀한 계책이야 알 수 없지

237 통신(通信)에 관한 말 : 당시 강화(講和)를 주장하던 명나라와 일본 측에서 조선의 통신사 파견을 요청한 것을 말한다. 월사(月沙) 이정귀(李廷龜, 1564~1635)는 당시 상황을 다음과 같이 전했다. "병신년(1596),……소서행장(小西行長)이 우리나라 사신을 보내 줄 것을 청하면서 '명나라가 책봉 사신을 보냈는데 조선만 유독 사신을 보내지 않으니, 그렇다면 명나라와 화친하는 것일 뿐이다. 반드시 조선의 사신이 와야 대사(大事)를 완결할 수 있다.' 하니, 부사(副使) 심유경(沈惟敬)이 그 말을 옳게 여겨 누차 자문을 보냈다. 우리 조정은 머뭇거리며 분명히 결정하지 못하였다."《月沙集 卷51 秋浦黃公行狀》

238 현소(玄蘇) : ?~1612. 일본 박다(博多) 성복사(聖福寺)의 승려로, 임진왜란 1년 전에 대마도주(對馬島主) 종의지(宗義智)를 따라 우리나라에 사신으로 와서 국정을 염탐하기도 하고 난중에는 군중(軍中)에 와서 강화(講和) 문제에 참여하기도 하였다.

만 틀림없이 군사를 배치하고 군량을 운반할 것이다."

하니, 황모가 아뢰기를,

"청정(淸正)은 철환(鐵丸)을 잘 쏘고 행장(行長)은 지략이 남보다 뛰어나기 때문에 향하는 곳마다 거침이 없습니다. 수길(秀吉)의 양자인 수차(秀次)[239]가 수길을 암살하려다가 발각되어 주륙되었는데, 왜병들이 신들에게 말하기를 '조선 사람은 옛 글을 배워 의리를 알기 때문에 부자간에 서로 해치는 변고가 없지만, 일본 사람은 아는 것이 없기 때문에 수차가 일본의 절반을 차지하고도 오히려 부족하게 여겨 아버지를 죽이려고 하였으니, 일이 몹시 잘못되었다.' 하였습니다."

하였다. 상이 이르기를,

"지금 배신(陪臣)을 보내면 적군은 남김없이 철수하겠는가?"

하니, 황모가 아뢰기를,

"통신(通信)을 보내는 일은 조정의 처리 여하에 달렸습니다마는, 신의 망녕된 생각에는 손해만 있을 뿐, 이익은 없을 듯합니다. 지금 비록 통신한다 하더라도 분명 뒤탈이 있을 것이요, 열 가지 중 아홉 개를 들어 주어도 그 하나는 필시 따르기 어려운 요청일 것입니다."

하였다. 이덕형(李德馨)[240]이 아뢰기를,

239 수차(秀次) : 풍신수길의 누이의 아들인 풍신수차(豊臣秀次, 1568~1595)를 말한 것이다. 어린 시절 풍신수길의 지시로 다른 가문의 양자로 들어가야 했으며, 젊어서는 풍신수길를 따라 여러 전쟁에서 공훈을 세우기도 했다. 풍신수길이 정권을 잡자 아이가 없던 풍신수길의 후계자로서 관백(關白)의 자리에 올랐다. 그러나 풍신수길이 뒤늦게 아이를 낳으면서 풍신수차는 오히려 풍신수길의 장애물이 되고 말았다. 결국 모반을 꾀했다는 죄로 추방된 후 풍신수길의 명령에 따라 자결하고 말았다.

"적과 대치한 지 4년이 되었는데 아직까지 실상을 파악하지 못하고 있으니, 이제는 포로처럼 변장하고 저들에게 잠입시켜서 정보를 캐와야 합니다."

하니, 황모가 아뢰기를,

"거짓으로 적에게 투항하는 것은 들어가기 쉬울지 모르나 나오기는 매우 어렵습니다. 그러니 정탐꾼을 보낸들 어떻게 실정을 알겠습니까."

하였다. 덕형이 아뢰기를,

"무사 가운데 지모 있는 자를 골라 중국인에 딸려 보내 바다를 건너가 정탐하게 하면, 왜적의 상황을 살필 수 있을 것입니다."

하였다.

240 이덕형(德馨) : 이덕형(1561~1613)의 본관은 광주(廣州), 자는 명보(明甫), 호는 한음(漢陰)이다. 당시 병조 판서로 재직하면서 경연에 특진관(特進官) 신분으로 참여한 것으로 보인다.《宣祖實錄 29年 1月 7日, 2月 28日, 3月 3日》

병신년 어전에서 오간 이야기 2[241] 12월 계미일(21일)

丙申登對第二 十二月癸未日

신시(申時 오후 3시~5시)에 상이 별전(別殿)에 나아가 황모(黃某 황신(黃愼))를 인견하였다. 상이 이르기를,

"그대가 나랏일로 외국에 왕래하느라 노고가 많았다."

하니, 황모가 아뢰기를,

"사신의 직책을 제대로 수행하지 못하여 왕명을 전달하지 못하였으니[242] 신의 죄는 만 번 죽어 마땅합니다."

하였다. 상이 이르기를,

"이는 사신의 죄가 아니니 미안해하지 마라. 그곳 적의 사정은 어떠

241 병신년……2 : 황신이 일본으로 통신사를 다녀온 뒤인 1596년(선조29) 12월 21일에 어전에서 나눈 대화를 기록한 것이다. 대본에는 '十一月癸未日'로 되어 있는데, 《선조실록》과 황신이 작성한 〈일본왕환일기(日本往還日記)〉에 의거하여 '二'를 '二'로 바로잡아 번역하였다.《宣祖實錄 29年 12月 21日》《海行摠載 日本往還日記 丙申年 12月 9日》

242 왕명을 전달하지 못하였으니 : 1593년 4월 18일, 일본군은 한성(漢城)에서 물러나 남쪽으로 내려가 부산에서 거제에 이르는 해안 지역에 성곽을 쌓고 주둔하면서 명나라와의 강화교섭을 시작했다. 명과 조선에서는 각각 책봉사(冊封使)와 통신사(通信使)를 일본에 파견하여 전쟁을 종결시키려는 노력을 기울였으나, 풍신수길은 조선이 명과 통하려는 일본을 방해하고 이후 명과 일본의 교섭도 방해하였으며, 이종성이 도망한 것은 조선이 겁을 주었기 때문이며, 조선 통신사는 책봉사와 함께 오지 않고 늦게 왔고, 왕자를 보내지도 않아 일본을 경멸했다는 이유를 들어 통신사를 만나지 않겠다고 선언하였다.《海行摠載 日本往還日記 丙申年 閏8月 29日》《김경태, 정유재란 직전 조선의 정보수집과 재침 대응책, 한일관계사연구 59, 한일관계사학회, 2018, 230~238》

한가?"

하니, 황모가 아뢰기를,

"신이 처음 일본에 이르렀을 때에는 일이 대부분 순조로웠습니다. 행장(行長)과 정성(正成) 등이 와서 영접하며 말하기를 '관백(關白)이 조사(詔使)와 귀국의 사신이 온다는 말을 듣고 유독 기뻐하면서 우리들에게 교외로 나가 맞이하는 것이 좋겠다는 칙령을 내렸기 때문에 우리들이 온 것이다.' 하였습니다.

그런데 왕명을 전달하는 날이 되자, 관백이 말하기를 '일본이 중국과 통하려 하는데 조선이 길을 빌려 주지 않았고, 그 후 심 유격(沈遊擊 심유경(沈惟敬))이 화친을 의논하려 할 때에도 조선에서는 오히려 중국에 군대를 청하여 일을 망쳐 놓았으며, 또 그 뒤 중국 사신이 부산 군영에 들어올 때에도 조선에서는 사신 한 사람도 일본으로 함께 들여보내지 않다가 중국 사신이 일본에 들어온 날에야 비로소 사신을 보내 왔다. 원래 왕자의 생사고락이 모두 우리 손에 달려 있었으나 우리는 예로써 대우하여 돌려보냈는데,[243] 저들은 오히려 나를 무례하게 대하였다. 내가 이 때문에 화가 치민 것이니 조선 사신을 만나지 않겠다.' 하고, 명일에 오직 중국 사신만을 접대하라고 명령하였습니다.

다음날 두 중국 사신이 봉작례(封爵禮)를 행하였는데, 관백은 뜰

243 왕자의……돌려보냈는데 : 1592년(선조25)에 임해군(臨海君)과 순화군(順和君)이 함경도에서 가등청정(加藤淸正)의 포로로 잡혔다가 풀려난 적이 있었다. 이때에 이르러 풍신수길이 두 왕자를 풀어 준 일에 대해 그 왕자들을 직접 보내 사례하지 않는다고 조선에 트집을 잡은 것이다. 《燃藜室記述 卷17 宣祖朝故事本末》

에 서서 다섯 번 절하고 세 번 머리를 조아린 다음 내려주는 의복을 경건히 받았고, 그의 신하 40여 명도 모두 황제의 하사품을 차등 있게 받았다고 합니다. 신은 관백이 참석하지 못하게 금지했으므로 목도하지 못하여 그간의 사정을 상세히 알 수는 없고, 인편으로 전해 듣긴 했지만 또한 모두 믿기는 어렵습니다."

하였다. 상이 이르기를,

"관백이 예식을 거행하는 데 어떻게 하였다고 하던가?"

하니, 황모가 아뢰기를,

"왜(倭)의 복장을 하고 칙서를 받았는데, 배례(拜禮)는 했다고도 하고, 혹 하지 않았다고도 합니다."

하였다. 상이 이르기를,

"관백은 오사포(五沙浦)에서 봉작을 받았는가? 그대들과 두 책사(冊使)도 모두 사포(沙浦)에 있었는가?"

하니, 황모가 아뢰기를,

"산성주(山城州)에서-관백의 도읍이다.- 오사포까지 6, 7리 거리인데 당시 지진이 매우 심하여 도읍이 허물어진 까닭에 오사포로 나가서 기다렸습니다. 관백은 청정(淸正)이 참소하는 말을 듣고 매우 분노하여 심지어 중국 사신까지도 쫓아 보내라고 명령하였는데, 그 신하인 세 봉행(奉行)[244]이 - 장성(長盛)[245]·길륭(吉隆)[246]·삼성(三成)[247]이다.-

244 봉행(奉行) : 오늘날로 치면 각 부의 장관에 해당된다. 풍신수길 정권에서 주로 정권의 실무를 담당한 이른바 '오봉행(五奉行)'이 있었는데, 이는 풍신수길의 관백(關白) 취임 뒤인 1585년, 또는 1593년 풍신수길의 와병 중에 오대로(五大老) 제도와 함께 설치된 것으로 생각된다. 대곡길계(大谷吉繼)와 소서행장(小西行長)을 시작으로 많은 봉행이 행정을 담당하고 있었는데, 그중에서도 특별히 중요한 활약을 한 5명이 오봉행

극구 간하여 그만두었다고 합니다."

하였다. 상이 이르기를,

"봉행은 어떤 형태의 벼슬인가? 역시 중이던가?"

하니, 황모가 아뢰기를,

"봉행은 조정의 중앙에서 권력을 쥔 관원입니다. 관직 자체는 높지도 않고 낮지도 않은데 권력은 그들에게서 나옵니다. 중은 아닙니다. 임진년(1592, 선조25)에 군대를 따라 우리나라 도성의 창동(倉洞)과 저동(苧洞)에 들어왔었던 자들인데, 행장 등이 처음 강화를 추진

이라고 불렀다. 5명이라는 수는 정해진 것은 아니고, 수차(秀次) 사건의 영향으로 천야장정(淺野長政)이 일시 실각했던 때에는 궁부계윤(宮部繼潤), 부전일백(富田一白)을 더하여 6명이 봉행직을 맡기도 했다.

245 장성(長盛) : 증전장성(增田長盛, 1545~1615)이다. 풍신수길에게 신종하여 문무 양면에서 많은 공을 세웠다. 임진왜란 때에도 본래 병참 업무를 맡았으며, 수길의 지시에 따라 명의 사절을 접대하기도 하였다. 죽음을 앞둔 수길이 장성 등에게 아들 수뢰(秀賴)의 보좌를 부탁하기도 했다. 대본에는 '長星'으로 되어 있는데, '星'을 '盛'으로 바로잡아 번역하였다.

246 길륭(吉隆) : 대곡길륭(大谷吉隆, 1558~1600)이다. 대곡길계(大谷吉繼)라고도 하는데, 임진왜란 등에서 병참 업무를 담당하여 군감으로서 뛰어난 능력을 발휘하였다. 대본에는 '吉星'으로 되어 있는데, '星'을 '隆'으로 바로잡아 번역하였다.

247 삼성(三成) : 석전삼성(石田三成, 1563~1600)이다. 1572년에 풍신수길을 만나면서 그를 섬겼다. 1592년 임진왜란 때 풍신수길의 대리인으로 조선에 침입하여 총수(總帥) 우희다수가(宇喜多秀家)를 도왔다. 벽제관전투에서 대승을 하였지만 행주성 전투에 출전하여 권율(權慄) 장군에게 대패하였고 이후 소서행장과 함께 명나라와 강화 교섭을 벌였다. 1597년 정유재란에 다시 출정하였는데, 1598년 도요토미가 본국에서 철군 명령을 내리고 죽자 일본군이 철수하는 일을 주도하였다. 풍신수길의 가신(家臣) 가운데 문치파(文治派)의 총수였다. 대본에는 '三星'으로 되어 있는데, '星'을 '成'으로 바로잡아 번역하였다.

할 때 삼성(三成)에게 뇌물을 바치고서야 비로소 강화를 논의했다고 합니다.”

하였다. 상이 이르기를,

“특별히 전별연을 베풀어 위로해 준 일은 없었는가?”

하니, 황모가 아뢰기를,

“그런 의례는 없었습니다. 또 칙사를 받드는 예절로 대하지 않고, 소신(小臣)을-공이 자신을 지칭한 말이다.- 대하는 예절과 다르지 않았습니다.”

하였다. 상이 이르기를,

“청정(淸正)의 일을 가지고 일본 사람들은 무어라고 하던가?”

하니, 황모가 아뢰기를,

“청정의 일에 대해 신이 부산(釜山)에 있을 때 들은 바로는 그가 죄를 지어 처벌받았다고 했는데, 그 후 일본에 들어갔을 때 신의 일행이 과자포(瓜子浦)에-바로 낭고야(浪古耶)이다.- 이르러 길에서 만난 사람에게 물었더니 모두가 헛소문이었습니다. 신이 사람을 시켜 조신(調信)[248]에게 묻자, 조신이 '죄를 지었다는 것은 헛소문이다. 지금 관백이 조선을 재차 침략하려는 계획은 대체로 청정이 부추긴 것이다.' 하였습니다.”

하였다. 상이 이르기를,

“중국 사신과 우리나라 사신을 관백이 모두 죽이려고 했다는데 사실

248 조신(調信) : 평조신(平調信)으로, 대마도주 종의지(宗義智)의 부관(副官)이다. 1591년 풍신수길의 사신으로 우리나라에 왔으며, 이듬해 임진왜란 때 왜군에 가담하여 쳐들어왔다.

인가?"

하니, 황모가 아뢰기를,

"신의 일행을 때려죽일 뜻이 있었는지는 상세히 알 수 없습니다. 다만 역관(譯官) 박대근(朴大根)[249]이 신에게 와서 하는 말이, '관백이 일행을 모조리 죽이고 책사까지도 쫓아내려고 하니, 세 봉행(奉行)이 말하기를「예로부터 사신을 죽이는 나라는 없습니다. 더구나 지금 조선에게 왕자를 보내지 않았다고 책망하려는 터에 먼저 사신을 죽인다면 이는 왕자가 오는 길을 막는 것입니다.」하였고, 장성(長成)도 말렸다.'라고 하였습니다."

하였다. 상이 이르기를,

"청정이 장차 나올 것이라고 하던데 사실인가?"

하니, 황모가 아뢰기를,

"청정 등이 나오는 것은 2, 3월경이 될 것입니다. 비록 온다 하더라도 필시 울산(蔚山)이나 기장(機張) 등의 고을에 진을 치고 있으면서 관백의 명령을 기다릴 것이라고 합니다."

하였다. 상이 이르기를,

"두 왕자가 와서 사례하기를 요구하는 말이 있던가?"

하니, 황모가 아뢰기를,

249 역관(譯官) 박대근(朴大根) : 본관은 무안(務安), 자는 현구(玄久)이다. 임진왜란 때 적정(敵情)을 정찰한 공으로 서부 참봉(西部參奉)이 되었고, 그 뒤 왕명으로 풍신수길(豊臣秀吉)의 사신을 자주 만나 능(陵)을 범(犯)한 적을 색출하는 등의 공으로 첨지중추부사(僉知中樞府事)에 특진되었다. 그 뒤 여러 번 사신을 따라 일본에 갔으며, 또 선위사(宣慰使)를 따라 부산에 가서 포로로 잡힌 남녀 수천 명을 쇄환(刷還)하는 데 힘을 썼다.

"신이 일본에서 부산으로 올 때 행장이 그의 장관(將官) 사귀요간(沙貴要間)[250]을-성명이다.- 보내 말하기를 '숙소가 매우 번잡하여 만나 이야기할 수 없으니 빈집에서 잠시 만나 서로 이야기하기를 청하오.' 하여, 신이 승낙하였더니, 그날 초저녁에 행장이 약속대로 찾아와 말하기를 '사신께서 멀리 오느라 고생했는데 화친을 이루지 못하여 매우 미안하게 생각하오. 관백의 당초 생각에는 비록 왕자를 보내지 않았지만 중국이 특별히 사신을 보냈으므로 더할 나위 없이 기뻐하여 화친을 맺을 수 있다고 여기셨소. 그런데 마침 이 천사(李天使)가 -종성(宗城)이다.- 도망치는 바람에[251] 사사건건 틀어지더니, 중국 사신을 접견할 장소였던 객관(客館)이 지진으로 너무나 참혹하게 훼손되었기 때문에 관백이 이로부터 조선에 대해 끝도 없이 분통이 터뜨린 것이외다. 앞으로 할 일은 속히 왕자를 보내어 사례하는 것이 최선이오. 대신과 백관들이 아무리 함께 온다 해도 전쟁을 막는 데에는 아무런 영향을 주지 못할 것이오. 하물며 우리 일본이 조선 왕자를 머물게 하면서 평민으로 대하겠는가, 아니면 국군(國君)으로 대하겠는가. 다만 와서 지난날 돌려보낸 뜻에 사례하게 하는 게 좋을

250 사귀요간(沙貴要間) : 《선조실록》에는 '沙貴要聞'으로 되어 있다. 어떤 인물인지 알 수 없다. 《宣祖實錄 29年 12月 21日》

251 이 천사(李天使)가 도망치는 바람에 : 명나라 신하 이종성(李宗城)은 1594년 12월, 석성(石星)의 추천으로 도독 첨사(都督僉事)에 제수되어 일본 국왕을 책봉하는 정사(正使)로 뽑혔다. 이듬해 부산(釜山)에 이르렀으나, 왜군이 점차 불어나고 사신을 수시로 겁박하자 왜군이 재침(再侵)하는 것으로 오해하고 도망쳐 돌아갔다. 대본에는 '宗誠'으로 되어 있는데, 《명사(明史)》에 의거하여 '誠'을 '城'으로 바로잡아 번역하였다. 《明史 卷20 神宗本紀》

것이외다.' 하고는, 스스로 하늘에 맹세를 하더니 말하기를 '돌아가거든 국왕께 보고해서 이 일을 잘 끝맺으면 매우 다행이겠소.' 하였습니다.

신이 말하기를 '어찌 왕자께서 와서 사례할 리가 있겠소. 더구나 내가 귀국한다 해도 어떻게 그런 말을 입 밖에 내어 왕에게 아뢸 수 있겠는가. 이는 절대 있을 수 없는 일이니 기대하지 마오.' 하니, 행장이 '그러면 어찌하겠는가? 관백이 싸우려고 하는 건 기정사실인데, 조선이 일전을 벌였다가 패한 뒤 다시 화친을 청한다면 그때는 백 명이나 되는 사람이 완곡히 설득하더라도 묘책이 없을 것이니 후회하지 말게. 또 군대를 움직인 후에는 나도 중간에서 도와주지 못하니 부디 돌아가서 자세히 아뢰시오.' 하였습니다.

이에 신이 답하기를 '전쟁을 좋아하지 않아도 적이 이르면 응전해야 하니, 전쟁이 싫어도 또한 어쩔 수 없는 일이다. 이치에 합당한 일이라면 싸우지 않고도 자연히 화친할 테고, 화친할 수 없는 사안이라면 어찌 싸우는 일을 두려워하겠소. 군대를 출동한다는 말로 나를 협박하지 마시오.' 했더니, 그는 이내 읍하고 나갔습니다.

다음날 신이 일찍 기상하니 정성(正成)이 관문(館門) 밖에 와 있었습니다. 그는 신을 보고 말하기를 '나는 조선의 대답을 듣고 돌아가서 관백에게 고하려고 하니 속히 대답해 달라.' 하자, 행장이 말하기를 '그렇지 않다. 조선은 반드시 임금의 뜻을 받든 뒤에 회답할 것이다. 왕래하는 데 통상 3, 4개월은 걸린다. 그 사이 내가 거병을 막아 즉시 움직이지 않게 할 테니, 군대가 출동하기 전에 속히 조치하길 바라오.'라고 하였습니다."

하였다. 상이 이르기를,

"행장은 화친을 주장하고 청정은 싸움을 청하니 두 사람의 하는 짓이 마치 장부와 구멍[252]처럼 서로 어긋나는 것은 이 무슨 의도인가? 혹자는 스스로 앙숙이 되었다고 말하는데 이 말이 맞는가?"

하니, 황모가 아뢰기를,

"말하는 품새로 그들의 취지를 살펴보면 그들의 의논은 확실히 다릅니다."

하였다. 상이 이르기를,

"행장과 조신 등이 화친을 강력히 주장함은 어째서이며, 청정만 홀로 전쟁을 주장하는 건 어째서인가?"

하니, 황모가 아뢰기를,

"당초 같은 편끼리 왜 격돌했는지는 신이 알 수 없으나, 대체로 사람 마음은 남보다 위에 있으면 좋아하고 남보다 아래 있으면 싫어하기 마련입니다. 이런 까닭에 조신이 사포(沙浦)에 이르러 장성(長成)에게 말하기를 '당초 화친에 힘쓴 것이 결국 수포로 돌아갔으니 세 나라 사람들에게 부끄럽다. 차라리 칼로 내 목을 찔러 죽어야겠다.' 하였고, 행장도 신에게 '청정이 다시 조선으로 건너간다 해도 울산과 기장 사이에 군사를 주둔할 뿐 많은 군사를 거느리고 깊이 들어가지는 않을 것이니, 그의 뜻은 대개 화친을 못하게 전쟁을 하려는 것이오. 조선이 만약 경주(慶州) 등지에 힘껏 무기를 배치하고 군량은 먼 지역에 두고서, 청정이 싸우려 하면 굳게 수성하고 포위하려 하면 식량이 없을 것이니, 그리되면 형세상 청정은 저절로 무너질 것이외

252 장부와 구멍 : 모난 장부에 둥근 구멍이나 둥근 장부에 모난 구멍은 서로 맞지 않는다는 뜻에서, 사물이 서로 용납하지 않거나 모순되는 것을 비유하는 말로 쓰인다.

다.'라고 하였는데, 그 스스로도 우리를 돕는 것이라고 말하였습니다.[253]"

하였다. 상이 이르기를,

"적들이 기어이 왕자를 오게 하려는 것은 무슨 의도인가?"

하니, 황모가 아뢰기를,

"저들이 처음에 왕자를 포로로 잡은 것은 일본에 공을 세우려 한 것이고, 결국 왕자를 석방한 것은 우리나라에 대가를 받으려 한 것입니다. 그런데 왕자를 풀어준 후로 한 번도 사신을 보내 사례하지 않았기 때문에 왕자가 다시 오도록 굳게 요청하면서 꿍꿍이수작을 부리는 것일 뿐입니다. 요시라(要時羅)는-행장 막하에 있는 작은 우두머리이다.- 미천하지만 영리한 자인데, 하루는 박대근을 사적으로 만나서 말하기를 '관백은 극악무도하여 광증을 부리고 의혹을 품으니, 3년도 안 되어 자멸할 것이오. 모름지기 청정이 움직이기 전에 조선 측에서 여러 우두머리에게 사람을 보내 말하기를「왕자를 이와 같이 요구하니 즉시 보내는 것이 마땅하나, 지난 임진년에 왕자의 잘못으로 토착민들 사이에 틈이 벌어져 결국 포박되어 청정의 군중으로 끌려간 것이기 때문에 임금이 대노하여 변방으로 쫓아 버렸고, 온 나라 사람들도 너도나도 할 것 없이 비루하게 여기고 있다. 왕자가 오고 안 오는 것이 너희 나라와 무슨 관련이 있겠는가. 차라리 대신을 보내어 화친을 맺고 해마다 우호를 다지는 것이 오히려 옳지 않겠

253 그 스스로도……말하였습니다 : 대본에는 '自云助我者也'로 되어 있는데, 《선조실록》 29년 12월 21일 기사에는 "행장은 우리를 돕는 것 같았습니다.〔蓋似助我者也.〕"라고 하였다.

는가?」라고 하면, 관백도 어쩌면 기뻐서 들어줄지 모르네. 그리만 되면 전쟁을 몇 해 지연시킬 수 있고, 관백이 자멸하는 것도 기다릴 수 있을 것이오.' 하였습니다."

하였다. 상이 이르기를,

"요시라와 평조신은 모두 그대와 동행했던 자들인가?"

하니, 황모가 아뢰기를,

"조신은 간교하기가 여러 우두머리 중 으뜸이었으나 이번 우리 일행에게는 마음과 힘을 다하여 대접했고 일본에서 나올 때에도 마찬가지였습니다. 대사를 매듭 짓지 못한 게 한스러워 마음이 상당히 좋지 않아 보였습니다."

하였다. 상이 이르기를,

"지진이 일어났다는 말은 사실인가?"

하니, 황모가 아뢰기를,

"신이 일본에 이르기 전인 8월에 큰 지진이 일어나서 사포(沙浦)·오사포(五沙捕)·산성주(山城州)의 누각이 붕괴되었다고 합니다."

하였다. 상이 이르기를,

"그대가 직접 본 지진의 흔적이 있는가?"

하니, 황모가 아뢰기를,

"병고관(兵庫關)-지명이다.- 은 언덕이 내려앉아 늪지가 되었고, 풍후(豊後)-지명이다.- 지방은 인가 4, 5천 호가 모두 지진에 매몰되어 높은 언덕만 남고 나무 끝부분만 곳곳에 보일 뿐이었습니다."

하였다. 상이 이르기를,

"집들이 모두 매몰되었다는 소리인가?"

하니, 황모가 아뢰기를,

"그 지역은 전부 바다로 변해서 생존자는 겨우 8, 9인 정도인데, 나무 꼭대기로 올라간 자만이 익사를 면한 것이라고 합니다."

하였다. 상이 이르기를,

"그대가 일본에 들어간 후에도 지진이 있었는가?"

하니, 황모가 아뢰기를,

"신이 8월부터 9월까지 사포(沙浦)에 머무른 20일 동안 지진이 없는 날이 없었습니다. 사람이 넘어지거나 가옥이 무너질 정도로 심한 경우는 대략 열흘에 한 번꼴이었고, 기타 소소한 지진이 하루 사이에도 두세 번은 있었습니다. 사포 근처 인가의 벽은 성한 것이 전혀 없었습니다."

하였다. 상이 이르기를,

"저 왜적이 우리나라의 기계 중 배를 만드는 제도나 대포(大砲), 활과 화살 같은 것들을 모두 배웠다고 하던가?"

하니, 황모가 아뢰기를,

"활과 화살을 가져가지 않은 것은 아니나 불을 붙이는 것과 늦추고 당기는 데 요령을 얻기 어렵기 때문에 활과 화살에는 노력을 기울이지 않습니다. 선박의 경우, 왜인들도 일찍이 익혀 온 바이지만 가볍고 빠른 것이 좋은 줄만 알고 완전하고 두꺼운 것이 믿음직하다는 건 모르기 때문에 우리의 배 만드는 제도를 배울 줄 모릅니다. 대포는 없고 항상 조총을 쏘고 있었습니다."

하였다. 상이 이르기를,

"그대가 출입할 때 모두 우리나라의 배를 탔었는가?"

하니, 황모가 아뢰기를,

"신이 처음에는 왜선(倭船)이 필시 우리 배보다 우수하다고 여겨 부산에서 일기도(一岐島)까지 모두 왜선을 탔으나, 일행이 적관(赤關)-지명이다.- 에 이른 뒤로는 우리 배를 타고 갔고[254] 돌아올 때도 우리 배를 탔습니다."

하였다. 상이 이르기를,

"판옥선(板屋船)이던가?"

하니, 황모가 아뢰기를,

"이순신(李舜臣)이 감독하여 만든 배로 왜선의 제도를 모방한 것입니다. 신이 일본에서 돌아올 때 부산으로 건너가려 하니 여러 왜인들이 말하기를 '맞바람이 부는 듯하니 틀림없이 곧바로 부산에 도달할 수 없습니다.' 하였습니다. 다시 우리나라 사공에게 물어보니 모두 건널 수 있다고 하므로 왜인들이 굳게 말리는데도 듣지 않았습니다. 바다를 반쯤 건너자 왜인들이 기뻐하며 말하기를[255] '이제는 건널 수 있겠습니다.' 하였습니다. 밤이 깊어서 부산에 정박했는데, 부산 왜영에 있던 왜인들이 저희를 보고 깜짝 놀랐습니다."

하였다. 상이 이르기를,

"평수채(平守采)[256]가 수길(秀吉)의 자리를 빼앗으려다 발각돼 주륙

254 일행이……갔고 : '적관'은 적간관(赤間關)으로 일명 하관(下關)이다. 황신의 《일본왕환일기(日本往還日記)》에는, 적간관이 아닌 상관(上關)을 지나 가망가리(加亡加里)로 향할 때 통신사가 탄 배가 너무 커서 빨리 가기 어렵다는 이유로 작은 배로 바꾸어 탔으나 배가 너무 좁고 흔들거려 다시 우리나라 배로 바꾸어 탔다는 기록이 보인다.《海行摠載 日本往還日記 丙申年 閏8月 10日, 11日》

255 왜인들이 기뻐하며 말하기를 : 대본에는 '倭不悅曰'로 되어 있는데, 《선조실록》 29년 12월 21일 기사에 의거하여 '不'을 '子'로 바로잡아 번역하였다.

256 평수채(平守采) : 풍신수차(豊臣秀次, 1568~1595)를 말한다. 대본에는 '樂守

되었다고 하는데, 혹자는 무고를 받고 살해당해서 원통히 여기는 사람이 많다고 말하니 어찌된 일인가?"

하니, 황모가 아뢰기를,

"항간에서는 평수채가 살해된 것을 원통히 여기지만, 조신(調信)은 그가 모반을 꾀하다 발각된 것이라고 말했습니다."

하였다. 상이 이르기를,

"왜적에게 포로가 된 우리나라 백성들은 어떤 옷을 입고 있던가?"

하니, 황모가 아뢰기를,

"왜인의 옷을 입고 왜인의 말로 이야기하는데 우리나라 말은 모두 잊어버리고 몰랐습니다."

하였다. 상이 이르기를,

"왜적은 다시 침략하려고 군사를 더욱 조련하던가?"

하니, 황모가 아뢰기를,

"특별히 들은 건 없습니다. 다만 관백이 행장 등으로 하여금 군사를 통솔하게 하면서 각자 무기와 식량을 스스로 조달하게 하였습니다. 병력을 내고 군량을 운반하는 일을 이원화하는 우리나라와는 달랐습니다."

하였다. 상이 이르기를,

"관백이 우리나라에 대해서는 화가 나서 그렇다고 하지만, 중국에 대해서는 이미 봉작(封爵)을 받았으면서 어찌 사람을 보내 사례하지 않은 것인가?"

桼'라고 되어 있는데, 《선조실록》 29년 12월 21일 기사에 의거하여 '樂'을 '平'으로 바로잡아 번역하였다.

하니, 황모가 아뢰기를,

"적지에 있으면서 그 의미를 탐문해 보니, 반드시 먼저 조선과 통한 다음에야 중국에 사신을 보낼 수 있다는 관백의 말이 있었다고 합니다."

하였다. 오억령(吳億齡)[257]이 아뢰기를,

"왜의 사은 표문(謝恩表文)은 왜의 문자가 아니고 억지로 왜의 글을 만든 중국 글로 보입니다. 그러니 사은하는 일을 또한 믿기 어렵습니다."

하니, 황모가 아뢰기를,

"세 장로(長老)가 표문을 가지고 왔다가 도로 들어갔고, 관백이 다시 정성(正成)에게 명하여 표문을 가지고 왔으나 표문에 인신(印信)이 없어서 중국 사신이 받지 않으니, 정성이 다시 들어가서 인신을 찍어 가지고 낭고야(浪古也)-지명이다.- 까지 왔었습니다."

하였다. 황모가 또 아뢰기를,

"신이 전후로 올린 장계가 비변사에서 유출되어 전파되었기 때문에 진 유격(陳遊擊)[258]이 하루는 신을 불러 놓고 그 글을 외웠습니다. 이어서 신을 책망하여 말하기를 '당신 때문에 귀국 국왕이 중국에 군대를 요청하였으니 두 사신은 앞으로 어떻게 처신해야 하겠는가.' 하였는데, 비록 크게 화내지는 않았지만 편치 않은 기색이 역력했습

257 오억령(吳億齡) : 1552~1618. 본관은 동복(同福), 자는 대년(大年), 호는 만취(晩翠)이다. 1582년 식년문과에 병과로 급제하였고, 1596년 봄에 도승지에 제수되었다.

258 진 유격(陳遊擊) : 흠차선유 유격장군(欽差宣諭游擊將軍)으로, 1594년 10월에 나와 1595년에 책사를 따라 왜적의 진영에 들어갔으며, 1596년에 양방형(楊方亨)을 따라 돌아갔다.

니다. 또한 한 장의 문서를 내놓았는데 우리나라 공사(公事)간의 문서 및 군대를 요청하는 자문 속에 들어 있는 말과, 우리나라 도성 백성들의 술렁거린 말까지 낱낱이 모두 적에게 전파되어 있었습니다."

하니, 상이 이르기를,

"병가의 기밀이 이와 같이 누설되고 있으니 어찌하면 좋은가?"

하였다. 황모가 아뢰기를,

"7월에 조신(調信)이 신을 보고 말하기를 '지금 들으니 이 책사(李冊使 이종성(李宗城))가 도망친 뒤로 서울 분위기가 흉흉해져 임금이 몽진을 가려 한다. 사대부들은 모두 피난 가는데 육로를 따라 피난하는 자들은 양주(楊州)에서 토적(土賊)을 만나고, 수로를 따라 피난하는 자들은 강화(江華)에서 해적을 만난다 한다. 우리 군대가 경내를 침범하지 않아도 근심과 두려움이 이와 같은데, 하물며 다시 출병하면 어떻게 대항하겠는가.' 하였으니, 그 말이 참으로 원통하였습니다."

하니, 상이 이르기를,

"서울 안의 간사한 무리 중에 혹시 비밀을 누설하는 자가 있는가?"

하자, 황모가 아뢰기를,

"도성 백성만 간사한 짓을 하는 게 아니라, 남쪽 변방의 사대부와 일반 백성들도 왜적이 원수임을 알지 못하고 사사로이 서로 왕래하면서 마치 이웃처럼 지내고 있습니다. 아전과 백성들은 한 달에 반은 관가에서 일하고 반은 왜적에게서 일하는데, 세금을 독촉하고 노동력을 징발함에 피차의 구별이 없습니다. 이 같은 백성으로 이런 일을 하니 어찌 거리낄 것이 있겠습니까."

하였다. 상이 이르기를,

"대마도(對馬島)는 원래 우리나라의 땅이었는데 일찍이 왜적에게 빼앗긴 것이다. 그곳의 형세가 어떠하던가? 가서 정벌한다면 쉽게 빼앗을 수 있겠는가?"

하니, 황모가 아뢰기를,

"형세를 살펴보건대, 대마도는 우리나라가 오늘날 피폐하지만 또한 공격할 만합니다. 풍의군(風漪郡)에는 배를 숨겨둘 만한 곳이 매우 많거니와 그럴 만한 곳이 어디든 있으니, 또한 쉽게 빼앗을 수 있을 것입니다. 또 대마도는 바다 가운데 외딴 섬이어서 순풍을 만나지 못하면 아무리 급변이 생겨도 일본과 곧바로 연락이 닿질 않습니다. 더욱이 그 땅에는 비축된 식량과 꼴이 없으니, 형세 상 결코 오래도록 성을 지키기 어렵습니다."

하였다. 상이 이르기를,

"적이 다시 임진년 때와 같이 많은 군대를 거느리고 침입하겠는가?"

하니, 황모가 아뢰기를,

"신이 자세한 것은 알 수 없으나, 만약 다시 침범한다면 잠시 침략하는 수준이 아니라 반드시 많은 군대를 일으킬 것입니다. 조신(調信)은 항상 한탄하며 말하기를 '내가 전일 조선에 들어갔을 때에는 후속 군사도 없이 너무 깊이 들어갔기 때문에 실적은 없고 소문도 좋지 않았지만, 지금은 농사를 지어 곡식이 쌓여 있으니 먼저 수군을 공격할 것이다.' 하였습니다."

하였다. 상이 이르기를,

"수군을 저들이 어찌 공격하겠는가?"

하니, 황모가 아뢰기를,

"수군을 공격하지 않으면 군량 보급로를 만들 수 없다고 하였습니다."

하였다. 상이 이르기를,

"우리는 국력이 약해 지탱하기 어려운 듯해도, 중국은 우리를 같은 나라처럼 여기는데 어찌 흉적의 침입을 용납하겠는가."

하니, 황모가 아뢰기를,

"적들은 중국군을 우리나라처럼 약하게 보지는 않지만 그렇다고 두려워하지도 않습니다."

하였다. 상이 이르기를,

"저들이 아무리 스스로 강한 체하나 어찌 황제의 위력을 당해낼 수 있겠는가."

하니, 황모가 아뢰기를,

"행장은 평양에서 패했기 때문에 두려움을 많이 가지고 있으나, 청정은 가는 곳마다 진 적이 없으므로 거리낌이 없습니다."

하였다. 상이 이르기를,

"임진년에 침략해 온 왜적의 수는 얼마라고 하던가?"

하니, 황모가 아뢰기를,

"누구는 10만이라 하고 누구는 20만이라 하니 누구의 말이 옳은지 알 수 없습니다. 다만 설치한 진영이 도로에 죽 늘어선 것이 경성(京城)에서 북도(北道)까지, 또 경성에서 평양까지, 부산에서 한강(漢江)까지 뻗친 걸 보면, 병사가 20만이 아니고서는 필시 이같이 성대하지 않았을 것입니다."

하였다. 상이 이르기를,

"수길(秀吉)이 중국 사신을 매우 박대하여 대충하고 의장도 갖추지 않았다던데, 사실인가?”

하니, 황모가 아뢰기를,

“왜국은 예의가 없기 때문에 특별한 의장은 없이 단지 금우(金牛)로 운행할 뿐이었고, 이따금 소홀하고 오만한 예로 대하여 대나무 지팡이를 짚고 도보로 와서 접견했다고 합니다.”

하였다. 상이 이르기를,

“그대의 일행 모두 아무 사고 없이 일본에서 나왔는가?”

하니, 황모가 아뢰기를,

“격군(格軍 노를 젓는 사람) 한 사람이, 우리나라의 일이 순조롭게 풀리지 못하여 일본이 통신사 일행을 모두 죽일 것이라는 말을 듣고는 탈출할 방법이 없자 적중으로 들어갔습니다. 이 밖에 죽은 사람은 없습니다.”

하였다. 황모가 별전을 나가려 하니, 상이 이르기를,

“잠시 앉으라.”

하고, 황문(黃門 내시)에게 명하여 촛불을 들고 사관(史官) 앞에 가서 기록하는 곳을 비추게 하였다. 잠시 후 소황문(小黃門 어린 내시)이 술상을 가지고 나오자 상이 술을 따라 황모에게 주도록 하였다. 술을 마시고 인견을 마치니, 삼경(三更 밤 11시~새벽 1시)이었다.

신축년(1601, 선조34), 어전에서 오간 이야기 2[259] 8월 계사일(28일)

辛丑登對第二 八月癸巳日

주강(晝講)에서 황모(黃某 황신(黃愼))가 아뢰기를,

"난리 후에 학교 정책이 닦아지지 않고 가르치는 방도가 밝지 못한 것은, 서책이 모두 사라지고 사표가 될 만한 사람이 없는 데서 기인한 것이지만, 나라에 일이 많아 신경 쓸 겨를이 없어서 그런 것이기도 합니다. 지금은 조금 안정되었는데도 이처럼 방치하고 있으니 매우 걱정스럽습니다. 인재를 양성하는 것이 급선무이니, 반드시 사유(師儒)를 가려서 그로 하여금 학업을 권면하게 해야 합니다.

《소학》 등의 책은 어린 선비들이 알지 않으면 안 됩니다. 옛사람은 '쇄소응대(灑掃應對)'를 첫 번째 과정(科程)으로 삼았는데, 밖에 나가서 공경(公卿)을 섬기고 집에 들어와 부형을 섬기는 것이 모두 여기에서 말미암는 것입니다. 이 책은 권수가 많지 않으니 서울에서 간행하거나 혹은 지방에서 간행하여 넉넉히 인출해 중외에 널리 배포하고, 관학(館學) 같은 곳에서는 반드시 이 책 이상을 능통한 자에게만 시험에 응시하도록 하소서. 각별히 거듭 밝혀 시행하는 것이 마땅합니다."

하니, 영사(領事) 김명원(金命元)[260]이 아뢰기를,

259 신축년……2 : 이 내용은 《선조실록》 34년 8월 28일 기사에 보인다.

260 영사(領事) 김명원(金命元) : 1534~1602. 본관은 경주(慶州), 자는 응순(應

"이는 가장 시급한 일로, 외부 논의도 또한 이를 걱정하고 있습니다. 일찍이 외방에 간행한 곳이 있다고 들었기에 다수의 책을 인출하도록 명하였습니다."

하였다. 황모가 아뢰기를,

"근자에 수령을 제수할 때 천거한 자의 성명을 장부에 적도록 상께서 특별히 명하신 것은 신중히 선발하려는 뜻에서 나온 것입니다. 그런데 듣자 하니, 전조(銓曹)에서 수령을 천거한 것은 단지 경자년(1600, 선조33)과 신축년(1601) 장부만 있고 기해년(1599) 이전은 보존된 것이 아무것도 없어서 요사이 수령에 결원이 생기면 으레 이 두 해에 천거된 사람으로 의망할 뿐, 그 외에 일찍이 수령을 지내면서 명성과 공적이 있었던 자들도 또한 의망을 받지 못합니다. 이로 인해 의망할 만한 사람이 적다고 합니다. 당초 신중하게 선발하려는 뜻이 도리어 구차히 충당하는 폐단이 되었으니 속히 변통하지 않을 수 없습니다. 또 지난날 수령의 천거는 모두 형식적으로 적당히 천거하였습니다. 이제 천거하는 법을 거듭 밝혀서 천거한 사람도 함께 죄를 묻는 뜻을 알게 하고, 다시금 저마다 알고 있는 사람을 천거해서 착실히 거행하게 한다면, 틀림없이 조심스럽게 천거하고 감히 망녕되이 하지는 않을 것입니다."

順), 호는 주은(酒隱)이다. 1561년 식년 문과에 갑과로 급제하였고, 1601년에 좌의정에 제수되었다. 《宣祖實錄 34年 5月 16日》 '영사'는 조선 시대 문하부(門下府)·삼사(三司)·의정부(議政府)·사평부(司平府)·돈녕부(敦寧府)·춘추관(春秋館)·경연(經筵)·집현전(集賢殿)·홍문관(弘文館)·예문관(藝文館)·서운관(書雲觀)·관상감(觀象監)·중추원(中樞院)·중추부(中樞府)·돈녕원(敦寧院) 등의 으뜸 벼슬로, 품계는 정1품이며 대개 의정(議政)이 겸임하였다.

하니, 김명원이 아뢰기를,

"그 말이 매우 옳습니다. 이른바 수령으로 천거되는 자는 으레 새롭게 진출한 사람들입니다. 과거에 수령을 지내면서 치적을 쌓은 자를 전에는 천거하였는데 지금은 없어서 도리어 참여하지 못하니, 이것이 매우 염려스럽습니다."

하였다.

경술년(1610, 광해군2), 어전에서 오간 이야기 2[261] 11월 18일

庚戌登對第二 十一月十八日

경연(經筵)에서 참찬관(參贊官) 송영구(宋英耉)[262]가 아뢰기를,

"신은 소싯적에 성혼(成渾)에게서 배웠습니다. 성혼은 시골에서 안정되게 자신을 지키면서 학문이 고명하고 행실이 독실하니 유림에서 높이 추앙하였습니다. 그런데 불행히도 애매한 죄로 처벌 받은 것이 아직도 신원되지 않았기에 신은 늘 답답하게 여깁니다. 누구든 세 분의 은혜로 살아가는 만큼[263] 똑같이 섬겨야 하기 때문에 오늘 경연 석상에서 죽음을 무릅쓰고 아룁니다."

하니, 왕이 이르기를,

261 경술년……2 : 이 내용은 《광해군일기》 2년 11월 18일 기사에 보인다.

262 참찬관(參贊官) 송영구(宋英耉) : 1556~1620. 본관은 진천(鎭川). 자는 인수(仁叟), 호는 표옹(瓢翁)·일호(一瓠)·백련거사(白蓮居士)이다. 1584년(선조17) 문과에 급제하였고, 1610년에 승지를 역임하였다. 《月沙先生集 卷43 同知中樞府事贈禮曹判書宋公神道碑銘》 '참찬관'은 조선 시대 경연의 정3품 벼슬로, 승지나 부제학이 겸하였다.

263 누구든……만큼 : '세 분'은 부모와 스승과 임금을 가리킨다. 《국어(國語)》 〈진어(晉語)〉에 "사람은 세 사람에 의해서 생존하기 때문에 섬기기를 한결같이 해야 한다고 하였습니다. 아버지는 낳아 주시고 스승은 가르쳐 주시고 임금은 먹여 주시니, 아버지 아니면 태어나지 못하고 먹여 주지 않으면 자라나지 못하고 가르침이 없으면 세상의 어떤 것도 알지 못하니, 이들은 나를 이루어 주는 분들입니다. 그러므로 한결같이 섬겨서 오직 내가 처해 있는 곳에 따라 죽음까지도 바쳐야 합니다. 이루어 준 은혜를 죽음으로 보답하며 베풀어 준 은혜에 노력으로 보답하는 것은 인간의 도리입니다."라고 하였다.

"선조(先朝 선조(宣祖)) 때에 있었던 일이라 섣불리 의논할 수 없다." 하였다. 황모(黃某 황신(黃愼))가 아뢰기를,

"지난날 곽재우(郭再祐, 1552~1617)가 상소를 통해 성혼의 무죄를 주장하는 사람들을 배척하고 또 성혼을 간사한 사람으로 지목하였습니다.[264] 신이야말로 전일 성혼을 구하려다 죄를 얻은 사람이기 때문에 미안한 마음이 들어 소장을 올려 자백하였던 것인데,[265] 성상의 비답이 준엄하였기에 황공하여 억지로 출사하였습니다. 신이 나라의 두터운 은혜를 입어 분수와 의리가 지극히 중한데, 돌아가신 스승이 아직 신원되지 않았다는 이유로 어떻게 출사하지 않으려고 하면서 이런 외람된 말씀을 드렸겠습니까.

다만 신이 당초 성혼의 사정을 잘 아는 데다, 또 그에게 가해진 죄명(罪名)이 너무나도 엉뚱한 것을 보고서 지극히 원통하다고 여겼기 때문에 이를 아뢰었던 것인데, 끝내 임금을 잊고 패거리를 옹호한다는 죄를 받고 말았습니다. 선왕 말년에 이르러 은혜를 받고 서용되었지만, 그것도 단지 천재지변으로 인한 관대한 처결이었을 뿐 공론에서 나온 것은 아니었습니다. 이러한 상황에서 어떻게 구차하게 직명(職名)을 차지하고 있을 수 있겠습니까. 신이 전일에 누차 이러한 뜻을 진달했으나 살펴 주시지 않으셨고, 마침 국가에 일이 많았던

264 지난날……지목하였습니다 : 당시 함경도 관찰사로 있던 곽재우가 1610년 9월 4일에 올린 것으로, 《망우집(忘憂集)》 권2에 실려 있는 〈경술년 9월 어느 날 올린 상소〔庚戌九月日疏〕〉를 가리킨다. 《光海君日記 2年 9月 4日》

265 소장을……것인데 : 황신이 1610년 10월 13일에 올린 것으로, 《추포집(秋浦集)》 권1에 수록된 〈억울하게 죄에 걸린 돌아가신 스승을 변론하는 상소〔卞論亡師誣枉疏〕〉가 그것이다. 《光海君日記 2年 10月 13日》

까닭에 감히 사사로운 일로 귀찮게 해 드릴 수가 없기도 하였습니다.

곽재우는 초야의 미천한 사람과 같지 않아 직위가 재신(宰臣 정2품 이상)의 반열에 있고 상께서 현자를 대하는 예로 대우하는 인물이니, 그 말의 시비나 허실은 따질 겨를이 없다 하더라도, 신이 전일 성혼을 변호하다 죄를 얻은 사람으로서 어떻게 버젓이 공무를 행할 수 있겠습니까. 사대부가 소중히 여기는 것은 명예와 절개입니다. 신이 용렬하기는 해도 직위로 보면 중신(重臣)이며, 성혼이 죄적(罪籍)에 있으니 신의 죄도 여전히 신의 몸에 있는 것입니다.

더구나 공론이 허락한 것도 아닌 그저 천재지변 때문에 관대하게 풀려난 것인데, 앞뒤를 헤아리지도 않고 출사한다면 너무나도 염치없는 행동일 뿐더러 국가에 끼치는 수치도 또한 클 것입니다. 그렇다고 신이 다시 소차(疏箚)를 올리자니 번거롭게 해 드리기 미안했고 또 감히 줄곧 정고(呈告)만 할 수도 없었는데, 지금 가까이서 모시게 되었고 또 영구(英耉)가 이를 언급하였으니 감히 이렇게 아뢰는 것입니다.

성혼이 신원되고 신원 되지 않는 것이야 본디 한때의 공론에 의해 이루어지는 것이니 신이 감히 뭐라고 할 수 없습니다만, 신이 스스로 처신하는 것만큼은 감히 구차히 할 수 없습니다. 신은 남의 말을 따지려는 마음이 추호도 없습니다. 단지 사정을 말씀드렸을 뿐입니다. 산직(散職)에 있더라도 오히려 미안한데, 정경(正卿)의 지위를 결코 그대로 차지하고 있을 수는 없습니다."

하니, 왕이 이르기를,

"내 뜻은 전에 이미 유시하였다. 안심하고 사직하지 말라."

하였다. 황모가 아뢰기를,

"신이 호조의 일을 수행하면서 국가 재정을 살펴보니 경비가 날로 늘어났습니다. 전일 중첩된 대례(大禮)나 조사(詔使)를 접대할 때의 것은 말할 수 없지만, 그밖에 그만둘 수 있는 일도 줄이지 못하였습니다. 짐짓 한 가지 일만 들어서 살펴보면 그다지 재물을 허비하지 않는 것 같아도 지출한 비용을 합산해 보면 그 액수가 적지 않습니다.

현재의 물력으로 볼 때 절약은 필수입니다. 겉치레나 자잘한 일은 하지 말아야 합니다. 옛사람이 '편안할 때 위태함을 잊지 않는다.'[266] 라고 말했습니다. 하물며 지금처럼 위급한 시국에 어떻게 편안함을 생각할 수 있겠습니까. 그야말로 위아래 사람들이 서로 경계하며 백성의 힘을 아껴야 마땅한데, 태평시대처럼 사치에 빠져 재물을 헤프게 쓰는 조짐이 상당히 나타나니 매우 걱정입니다."-이때 왕이 사치를 좋아해서 복식이나 의물(儀物) 가운데 화려하지 않은 것이 없었다. 나인(內人)이 입는 채색 비단도 북경(北京)의 시장에서 사 오도록 하였고, 풍정(豊呈)[267]에 출연하는 기녀(妓女)와 악공(樂工)의 의복까지도 모두 수놓은 비단으로 입히면서 관청에서 마련해 주도록 하니, 경상 비용이 날로 커져서 국고가 바닥났다. 그러므로 황공(黃公)이 간한 것인데 왕은 깨닫지 못하였다.-

하고, 또 아뢰기를,

"폐습의 교정은 윗사람이 어떻게 하느냐에 달려 있습니다. 윗사람이

266 편안할……않는다 : 《주역》 〈계사전 하(繫辭傳下)〉에 "이 때문에 군자는 편안할 때에도 위태함을 잊지 않고, 보존될 때에도 망하는 일을 잊지 않고, 잘 다스려질 때에도 어지러워지는 일을 잊지 않으니, 이런 까닭에 몸이 안전해지고 국가가 보존될 수 있는 것이다."라는 말이 나온다.

267 풍정(豊呈) : 임금이나 왕비에게 음식을 풍성하게 차려서 올리는 일을 말한다.

공정한 도를 행하고 사사로움을 근절하면, 아랫사람은 절로 사사로움을 따르지 못하게 됩니다. 근래 사사로움을 따르는 폐단이 없는 곳이 없기 때문에 각사(各司)의 하인이나 방납(防納)하는 사주인(私主人)들이 아래로는 재상과 결탁하고 위로는 궁금(宮禁)에 연줄을 대어 해당 관원을 협박하곤 합니다. 그리하여 미세하기 그지없는 일들까지 상언(上言)해서 요행을 바라는데, 또한 개중에는 성상께서 재가해 주신 때도 있습니다. 위에서 궁금을 엄격히 단속하여 요행의 문을 막는다면 이런 일은 사라질 것입니다."

하니, 왕이 이르기를,

"사주인이 방납하는 일에서 상언한 것을 따라 내가 재가해 준 일이 있었는가?"

하였다. 황모가 아뢰기를,

"신이 호조에 몸담은 지 일 년이 넘었는데,[268] 가끔 이런 일이 있어서 항상 온당치 못하다고 여겼기 때문에 말씀드린 것입니다. 이는 비록 상께서 서민을 걱정하느라 이렇게 하셨겠지만 외부에서는 이를 두고 말이 많으니, 이런 하찮은 일은 유사(有司)에게 맡겨 주시는 것이 좋겠습니다."

하니, 왕이 큰소리로 이르기를,

"사주인이 방납하는 일과 관련해 상언에 따라 재가해 준 일이 있는가?"

하였다. 황모가 아뢰기를,

268 신이……넘었는데 : 황신은 1609년 9월 6일에 호조 판서에 제수되었다.《光海君日記 1年 9月 6日》

"예를 들어 진헌(進獻)하는 일에도 재가하신 적이 있습니다."

하니,-이때 궁금(宮禁)이 엄하지 못하고 요행의 문이 크게 열린 탓에 민간의 천한 사람들이 궁첩(宮妾)과 결탁하고는 하고 싶은 일이면 아무리 자질구레한 것도 따지지 않은 채 밖으로는 상언(上言)하고 안으로는 은밀히 청탁하여 은혜를 받지 못하는 일이 없이 모두 그 뜻을 충족시켰다. 그러므로 황모가 아뢰어 이를 바로잡으려 한 것이었는데, 상이 좌우를 돌아보며 재차 묻는 사이 성난 기색이 밖으로 드러났다.- 왕이 이르기를,

"그건 진헌하는 일은 중요한데 만약 물건값을 깎으면 진헌하는 일에 혹시 조심하지 않을까 봐 그렇게 한 것이다. 이거야말로 외부 사람들이 모르고 하는 말이다."

하였다.

○이달 18일 조강(朝講)에서 황모가 아뢰기를,

"예습(隷習)[269]을 도로 혁파하소서. 그리고 중자(衆子) 가운데 충의위(忠義衛)에서 입번하지 않는 자에게는 녹을 주지 말고, 체아(遞兒)[270]의 경우 높은 품계는 줄이고 참하(參下 7품 이하의 벼슬) 약간만

269 예습(隷習) : 예습관(隷習官)으로, 조선 시대 이문(吏文)·한어(漢語)·천문학(天文學) 따위를 전문으로 익히던 관원을 말한다.

270 체아(遞兒) : 현직을 떠난 관원에게 계속하여 녹봉(祿俸)을 주기 위하여 만든 벼슬로 대개 다음과 같이 세 경우가 있었다. (1)문무 당상환(文武堂上宦) 이상과 춘방(春坊)의 관원이 임기가 끝난 뒤 적당한 벼슬자리가 없으면 일시적으로 실무가 없는 중추부의 벼슬자리에 보내는 경우, (2)한 관아의 일이 바쁠 때 다른 관아에서 와서 집무하는 정원(定員) 외의 관원, (3)벼슬을 돌려가며 하는 경우 한 관아의 정원이 초과되어 교대로 집무할 때 벼슬을 쉬고 있는 자가 해당되었다.

남겨 두되 체아직에서 100일 동안 근속한 뒤에 녹을 지급하소서."
하였는데, 전교하기를,

"전날 조강에서 특진관(特進官)[271] 황모가 말한 '감찰(監察)을 골라서 임명하는' 일이, 결재가 나지 않아 다시금 의견을 묻는 말에서 빠졌다. 담당 승지〔色承旨〕는 자세히 살펴 첨입한 뒤 해당 관사로 하여금 거행하게 하라."

하였다.-위의 내용은 《승정원일기》 11월 20일 기사에 보인다.-

271 특진관(特進官) : 조선 시대 경연(經筵)에 참석하여 임금의 고문에 응하던 벼슬이다. 성종(成宗) 때 처음 설치하였고 2품 이상의 관원으로 임명하였다.

과제 사륙 科製四六

사신을 보내 거처를 그리게 한 것에 대해 송나라 처사 위야가 사례하다[272]

宋處士魏野謝遣使畵所居

남산(南山)의 허름한 집으로 돌아가[273] 오랫동안 강호에 묻혀 지냈는데, 북궐(北闕)에서 은혜로운 조서 내려와 신의 집이 홀연 그림 속에

272 사신을……사례하다 : 위야(魏野, 960~1019)는 송(宋)나라 진종(眞宗) 때 섬주(陝州)에 살던 은사(隱士)로, 진종이 그의 명성을 듣고 섬령 왕희를 보내 불렀으나 나오지 않자, 사신을 보내 그가 살던 곳을 그림으로 그리게 하여 두고 보았다.《宋史 卷457 魏野列傳》 여기서는 황제의 후의에 고마움을 표하는 글을 위야가 짓는 것처럼 모의(模擬)하여 만든 글이다. 황신의 외손자 심총(沈檧)이 기록한 글에 "외할아버지께서 스스로 말씀하기를 '열여덟 살 때 〈위야표(魏野表)〉를 지었다. 문장이 이와 같이 일찍 성취되어 곧바로 과거 시험에 급제할 줄 알았는데 여러 번 고배를 마셨다. 승가사(僧伽寺)에 올라가 《논어》를 백 번 읽고 나서 바로 장원으로 급제했으니, 과거를 준비하는 선비들도 또한 착실히 공부하지 않으면 안 된다.'라고 말씀하였다."라고 하였는데, 여기에서 언급한 '위야표'가 이 글을 가리키는 것으로 보인다.《黃寅直 編, 昌原黃氏秋浦家乘, 譜典出版社, 1981, 141쪽》

273 남산(南山)의……돌아가 : 위야의 집이 사실 '남산'에 있었던 것은 아니다. 맹호연(孟浩然)의 〈세모귀남산(歲暮歸南山)〉 시에 "북궐에 글월일랑 올리지 말고, 남산의 허름한 집으로 돌아가야겠네.〔北闕休上書, 南山歸敝廬.〕"라고 한 말을 전용한 것이다.

들어가니, 산골짝은 휘황찬란하고 구름과 노을은 빛이 납니다. 생각건대 안개 속에 은둔해 자취 숨기고 구름에 누운 한가한 몸, 사슴의 성질[274]이라 산을 좋아하니, 은거하여 도를 추구하는 삶을 감히 말하겠습니까. 새나 짐승과 어울려 살면서 세상을 잊었기에 영달해서 다른 사람들에게 공업 베푸는 일일랑 참으로 어둡습니다.

초야에 살리라 이미 깊이 맹세하였고 꿈에라도 헌면(軒冕)[275]은 바라지 않습니다. 세 오솔길 놓인 율리(栗里)의 집이 무릎 겨우 들여놓을 정도이나 편안한 거처[276]라 여기며, 몇 칸짜리 옥천(玉川)의 가옥에서 귀를 막은 뜻[277]을 여전히 굳게 지키고 있습니다. 사립문 아래 머물러 절로 즐겁거니와,[278] 반곡(盤谷)의 거처를 누가 빼앗으려 다투겠습니

274 사슴의 성질 : 초야에서 한적하게 살고 싶어 하는 성격을 가리킨다. 소식(蘇軾)의 〈공문중 추관이 보내온 시에 차운하다〔次韻孔文仲推官見贈〕〉 시에 의하면 "나는 본디 사슴의 성질을 지녔고, 진정 수레 끄는 말의 자질은 아니라네."라고 하였다. 《蘇東坡詩集 卷8》

275 헌면(軒冕) : 고관의 거마(車馬)와 면복(冕服)을 가리키는 것으로, 전하여 고관을 말한다. 《장자(莊子)》 〈선성(繕性)〉에 "헌면이 내 몸에 있는 것은 내가 타고난 성명이 아니요, 외물이 우연히 내 몸에 와서 붙어 있는 것일 뿐이다."라고 하였다.

276 세……거처 : 은일(隱逸)의 즐거움으로 비좁은 거처에서도 쉽게 편안함을 느낀다는 말이다. 진(晉)나라 도잠(陶潛)이 팽택 영(彭澤令)을 지내다가 벼슬을 그만두고 고향 율리(栗里)로 돌아가면서 지은 〈귀거래사(歸去來辭)〉에 "세 오솔길은 황폐해졌으나 소나무와 국화는 그대로 남아 있다.……남쪽 창가에 기대어 오연한 뜻을 부치니, 무릎을 들여놓을 만한 방이 편안함을 알겠네."라고 하였다.

277 몇……뜻 : '옥천'은 당(唐)나라 시인 노동(盧仝)을 가리킨다. 한유(韓愈)의 시에 "우리 옥천 선생은 낙양성 안에, 부서진 집 몇 칸뿐이라오.……내가 유수(留守)와 대윤(大尹)을 한번 찾아가라 권하니 말을 꺼내기가 무섭게 귀를 막누나."라는 말이 나온다. 《韓昌黎集 卷5 寄盧仝》

까.[279] 인간 세상에는 절교하는 편지 있지만[280] 흰 구름은 다른 사람에게 줄 수 있는 물건이 아니지요.[281] 고향의 달과 구름은 값을 매길 수 없는 데다 산을 살 돈도 필요 없으며, 앞에 있는 호수의 어조(魚鳥)와 자연히 친해지니 어이해 호수를 하사받는 총애[282]를 바라겠습니까?

녹문산(鹿門山)으로의 은거[283]를 달게 여기고, 호계(虎溪)의 자취를

278 사립문……즐겁거니와 : 《시경》 〈형문(衡門)〉의 "사립문 아래에서 충분히 쉬고 노닐 수 있다"는 말을 전용한 것이다.

279 반곡(盤谷)의……다투겠습니까 : '반곡'은 태항산(太行山) 남쪽에 있던 지명으로, 당(唐)나라 한유(韓愈)의 친구 이원(李愿)가 은거한 곳이다. 한유가 그를 전송하는 글에 "반곡이 후미졌으니, 그대의 처소를 누가 와서 다투어 빼앗겠는가.〔盤之阻, 誰爭子所?〕"라고 한 말을 전용한 것이다.《韓昌黎集 卷19 送李愿歸盤谷序》

280 인간……있지만 : 절교를 선언하는 편지는 죽림칠현 중 한 사람인 혜강(嵇康)의 것이 유명하다. 위(魏)나라 원제(元帝) 때 산도(山濤)가 선관(選官)을 사임하면서 후임자로 혜강을 천거하니, 혜강이 산도에게 절교를 선언하는 편지를 보냈다.《文選 卷43 與山巨源絶交書》

281 흰……아니지요 : 남조(南朝) 양(梁)나라 도홍경(陶弘景)의 〈조서로 산중에 무엇이 있느냐고 물으시기에 시를 읊어 답하다〔詔問山中何所有賦詩以答〕〉에 "산중에는 무엇이 있느뇨. 산 위에는 흰 구름이 많아라. 그저 나 혼자 즐길 뿐, 그대에게 줄 수는 없도다." 하였다.

282 호수를 하사받는 총애 : 당(唐)나라 시인 하지장(賀知章)이 귀향을 청하자, 현종(玄宗)이 이를 허락하며 감호(鑑湖)와 섬천(剡川) 일대의 땅을 하사하였는데, 감호는 일명 경호(鏡湖)라고도 한다. 이백(李白)의 〈술을 대하고는 하감을 떠올리다〔對酒憶賀監〕〉에 "칙명으로 경호의 물 하사하니, 그대 때문에 누대와 못 영화로웠네.〔勅賜鏡湖水, 爲君臺沼榮.〕" 하였다.《李太白集 卷22》 대본에는 '錫湖'로 되어 있는데, 이백의 시에 의거하여 '錫'을 '賜'로 바로잡아 번역하였다.

283 녹문산(鹿門山)으로의 은거 : '녹문산'은 중국 호남성 양양현(襄陽縣)에 있는 산이다. 후한(後漢) 말엽 양양(襄陽)의 고사(高士) 방덕공(龐德公)이 벼슬길에 나오라는 형주 자사(荊州刺史) 유표(劉表)의 청을 거절하고 처자식을 거느리고 녹문산에 들

끊기로 다짐했습니다.[284] 담장 넘은 단간목(段干木)[285]을 사모하거늘, 산인(山人)이 값을 요구하는 짓[286]을 감히 본받겠나이까? 장용(藏用)이 벼슬의 지름길로 삼았던 것[287]과는 다르니 처사(處士)가 명예 훔치는 일을 배우지 않았습니다.

그런데 어떻게 헛된 명예가 산 밖으로 나갈 줄 알았겠습니까? 갑자기 명추(鳴騶)[288]가 골짜기로 들어왔습니다. 정초(旌招)[289]가 천한 선

어가 약초를 캐며 세상에 나오지 않고 일생을 마쳤다. 《後漢書 卷83 逸民列傳 龐公》

284 호계(虎溪)의……다짐했습니다 : '호계'는 시내 이름인데, 동진(東晉) 시대 여산(廬山) 동림사(東林寺)의 고승 혜원법사(慧遠法師)가 당시의 명유(名儒)인 도잠(陶潛), 육수정(陸修靜)과 노닐다가 그들을 전송할 때, 그들과 서로 의기가 투합한 나머지 이야기에 마음이 팔려 자기도 모르는 사이에 호계를 건너가 범 우는 소리를 듣고서야 비로소 정신을 차리고 세 사람이 서로 크게 웃었다〔三笑〕는 고사가 전한다. 《廬山記 卷2》 여기서는 위야가 혜원법사처럼 호계를 건너지 않고 자신의 거처를 지키겠다는 뜻이다.

285 담장 넘은 단간목(段干木) : 전국 시대 진(晉)나라 사람 '단간목'이 위(魏)나라에 살면서 도를 지킨 채 벼슬살이를 하지 않았는데, 위나라 문후(文侯)가 어진 것을 알고서 찾아가자 담장을 넘어 도망쳤다.

286 산인(山人)이……짓 : 한유(韓愈)의 〈노동에게 부치다〔寄盧仝〕〉에 "소실산인(少室山人)은 높은 값을 요구하여, 두 번이나 간관(諫官)으로 불렀으나 벼슬하지 않았네." 하였다.

287 장용(藏用)이……것 : 당(唐)나라 때 노장용(盧藏用)이 진사과(進士科)에 급제한 뒤에 뜻대로 벼슬길이 트이지 않자 종남산(終南山)에 은거하였는데, 종남산은 서울 가까이에 있어 소문이 궁중에 쉽게 전해지는 까닭에 오히려 소명(召命)을 받아 벼슬길에 나가게 되었다. 그 일로 인하여 "종남산에 은거하는 것이 벼슬길에 나설 수 있는 지름길이다.〔終南捷徑.〕"라는 말이 생겼다. 《新唐書 卷123 盧藏用傳》 대본에는 '莊用'으로 되어 있는데, 《신당서(新唐書)》에 의거하여 '莊'을 '藏'으로 바로잡아 번역하였다.

288 명추(鳴騶) : 귀인(貴人)의 수레 앞에서 잡인(雜人)의 통행을 소리쳐서 금하는 기졸(騎卒)을 말한다.

비에게 잘못 가해지니 산림 깊숙이 들어가지 못한 게 부끄럽고, 그윽한 거처까지 외람되이 찾아주시니 도망칠 곳이 없음을 다시금 깨달았습니다.

한 폭 비단에 은자의 집을 모사하고 몇 리 됨직한 전원의 한적한 삶의 지취를 그려내는데, 세상 밖의 천지가 모두 황홀하고 붓 끝에 펼쳐지는 비바람에 깜짝 놀랐습니다. 푸른 대나무와 소나무는 오솔길 동서로 완연히 서 있고, 청산녹수는 집 위아래로 실제와 비슷하게 담아냈습니다. 비스듬히 푸른 이끼에 비친 시골 사람을 더듬적대다가 늙은이 몸인가 의심하고, 한낮에 반쯤 닫힌 사립문을 언뜻 보고 저의 집인 줄 알았습니다.

여러 해 표범처럼 숨어 지낸 삶[290]이 오늘날 용면(龍眠)[291]의 손아래에서 그려지니, 그림 속 산천이 빛을 더한 나머지 풀과 연못의 미미함을 일체 잊어버리고, 천상의 우로(雨露)에 은혜를 더하여 대궐이 멀리 있다고 느끼지 못하겠습니다. 사람은 가볍고 예의는 중하니 단정히 앉아 있는 것이 부끄럽지만 어이하겠습니까? 실상은 보잘 것 없이 이

289 정초(旌招) : 학덕이 높은 선비를 과거를 거치지 않고 벼슬을 내려 부르던 일을 가리킨다. 《맹자》 〈만장 하(萬章下)〉에 "서인(庶人)을 부를 때는 전(旃)으로써 부르고, 선비를 부를 때는 기(旂)로써 부르며, 대부(大夫)를 부를 때는 정(旌)으로써 부른다." 라고 하였다.

290 표범처럼……삶 : 은거하는 삶을 말한 것이다. 한(漢)나라 유향(劉向)의 《열녀전(列女傳)》 〈도답자처(陶答子妻)〉에 "첩이 들으니 남산에 검은 표범이 있는데 안개비 속에서 이레 동안 아무것도 먹지 않고 산 위에 가만히 있다고 합니다. 이는 무엇 때문이겠습니까? 그 털을 윤택하게 하여 문장을 이루기 위해서입니다." 하였다.

291 용면(龍眠) : 송(宋)나라 때의 화가인 용면거사(龍眠居士) 이공린(李公麟)을 말한다. 산수(山水)와 불상(佛像)을 잘 그린 것으로 유명하다.

름만 높아 그림을 대하고 자괴감이 듭니다. 무슨 세속을 초월한 그윽한 운치가 있다고 이런 보기 드문 영광을 누린단 말입니까.

인재를 사방에서 초치하는 예가 융숭하고 널리 구하시는 뜻이 간절한 날을 당해, 깨끗한 흰 망아지가 긴긴 저녁에 빈 골짜기로 들어간다는 시(詩)가 어찌 없겠습니까마는,[292] 단봉(丹鳳)이 화락하게 동쪽 산에서 우니 평소 높은 산에 깃든 것을 이을 수 있을 것입니다.[293] 재야의 천한 자취를 천자께서 그림으로 감상해 주시니, 비록 이 몸이 동쪽 언덕[294]에 있으나 마음은 대궐로 향하지 않겠습니까? 세 번 목욕하고 세 번 향을 사르면서[295] 천세토록 수하시기를 기원하고, 한 골짝 한 언덕[296]에서 한평생 마치기를 기약합니다.

292 깨끗한……없겠습니까마는 : 《시경》 〈백구(白駒)〉에 "깨끗한 흰 망아지, 저 빈 골짜기에 있네."라고 하였는데, 이는 어진 이가 자기 집에 오래 머물지 않고 흰 망아지를 타고 빈 골짜기로 들어감을 아쉬워한 것이다. 여기서는 현자들이 조정에 머물지 않고 은거하는 것에 대해 탄식하는 시(詩)가 없지는 않을 것이라는 뜻이다.

293 단봉(丹鳳)이……것입니다 : 《시경》 〈권아(卷阿)〉에 "봉황새가 높은 산에서 우는구나. 오동나무가 자라니 해가 뜨는 동쪽 산에 깃들었네."라고 한 데서 온 말로, 여기서는 현자들이 조정에 출사할 것이라는 말이다.

294 동쪽 언덕 : 은거지를 말한다. 도잠(陶潛)의 〈귀거래사(歸去來辭)〉에 "동쪽 언덕에 올라 휘파람을 불고, 맑은 물가에 임하여 시를 짓노라."라고 한 데서 나왔다. 《陶淵明集 卷5 歸去來辭》

295 세 번……사르면서 : 몸을 정중하고 경건하게 하는 것을 이른다.

296 한 골짝……언덕 : 은거지를 말한다. 《한서(漢書)》 〈서전 상(敍傳上)〉에 "한 골짜기에서 고기를 낚으니 만물이 그의 뜻에 간여하지 않고, 한 언덕에서 소요를 하니 천하가 그의 즐거움을 바꾸지 않는다."라고 한 말에서 비롯되었다.

태학생 공희가 난대 영에 제수된 것에 사례하다[297]

太學生孔僖謝拜蘭臺令

함부로 뱉은 말이 불경하여 신의 죄가 주륙을 당할 것이라 여겼는데, 죄가 있는 몸에게 위엄을 특별히 거두고 외람되이 망극한 황은을 입혀 주셨습니다. 신도 오히려 스스로 부끄러운데 대중들은 무어라 하겠습니까? 생각건대 동쪽 노(魯) 지역의 비루한 유생으로 궐리(闕里)의 후손[298]입니다. 성인(聖人)의 후손은 반드시 창성하니 여러 대 내려온 가문의 명성을 실추시킬까 두려웠는데, 활을 잘 만드는 장인의 아들은 키를 잘 익히기에[299] 세업으로 익힌 경서 하나를 전수받았

297 태학생……사례하다 : 공희(孔僖)는 중국 후한(後漢) 때 사람이다. 그는 태학생 시절에 최인(崔駰)과 친하게 지냈다. 하루는 《춘추(春秋)》를 익히다가 오(吳)나라 임금 부차(夫差, ?~기원전 473)의 일을 읽고 책을 덮고 탄식하며 "이와 같다면, 용을 그리다가 완성을 못하고 도리어 개가 된 꼴이다."라고 하였다. 최인이 "그렇다. 옛날 효무황제(孝武皇帝)가 처음 천자가 되었을 때는 나이가 갓 18세가 되었을 때였다. 성인(聖人)의 도를 숭신하고 선왕(先王)을 본으로 삼아 5, 6년 사이에 선대의 문제(文帝)와 경제(景帝)보다 더 낫다고 일컬어지다가, 뒤에 자기 멋대로 행동해서 지난날 행한 선을 잊어버렸다."라고 하였다. 옆방의 태학생 양욱(梁郁)이 "그렇다면 무제(武帝)도 또한 개인가."라고 참견하여 말하자, 공희와 최인은 입을 다물고 아무 대답도 하지 않았다. 양욱이 노하여 한을 품고 몰래 상서(上書)해서 공희와 최인이 선제를 비방하고 당세를 헐뜯는다고 고변해서, 최인은 체포되어 형신을 받았고, 공희는 체포되어 죽을 것이 두려워 황제에게 상서해서 스스로 자신의 잘못을 비판해서 풀려났을 뿐만 아니라 '난대영사(蘭臺令史)'를 제수받기까지 하였다. 《後漢書 卷109 儒林傳 孔僖》 '난대'는 궁중의 장서실(藏書室)이다.

298 궐리(闕里)의 후손 : 공희가 공자(孔子)의 후손이라는 말이다. 중국 산동성(山東省) 곡부(曲阜)에 있는 마을로, 공자(孔子)가 살던 곳이다.

습니다.[300]

마침 수도에 머물면서 태학(太學)에서 북학(北學)을 따르려 하였으나, 함구하며 금인(金人)을 보고 경계하지 못하고[301] 시끄럽게 우는 매미를 본받았고, 떠드는 소리가 마치 목탁과도 같아 앵무새[302]가 재앙을 부르는 것에 어두웠습니다. 이미 손가락을 감을 만큼 부드러워지기[303] 어렵거늘, 마침내 목청을 높이다 기피해야 할 일을 저촉하고 말았

299 활을……익히기에 : 자식이 부친의 가업을 이어받을 때 쓰는 말이다. 이 말은 《예기》〈학기(學記)〉의 "훌륭한 대장장이의 아들은 아비의 일을 본받아 응용해서 가죽옷 만드는 것을 익히게 마련이고, 활을 잘 만드는 궁장(弓匠)의 아들은 아비의 일을 본받아 응용해서 키 만드는 것을 익히게 마련이다.〔良冶之子, 必學爲裘, 良弓之子, 必學爲箕.〕"라는 말에서 유래한 것이다. 대본에 '良弓之子善裘'는 '良弓之子善箕' 또는 '良冶之子善裘'로 바뀌어야 하는데 여기서는 '良弓之子善箕'로 바로잡아 번역하였다.

300 세업으로……전수받았습니다 : 공안국(孔安國)부터 대대로 《고문상서(古文尙書)》를 익혀 전수하였던 것이다. 《後漢書 卷109 儒林傳 孔僖》

301 함구하여……못하고 : 말실수를 했다는 뜻이다. 《공자가어(孔子家語)》〈관주(觀周)〉에 "공자가 주나라 서울에 갔다가 마침내 태조와 후직(后稷)의 묘(廟)에 들어갔는데, 묘당 오른쪽 계단 앞에 구리로 만든 사람〔金人〕이 있었다. 그 입의 세 곳이 꿰매져 있었고, 그 등에는 다음과 같은 말이 새겨져 있었다. '옛날에 말을 삼간 사람이다. 경계할지니, 말을 많이 하지 말라. 말이 많으면 실수도 많아진다.……입은 무엇인가? 재앙의 문이다. 강한 사람은 제대로 죽지 못하고, 이기기를 좋아하는 사람은 반드시 그 적을 만나게 된다.……경계해야 할 것이다!'"라는 말이 보인다. 《古今事文類聚 後集 卷19 肖貌部 口 三緘其口》

302 앵무새 : 앵무새가 말을 잘하기 때문에 인용한 것이다. 《禮記 曲禮上》

303 손가락을……부드러워지기 : 본래는 강건했던 사람이 많은 좌절을 겪은 뒤에 무척 유약해진 것을 뜻한다. 진(晉)나라 유곤(劉琨)의 〈거듭 노심에게 주다〔重贈盧諶〕〉 시에 "어찌 생각했으랴 백 번 달군 강철이, 손가락에 감을 만큼 유약해지리라고."라고 한 데서 나온 말이다. 《晉書 卷62 劉琨列傳》

습니다. 말이 내 입에서 나와 다른 사람의 귀에 들어갔으니 경방(京房)의 말[304]이 위태롭다 할 만하고, 천자를 언급하고 선왕의 일을 논했으니 급암(汲黯)의 우직함도 심하였습니다.[305] 공광(孔光)이 온실성(溫室省) 나무에 대해 우연히 대답했다가[306] 안이(顔異)가 결국 마음속으로 비방한 죄에 빠졌습니다.[307]

304 경방(京房)의 말 : '경방'은 한(漢)나라 효원제(孝元帝) 때의 문신이다. 당시 권신 석현(石顯)이 홍공(弘恭)을 대신하여 중서령(中書令)이 되어, 유약한 임금인 원제(元帝)를 제쳐놓고 국정을 마음대로 주무르자, 경방이 황제에게 재변이 자주 나타나는 것은 이유가 있다면서 과거 유왕(幽王)과 여왕(厲王)의 실정(失政)에서부터 당대의 혼란한 정치에 대해 진단하면서 은밀히 석현의 제거를 건의하였으나, 원제가 듣지 않았기 때문에, 경방은 석현에 의하여 살해되었다. 《漢書 卷75 京房傳》 대본에는 '君房'으로 되어 있는데, 내용상 '京房'이 되어야 하므로 바로잡아 번역하였다.

305 급암(汲黯)의 우직함도 심하였습니다 : '급암'은 한 무제(漢武帝) 때의 강직한 신하로, 무제가 일찍이 문사(文士)를 불러놓고 천하에 인의(仁義)를 베풀고자 한다는 포부를 말하자, 급암이 "폐하께서는 속으로 욕심이 많은데, 겉으로만 인의를 베풀어서야 어떻게 요순의 정치를 본받는단 말입니까."라고 하였다. 이에 무제가 노하여 조회(朝會)를 파하면서 "심하다, 급암의 우직함이여!"라고 하였다.

306 공광(孔光)이……대답했다가 : '공광'은 전한(前漢) 때의 대신이고, '온실성'은 한나라 궁궐의 전각이다. 어떤 사람이 온실성에 심은 나무가 무엇이냐고 묻자 공광이 침묵하고 대답하지 않다가 다른 말로 돌렸다는 고사로 인해, 인품이 주밀하고 근실하여 조정의 일을 일절 외부에 말하지 않은 사람으로 유명하다. 《漢書 卷81 孔光傳》 여기서는 공광을 공희에 빗댄 것이다.

307 안이(顔異)가……빠졌습니다 : 한 무제(漢武帝) 때 금전(金錢)은 많을수록 천해지고, 물품(物品)은 적을수록 귀해지기 때문에 천자(天子)가 당시 정위(廷尉)인 장탕(張湯)과 상의하여 값이 40만에 달하는 백록피폐(白鹿皮幣)라는 화폐를 만들고 이것을 왕후(王侯)나 종실(宗室)의 조근(朝覲)과 빙향(聘享) 등의 예식에 반드시 사용하도록 법제화하였다. 그러고 나서 대농(大農)인 '안이'에게 그 타당성을 물으니, 안이가 "지금 왕후가 조하(朝賀) 때 바치는 창벽(蒼璧)은 값이 수천인데, 피폐(皮幣)는 도리어

조금 벌어져서 남쪽 기성(箕星)을 이루니 남을 참소하는 자들이 너무하고,[308] 도깨비가 대낮에 속이자 밝은 군주도 또한 의심하였습니다. 좌우에서 먼저 용납하지 않고, 대부들도 모두 죽여야 한다고 말하니, 후회하며 지난 일을 경계하지만 사마(駟馬)도 따라잡기 어려움[309]을 개탄하고, 침묵하며 호기롭던 마음을 꾸짖으나 직접 심정을 아뢰지 못해 답답하였습니다.

바야흐로 반드시 받게 될 처벌을 기다렸는데, 도리어 우로(雨露)와 같은 은혜를 입었습니다. 물고기를 살피는 것은 상서롭지 않다[310]고 하시면서 용서할 수 없는 큰 죄를 용서하셨고, 호랑이가 나타났다고

40만이나 되니 본말이 서로 걸맞지 않습니다."라며, 그 부당성을 말하였다. 그 후 안이가 혹자와 얘기를 나누던 중 혹자가 그 조령(詔令)을 불편하게 여기는 말을 하자, 안이는 입으로 말은 하지 않고 살며시 입술만 들썩거려서 그 제도에 대한 불만의 표시를 한 일이 있었으므로, 마침내 장탕이 안이에게 '입으로 말하지 않았지만 마음속으로 조령을 비방했다'는 죄목을 씌워서 그를 사형에 처하였다.《史記 卷30 平準書》

308 조금……너무하고 : 아첨과 참소가 난무한다는 말이다.《시경》〈항백(巷伯)〉에 "약간씩 떨어져 제자리 잡고, 남기성 별자리 이루었구나. 참소하는 저 자들, 누구와 모의하려 저리 바쁜가?"라고 하였다.

309 사마(駟馬)도 따라잡기 어려움 : 말이 달리는 말보다 빨리 전파된다는 뜻이다. '사마'는 한 수레를 끄는 네 필의 말을 가리킨다.《논어》〈안연(顔淵)〉에, 자공이 "애석하도다. 부자(夫子 극자성(棘子成))의 말씀이 군자다우나 달리는 네 필의 말로도 혓바닥에서 나온 말을 따라잡지 못한다."라고 한 데서 온 말이다.

310 물고기를……않다 : 남의 잘못을 세세하게 살피는 것은 상서럽지 못하다는 말로, 군주가 신하의 은밀한 일을 모두 알게 되면 그는 자기가 지은 죄에 대한 두려움으로 변고를 일으켜 화란(禍亂)이 생기게 될 수도 있음을 지적한 말이다. 이와 비슷한 글이 여럿 있는데,《한비자(韓非子)》〈설림 상(說林上)〉에 이르기를, "연못 속의 물고기를 알면 상서롭지 않다.〔知淵中之魚者, 不祥.〕"라고 하였고,《열자(列子)》〈설부(說符)〉에는, "연못 속의 고기를 관찰하는 것은 상서롭지 않다.〔察見淵魚者不祥.〕"라고 하였다.

전하는 말은 믿기 어려운 줄 아실 텐데도[311] 특별한 은혜가 전례 없이 다시 나왔습니다. 실언을 해서 만난 궁액을 이미 벗었고 이에 다시 얼굴을 두껍게 하고 벼슬을 하게 되었습니다. 신하와 자식이 군주와 아비를 논하니 진(秦)나라의 잘못된 금기[312]를 이미 제거하셨고, 포의(布衣)의 신분이 높은 품계에 오르니 서경(西京)의 고사가 여전히 남아 있습니다.[313] 왕자(王者)께서 얼굴을 찡그리고 웃을지 결정하시니[314] 시인이 말한 처비(萋斐)[315]가 행해지지 않았습니다.

이곳 난성(蘭省)의 청요직은 실로 궁궐의 중요한 곳입니다. 이 몸이

311 호랑이가……텐데도 : 터무니없는 헛소문도 계속 반복되면 사실로 받아들이게 된다는 말이다. 전국 시대 위(魏)나라 방공(龐公)이 위왕(魏王)에게 "지금 한 사람이 저자에 호랑이가 나타났다고 하면 믿으시겠습니까?" 하니, 왕이 "믿지 않겠다." 하였고, 다시 "두 사람이 저자에 호랑이가 나타났다고 하면 믿으시겠습니까?" 하니, 왕이 "믿지 않겠다." 하였는데, 다시 "세 사람이 저자에 호랑이가 나타났다고 하면 믿으시겠습니까?" 하자 왕이 "믿겠다." 한 데서 나왔다.《韓非子 內儲說上》

312 신하와……금기 : 진(秦)나라 시황제(始皇帝)가 자식이 아버지를 논평하고 신하가 임금을 논평하는 것은 안 된다고 하면서 시법(謚法)을 없앴다.《史記 卷6 秦始皇本紀》

313 포의(布衣)의……있습니다 : 《서경잡기(西京雜記)》에 "평진후(平津侯) 공손홍(公孫弘)이 자신이 평민 출신으로 재상(宰相)이 되었다고 하여 객사(客舍)를 지어 놓고 천하의 인재를 초치하였다."라는 내용이 보인다.

314 왕자(王者)께서……결정하시니 : 《한비자(韓非子)》〈내저설 상(內儲說上)〉에 "밝은 군주는 한 번 찡그리고 한 번 웃는 것도 아끼니, 찡그림도 이유가 있어서이고, 웃음도 이유가 있어서이다."라는 말에서 나온 구절이다. 본래 임금은 함부로 희로의 감정을 드러내지 않고 한 번 찡그리고 웃는 것도 자제해야 한다는 의미이다.

315 시인이 말한 처비(萋斐) : '처비'는 조금 문채가 있는 모양으로, 훗날 참소하는 말을 뜻하게 되었다. 《시경》〈항백(巷伯)〉에 "조금 문채가 있는 것으로, 이 자개 무늬의 비단을 이루도다.〔萋兮斐兮, 成是貝錦.〕"라고 한 데서 나왔다.

옥황(玉皇)의 향안리(香案吏)[316]가 되어 귀중한 규벽(奎壁)의 관부[317]를 관장하니, 한가로운 관청 왕실의 책들을 보다가 융단이 가득 깔린 달빛 비치는 당(堂)에서 꾸벅꾸벅 졸 것입니다. 스스로 생각건대 머리털을 뽑아도 세기 어려운 많은 죄를 저질렀건만 몸 둘 바를 모르게 이런 영화를 내리시면 어찌한단 말입니까?

넓은 도량으로 사람을 포용하고 지성으로 선비를 사랑하시는 군주를 만났습니다. 시비는 만세(萬世)를 기다리기도 하는데, 신더러 비록 말을 가려하지 않은 죄가 있다고 하셨지만, 좋아하고 싫어하실 때에 사방에서 널리 듣고 스스로 밝게 살피시어, 그런대로 직언하는 기풍이 신에게 있음을 알아주셨습니다. 마침내 항통(缿筩)[318]으로 고발한 것을 잠재우고 엎어진 동이 안[319]에서 특별히 기용해 주시니, 칼을 삼켜

316 옥황(玉皇)의 향안리(香案吏) : 하늘의 궁궐에서 옥황상제 곁에서 시종하는 선관(仙官)을 말한다. 당(唐)나라 원진(元稹)은 월주 자사(越州刺史)로서 회계(會稽)에 있고, 백거이(白居易)는 항주 자사(杭州刺史)로 있었는데, 원진이 회계의 산수(山水)를 자랑하여 시를 지어 백거이에게 보낸 끝에, "나는 옥황의 향안리라, 인간에 귀양와서도 오히려 작은 봉래산에 사네." 하였다. 《元氏長慶集 卷22 以州宅誇於樂天》

317 규벽(奎壁)의 관부 : 난대를 가리킨 것이다. '규벽'은 규수(奎宿)와 벽수(壁宿)로, 두 별이 문운(文運)을 주관한다고 한다.

318 항통(缿筩) : 병목이 좁아서 집어넣을 수는 있어도 꺼낼 수는 없게 만들어진 대나무 통이다. 즉 투서한 종이를 다시 꺼낼 수 없게 만들어 투서가 위에까지 전달되도록 만들어진 투서함이다.

319 엎어진 동이 안 : 깜깜한 어둠 속에 놓여 있는 것으로, 임금의 보살핌을 받지 못할 때 흔히 쓰는 표현이다. 《포박자(抱朴子)》 〈변문(辨問)〉에 "일월도 비치지 않는 곳이 있고, 성인도 알지 못하는 경우가 있다. 그러나 어찌 이 때문에 성인의 일을 비난하고 신선이 없다고 할 수야 있겠는가. 이는 삼광(三光)이 엎어진 동이 안을 비추지 못한다고 책망하는 것과 같다."라고 하였다.

장을 깎아 내고 재를 마셔 위를 씻지 않을 수 있겠습니까.[320] 성스러운 조정에 흠결된 일이 없어 당시를 비판하지 않았지만, 천자께서는 간쟁하는 신하를 두게 되셨으니 훗날 얼굴을 범하게 될 것[321]입니다.

320 칼을……있겠습니까 : 개과천선을 하겠다는 말이다. 《남사(南史)》 卷47 〈순백옥전(荀伯玉列傳)〉에 "만약 저에게 개과천선할 것을 허락하신다면 반드시 칼을 삼켜 장을 깎아 내고 재를 마셔 위를 씻어 내는 것처럼 할 것입니다."라고 하였다.

321 얼굴을……것 : 《예기》 〈단궁 상(檀弓上)〉에 "임금을 섬기는 데는, 얼굴을 범하여 직간하면서 임금의 허물을 숨기지 않는다."라고 한 데서 온 말로, 임금의 안면의 기색을 관계하지 않고 바른말을 하여 간하는 것을 이른다.

송나라 여대방이 사반을 하사한 것에 사례하다[322]

宋呂大防謝賜社飯

군주가 아프시니 편안히 거처할 겨를이 없어 주(周)나라 내시가 "편안하십니다."라고 하는 소리를 우두커니 서서 들었는데,[323] 대감님이

322 송나라……사례하다 : 송(宋)나라 영종(英宗)의 후비인 선인태후(宣仁太后)가 병이 들자 범순인(范純仁)과 여대방(呂大防, 1027~1097) 등이 찾아왔는데, 선인태후가 이들에게 자신이 죽고 나면 정국이 변할 것이므로 일찍 물러날 것을 권유하였다. 그리고 사반(社飯)을 하사하면서 "내년에 사반을 먹을 때면 이 늙은이가 생각날 것이다."라고 하였다. '사반'은 봄과 가을에 토지의 신에게 제사하는 날인 사일(社日)에 돼지고기와 양고기 등의 맛있는 음식을 갖추어 놓은 밥상을 말한다. 《宋史全文 卷13下 宋哲宗3》 당시 철종(哲宗)이 10살의 어린 나이로 즉위하니 조모인 선인태후가 수렴청정하였다. 이듬해에 연호를 원우(元祐)로 고치고 사마광(司馬光)과 여공저(呂公著), 문언박(文彦博)을 재상으로 임명하고 신법당(新法黨)을 축출했다가, 1093년에 선인태후가 죽자 철종이 비로소 친정(親政)을 시작하였는데, 연호를 소성(紹聖)으로 고치고 범순인(范純仁)과 여대방·소철(蘇轍) 등 구법당(舊法黨)을 모두 파직한 뒤 신종 때의 신법을 모두 회복하였다. '여대방'은 북송(北宋) 때의 명신으로, 자는 미중(微中), 시호는 정민(正愍)이다. 철종 원우(元祐) 연간에 상서좌복야 겸 문하시랑(尙書左僕射兼門下侍郎)에 제수되어 범순인 등과 함께 국정을 운영하다가 소성(紹聖) 연간에 당론(黨論)으로 서주 단련부사(舒州團練副使)로 좌천되었다. 그가 재상으로 있을 때 유안세(劉安世)의 만류에도 불구하고 붕당(朋黨)을 조정(調停)한다는 명목으로 등온백(鄧溫伯) 등 왕안석(王安石)의 당여를 등용한 결과, 나중에 군자들이 모두 내쫓기는 일명 '소성(紹聖)의 화(禍)'가 일어나게 되었다.

323 군주가……들었는데 : 《예기》 〈문왕세자(文王世子)〉의 "문왕이 세자가 되었을 적에 부왕인 왕계(王季)를 뵙되 하루에 세 번씩 하셨는데, 닭이 처음 울면 옷을 입고서 침문(寢門) 밖에 이르러 그날 당번을 맡은 내시에게 '오늘 부왕의 안부가 어떠하신가?' 하고 물어서 내시가 '편안하십니다.'라고 대답하면 문왕이 그제야 기뻐하시며, 점심

조정에게 돌아오자 음식을 주더니[324] 홀연 진(秦)나라의 사궤(四簋)[325]를 제가 받았습니다. 어떻게 이를 먹을 수 있겠습니까? 눈물이 옷깃에 가득합니다.

생각건대 다행히 밝은 시대에 태어나서 마침 성스러운 세상을 만났습니다. 경력(慶曆) 연간[326]에 정치에 참여하기 부끄러운 재주였고, 어린 군주를 맡길 만한 명성도 평소 없었습니다. 지혜는 낙양(洛陽)의 상공(相公)을 사모하여 자식의 정책을 고치는 것[327]에 대해 대강이나마

무렵에 이르러 또다시 가서 또한 그와 같이 하셨으며 저녁 무렵에 이르러 또다시 가서 또한 그와 같이 하셨다."라는 내용을 원용한 것이다.

324 대감님이……주더니 : 《시경》 〈치의(緇衣)〉에 "대감님 조정에서 돌아오시면, 내가 대감님 밥상 차려 드리리라." 한 데서 온 말인데, 이 시는 정(鄭)나라 환공(桓公), 무공(武公) 부자(父子)가 연이어 주(周)나라 사도(司徒)가 되어 직임을 잘 수행하므로, 정나라 사람이 그 덕을 찬양하여 친애하는 정을 노래한 것이다. 여기서 '대감님'은 여대방을 지칭한 것이니, 나라 사람들에게 사랑을 받는다는 의미이다.

325 진(秦)나라의 사궤(四簋) : 풍요롭게 봉양하는 것을 말한다. '사궤'는 네 가지의 곡물(穀物)로 서(黍)·직(稷)·도(稻)·량(粱)을 말한다. 《시경》 〈권여(權輿)〉에 "나에게 매양 밥 먹을 때에 네 그릇을 주더니, 지금에는 밥 먹을 때마다 배부르지 못하도다."라고 한 데서 인용한 것으로, 진(秦)나라 강공(康公)을 풍자한 시이다. 강공이 선군(先君)의 신하를 잊어 현자를 대우함에 처음만 있고 끝이 없음을 비판한 것이다.

326 경력(慶曆) 연간 : 송나라 인종(仁宗)의 연호로, 1041~1048년이다. 이때는 송나라의 국운이 극도로 융성했던 시기로 문물이 성대하고 인재가 많이 배출되었다. 《宋史 卷11 仁宗本紀》

327 낙양(洛陽)의……것 : '낙양의 상공'은 사마광(司馬光, 1019~1086)을 가리킨다. 송나라 신종(神宗)이 죽고 철종이 어린 나이로 즉위하자 선인태후가 수렴청정을 하였는데, 이때 사마광이 재상이 되어 신종 때에 실시한 왕안석(王安石)의 신법(新法)을 폐지하고 옛 법을 회복하려 하였다. 이에 의논하는 자들이 "부친이 작고한 뒤 삼년 동안은 부친이 해 오던 일을 고치는 일이 없어야 효라고 말할 수 있다."라는 공자(孔

이해한 수준이었는데, 반평생 자애로운 사랑을 받고 6년 동안 재상의 지위를 차지하였습니다. 수렴청정하시는 앞에서 새로운 교화를 도우며 일찍이 국사(國士)로 보답[328]을 다하였고, 전상(殿上)에서 아름다운 계책[329]을 진달하기도 했지만 대신(大臣)의 풍도에는 여전히 부끄럽습니다.

근래 옥체가 미령하신 탓에 〈금등(金縢)〉[330]에서처럼 쾌유를 점치고자 하니, 주(周)나라 단상(壇上)에서 희공(姬公 주공(周公))이 무왕(武王)을 대신하려고 노력하였으며, 한(漢)나라 황제의 궁궐에서는 번쾌

子)의 말을 인용하면서 이를 저지하려 하자, 사마광이 "선제의 법 중에서 좋은 것은 백세 뒤에라도 고치면 안 되겠지만, 왕안석이나 여혜경(呂惠卿)이 만들어서 천하에 피해를 끼치는 것과 같은 것은 불과 물 속에서 사람들을 구해 내는 것처럼 속히 고쳐야만 한다. 더군다나 태황태후가 모친의 입장에서 아들의 법을 고치는 것이지, 아들이 부친의 법을 고치는 것이 아니다."라고 하여 반대 의견에 맞섰다. 《宋史 卷336 司馬光列傳》

328 국사(國士)로 보답 : '국사'는 일국(一國)에서 가장 뛰어난 선비를 말한 것으로, 전국 시대 조(趙)나라 지백(智伯)이 멸망한 뒤에 그의 신하 예양(豫讓)이 그를 위해 원수를 갚으려고 하면서 말하기를, "지백은 나를 국사로 대우해 주었으므로, 나 또한 국사로 그에게 보답하는 것이다."라고 하였다. 《戰國策 趙策1》

329 아름다운 계책 : 대본에는 '嘉獻'으로 되어 있는데, 문맥에 맞게 '獻'을 '猷'로 바로잡아 번역하였다.

330 금등(金縢) : 쇠사슬로 봉함했다는 뜻으로, 《서경》의 편명(篇名)이기도 하다. 《서경》 〈금등(金縢)〉에 의하면, 무왕(武王)이 일찍이 병들어 위독했을 때, 주공(周公)이 무왕 대신 자기를 죽게 해 달라고 선왕(先王)께 기도할 적에 먼저 남향으로 세 단(壇)을 만들고, 세 단의 남쪽에 또 단 하나를 만들어 주공이 여기에 북향하고 서서 손수 규(珪)를 잡고 태왕(太王), 왕계(王季), 문왕(文王)에게 기도를 마친 다음, 세 거북으로 점을 쳐 보니 길하여, 바로 그다음 날에 무왕의 병이 나았던바, 사관(史官)이 그 축책(祝冊)을 쇠사슬로 동여맨 궤(匱)에 넣어 두었던 데서 이 글의 편명을 〈금등〉이라 했다고 한다.

(樊噲)가 어찌 흐르는 눈물을 멈출 수 있었겠습니까?[331] 주유(珠襦 제왕과 후비의 복장) 차림으로 임하지 못하셔서 슬픈데, 옥궤(玉几)에 기대신 모습 차마 볼 수 있겠습니까? 옥음으로 노쇠한 신을 위로하시매 9년간의 일들[332]이 귓가에 맴돌았고, 가을바람 부는 사일(社日), 일 년 중 호시절에 마음이 아려 왔습니다.

그런데 상약(嘗藥)[333]의 나머지에 음식을 하사하실 줄을 어찌 생각이나 했겠습니까? 은총과 하사가 홀연 대궐에서 내려지니 하나하나가 모두 병상에서의 지극한 마음이요, 진귀한 음식을 수라간에서 특별히 나누어 주심은 한 톨 한 톨이 마음속 푸짐한 선물이었습니다. 은근히 한 숟가락 밥을 뜨게 하면서 하신 온화한 말씀은 다시금 어머니의 자애로운 사랑을 받는 기분이었고, 자중하여 이따금 일어나는 상념을 지우라는 하교는 어린아이처럼 사모하는 저로서 감히 잊을 수 있겠습니까?

음식을 맛보는 일이야 비록 자리를 바르게 하고 먼저 할 수 있지만,[334] 음식이 차마 목구멍에 넘어가지 않습니다. 계절에 따른 경물이

331 한(漢)나라……있었겠습니까 : 한 고조(漢高祖)가 병이 심하여 사람을 대하기 싫어서 금중(禁中)에 누워 있으며 문지기에게 신하들을 들여보내지 못하게 시켰는데, 십여 일이 지나 번쾌가 문을 밀어 제치고 들어가 보니 고조가 한 내시의 무릎을 베고 누워 있었다. 이에 번쾌가 눈물을 흘리며 말하기를, "폐하께서는 어찌 조고(趙高)의 일을 생각하지 않으십니까?"라고 하니, 고조가 웃으며 일어났다 한다.《史記 卷95 樊噲列傳》

332 9년간의 일들 : 선인태후가 수렴청정한 기간을 말한 것이다.

333 상약(嘗藥) : 윗사람에게 약을 올리기 전에 먼저 맛보는 것을 말한다.《예기》〈곡례 하(曲禮下)〉에 "임금이 병에 걸려 약을 먹을 때는 신하가 먼저 맛보고, 어버이가 병에 걸려 약을 먹을 때는 자식이 먼저 맛본다."라는 말이 나온다.

334 음식을……있지만 :《논어》〈향당(鄕黨)〉에 "군주가 음식을 주시면 공자는 반드

슬픔을 더하니, 인정 있는 사람이라면 누군들 감격하지 않겠습니까? 하는 일 없이 자리만 차지하여 부끄러운 몸, 은혜에 보답할 길이 없나이다. 어찌 피부에 배어들고 살갗에 스며들 뿐이겠습니까? 명심하고 뼈에 새길 뿐입니다. 이롱증(耳聾症)을 치료하게 하사하셨던 옛날의 황봉주(黃封酒)[335]가 떠오르고, 사반을 먹으니 얼마나 맛있는지 태평 시대의 고사를 괜스레 마주하였습니다. 아프신 태후를 모시는 이 몸이 보잘 것 없거늘 이렇게 헤아릴 수 없는 우악한 은혜를 입어 어찌하면 좋습니까? 마음이 여기에 없으니 먹어도 그 맛을 알지 못하거니와,[336] 은혜가 더할 나위 없이 커서 사람들은 저마다 자신의 몸을 백번이라도 바치려고 합니다.[337]

여자 요(堯) 임금이 천하의 어머니가 된 세상을 만나 숭정전(崇政

시 자리를 바루어 먼저 맛보셨다." 하였는데, 주희(朱熹)의 주(注)에 "음식은 혹 먹다 남은 음식일까 염려되므로 조상께 올리지 않는 것이다. 자리를 바루어 먼저 맛보심은 군주를 대하는 것과 같이 하신 것이다. 먼저 맛본다고 말했으면 나머지는 마땅히 나누어 주는 것이다." 하였다.

335 이롱증(耳聾症)을……황봉주(黃封酒) : '이롱증'은 소리를 듣지 못하는 병이다. 사일(社日)에 술을 마시면 귀가 밝아진다는 속설이 있기 때문에 이렇게 말한 것이다. '황봉주'는 관청에서 빚어서 황색 비단이나 종이로 봉함한 술인데, 보통 임금이 하사하는 궁중 술을 가리킨다.

336 마음이……못하거니와 : 《대학장구》 전 7장에, "마음이 없으면 보아도 보이지 않고, 들어도 들리지 않고, 먹어도 그 맛을 모른다."라고 하였다. 여기서는 마음이 사반 자체의 맛에 있지 않고 선인태후의 은혜에 있다 보니 먹어도 맛의 여하는 알지 못한다는 의미로 쓰였다.

337 은혜가……합니다 : 선인태후의 은혜가 커서 태후를 살릴 수만 있다면 사람들이 백번 죽는 한이 있어도 기꺼이 자신의 몸을 바치겠다는 말이다. 《시경》 〈황조(黃鳥)〉에 "대신 죽어 살려 낼 수만 있다면, 백번 죽더라도 기꺼이 하리."라고 한 데서 나왔다.

殿)에서 수렴청정하시니 신이 아무런 능력 없는 위인임을 아시면서도 중서당(中書堂)을 맡기시곤 신더러 조금이나마 마음을 한결같이 하여 공적을 세웠다고 하셨습니다. 이에 병석에 누우신 날에도 오히려 아랫사람을 대하는 정성이 돈독하시어, 신처럼 재주 없는 신하까지도 이렇게 하사품을 내려 주셨습니다. 갑절로 폭헌(曝獻)[338]을 바쳐 해바라기처럼 해를 더욱 향하지[339] 않을 수 있겠습니까? 부들과 버들 같은 자질[340]인지라 가을이 되면 깜짝깜짝 놀라니 안분지족하는 삶을 왜 모르겠습니까마는, 견마지성으로 군주를 연모하면서 사적으로 길러 주신 은혜를 저버리지 않고자 합니다.

338 폭헌(曝獻) : 임금에게 따뜻한 햇빛을 바친다는 뜻으로, 물건이나 의견을 적어 윗사람에게 바칠 때의 겸사이다. 송(宋)나라에 한 농부가 천하에 넓은 집과 따뜻한 방, 두터운 솜옷과 따뜻한 털옷 등이 있는 것을 모르고 그 아내에게 말하기를 "등에 따뜻한 햇볕을 쬐는 방법을 아는 사람이 없으니 이 같은 추위에 우리 임금에게 이 방법을 아뢰면 반드시 후한 상이 있을 것이다."라고 한 데서 유래하였다.《列子 卷7 楊朱》

339 해바라기처럼……향하지 : 백성이 임금의 덕을 우러러 존경하며 정성을 다한다는 말이다.

340 부들과……자질 : 나약한 기질을 가리킨다. 진(晉)나라 고열지(顧悅之)가 간문제(簡文帝)와 동갑이었는데도 이른 나이에 머리칼이 하얗게 세었다. 황제가 그 이유를 물으니 "신은 부들과 버들 같은 체질이라서 가을이 가까워지면 벌써 잎이 지고 맙니다."라고 하였다.《世說新語 言語》

송나라 동경의 부로들이 종택의 아들 종영으로 부친의 임무를 잇게 하도록 청원하다[341]

宋東京父老請以宗澤子穎繼父任

하늘이 재앙을 내려 원로 한 분을 남겨 두지 않으니 성상께서 인재를 잃고 바야흐로 걱정하시나, 죽은 아비에게 훌륭한 아들이 있어 부모를 욕되게 하지 않으니 선친이 했던 일을 어찌 그 아들에게 계승하도록 하지 않을 수 있습니까? 이에 모든 사람들이 추천한다는 말을 아뢰오니 한번 허락해 주십시오.

공경히 생각건대 신무(神武)의 자질을 가지고 어려운 국운을 만나셨습니다. 부형들이 머나먼 사막으로 출정나간 게 애통하고 항상 와신상담하는 마음 간절하시어, 장상(將相)을 노성한 인물에게 맡기고 옷을 갈아입는 수치를 씻으려고 기약하셨습니다. 순응하는 자를 도와주는 하늘의 뜻에 힘입고 원수를 토벌하는 사람들의 계책이 뛰어났는데, 출정하기도 전에 도리어 큰 재앙이 느닷없이 닥칠 줄 어찌 생각했겠습니까?

341 송나라……청원하다 : 종택(宗澤, 1060~1128)은 북송 말 남송 초의 명신으로, 자는 여림(汝霖)이다. 동경 유수(東京留守)로 재직할 때 20여 차례에 걸쳐 고종(高宗) 조구(趙構)에게 상소하여 남경(南京)에서 동경 즉 개봉(開封)으로 환도할 것을 주장하고 중원을 수복할 방책을 제정하자고 건의하였는데, 모두 받아들여지지 않았다. 종택의 아들 종영(宗穎)이 부친을 따라 군막에 있으면서 군사들의 마음을 많이 얻었는데, 종택이 죽자 장졸들이 대부분 떠나가자 동경의 사람들이 종영으로 하여금 아버지 임무를 대신하도록 요청한 것이다.《宋史 卷360 宗澤列傳》

정로장군(征虜將軍)이 죽으니 운대(雲臺)의 화상만 덩그러니 남았고,[342] 도독(都督)이 별세하매[343] 조정의 명령을 내릴 원훈(元勳)을 누구에게 맡기겠습니까? 온 나라 사람들이 나라가 시드는 것을 탄식하고 천자께서는 고굉지신을 잃은 슬픔에 빠지셨습니다. 관중(關中)의 부로들은 거듭 역경을 만나 더 이상 지난날처럼 안도하지 못하고, 하상(河上)의 군대가 한번 궤멸되자 옛날의 장군을 부질없이 그리워합니다.

장차 나라의 근본이 흙더미가 무너지듯 와르르 무너지고 민심이 기왓장처럼 산산이 깨질까 걱정입니다. 천자께서 여전히 먼 지역에 머물고 계신데 누가 거빈(去邠)의 행차[344]를 돌리겠습니까? 판적(版籍 호구대장)만 그저 옛 도읍에 있고 강을 건널 방책을 떨치기 어렵습니다. 만약 천거하여 제수하는 일이 타당하지 않으면 명령을 좇아 지키는

342 정로장군(征虜將軍)이……남았고 : '정로장군'은 동한(東漢) 시대의 사람 제준(祭遵)을 가리킨다. 일찍이 광무(光武)를 따라 하북(河北)을 정벌하였고, 건무(建武) 2년에 정로장군에 임명되었다. 죽은 뒤에 '운대(雲臺)' 28명의 장수에 들었다. 《後漢書 卷20 祭遵列傳》 운대는 한 명제(漢明帝)가 일찍이 전세(前世)의 공신들을 추념하기 위해 공신 등우(鄧禹) 등 28인의 장수의 초상을 걸었던 누대 이름이다.

343 도독(都督)이 별세하매 : '도독'은 진(晉)나라 사람으로 진나라가 남도(南渡)한 뒤에 스스로 사직지신(社稷之臣)의 뜻을 품고 항상 융적(戎狄)에게 복수하려 하면서 피눈물로 시를 읊곤 하였던 유곤(劉琨)을 말하니, 여기서는 종택에 비유한 것이다. 유곤은 삼주 도독(三州都督)을 역임하였다. 《晉書 卷62 劉琨傳》

344 거빈(去邠)의 행차 : 임금이 난을 피하여 도성을 떠나 다른 곳으로 거처를 옮기는 것을 이른다. 주 태왕(周太王), 즉 고공단보(古公亶父)가 빈(邠)에 있을 때에 적인(狄人)이 쳐들어오자 백성을 해치지 않기 위하여 빈을 버리고 기산(岐山) 아래로 옮겨 갔던 고사에서 나온 말이다. 《孟子 梁惠王下》

것이 틀림없이 잘못된 방향으로 나가게 될 것입니다.

삼가 보건대 종영(宗穎)은 사람됨이 실로 부친과 닮은 점이 있어, 군대에서 동고동락하면서 사졸들의 마음을 크게 얻었고, 용맹한 장수가 되어 대대로 충성을 돈독히 바쳤기에 평소 간성(干城) 같은 장수[345]라고 일컬어졌습니다. 교목(喬木)[346]에 부는 맑은 바람은 억지로 한 것이 아니요, 감당(甘棠)의 남긴 은택 여전히 남아 있습니다.[347] 이런 아버지가 아니면 어떻게 이런 아들을 얻겠습니까? 사람들은 장손(臧孫)이 훌륭한 후손을 두었다[348]고 말하며, 이와 같은 마음이 있어야 이와 같은 정사가 있는 것이니 영윤(令尹)이 외롭지 않다[349]고 모두들

345 간성(干城) 같은 장수 : '간성'은 방패와 성으로, 국가를 위하여 방패가 되고 성이 되는 훌륭한 장수를 뜻한다. 《시경》 〈토저(兎罝)〉에 "굳세고 굳센 무부여, 공후의 간성이로다."라고 하였다.

346 교목(喬木) : 가지가 무성하고 곧게 자란 높은 나무로, 여러 대에 걸쳐 중요한 자리에 있으면서 국가와 운명을 함께하는 집안이나 훈구(勳舊)의 신하를 이르니, 종택을 가리킨 것이다.

347 감당(甘棠)의……있습니다 : 종택의 선정(善政)이 동경(東京)에 아직도 남아 있다는 말이다. '감당'은 주(周)나라 소공(召公)이 남쪽 나라를 순행하면서 문왕(文王)의 정사를 펼 적에 감당나무 그늘 아래에 머물며 쉬기도 하니, 소공이 떠난 뒤 백성들이 그의 덕을 그리워한 나머지 그 감당나무를 아껴 차마 손상하지 못한 고사가 전한다. 《詩經 甘棠》

348 장손(臧孫)이……두었다 : '장손'은 장손달(臧孫達)로, 장애백(臧哀伯)을 가리킨다. 춘추 시대 노 환공(魯桓公) 2년에 공(公)이 뇌물인 곡정(郜鼎)을 송(宋)에서 받아 태묘(太廟)에 들여놓자 장애백이 들여놓지 말도록 간하는 말을 주(周)의 내사(內史)가 듣고서 '장손달이 노나라에 훌륭한 후손을 두겠다. 임금의 잘못을 잊지 않고 덕(德)으로 간하는구나.' 하였다. 《春秋左氏傳 桓公2年》

349 영윤(令尹)이 외롭지 않다 : 무엇을 가리키는지 미상이다. '영윤'은 초(楚)나라 관명(官名)으로 정치를 맡은 최고 관위이다.

칭송합니다.

진실로 동쪽 땅을 보호하고 다스리기에 적합하니 어찌 신령한 도읍의 진무를 걱정하겠습니까? 방성(方城)과 옥루(玉壘)[350]는 완연히 가업의 기구(箕裘)[351]이고, 용맹한 장수와 날랜 병사는 부친이 부리던 사람들입니다. 부친의 위엄에 기대어 맡은 일을 공경히 수행할 것이니 양으로 이리를 거느리게 하는 것[352]과 어찌 같겠습니까? 이루어 놓은 법을 지키며 종전의 규례를 실추시키지 않는 것이 필시 팔뚝이 손가락을 부리듯 너끈할 것입니다. 이는 이른바 민심을 따른 것으로, 현자를 보고 등용했다고 누군들 말하지 않겠습니까? 더구나 이렇게 대대로 선발하는 좋은 규정은 또한 지난 역사에서도 찾아볼 수 있습니다.

수레 타고 학창의[353] 입으면 위(魏)나라 병사들은 제갈량(諸葛亮)이

350 방성(方城)과 옥루(玉壘) : '방성'은 초(楚)나라의 산이고 '옥루'는 촉(蜀) 지방의 산이다. 초나라 굴완(屈完)이 제 환공(齊桓公)에게 "임금께서 덕으로 제후들을 편안하게 해 주신다면 누가 감히 복종하지 않겠습니까. 임금께서 만약 무력으로 하신다면 우리 초나라는 방성으로 성을 삼고 한수로 못을 삼으니〔楚國方城以爲城, 漢水以爲池.〕 아무리 많은 군대가 있더라도 소용이 없을 것입니다."라고 하였다. 《春秋左氏傳 僖公4年》

351 기구(箕裘) : 대장장이의 아들은 갖옷 만드는 일부터 배우고 조궁장(造弓匠)의 아들은 키 만드는 일부터 배워 본업을 익혀가는 것을 이른다. 전의되어, 조상 대대로 내려온 가업을 이른다.

352 양으로……것 : 유약한 사람이 강하고 거친 장병들을 통솔하기는 어렵다는 말이다. 《사기(史記)》 권55 〈유후세가(留侯世家)〉에 "경포(黥布)는 맹장으로서 용병을 잘하고 여러 장수들은 옛날 폐하와 대등한 수준에 있었던 자들인데, 태자로 하여금 이들을 거느리게 하신다면 이것은 양으로 하여금 이리를 거느리게 하는 것과 다름이 없습니다."라고 한 데서 나왔다.

353 학창의 : 학의 깃털로 만들었다고 하여 신선이나 도사가 입는 옷을 이른다.

다시 살아났는가 하고 놀라고,[354] 예악(禮樂)을 말하고 시서(詩書)에 독실하면 진(晉)나라 사람은 극씨(郤氏)[355]가 죽지 않았다고 좋아할 것입니다. 공은 과거에 이미 드러났고, 일은 미래의 본보기가 될 것입니다. 왕업을 넓히는 큰 기틀을 생각하시고 많은 사람들이 좋아하는 것은 반드시 살펴야 한다는 격언[356]을 체득하소서.

그리하여 마침내 거류(居留)의 중임[357]을 세신(世臣)[358]의 역량에 맞게 맡기신다면, 군대의 위용은 이로 말미암아 거듭 엄격해지고 사기도 이로 인해 다시 정돈될 것입니다. 가풍은 다르지 않으니 호돌(狐突)이 자식을 가르친 것[359]을 끝내 알 수 있고, 중책을 맡길 만한 재주는 둘도

354 위(魏)나라……놀라고 : 삼국 시대 촉(蜀)나라의 제갈량(諸葛亮)이 위나라 사마의(司馬懿)와 대치하다가 군중에서 죽자, 촉군은 철수를 시작했다. 사마의가 그 소식을 듣고 추격하다가 제갈량의 장수 강유(姜維)가 제갈량이 수레 위에 살아 있는 것처럼 꾸민 계책에 말려들어 후퇴하였다. 백성들이 이 일을 두고 "죽은 제갈량이 산 사마의를 달아나게 하였다."라는 말로 사마의가 겁이 많다고 비꼬았다. 《三國志 卷35 蜀書 諸葛亮傳》

355 극씨(郤氏) : 춘추 시대 진(晉)나라 사람 극곡(郤縠)을 가리킨 것이다. 진 문공(晉文公)이 사냥을 나가면서 삼군(三軍)을 편성하고 원수(元帥)가 될 만한 인물을 물색하자 조최(趙衰)가 말하기를 "극곡이 원수로 적합합니다. 신이 그가 하는 말을 자주 들었는데, 극곡은 예악(禮樂)을 말할 줄 알고, 시서(詩書)에 독실합니다."라고 하니, 문공은 그를 시켜 중군(中軍)을 거느리게 하였다. 《春秋左氏傳 僖公27年》

356 많은……격언 : 이는 공자(孔子)의 말이다. 《논어》 〈위령공(衛靈公)〉에 "많은 사람들이 그를 미워하더라도 반드시 살피고, 많은 사람들이 그를 좋아하더라도 반드시 살펴야 한다."라고 하였다.

357 거류(居留)의 중임 : 동경을 다스리게 하는 중책을 말한다.

358 세신(世臣) : 대대로 국가에 공로가 있는 신하를 가리킨다. 《孟子 梁惠王下》 여기서는 종영을 지칭한 것이다.

359 호돌(狐突)이……것 : '호돌'은 춘추 시대 진(晉)나라 대부로, 공자(公子) 중이

없어서 소회(蘇灰)[360]가 공적을 계승하는 모습을 볼 수 있을 것입니다. 마땅히 아들과 함께 일어난다면 왕을 위해 선두에 설 것입니다. 원수인 오랑캐와 같은 하늘 아래 살고 있어 비록 구차히 사는 죄가 많지만, 사직을 지키고 목숨을 바치면서 군주를 기다리는 정성을 쏟으려 합니다.

(重耳)의 외조(外祖)이다. 당시 호돌의 두 아들이 망명한 중이를 따라 진(秦)나라에 있었는데, 회공(懷公)이 호돌을 잡아 놓고 두 아들을 불러오게 하였다. 이에 호돌이 "자식이 자라 벼슬할 나이가 되면 아비가 충성을 바치라고 가르치는 것은 옛날부터 정해진 법도입니다. 신하의 명부(名簿)에 이름을 올리고 군주에게 예물(禮物)을 바치고서 두 마음을 품는 것은 큰 죄를 짓는 것입니다."라고 하고 따르지 않자 회공이 그를 죽였다. 《春秋左氏傳 僖公23年》

360 소회(蘇灰) : 미상이다.

신동 양억을 얻은 것에 대해 송나라 재상이 감축드리다[361]

宋宰相賀得神童楊億

국가는 사람으로 인해 흥성하는데 진실로 천재일우의 태평한 세상을 만났고, 인재는 세상을 위해 출현하거늘 갑자기 육오(六五)의 동몽(童蒙)[362]을 얻었습니다. 상서로움이 규성(奎星)에 모였을 때[363]와 응하니 문운(文運)이 드러나 기쁨이 넘칩니다. 공경히 생각건대, 목마른 듯 정성을 쏟고 인재를 널리 구하는 데 뜻이 간절하셨습니다. 문왕(文王)이 사람을 진작시킨 일[364]을 따라 이에 성대해지고, 탕후(湯后)가 준걸들을 불러 모은 것[365]을 힘써 오직 현자만을 보배로 여기셨

361 신동……감축드리다 : 송나라 양억(楊億, 974~1020)은 7세부터 글을 지을 줄 알았으며 11세에는 태종(太宗)에게 불려 가서 3일 동안 시부(詩賦) 5편과 중서성(中書省)으로 가서 시 1수를 지으니, 재상이 그의 재능에 감탄하면서 축하를 드렸다.《宋史 卷305 楊億列傳》

362 육오(六五)의 동몽(童蒙) : 《주역》 〈몽괘(蒙卦) 육오(六五)〉에 "육오(六五)는 동몽(童蒙)이니 길하다." 하였는데 정이(程頤)의 전(傳)에 "동(童)은 아직 개발하지 못하여 남에게 의뢰함을 취한 것이다." 하였다. 여기서는 양억을 가리킨 것이다.

363 상서로움이……때 : 송 태조(宋太祖) 건덕(乾德) 5년에 수, 화, 금, 목, 토 다섯 별이 규성의 별자리에 모인〔五星聚奎〕 일이 있었는데, 당시 복자(卜者)가 이것을 인재가 많이 배출될 조짐이라고 하였다.

364 문왕(文王)이……일 : 《시경》 〈역복(棫樸)〉에 "주왕(周王)이 수(壽)를 누리시니, 어찌 사람을 진작시키지 않으시겠나." 하였는데, 이는 97세까지 장수한 문왕(文王)의 덕(德)이 천하의 사람들을 진작(振作)시킨다는 내용이다.

365 탕후(湯后)가……것 : '탕후'는 은(殷)나라 탕(湯) 임금을 가리킨다. 이 글은 《서경》 〈다사(多士)〉에 "네 선조이신 성탕(成湯)을 명하여 하(夏)나라를 개혁하시어 준걸

습니다. 많은 선비들이 잘 길러지는 모습[366]을 모두가 우러르고, 동자들은 할 일이 있음[367]을 거의 보게 되었습니다.

돌아보건대 이 양씨(楊氏) 가문의 영특한 아이는 실로 성스러운 시대의 신동입니다. 영운(靈運)의 문장은 일찌감치 사씨(謝氏) 정원의 옥나무로 칭송받았고,[368] 공자(孔子)와 석가(釋迦)가 안아다 주었는지 서씨(徐氏) 가문의 석기린(石麒麟)[369]이라며 사람들이 서로 이야기합

스러운 백성으로 사방을 다스리게 하셨다."라고 한 말을 전용한 것이다.

366 많은……모습 : 《시경》 〈문왕(文王)〉에 "빛나는 많은 인재들이 이 왕국에서 나왔도다. 왕국에서 제대로 인재를 내었으니 주나라의 동량이 되리라."라는 말을 전용하였다.

367 동자들은……있음 : 《시경》 〈사제(思齊)〉에 "성인(成人)들은 덕(德)이 있으며 동자들은 일함이 있으니, 옛 사람이 싫어함이 없기에 선비들을 칭찬하여 준걸스럽게 만드셨다." 하였는데, 주희(朱熹)의 주(注)에 "문왕(文王)의 덕이 일에 나타남이 이와 같았다. 그러므로 한 시대의 인재가 모두 성취하는 바를 얻었으니, 덕이 순수하여 그치지 않았기 때문에 이 선비들로 하여금 모두 천하에 명예를 두어 그 준예(俊乂)의 아름다움을 이루게 하였다." 하였다.

368 영운(靈運)의……칭송받았고 : '영운'은 진(晉)나라 시인 사영운(謝靈運, 385~433)으로 동진(東晉)의 명장 사현(謝玄)의 손자이니, 양억의 문장이 사영운처럼 주목받았다는 말이다. '옥나무'는 지란옥수(芝蘭玉樹)의 줄임말로, 훌륭한 집안의 뛰어난 자제를 가리키는 말이다. 《세설신어(世說新語)》 〈언어(言語)〉에, 진(晉)나라 사안(謝安)이 일찍이 여러 자질(子姪)들에게 어떤 자제(子弟)가 되고 싶으냐고 묻자, 그의 조카인 사현(謝玄)이 대답하기를, "비유하건대, 지란옥수가 뜰에 나게 하고 싶을 뿐입니다."라고 하였다.

369 공자(孔子)와……석기린(石麒麟)입니다 : '석기린'은 아주 영특한 아이를 가리킨다. 양(梁)나라 때 사람인 서릉(徐陵)이 두어 살이 되었을 적에 어른을 따라서 보지상인(寶誌上人)을 찾아가 뵙자, 보지 상인이 서릉의 머리를 쓰다듬으며 말하기를 "천상(天上)의 석기린이로다." 하였다. 뒷날 서릉은 문장에 뛰어나 사조(辭藻)가 기려(綺麗)하여 유신(庾信)과 이름을 나란히 하였으므로, 세상에서는 이들의 문체를 서유체(徐庾體)라고 하였다. 《陳書 卷26 徐陵列傳》

니다. 재기는 천하에 둘도 없거니와, 인물은 북두 이남에서 제일입니다.[370] 집안의 명성은 저 멀리 덕조(德祖)[371]를 계승했으니 어찌 예형(彌衡) 같은 소아(小兒)[372]가 되겠습니까? 가문의 명망이 평소 관서(關西) 지방에 자자했으니 한(漢)나라의 부자(夫子)[373]를 이을 수 있을 것입니다.

신령한 망아지가 아직 천 리를 달리지도[374] 않았는데 훌륭한 명예가 이미 궁궐까지 퍼졌습니다. 예전의 황정견(黃庭堅)에 대해 황제의 질문을 직접 받았으니,[375] 훗날의 장길(長吉)은 얼마나 거장(巨匠)의 입

370 인물은……제일입니다 : 천하제일인(天下第一人)을 뜻하는 말이다. 당(唐)나라 적인걸(狄仁傑)이 "북두 이남에서 오직 그 한 사람뿐이다."라는 평가를 받은 데서 유래하였다. 《新唐書 卷115 狄仁傑列傳》

371 덕조(德祖) : 후한(後漢) 때 사람인 양수(楊修, ?~219)의 자로, 학문을 좋아하고 재주가 뛰어났다. 조조(曹操)의 주부(主簿)로 있으면서 조조와 재주를 겨루고, 조조의 뜻을 미리 알아맞혔다가 조조의 시기를 받아 살해되었다. 《三國志 卷21 魏書 楊修傳》

372 예형(禰衡) 같은 소아(小兒) : 후한의 예형(禰衡)이 인물을 논하면서 공융(孔融)을 대아(大兒)라 하고 양수(楊修)를 소아(小兒)라고 했던 말을 전용한 것이다. 《後漢書 卷80 禰衡列傳》 대본에는 '彌衡'으로 되어 있는데, 《후한서(後漢書)》에 의거하여 '彌'를 '禰'로 바로잡아 번역하였다.

373 한(漢)나라의 부자(夫子) : 한나라 양진(楊震)을 이른다. '관서'는 지금의 섬서(陝西)와 감숙(甘肅) 일대를 가리킨다. 양진이 어려서부터 배우기를 좋아하여 태상(太常) 환욱(桓郁)에게 《구양상서(歐陽尙書)》를 전수받고 경에 두루 밝아 궁구하지 않은 것이 없자 당시 유자(儒者)들이 '관서공자 양백기(關西孔子楊伯起)'라고 불렀다 한다. 《後漢書 卷84 楊震列傳》

374 신령한……달리지도 : '신령한 망아지'는 하루에 천 리를 달릴 수 있는 능력이 있어, 뛰어난 자질을 타고난 사람을 비유하는 말로 쓰인다. 후위(後魏) 때 문신 배준(裴駿)이 어려서 매우 총명하고 출중하여 친척들이 그를 '신령한 망아지〔神駒〕'라고 칭하였다. 《魏書 卷45 裴駿列傳》

에 오르내리겠습니까?[376] 이백(李白)의 열 살 나이를 이제 막 넘기고[377] 한단(邯鄲)에 머문 지도 2년이 안 되었는데,[378] 문장의 근원은 삼협(三峽)의 물을 기울인 듯[379] 퍼내어도 마르지 않는 양형(楊炯)[380] 같고,

375 예전의……받았으니 : 양억이 신동이라는 소문을 듣고 황제가 불러 본 것을 송(宋)나라 황정견(黃庭堅) 고사에 비유한 것이다. 황정견은 5세에 오경(五經)을 외운 신동이다. 그가 8세 때 고을 사람 중에 과거 시험을 보러 가는 자가 있어 전송하는 시를 지었는데, 그 시에 이르기를 "그대가 황제 앞에 이르렀는데 만약 예전의 황정견에 대해 하문하신다면 인간 세상에 귀양 온 지 이제 8년이 되었노라 하시게." 하였다. 《說略 卷9 史別下》

376 훗날의……오르내리겠습니까 : 양억이 어린 나이에도 이와 같으니 장성한 미래에는 거장들의 찬사가 수없이 쏟아질 것이라는 말이다. '장길'은 당(唐)나라 시인 이하(李賀)의 자이다. 7세 때 벌써 글을 잘 짓는다는 소문이 퍼졌으므로 한유(韓愈)와 황보식(皇甫湜)이 시험하려고 찾아갔다가 즉석에서 〈고헌과(高軒過)〉라는 시를 지어내는 것을 보고는 경악했다는 고사가 전한다. 그 뒤 27세의 젊은 나이에 죽고 말았는데, 그의 시는 이상은(李商隱)과 두목(杜牧) 등에게 많은 영향을 끼쳤다. 《新唐書 卷203 李賀列傳》

377 이백(李白)의……넘기고 : '이백'은 당(唐)나라의 대문호로, 그가 10세 때 시서(詩書)에 통달했으므로 이렇게 글을 쓴 것이다. 《新唐書 卷202 李白列傳》

378 한단(邯鄲)에……되었는데 : 전국 시대 연(燕)나라의 청년이 조(趙)나라 서울 '한단'에 가서 한단 사람들이 걷는 우아한 걸음걸이를 배우려고 3년을 머문 고사를 전용한 것이다. 《莊子 秋水》

379 문장의……듯 : 삼협에서 쏟아져 흐르는 물처럼 거침없고 웅장한 문장을 말한다. 두보(杜甫)의 〈취가행(醉歌行)〉에 "문장의 근원은 삼협의 물을 거꾸로 쏟아낸 듯, 붓글씨는 천 명의 적군을 홀로 쓸어낼 듯하다."라고 한 데서 나왔다. 《杜少陵詩集 卷3》 '삼협'은 양자강(揚子江) 상류의 험난하기로 유명한 세 협곡으로, 구당협(瞿塘峽), 무협(巫峽), 서릉협(西陵峽)의 합칭이다.

380 양형(楊炯) : 650~693? 당(唐)나라 사람으로, 어려서 신동으로 천거되어 교서랑(校書郎)이 되었다. 당시에 왕발(王勃)·노조린(盧照隣)·낙빈왕(駱賓王)과 함께 초당사걸(初唐四傑)로 칭해진다.

필력은 천 명의 적군을 쓸어버리는 것 같으니 백직(柏直)의 입에선 아직도 젖내가 날 뿐입니다.[381]

시는 뜻을 잘 나타내어 이미 붓 잡고 문사를 지극히 하였고, 이렇게 생을 마치기로 맹세했으니 조정에서 벼슬하는 간절함이 저절로 절실할 것입니다. 자건(子建)처럼 몇 걸음 걷는 사이 문장을 지으니[382] 유린(有隣)의 신과(神科)[383]를 턱수염 뽑듯 쉽게 통과할 것입니다. 더불어 말하기 어려운 건 이미 호향(互鄕)과 다른데 어떻게 그가 찾아온 것을 허여하기만 하겠습니까?[384] 숙성하기로는 사익(師睪)과 같으니[385] 어찌 조금이라도 업신여길 수 있겠습니까. 이는 세상의 뛰어난 재주이고,

381 백직(栢直)의……뿐입니다 : 위왕(魏王) 표(豹)가 한(漢)을 배반하므로 한왕(漢王)이 한신(韓信)을 보내어 치면서, "저편의 대장 백직은 아직 입에서 젖내가 나니, 한신의 적수가 되지 못한다." 하였다. 《漢書 卷1上 高帝紀》

382 자건(子建)처럼……지으니 : 빠른 시간 안에 훌륭한 글을 짓는다는 말이다. '자건'은 삼국 시대 조식(曹植)의 자이다. 위 문제(魏文帝) 조비(曹丕)가 아우 조식에게 일곱 걸음을 걷는 동안 시를 짓지 못하면 큰 벌을 내리겠다고 윽박지르자, 조식이 그 안에 시를 지었다. 《三國志 魏書 卷19 陳思王植》

383 유린(有隣)의 신과(神科) : 미상이다.

384 더불어……하겠습니까 : '호향'은 풍속이 나쁜 마을을 뜻한다. 공자(孔子)가 풍속이 나쁜 마을인 호향에 사는 동자의 방문을 받아 주자, 문인(門人)들이 모두들 의아하게 생각하였다. 공자가 말하기를, "찾아오는 것을 허여한 것일 뿐이며, 물러간 뒤에 잘못하는 것을 허여한 것은 아니다. 어찌 심하게 대할 것이 있겠는가." 하였다. 《論語 述而》 여기서는 호향의 동자도 받아 주는데, 호향도 아닌 고을의 양억 같은 인재가 찾아오면 특별한 대우를 하지 않을 수 없다는 말이다. 대본에는 '互卿'으로 되어 있는데, 《논어》에 의거하여 '卿'을 '鄕'으로 바로잡아 번역하였다.

385 숙성하기로는 사익(師睪)과 같으니 : '사익'은 송(宋)나라 조사익(趙師睪)이다. 재무에 밝고 관리로서의 역량도 뛰어났으나, 한탁주(韓侂胄) 등에게 아부하여 비루하다는 평가를 받았다. 《宋史 卷247 趙師睪列傳》

시대에 부응하는 걸출한 선비입니다.

아, 아름다운 자질이니 누가 이런 아이를 낳은 것입니까? 문채 나는 탁월한 재능은 진실로 우연히 나온 게 아닙니다. 가르칠 만한 동자[386]를 보았고 문운(文運)이 바야흐로 형통함을 알겠습니다. 하늘이 장차 여기에 임무를 내리려고 하는데 사람들 중에 또한 이 아이보다 뛰어난 인물이 없습니다. 소싯적이 이와 같다면 자라서 볼 만할 터이니, 어찌 다만 이 정도로 멈추겠습니까? 어려서 배운 학문은 장성해서 실천하려는 것이니 배운 바의 바름을 저버리지 않을 뿐입니다. 이 같은 신하가 있다면 우리 왕에게 아름다운 일입니다.

생각건대 모두 해와 달의 빛에 의지하여 풍운지회(風雲之會)[387]를 만났습니다. 후배가 두려울 만하니[388] 선배라는 명칭이 부끄럽지만, 인재를 얻은 자는 흥하니 싫어함이 없는 아름다움[389]을 노래할 수 있을 것입니다.

386 가르칠 만한 동자 : 장량(張良)이 하비(下邳)의 다리 위에서 황석공(黃石公)이라는 노인을 만나 그 노인이 일부러 떨어뜨린 신발을 다리 밑에서 주워다가 공손히 무릎 꿇고 앉아서 신겨 주기까지 하자, 황석공이 "이 아이는 가르쳐 줄 만하다."라고 하고는 《태공병법(太公兵法)》을 전수해 주었다. 《史記 卷55 留侯世家》

387 풍운지회(風雲之會) : 《주역》 〈건괘(乾卦) 문언(文言)〉에 "구름은 용을 따르고, 바람은 범을 따른다."라고 한 데서 온 말로, 한 시대에 성군(聖君)과 현신(賢臣)이 서로 감응하여 회합하는 것을 이른다.

388 후배가 두려울 만하니 : 《논어》 〈자한(子罕)〉에 "후배가 두려워할 만하다. 앞으로 오는 자들이 지금의 나보다 못할 것이라 어떻게 장담하겠는가."라고 한 데서 나온 말이다.

389 싫어함이 없는 아름다움 : 《시경》 〈사제(思齊)〉에 "옛사람이 싫어함이 없이 선비들을 칭찬하여 준걸스럽게 만드셨다."라고 한 데서 나왔다. 옛사람은 문왕(文王)을 가리키나, 여기서는 송나라 황제를 지칭한 것이다.

송나라 홍호가 태후의 손 편지를 올리다[390]

宋洪皓進太后手札

외로운 신이 죽을 고비를 아홉 번 넘기며 오랫동안 타국에서 고초를 겪다가, 만금의 값어치에 해당하는 자성(慈聖 태후)의 편지 한 통을 공손히 전합니다. 소식을 전하는 사람이 출발하려는데 눈물이 먼저 흘러내립니다.

삼가 생각건대, 모후께서 몽진하신 것은 정강(靖康) 연간에 방비를 잘못한 데서 비롯되었습니다.[391] 이십 년 세월이 어느덧 흘렀고 물고기

390 송나라……올리다 : 송(宋)나라 홍호(洪皓)가 1141년 금(金)나라에 억류될 당시 황태후의 편지를 얻어 이미(李微)를 시켜 송 고종(宋高宗)에게 보냈던 일을 소재로 삼아 지은 글이다. 홍호는 건염(建炎) 3년에 대금통문사(大金通問使)가 되어 금나라로 사신 갔다가 금나라 점한(粘罕)의 뜻을 거슬러서 냉산(冷山)으로 쫓겨났는데, 냉산은 몹시 추운 곳으로 4월이 되어야 비로소 풀이 나고 8월이면 이미 눈이 내리는 곳이었다. 홍호가 이곳에 머물면서 갖은 고생을 다 겪었는데, 2년 동안 금나라에서 양식을 대어주지 않기도 하였으며, 큰 눈이 내려 땔감이 다 떨어지자 말똥으로 불을 피워 국수를 끓여 먹기도 하였다. 이렇게 15년을 머물러 있다가 비로소 송나라로 돌아왔다.《宋史 卷373 洪皓列傳》

391 모후께서……비롯되었습니다 : '정강'은 송 흠종(欽宗)의 연호로 1126년부터 1127년까지인데, 금(金)나라가 북송(北宋)을 멸망시킨 사변을 말한다. 휘종(徽宗)의 뒤를 이은 흠종은 정강 원년 수도를 포위한 금나라와 강화 교섭을 진행하여 금은 재물을 제공하고, 북방 영토 중산(中山)·하간(河間)·태원(太原) 삼진(三鎭)의 할양, 금나라를 백부(伯父)로 하는 등의 조건으로 화의가 성립되었다. 그러나 송나라는 약속을 지키지 않고 금나라의 내부 교란을 획책하였기 때문에 1127년 두 번째 공격을 받아 개봉은 함락되고, 금나라는 휘종·흠종 두 황제를 비롯하여 후비(后妃)와 황족, 관료와 기술자 수천 명을 납치하고, 각종 금은보화와 예기(禮器)·장서(藏書) 등을 약탈해

가 도마 위에 오른 것처럼 위태로운 상황을 구원하지 못하였습니다. 오국성(五國城)[392]의 행색은 처량한데 벽에 기대어 지내는 고통을 누가 풀어 드리겠습니까? 송(宋)나라와 하수(河水)를 발돋움하며 바라보고,[393] 위(魏)나라 산에 오른 슬픔이 많으셨을 것입니다.[394] 아름다운 소식이 새로운 풍현(豐縣)[395]에 오래도록 끊기어 한(漢)나라 황제의

갔다. 그 뒤 휘종과 흠종은 오국성(五國城)에 유배되었다가 죽게 된다. 한편 흠종의 동생 강왕(康王) 조구(趙構)가 응천부(應天府)에서 즉위하여 고종(高宗)이 되고 남송(南宋)이 시작되었다.

392 오국성(五國城) : 송나라 휘종(徽宗)이 금나라 군대에 포로로 잡혀서 이곳에서 죽었다. 소재지에 대해서는 현재 흑룡강성(黑龍江省) 의란현(依蘭縣) 일대라는 설, 흑룡강성 영안현(寧安縣) 동북쪽이라는 설, 길림성(吉林省) 부여현(扶餘縣) 경계라는 설 등 의견이 분분하다.

393 송(宋)나라와……바라보고 : 《시경》 〈하광(河廣)〉에 "누가 하수가 넓다 이르는고? 거룻배도 용납하지 못하거늘. 누가 송나라가 멀다 이르는고? 하루아침 거리도 못 되는걸."라고 한 데서 온 말로, 위(衛)나라 선강(宣姜)의 딸이 송 환공(宋桓公)의 부인(夫人)이 되어 아들 양공(襄公)을 낳고는 쫓겨나서 위나라로 돌아갔는데, 뒤에 양공이 즉위하자 부인은 아들이 그리워 다시 송나라로 가고 싶었으나 의리가 아님을 알고 갈 수 없는 뜻을 노래로 부른 것이다. 여기서는 '송나라'와 '하수'는 중국 땅을 가리키니, 억류되어 있는 태후가 고국을 그리워하며 멀리 바라본다는 뜻으로 쓰였다.

394 위(魏)나라……것입니다 : 산에 올라 부친과 모친을 그리워하며 슬퍼한다는 말이다. '위나라'는 이 시가 《시경》 〈위풍(魏風)〉에 있기 때문에 언급한 것이다. 《시경》 〈척호(陟岵)〉에, "저 민둥산에 올라가서 아버지 계신 곳을 바라본다.……저 초목이 있는 산에 올라 어머니 계신 곳을 바라본다.〔陟彼岵兮, 瞻望父兮.……陟彼屺兮, 瞻望母兮.〕"라고 하였다.

395 새로운 풍현(豐縣) : 남송의 수도 임안(臨安)을 지칭한 것이다. 한 고조(漢高祖) 유방(劉邦)이 천하를 통일한 뒤에 부친을 모셔 와 장안(長安)의 황궁(皇宮)에서 태상황(太上皇)으로 모시며 호화로운 생활을 하게 하였는데, 그 부친이 고향인 '풍현'을 그리워하자 장안 부근에 새로운 풍현을 조성하여 위로해 드렸다. 《西京雜記 卷2》

헌수를 얼마나 폐했습니까. 지극한 봉양을 하늘 아래 이루지 못하고 여전히 주(周)나라 문왕(文王)의 문안 인사[396]를 빠뜨렸습니다.

북쪽의 그림자와 메아리 의지할 길 없고 남쪽 하늘의 소식도 이미 끊어진 마당에, 태후의 수레가 고국으로 돌아가기도 전에 직접 쓰신 편지를 보게 될 줄 어찌 생각이나 했겠습니까? 위로는 섭생에 힘쓰고 아래로는 그리워하면서 속마음을 모두 쏟아내셨는데, 하늘과 땅이 끝없이 펼쳐진 변새 밖의 심정을 적으신 것이었습니다. "그리워라, 어느 달에나 돌아갈 수 있을까"라고 하신 말씀[397]에서 금나라에 가 계신 태도가 절실함을 알 수 있었고, 어머니가 막내아들을 찾으면서[398] 간곡히 구하러 오기를 고대하셨습니다.

슬프게도 편지를 처음 적으실 때 조국이 어디쯤일지 생각하셨을 테니, 열 줄 서찰에 흘린 몇 줄기 눈물 자국이 완연히 종이에 얼룩졌으며, 수없이 슬퍼하고 고생하신 모습을 어렴풋이 뵙는 듯하였습니다. 아! 수년간 어떻게 기거하셨는지 모르다가 다행히 오늘 서신을 받고서야 알게 되었습니다. 외로운 그림자가 쓸쓸함을 멀리서 알게 되었고, 슬픈

396 주(周)나라……인사 : 《예기》 〈문왕세자(文王世子)〉에 "주나라 문왕(文王)이 세자로 있을 적에 부친 왕계(王季)에게 매일 세 번씩 문안 인사를 드렸다."라고 한 것을 가리킨다. 여기서 '문왕'은 고종을 비유한 것이다.

397 그리워라……말씀 : 태후가 편지에서 고국을 그리워하는 마음을 《시경》의 내용으로 대입한 것이다. 《시경》 〈양지수(揚之水)〉에 "그리워라 그리워라, 어느 달에나 나는 집으로 돌아가려나."라고 하였다.

398 어머니가 막내아들을 찾으면서 : 《시경》 〈척호(陟岵)〉에 "저 민둥산에 올라가서 어머님 계신 곳을 바라본다. 어머님은 아마도 이렇게 말씀하시겠지. '아, 내 막내아들이 부역에 나가서 밤낮으로 잠도 자지 못할 터인데, 부디 몸조심해서 죽지 말고 살아서 돌아오기만 해라.'"라고 한 데서 온 말이다.

정이 애달픔을 멀리 하소연하셨습니다. 길이 멀긴 해도 두 곳이 통하기 어렵다고 어찌 꺼리겠습니까. 누가 장차 서쪽으로 돌아가서[399] 폐하의 깊이 사모하는 마음을 위로하겠습니까?

공경히 생각건대, 남쪽으로 천도하여 눈물이 나고 북방으로 옮겨오셔서 비통합니다. 장수(張守)가 여섯 번이나 생각하라고 한 말[400]에 얼굴빛을 고친 뒤 구름을 바라보는 그리움[401]이 얼마나 간절하셨습니까? 이강(李綱)이 올린 〈십의상소(十議上疏)〉[402]에 포부를 넓히고 언제나 와신상담의 뜻을 품으셨을 것입니다. 종신토록 순(舜) 임금이 부모를 사모하는 마음[403] 더욱 깊고, 어가가 돌아온 당(唐)나라의 공

399 누가……돌아가서 : 《시경》 〈비풍(匪風)〉에 "누가 장차 서쪽으로 돌아가려는가. 그를 좋은 목소리로 위로하리라." 하였는데, 이는 주(周)나라 왕실이 쇠퇴하자 현인(賢人)이 근심하고 탄식하며 지은 시이다. 여기서 서쪽으로 돌아간다는 말은 고국인 송(宋)나라로 귀환하는 것을 가리킨다.

400 장수(張守)가……말 : '장수'는 송(宋)나라 사람으로, 부단(副端)으로 재직할 때 황제에게 상소하여 여섯 번이나 금(金)나라에 구금돼 있는 두 황제와 모후(母后)를 생각하라고 조언했던 것을 가리킨다. 《宋史 卷375 張守》

401 구름을 바라보는 그리움 : 어버이를 못 잊어하며 사모하는 것을 말한다. 당(唐)나라 적인걸(狄仁傑)이 태행산(太行山)을 넘어가던 중에 흰 구름이 외로이 떠가는 남쪽 하늘을 바라보면서 "저 구름 아래에 어버이가 계신다."라고 하고는 한참 동안 머물러 있다가 구름이 다른 곳으로 옮겨 간 뒤에 다시 길을 떠났다는 고사가 있다. 《舊唐書 卷89 狄仁傑列傳》

402 이강(李綱)이 올린 십의상소(十議上疏) : '이강' 역시 송(宋)나라 사람이다. 금(金)나라 군사들이 맹약을 어기고 남하(南下)해 올 때 휘종(徽宗)에게 상소(上疏)를 올려 태자에게 선위(禪位)하여 천하의 군사들을 불러 모으라고 청하였으며, 금나라 군사가 다시 쳐들어왔을 적에는 〈십의상소〉를 올려 금나라와 화친을 맺는 것을 반대하였다. 절의에 있어서 송나라에서 제일이라고 평가받는다. 《宋史 卷358 李綱列傳》

403 종신토록……마음 : 《맹자》 〈만장 상(萬章上)〉에, "대효(大孝)는 종신토록 부모

업[404]을 넓힐 수 있을 것입니다.

다만 생각건대 태후가 계신 곳과 여전히 떨어져 있어서 원방의 소식이 장기간 끊겼었습니다. 백발의 몸으로 영락하여 떠돌면서 생이별한 시간이 대체 얼마인지 탄식만 하다가 진흙으로 정성스레 봉한[405] 손편지를 비로소 오늘 아침에야 보게 되었습니다. 이는 비록 태후의 생각을 적은 것이지만 또한 효성스러운 폐하께서 감격하실 바이기도 합니다. 정겨운 편지를 골수에 넣고 잊지 못하면서[406] 문안드릴 날이 있으리라 기뻐하고, 마음에서 나온 온화한 말씀을 통해 주무시고 음식을 드시는 생활이 무탈하심[407]에 흐뭇하였습니다.

아득히 길게 이어지는 가슴속 생각을 모두 표현하기란 어려운 일이지만 낭랑한 음성과 완연한 용모는 편지 위에서 상상해 볼 수 있으니, 태후의 편지가 멀리까지 도달하기만 하면, 내시가 '편안합니다'라고

를 사모하니, 50세까지 부모를 사모하는 것을 나는 순 임금에게서 보았다." 하였다.

404 어가가……공업 : 당(唐)나라 숙종(肅宗)은 현종(玄宗)의 아들로, 현종이 안녹산(安祿山)의 난을 피하여 촉(蜀) 지방으로 피난 가자, 756년에 영무(靈武)에서 즉위하였는데, 757년 정월에 안녹산이 자신의 아들 안경서(安慶緖)에게 살해당하자 반란군의 세력은 급속히 약해져서, 동년 9월에 숙종은 마침내 장안(長安)과 낙양(洛陽)을 수복하고 장안으로 돌아왔다.

405 진흙으로 정성스레 봉한 : 옛날에 서신을 끈으로 묶고 그 매듭을 진흙으로 봉한 뒤, 그 위에 도장을 찍었다.

406 정겨운……못하면서 : 한유(韓愈)의 시에 "상소문을 함봉하여 골수에 넣어 두고서, 못내 잊지 못하며 괜히 혼자서 기특하게 여긴다.〔緘封在骨髓, 耿耿空自奇.〕"라는 구절을 전용한 것이다.《韓昌黎集 卷2 歸彭城》

407 무탈하심 : 대본에는 '無䘙'으로 되어 있는데, 일반적인 용례의 의거하여 '䘙'을 '恙'으로 바로잡아 번역하였다.

하는 소리[408]와 어찌 비교가 되겠습니까? 모후의 말씀을 받들면 슬하에서 떨어진 한을 풀 수 있고, 모후의 마음을 위로할 길이 없다는 생각에 와신상담의 의지를 불태우실 것입니다.

생각건대 만 리 먼 곳에서 초(楚)나라 포로[409]가 되어 십 년간 한(漢)나라의 부절을 잡았습니다.[410] 전대(專對)할[411] 재주가 아닌 몸으로 억지로 사신의 감투를 썼지만, 집에서 보고 배운 것이 충성인지라 그저

408 내시가……소리 : 《예기》 〈문왕세자(文王世子)〉의 "문왕이 세자가 되었을 적에 부왕인 왕계(王季)를 뵙되 하루에 세 번씩 하셨는데, 닭이 처음 울면 옷을 입고서 침문(寢門) 밖에 이르러 그 날 당번을 맡은 내시에게 '오늘 부왕의 안부가 어떠하신가?' 하고 물어서 내시가 '편안하십니다.'라고 대답하면 문왕이 그제야 기뻐하시며, 점심 무렵에 이르러 또다시 가서 또한 그와 같이 하셨으며 저녁 무렵에 이르러 또다시 가서 또한 그와 같이 하셨다."라는 내용을 원용한 것이다. 대본에는 '內堅'으로 되어 있는데, 《예기》 〈문왕세자(文王世子)〉에 의거하여 '堅'을 '豎'로 바로잡아 번역하였다.

409 초(楚)나라 포로 : 춘추 시대 초(楚)나라의 악관(樂官)인 종의(鍾儀)가 정인(鄭人)에 의해 진(晉)나라에 잡혀가서 갇혀 있을 때, 진 혜공(晉惠公)이 군부(軍府)를 시찰하다가 그를 보고는 유사(有司)에게 "남관을 쓰고 갇혀 있는 자가 누구냐?" 하고 묻자, 유사가 "정인이 바쳐 온 초나라의 죄수입니다." 하므로, 진 혜공이 그를 불러다가 여러 가지 일을 물어보고 그에게 거문고를 주면서 타 보라고 하자 고향인 초나라의 음악을 탔다는 고사에서 온 말이다. 《春秋左氏傳 成公9年》 여기서는 홍호를 종의에 빗대서 한 말이다.

410 십……잡았습니다 : 한(漢)나라 소무(蘇武)가 흉노(匈奴)로 사신 가서 오랫동안 부절을 잡고 절개를 지킨 고사를 홍호에게 비유한 것이다. 소무는 흉노에 19년 동안 억류되었다가 고국 한나라로 돌아왔는데, 여기서 '십 년'이라는 것은 큰 숫자를 말한 것이다. 이백(李白)의 시 〈소무(蘇武)〉에 "소무는 흉노에 있으면서 십 년 동안 한나라 부절 잡고 있었네."라고 하였다. 《漢書 卷54 蘇建傳 蘇武》

411 전대(專對) : 외국에 사신으로 나가서 독자적으로 응대하며 일을 잘 처리하는 것을 말한다. 《論語 子路》

나라를 생각하는 정성만은 간절하였습니다. 그러나 이미 국경을 나가는 의리를 잃었으니 왕명을 욕되게 한 죄를 어찌 피할 수 있겠습니까. 연해(燕海)의 서리 기운 차가운데 숫양이 새끼 낳을 방법이 없어 답답하고,[412] 진관(秦關)의 해는 저무는데 말의 뿔이 나오지 않아 탄식하던[413] 가운데 마침 이십 년 만에 좋은 소식을 얻고는 구중궁궐까지 멀리 알리기로 마음먹었습니다.

눈 덮인 움막[414]에 갇힌 신세이니 북으로 함께 왔던 오리와 헤어지기가[415] 어떻겠습니까마는, 북녘의 추운 땅에서 눈물을 뿌리며 남쪽으로 날아가는 기러기에게 기꺼이 부칩니다. 부질없이 하나의 서찰을 전하

412 연해(燕海)의……답답하고 : 홍호가 금나라에서 고국으로 돌아갈 방법이 없어 답답하다는 뜻이다. '연해'는 홍호가 억류돼 있는 지역을 비유적으로 표현한 말이고, '숫양이 새끼 낳을 방법'이란 실현 불가능한 일을 말한다. 소무(蘇武)가 흉노에 사신으로 갔을 때 흉노가 그를 억류하여 사람이 전혀 살지 않는 북해(北海) 가로 보내어 숫양을 기르게 하고 "숫양이 새끼를 낳아야만 돌아갈 수 있다." 했던 고사에서 온 말이다. 《漢書 卷54 蘇武傳》

413 진관(秦關)의……탄식하는 : 앞 구절과 마찬가지로 고국으로 돌아갈 수 없어 탄식했다는 말이다. 전국 시대 연(燕)나라 태자 단(丹)이 진(秦)나라에 인질로 잡혀 있다가 귀국시켜 줄 것을 호소하자, 진왕(秦王)이 "까마귀 머리가 하얗게 변하고, 말에 뿔이 돋아나면 돌아가게 해 주겠다."라고 하였다. 《史記 卷86 刺客列傳 論贊》

414 눈 덮인 움막 : 본래 소무가 흉노에게 사신으로 갔다가 연금되었던 움막을 말하는데, 여기서는 홍호가 갇힌 곳을 가리킨다.

415 북쪽으로……헤어지기가 : 소무가 흉노에 사신 갔다가 억류되고 이릉(李陵)은 흉노와 싸우다가 투항해서, 두 사람이 흉노 국에서 서로 만나게 되었다. 그 뒤 한 소제(漢昭帝)가 흉노와 화친하자 소무는 고국으로 돌아가게 되어 이릉에게 준 이별시에 "한 쌍의 오리 함께 북쪽으로 날아왔다가, 한 마리 오리만 남쪽으로 날아가는구나."라고 하였다. 《藝文類聚 卷29 人部 別上》

오니 어느 곳이 장안(長安 수도)인지요? 지금 보내서 군왕께 올리면 어쩌면 폐하의 궁궐에 한번 닿을 수 있을 것이나, 돌아가 천자를 알현하는 일은 다시 훗날을 기약해야 할 것입니다.

송나라 양억이 병든 모친을 치료하라고 사자를 보내 약물을 하사한 것에 사례하다[416]

宋楊億謝母病遣使賜藥

오래도록 모친을 잘 보살피지 못해 어버이 모실 날이 많지 않음을 두려워하던 터에, 홀연 모친의 생사를 폐하께서 걱정하시고 외람되이 약물을 하사하시는 깊은 은혜를 입었습니다. 입으로 먼저 맛보며 더욱 감격하고, 머리를 조아리려니 주르륵 눈물이 흐릅니다.

생각건대 두 조정에서 벼슬하면서 한 가지 재주로 이름을 이루었습니다. 천자의 빛을 가까이 한 것[417]이 아닌데, 꼬리 태운 학사(學士)가 얼마나 되었습니까?[418] 재주 없는 몸으로 황제의 조서를 맡아 착창사인(斲窓舍人)[419]이 되고 말았습니다. 마흔의 나이에 벼슬하지만 어찌 학

416 송나라……사례하다 : 1008년, 양억(楊億, 974~1020)이 양적(陽翟)에 있다가 병든 모친을 살피러 가기 위해 귀성(歸省)을 청하면서 황제의 답도 듣지 않고 길을 나섰는데, 황제는 양억을 애지중지하는 터라 친히 약제를 봉하고 비단을 더해서 보내주었다. 《宋史 卷305 楊億列傳》

417 천자의……것 : 《서경》 〈홍범(洪範)〉에 "무릇 서민(庶民)들이 극(極)으로 부연한 말을 교훈으로 삼고 행하면, 천자의 빛을 가까이하여 말하기를, '천자가 우리들의 부모가 되시어 천하의 왕이 된다.'라고 할 것이다."라고 하였다.

418 꼬리……되었습니까 : 관리가 되어 여러 차례 승진하였다는 말이다. 본래 호랑이가 사람으로 변할 때 꼬리만 변하지 않으므로 꼬리를 태워 변화를 완성한다는 고사에서 유래하여, 당대(唐代) 이래 선비가 급제하거나 관리가 승진하였을 때 베풀던 축하연(祝賀宴)을 지칭하게 되었다. 《封氏聞見記 卷5 燒尾》

419 착창사인(斲窓舍人) : 문장을 짓는 재주가 부족하여 다른 사람의 작품을 모방하기만 하는 사람을 뜻한다. 당(唐)나라의 양도(陽滔)가 중서사인(中書舍人)으로 있을

문을 익히고 여력이 생겨서 그런 것이겠습니까.[420] 녹을 구한 건 그저 늙은 어버이 봉양을 위해서였을 뿐입니다. 공명을 이룸이 어떻게 저희들의 일이겠습니까. 높은 자리 사양하고 낮은 자리에 앉기를 잘하지 못해 부끄럽고, 흐르는 세월 속에 나그네 마음 유독 상처받으니 아침저녁으로 어버이를 살피지 못해 답답하였습니다.

그런데 자식이 복이 없어서 노모가 건강을 잃게 될 꺼라 어찌 생각했겠습니까. 어머니를 사랑하는 마음이 깊지 못해 모친 대신 죽기를 바라는 소원을 하늘이 들어주지 않으니, 병이 낫기를 바라는 마음만 간절하였는데 입에 쓴 좋은 약을 마련하기란 어려웠습니다. 점점 고치기 어렵게 되어 한 번 걸린 질환이 장차 고질병으로 발전하게 되었습니다. 목숨이 머리를 동쪽으로 둘 때[421]처럼 위태롭지만 그저 눈물만 줄줄 흘릴 뿐이니, 해가 서산에 지듯 숨이 끊어져 가는 모습을 어찌 쳐다볼 수 있겠습니까. 하늘이 저에게 은혜를 내리지 않는데 자식이 어미를 어찌하겠습니까. 자리에 몸져누운 노모를 용렬한 의원에게 맡기고는 불효자 신세가 되어 탄식하며, 마음을 깨끗이 하고 신령한 약물을 꿈꾸

때 제사(制詞)를 지어 올리라는 명이 급하였는데, 마침 사관(史官)이 열쇠를 가지고 다른 곳에 가 있어서 구본(舊本)을 참고해 볼 수가 없었다. 이에 급한 마음에 창문을 뚫고 가져다가 보았는데, 당시 사람들이 이를 인해서 '착창사인'이라고 불렀다. 《朝野僉載 卷2》

420 마흔의……것이겠습니까 : 《예기》 〈곡례 상(曲禮上)〉에, "마흔 살이면 지기(志氣)가 강해져서 벼슬길에 나아갈 수 있다." 하였고, 《논어》 〈자장(子張)〉에 "학문을 하고서 여력이 있으면 벼슬하라."라고 하였기 때문에, 당시 마흔에 가까워진 양억이 이 두 가지 글을 전용하여 표현한 것이다.

421 머리를……때 : 병이 위독한 상태를 말한다. 《예기》 〈상대기(喪大記)〉에, "병들어 위독해지면 북쪽 창 밑에 머리를 동쪽으로 한 다음 침상을 제거한다."라고 하였다.

면서 옛사람의 지극한 효성을 언제나 부러워하였습니다.

그러던 차에 구중궁궐에서 성은을 내려 만금 값어치의 좋은 약제를 하사하실 줄 어찌 생각이나 했겠습니까? 삼대 째 내려온 의원[422]이니 군신 사이에서 뛰어난 의술을 숨길 수 없고, 완치 능력이 입증된 약을 특별히 저희 모자에게 내려 주셨습니다. 손으로 받들자마자 정신이 상쾌해지고 입에 가까이 대려 하자 기운이 살아납니다. 덕은 생성시키는 데 이미 흡족하여 진실로 약을 쓰지 않아도 나을 것이며, 약이 독하고 어지러워야 병이 나으니[423] 약 성분을 몰라 맛볼 수 없다[424]고 어찌 말하겠습니까.

은혜는 아홉 번 죽어도 갚기 어렵고, 다시 살려 주시는 은택은 한량없습니다. 인자함이 깊어 복을 내려 주고 덕은 커서 생성시키기를 좋아하셨습니다. 오직 아플까 걱정하시니 어찌 백성을 자식처럼 보전할 뿐이겠습니까. 남의 노인에게까지 미치되[425] 실로 사랑의 도리를 친한

422 삼대……의원 : 풍부한 경험을 갖춘 의원을 말한다. 《예기》 〈곡례 하(曲禮下)〉에 "임금이 병이 나서 약을 먹게 되면 신하가 먼저 맛을 봐야 하고, 어버이가 병이 나서 약을 먹게 되면 자식이 먼저 맛봐야 한다. 의원이 삼대를 이어 온 자가 아니면 그 약을 복용하지 않는다."라고 하였다.

423 약이……나으니 : 《서경》 〈열명 상(說命上)〉에 "만약 약이 독하여 정신을 어지럽게 할 정도가 아니면 그 병이 낫지 않는다."라고 하였다.

424 약 성분을……없다 : 공자(孔子)에게 계강자(季康子)가 약을 보내왔을 때, 공자가 절하고 받으면서 "나는 이 약의 성분을 아직 잘 모르기 때문에 감히 맛보지는 못하겠습니다."라고 말했다. 《論語 鄕黨》

425 남의 노인에게 미치되 : 《맹자》 〈양혜왕 상(梁惠王上)〉에 "내 노인을 노인으로 섬겨서 남의 노인에게까지 미치며, 내 어린이를 어린이로 사랑해서 남의 어린이에게까지 미친다면 천하를 손바닥에 놓고 움직일 수 있다."라고 하였다.

이로부터 세우셨습니다.[426] 그리하여 마침내 하소연할 곳 없는 신으로 하여금 죽어 가는 모친의 생명을 구제하게 하셨으니, 마음에 새겨 두 마음 품지 않고 분골쇄신하면서 은혜를 잊지 않도록 노력하지 않겠습니까. 이 몸이 죽기 전에는 모두가 은혜를 갚을 날들이니, 부디 모친을 살린 뒤에 군주를 섬기겠습니다.

426 사랑의……세우셨습니다 : 이 말은 《서경》 〈이훈(伊訓)〉에 보인다.

한나라 정중이 군사마에 제수된 것에 사례하다[427]

漢鄭衆謝拜軍司馬

오랑캐 조정에서 사신의 부절 잡았다가 왕명을 욕되이 한 죄를 다행히 피했는데, 막부(幕府)의 군료(軍僚)에 제수되어 과분한 총애를 입었습니다. 신은 속으로 오히려 부끄러운데 여론은 어떻겠습니까? 생각건대 신은 겨우겨우 일을 처리하는 거친 사람으로 하급 무관직에 있던 천한 선비였습니다. 《시경》 300수를 외우고 전대(專對)에 능한 사신의 훌륭한 재주[428]는 평소 부족했지만, 10만의 군대를 얻어 적진을 휘젓고 다니는 장부의 뜻[429]을 본받았습니다.

지난날 조정에 인재가 적어 외람되이 흉노로 사신을 가게 되었습니다. 뜻은 자경(子卿)[430]에게 부끄러웠으나 칼을 겨누는 위율(衛律)[431]

427 한나라……사례하다 : 영평(永平, 58~75) 초에 흉노가 후한(後漢)에 화친을 청하자 정중(鄭衆)을 흉노에 파견하였는데, 흉노가 정중으로 하여금 절하게 시키자 굴하지 않고 돌아와 화친이 성립되지 않았다. 뒤에 황제가 흉노에서 온 사람들을 보고 정중이 흉노에 있을 때의 일을 물으니 모두가 정중의 굳센 기상이 소무(蘇武)에 뒤지지 않았다며 칭찬일색이었다. 이에 황제가 다시 정중을 불러 군사마(軍司馬)에 임명하였다. 《後漢書 卷66 鄭衆列傳》

428 시경……재주 : '전대'는 외국에 사신으로 나가서 독자적으로 응대하며 일을 잘 처리하는 것을 말한다. 《논어》 〈자로(子路)〉에, "《시경》 300수를 읽고, 외국에 사신으로 가서 전대하지 못하면 많이 읽은 것이 무슨 소용이랴."라고 하였다. 《시경》은 모두 300편이며, 옛날 중국에서 《시경》이 외교에 매우 많이 응용되었다.

429 10만의……뜻 : 흉노가 한 고조(漢高祖)에게 사신을 보냈는데 그 내용이 매우 무례하였으므로 번쾌(樊噲)가 말하기를, "신이 10만의 군대를 얻어서 흉노의 가운데를 멋대로 휘젓고 다니겠습니다." 하였다. 《史記 卷100 季布列傳》

에게 우연히 항거하였고, 교만은 이미 노상(老上)[432]보다 심했는데 다행히 오랑캐에게 억류된 곽길(郭吉)[433]의 신세를 면했습니다. 성은에 힘입어 살아 돌아오긴 했으나 사신의 일을 교활한 오랑캐 땅에서 완수하지 못했습니다.

견고히 해야 할 나랏일을 생각하면, 국가를 위해 몸 바칠 마음을 감히 잊을 수 있겠습니까. 오랑캐의 요구는 끝이 없다고 생각하여 문득 사신을 파견하는 손해에 대해 진달하였습니다. 저보고 사신을 가라고 이미 부지런히 윤음을 내리셨지만 편협한 천성이 여전히 시의(時宜)에 어두웠습니다. 충신은 편한 일만 골라서 하지 않기에 어찌 교묘하게 피할 생각을 하겠습니까. 일신을 위한 계책이 아닌 어리석은 견해를

430 자경(子卿) : 한(漢)나라 소무(蘇武)의 자이다. 소무는 무제(武帝) 때인 기원전 100년에 중랑장(中郎將)으로서 흉노(匈奴)에 사신으로 갔다가 체포되어 항복을 강요받았으나 절의를 굽히지 않고 19년이나 억류되었다가 돌아왔다. 김상헌은 1639년 청나라가 명나라를 공격하기 위해 요구한 출병을 반대하는 상소를 올렸다가 청나라의 요구로 압송되어 4년 뒤에야 풀려났다.

431 위율(衛律) : 한(漢)나라 사람으로 흉노(匈奴)에게 사신으로 갔다가 항복한 자이다. 《한서(漢書)》 권54 〈소무전(蘇武傳)〉에 "선우(單于)가 위율을 시켜 소무를 불러 항복을 받게 하자, 위율은 소무에게 말하기를, '내가 전일에 한을 저버리고 흉노에게 귀순하였는데 다행히 큰 은혜를 입어서 왕(王)이란 칭호를 얻고 마축(馬畜)이 산에 가득하다. 나는 이와 같은 부귀를 누리고 있으니, 그대도 오늘 항복한다면 내일 그렇게 될 것이다.' 하였다. 그러자 소무는 위율을 크게 꾸짖었다."라고 하였다.

432 노상(老上) : 노상선우(老上單于)로, 묵특선우(冒頓單于)의 아들이다. 한 문제(漢文帝)의 종인(宗人)인 옹주(翁主)를 연지(閼氏)로 맞이했으나 여러 번 한나라를 공격하였다. 《史記 卷110 匈奴列傳》

433 곽길(郭吉) : 한(漢)나라 때 흉노에 사신 갔다가 억류되었던 사람이다. 《史記 卷110 匈奴列傳》

간절한 소장에 담아 누차 올렸습니다.

깎은 나무를 마주하면서[434] 스스로 슬퍼하였고, 돌이 아니라 굴릴 수 없음[435]을 한탄하였습니다. 포승줄에 묶였지만 신의 죄가 아닌데 누가 이 억울함을 밝히겠습니까? 형벌이 몸에 내려지길 기다리면서 모면할 방법이 없다고 느꼈습니다. 그런데 닭을 장식한 조서[436]로 시원하게 은전을 내리시어 노둔한 신이 밝은 시대에 다시 살게 되었습니다. 집에서 오래도록 생활하지 않을 거라 어찌 알았겠습니까?

갑자기 헤아릴 수 없는 천자의 총애를 입었습니다. 초택(楚澤)에서 혼을 부르매 무양(巫陽)의 말을 번거롭게 하지 않았거니와,[437] 이 몸이

434 깎은 나무를 마주하면서 : '깎은 나무'는 옥리(獄吏)를 상징하므로 감옥에 수감되었다는 뜻이다. 《한서(漢書)》 권51 〈매승전(枚乘傳)〉에 "땅에 금만 그어 감옥으로 삼아도 사람들은 들어가지 않으려 하고, 나무를 깎아 세워 옥리로 삼아도 사람들은 마주하지 않으려고 한다."라고 한 데서 유래하였다. 정중은 다시 흉노로 사신을 가게 되자 갈 수 없는 이유를 누누이 진달하였다가 황제의 노여움을 사서, 흉노에서 돌아온 뒤 감옥에 갇혔고 얼마 뒤 용서받아 집으로 돌아갔다.

435 돌이……없음 : 돌처럼 마음대로 굴릴 수 없는 마음, 곧 심지(心志)가 굳어서 확고부동한 마음을 가리킨다. 《시경》 〈백주(柏舟)〉의 "내 마음은 돌이 아니라 굴릴 수가 없다."라고 하였다.

436 닭을 장식한 조서 : 사면령을 뜻한다. 옛날 조정에서 사면령(赦免令)을 내릴 적에는 칠척(七尺) 길이의 장대에 사척(四尺) 높이의 황금으로 장식한 닭을 달고, 그 입에 척(尺) 길이의 붉은 천을 물린 것을 내세웠었다. 《唐書 百官志》

437 초택(楚澤)에서……않았거니와 : '초택'은 초(楚)나라 충신 굴원(屈原)이 쫓겨나 노닌 못가[澤畔]를 가리킨다. 굴원이 멱라수에 투신하지 죽자 송옥(宋玉)이 굴원의 죽음을 불쌍히 여겨 그의 넋을 부르는 의미로 〈초혼(招魂)〉을 지었는데, 그 내용 중에 "상제가 무양에게 이르기를 '하토(下土)에 있는 사람을 불러다 나를 보좌하게 할 테니 그대는 흩어진 굴원의 혼백을 찾아 나에게 데려오도록 하라.' 하였다." 하였다. '무양'은 옛날의 신무(神巫) 이름이다. 여기서는 정중이 집에서 죽기 전에 다시 등용하였으므로

제왕의 수도에 들어올 때 어찌 자공의 힘을 빌렸겠습니까.[438] 과거에 망교위(妄校尉)[439]의 대열에 있었는데, 군사마(軍司馬)의 반열에 올랐습니다. 직분상 해야 할 일 가운데 어찌 볼만한 작은 업적이라도 있었겠습니까. 사실과 다른 헛된 명성으로 인해 이전에 세운 공로를 뒤에 장려하신 소치입니다. 은혜는 아홉 번 죽어도 갚기 어렵기에 칠 척의 몸을 어루만지면서 어찌할 바를 모르겠나이다.

착한 사람에게 상을 주지 않으면 어떻게 선을 권장하며 아무리 의로운 선비들을 앞다퉈 나오게 하려 하시지만, 현명해야 현명한 사람을 등용한다고 모두들 말하니 나라 사람들이 제시하는 자격 요건에는 부족할 듯합니다. 큰 영광은 천한 선비가 보답할 바가 아니기도 하지만, 두터운 덕을 어떻게 어리석은 신하가 감당하겠습니까. 소제(昭帝)는 소무(蘇武)의 깊은 충심을 장려하셨지만 전속국(典屬國)을 맡기는 정도였고,[440] 성황(成皇)은 진탕(陳湯)의 큰 공을 포상하시면서 겨우 관

무양의 도움이 필요 없다는 말이다.

438 이 몸이……빌렸겠습니까 : 자공은 한(漢)나라 때의 권신(權臣) 진탕(陳湯)의 자이다. 진함(陳咸)이 군수(郡守) 자리에 머물러 있으면서 진탕에게 뇌물을 많이 보내고 서찰을 보내기를 "자공의 힘을 입어서 도성에 들어갈 수 있으면 죽어도 한이 없겠습니다." 하였는데 뒤에 조정에 들어가 소부(少府)가 되었다. 《漢書 卷66 陳萬年傳》 여기서는 황제의 총애를 입고 재등용된 것이지 권신에게 아부해서 이루어진 것이 아니라는 말이다.

439 망교위(妄校尉) : 평범한 교위(校尉)를 말한다. 한(漢)나라 장수 이광(李廣)이 "한나라가 흉노를 공격한 이래 내가 항상 그 안에 있었는데, 망교위 이하는 재주가 중간에도 미치지 못하는데 군공으로 제후가 된 자가 수십 인이나 된다." 하였다. 《漢書 卷54 李廣列傳》

440 소제(昭帝)는……정도였고 : '전속국'은 한대(漢代)의 관명(官名)으로, 소수 민

내후(關內侯)에 봉하는 수준이었습니다.[441] 제가 어떤 사람인지 스스로 헤아려 보면 저 두 사람에게 감히 견줄 수 있겠습니까? 공로에 보답하는 은택이 두텁고 상을 성대하게 내리는 은전이 융숭합니다.

조정에 일찍이 인재가 있다고 말할 수 있습니까? 신이 비록 사직을 안정시킬 그릇이 못 됨을 살피셨을 것이나, 사방에 사신 가서 선비라고 일컬을 수 있으니[442] 신이 그런대로 충절을 바친 정성이 있음을 아실 것입니다. 그리하여 마침내 견책을 당한 몸으로 하여금 버려졌다가 다시 기용되는 은택을 받게 하시니, 마음에 새겨 두 마음 품지 않고 분골쇄신하는 가운데 은혜를 잊기 어렵지 않겠습니까? 작은 정성을 바친다면 이 모두가 나라에 보답하는 날이 될 것이니, 만약 지난 잘못을 말끔히 씻어 주신다면 진실로 마땅히 왕명을 받들 시기입니다.

족과의 왕래 사무를 담당하였다. 한 무제(漢武帝) 때 소무(蘇武)가 흉노에 사신으로 갔다가 19년 동안 억류되었다가, 기원전 81년 소제가 흉노와 화친함에 따라 비로소 풀려나 돌아왔다. 절개를 굳게 지킨 공으로 전속국에 임명되었다.《漢書 卷54 蘇武傳》

441 성황(成皇)은……수준이었습니다 : 한나라 원제(元帝) 건소(建昭) 2년에 진탕(陳湯)과 감연수(甘延壽)가 서역(西域) 지방의 교위(校尉)로 있으면서 황제의 제서(制書)를 위조해서 여러 성의 군사를 징발한 다음, 흉노(匈奴)를 불시에 습격하여 강거(康居)를 격파하고 질지선우(郅支單于)를 참수하여 장안으로 보냈다. 진탕은 이 공으로 관내후(關內侯)에 봉해졌다.《漢書 卷70 陳湯傳》'관내후'는 진(秦)나라 때 만들어진 작위 중 하나로서 대서장(大庶長)의 위, 열후(列侯)의 아래 등급인 19등급에 속한다. 제후이긴 하지만 자신의 봉지(封地)가 없으며, 주로 수도인 낙양(洛陽)이나 장안(長安) 일대에 거주하였다. '성황'은 성제(成帝)로, 원제의 아들이다. 진탕이 관내후에 봉해진 것은 원제 때이므로 '성황'은 '원황(元皇)'이 되어야 한다.

442 사방에……있으니 : 《논어》〈자로(子路)〉에 "행동할 때 부끄러워할 줄 알고 사방에 사명을 띠고 나가 임금의 명을 욕되지 않게 하면 선비라고 이를 수 있다."라고 한 데 나온 말이다.

당나라 안사고가 〈왕회도〉를 올리다[443]

唐顏師古進王會圖

수레와 문자가 사방에서 동일해져[444] 왕의 교화가 이미 내외에 퍼졌고, 옥과 비단을 가지고 조회를 온 나라가 일만 국가이니[445] 성대한 왕업을 청사에 전할 만합니다. 그러므로 새로운 그림 한 폭을 구중궁궐에 감히 올립니다.

공경히 생각건대 문덕(文德)을 펴서 간우(干羽)로 춤추고[446] 무(武)는 지과(止戈)를 이루었습니다.[447] 태양 같은 의표이자 용의 자태이니

443 당나라……올리다 : '왕회도(王會圖)'는 당(唐)나라 화가 염입본(閻立本)이 사방의 오랑캐들이 조회하는 것을 그린 것이다. 《구당서(舊唐書)》에 "정관(貞觀) 3년에 원심(元深)이 들어와 조회하였다.……중서시랑(中書侍郎) 안사고(顏師古)가 아뢰기를 '옛날 주 무왕(周武王) 때에 천하가 태평하여 먼 나라들이 찾아오자 사관(史官)이 그 일을 기록하여 왕회편(王會篇)을 만들었습니다. 지금 만국이 찾아와 조회하는데, 그들의 의상이 실로 그릴 만하니, 지금 왕회도를 편찬하였으면 합니다.' 하니, 윤허하였다."라고 하였다. 《舊唐書 卷197 南蠻西南蠻列傳》

444 수레와……동일해져 : 《중용장구》 제28장에, "지금 천하에는 수레는 바퀴의 궤도가 같으며, 글은 문자가 같으며, 행동은 차서가 같다."라고 한 데서 온 말인데, 온 천하가 통일된 것을 이른다.

445 옥과……국가이니 : '옥과 비단'은 고대의 제후가 천자를 조회할 때 예물로 바치던 것이다. 《춘추좌씨전》 애공(哀公) 7년 기사에 "우(禹) 임금이 도산(塗山)에서 제후들과 회합하였는데, 옥과 비단을 받든 자가 일만 나라였다."라고 하였다.

446 문덕(文德)을……춤추고 : 《서경》 〈대우모(大禹謨)〉에 "유묘(有苗)의 백성이 명을 거스르자, 순(舜) 임금이 문덕(文德)을 크게 펴서 방패와 깃 일산으로 두 뜰에서 춤추니, 70일 만에 유묘가 와서 항복하였다."라고 하였다. '간우'는 고대에 춤추는 자들이 들던 도구인데, 문무(文舞)는 깃털을 들고 무무(武舞)는 방패를 들었다.

태평 시대를 이룩한 천자를 함께 떠받들고, 별이 비치는 먼 나라에서 여러 번 통역을 해 가며 모두들 중국의 성인을 칭송합니다. 순(舜) 임금의 조정에는 중국을 어지럽히는 근심이 없어졌고,[448] 한(漢)나라 변방에는 가을철 방비하는 걱정[449]이 사라졌습니다.

그러므로 이에 위엄과 명성이 퍼져서 먼 곳에 있는 사람들이 찾아오게 되었습니다. 올빼미가 좋은 소리로 회유하니[450] 산 넘고 바다를 건너면서 뒤질세라 찾아오고, 오랑캐를 갓난아이처럼 교화하자 온 사방이 벌벌 떨며 앞다퉈 달려왔습니다. 어느 곳인들 신령한 왕의 위엄을 입지 않은 곳이 없어, 땅이 있는 곳이면 누구나 신하와 첩이 되었습니다.

447 무(武)는 지과(止戈)를 이루었습니다 : 《춘추좌씨전》 선공(宣公) 12년 기사에 "글자를 가지고 말하면 지(止)와 과(戈)가 '무(武)'가 된다.……저 '무(武)'라는 것은 포악함을 금지하고, 전쟁을 정지하고, 천하를 보유하고, 공업을 세우고, 백성을 안정시키고, 제후를 화목하게 하고, 재물을 풍족하게 하는 것이다."라고 한 초 장왕(楚莊王)의 말에서 나온 것으로, '무(武)' 자를 지(止)와 과(戈)로 나누고, 이 두 글자의 의미를 조합하여 '무기 사용의 중지'가 '무(武)' 자의 본의(本義)라고 생각한 것이다.

448 순(舜)……없어졌고 : 안사고가 사는 당시의 당(唐)나라는 오랑캐의 침입 걱정이 없는 태평한 세상이라는 뜻이다. 《서경》 〈순전(舜典)〉에 "오랑캐가 중국을 어지럽히면서 약탈하며 죽인다."라고 하였기 때문에 이렇게 말한 것이다.

449 가을철 방비하는 걱정 : 고대 서북의 각 유목 집단이 천고마비(天高馬肥)의 계절에 남침(南侵)을 하므로, 변방의 수비군이 특별히 경계를 강화하여 병력을 징발해 방어하였다.

450 올빼미가……회유하니 : 덕을 닦아서 오랑캐들까지 감화시킴을 말한 것이다. 《시경》 노송(魯頌) 〈반수(泮水)〉에 "이리저리 나는 저 올빼미, 저 반궁의 나무숲에 모였도다. 우리 뽕나무 오디를 먹고 좋은 소리로 날 회유하누나. 깨달은 저 회이들이 와서 좋은 보물을 바치니, 큰 거북과 상아와 남쪽 지방에서 나는 금을 크게 바치도다."라고 하였다.

호한야(呼韓耶)는 북쪽 대궐에서 머리를 조아리고[451] 울도기(尉屠耆)[452]는 남쪽 뜰에 뒤따라 이르며, 북방의 유목 민족은 모두 변발한 머리를 풀고 신하되기를 청하고, 추운 북극과 남쪽 바다에선 보화를 바치고 재물을 싣고 옵니다. 수많은 하천이 동쪽으로 흐르는 것과 같이 중화(中華)의 예악을 기쁘게 바라보고, 무수한 별들이 북극성을 향하듯이 상국(上國 중국)의 의관을 갖추려고 생각합니다.

두융(竇融)이 먼저 귀의한 일[453]을 함께 사모하고, 태배(笞背 등을 매로 치는 형벌)로 속국을 대하지 않으니, 누가 늦게 온 방풍(防風)[454]을 본받겠습니까. 긴 끈으로 번거롭게 목을 옭아매지도 않습니다. 삼대시대(三代時代 하(夏)·은(殷)·주(周))에도 신하로 복종하지 않던 나라를 신하로 삼아 사방을 교화하고, 역대 조정에서 씻지 못했던 수치를 씻어 호(胡)와 월(越)이 한집이 되었습니다.[455]

451 호한야(呼韓耶)는……조아리고 : 사나운 오랑캐들이 대궐에 입조하여 머리를 조아린다는 말이다. '호한야'는 한 원제(漢元帝) 때의 흉노 선우(單于)로, 한나라 조정이 그의 위세를 두려워하여 왕소군(王昭君)을 시집보낸 일로도 유명하다.《漢書 卷94下 匈奴傳下》

452 울도기(尉屠耆) : 한나라 무제(武帝)가 대완국(大宛國)과 통하려고 할 때, 누란(樓蘭)이 가로막고 방해하였으며 한나라 사절(使節)을 공격하기도 하였다. 이에 소제(昭帝) 때에 부개자(傅介子)를 보내어 누란을 정벌하고 국왕 안귀(安歸)를 죽인 뒤 '울도기'를 왕으로 세우고 나라 이름을 선선(鄯善)이라 고쳤다.

453 두융(竇融)이……일 : '두융'은 후한(後漢) 평릉(平陵) 사람으로, 종사관 반표(班彪)의 설득으로 하서(河西)를 바치고 광무제(光武帝)에게 귀의하였다.《後漢書 卷23 竇融列傳》

454 늦게 온 방풍(防風) : '방풍'은 하(夏)나라 때의 제후로 우왕(禹王)이 회계산(會稽山)에서 제사할 때에 뒤늦게 도착하였다가 우왕에게 살해되었다.《國語 魯語下》

455 호(胡)와……되었습니다 : 이 말은 《자치통감(資治通鑑)》 당 태종(唐太宗) 정관

천지가 포용하는 수준이 아니면 어떻게 원근에서 이처럼 모두 복종하겠습니까. 월상(越裳)이 흰 꿩을 바치니[456] 주(周)나라의 도(道)가 바야흐로 형통함을 보았고, 도산(塗山)에서 제후와 회동하매[457] 하(夏)나라 덕이 이미 성대함을 알겠습니다. 높은 공덕은 지난 역사에서 찾을 수 없으니 훌륭한 일을 어찌 오늘날 드러내지 않을 수 있겠습니까.

이에 소호(召虎)가 절하는 의식[458]을 그림으로 그리면서 용면(龍眠)의 솜씨[459]를 감히 빌렸습니다. 풍속이 다른 팔만(八蠻)[460]의 모습을 모두 묘사하였고, 복장이 기이한 구이(九夷)[461]의 형상을 그려 냈습니

(貞觀) 7년 기사에 나오는 말로, '호'는 북방 민족이고 '월'은 남방 민족으로 서로 멀리 떨어져 있지만 이들이 귀부(歸附)하여 중국과 똑같이 대한다는 뜻이다.

456 월상(越裳)이……바치니 : '월상'은 교지(交趾)의 남쪽에 있던 고국(古國)의 이름이다. 주(周)나라 성왕(成王) 때에 주공(周公)이 섭정하여 천하가 태평해지자, 월상씨(越裳氏)가 와서 주공에게 '흰 꿩〔白雉〕'을 바치며 조공을 했다는 말이 《한시외전(韓詩外傳)》 권5에 보인다.

457 도산(塗山)에서 제후와 회동하매 : 하(夏)나라 우(禹) 임금이 도산에 제후를 불러 모았을 때, 옥백(玉帛)을 가지고 참석한 나라가 만국(萬國)이나 되었다는 고사에서 나온 것이다. 《春秋左傳 哀公7年》

458 소호(召虎)가 절하는 의식 : 신하가 천자에게 절하는 의식을 말한다. 주나라 소공(召公)의 이름이 호(虎)인데 선왕(宣王) 때 회이(淮夷)의 난을 평정하고 공을 세웠다. 《시경》 〈강한(江漢)〉에 "소호가 절하고 엎드려 천자의 만년을 빌었다."라고 하였다.

459 용면(龍眠)의 솜씨 : '용면'은 송대(宋代)의 명화가(名畫家)로 호가 용면산인(龍眠山人)인 이공린(李公麟)을 가리키나, 여기서는 화가의 뜻만을 취한 것이다.

460 팔만(八蠻) : 고대에 남방의 8개 만국(蠻國)을 말한다. 《예기》 〈왕제(王制)〉에 "남방을 만(蠻)이라고 한다." 하였는데, 공영달(孔穎達)의 소(疏)에 "천축(天竺), 해수(咳首), 초요(僬僥), 파종(跛踵), 천흉(穿胸), 담이(儋耳), 구지(狗軹), 방춘(旁春)이다." 하였다.

461 구이(九夷) : 고대 동방의 9종 민족을 일컫는 말이다. 《후한서(後漢書)》 권85

다. 크고 높은 공렬의 찬란한 모습이 비록 붓끝에서 나타날 수는 없겠지만, 이름난 왕과 큰 우두머리들이 부지런히 조회하는 장면은 종이 위에서 영원히 전해질 것입니다. 이는 실로 고금에 보기 드문 일이니 어찌 이런 풍경화를 쉽게 볼 수 있겠습니까. 아! 다스린 공효의 융성함은 참으로 천 년에 한 번 올 법한 큰 경사이고, 아름다운 이 그림으로 말하면 〈칠덕(七德)〉·〈구공(九功)〉[462]과 함께 세상에 전할 것입니다.

생각건대 업무는 조충(雕蟲)[463]에 고루하고, 재주는 범을 그리는 데[464] 서툽니다. 국가가 정벌하던 날에 전공을 세우지 못해 부끄러웠는데, 중화와 오랑캐가 회동하는 때가 도래하여 다행히 용이 나는 운수를 만났습니다. 예사롭지 않은 성대한 예절을 이미 보았으니 어찌 세상에 드문 커다란 규범이 없겠습니까. 《주서(周書)》에서 〈왕회(王會)〉를 상고하고[465] 한(漢)나라 역사에서 오랑캐가 복종했던 일을 아름답게 여

〈동이열전(東夷列傳)〉에 "오랑캐가 9종이 있는데, 견이(畎夷)·우이(于夷)·방이(方夷)·황이(黃夷)·백이(白夷)·적이(赤夷)·현이(玄夷)·풍이(風夷)·양이(陽夷)이다."라고 하였다.

462 칠덕(七德)·구공(九功) : 당 태종(唐太宗)의 〈칠덕무(七德舞)〉와 〈구공무(九功舞)〉를 말한다. 〈칠덕무〉는 본래 〈진왕파진악(秦王破陣樂)〉으로 태종이 진왕(秦王)으로 있을 때 유무주(劉武周)를 쳐부순 공을 기리기 위하여 만든 악곡이고, 〈구공무〉는 본래 〈공성경선악(功成慶善樂)〉으로 태종이 경선궁(慶善宮)에서 태어났으므로 정관(貞觀) 6년(633)에 그곳에 행행하여 시종신에게 연회를 베풀고 만든 악곡이다.《新唐書 卷21 禮樂志》

463 조충(雕蟲) : 벌레 모양이나 전서(篆書)를 새기듯이 미사여구(美辭麗句)로 글을 꾸미는 작은 기예(技藝)를 말한다.

464 범을 그리는 데 : 자신의 역량으로 해결하기 어려운 일을 가리킨다. 후한(後漢)의 명장(名將) 마원(馬援)이 자신의 조카들을 경계한 글에서, "범을 그리다가 이루지 못하면 도리어 개 같이 되어버린다."라고 하였다.《後漢書 卷24 馬援列傳》

깁니다. 문덕(文德)을 고찰하여 노래를 만드는 일에는 제왕의 업적을 제대로 선양하진 못하지만, 왕업을 전하고 자손에게 보이기 위한 그림을 그리는 데에 신의 정성을 다하였습니다.

465 주서(周書)에서 왕회(王會)를 상고하고 : '왕회'는 《일주서(逸周書)》의 편명으로, 주(周)나라 성왕(成王) 때 주공(周公)이 섭정하여 천하가 태평해지자, 중국의 제후들과 중국 밖의 사방 나라와 부족에서 주나라에 조회(朝會)하러 오고 공물을 바친 일을 기술한 책이다. 현재 이 편은 망실된 상태인데, 《일주서》에 이 편명이 언급되어 있고, 《일주서》에 이 편을 해설한 〈왕회해(王會解)〉라는 편이 있어 왕회편의 내용을 짐작할 수 있다.

왕세자 책봉에 대해 본조에서 사례하다[466]

本朝謝封王世子

부왕의 일을 주관함에 허물이 없기에[467] 세자를 간택하는 뜻을 감히 진달하였는데, 거듭 명하여 아름답게 해서[468] 임무를 완성하도록 가르침을 자상히 내려 주셨습니다. 무엇으로 보답을 해야 합니까? 그저 황공한 마음이 쌓일 뿐입니다.

생각건대 조상이 행한 일을 더럽혀 국가가 많은 고난을 만났습니다. 불굴(不窋)이 관직 수행을 잘못하여[469] 남긴 기틀이 실추될까 두려웠지만, 무휼(無恤)에게 죽간의 말을 구하고는[470] 훌륭한 후사를 얻었다고

466 왕세자……사례하다 : 선조(宣祖)가 1594년 명나라에 세자 책봉을 허락해 달라고 주청하였으나, 황제가 인준하지 않고 세자에게 특별히 조칙을 내리니 이에 대해 사례하려고 지은 글이다.《碧梧遺稿 卷7 謄記》

467 부왕의……없기에 :《주역》〈고괘(蠱卦) 초육(初六)〉에 "부친의 일을 주관하는 상이다. 훌륭한 아들이 있으면 부친에게 허물이 없으리라."라고 하였다.

468 거듭……해서 :《서경》〈익직(益稷)〉에 "하늘이 거듭 명하여 아름답게 한다."라고 하였다.

469 불굴(不窋)이……잘못하여 : 주(周)나라 시조인 후직(后稷) 기(棄)의 아들이다. 우(虞)나라와 하(夏)나라 초기에 기가 후직(后稷)이 되어 태(邰) 땅에 봉해졌는데, 불굴이 나라가 쇠약해지자 직임을 폐하고 농사를 힘쓰지 않아서 벼슬을 잃고 오랑캐 지역으로 도망갔다.《史記 卷4 周本紀》 대본에는 '弗窋'로 되어 있는데,《사기(史記)》에 의거하여 '不窋'로 바로잡아 번역하였다.

470 무휼(無恤)에게……구하고는 : 진(晉)나라 조 간자(趙簡子)에게 조백로(趙伯魯)와 조무휼(趙無恤)이라는 아들이 있었는데, 조 간자가 훈계가 되는 말을 죽간에 써서 두 아들에게 주면서 잘 외워서 간직하라고 하였다. 3년이 지나 물어보니, 조백로는

생각했습니다. 계책은 왕업을 부탁하는 데 진실로 간절했으나, 일에 있어서는 전장과 제도에 간혹 어긋났습니다. 그런데 황제의 조서가 우매한 -원문 빠짐-[471] 내려올 줄 어찌 생각했겠습니까. 장차 이 사람에게 임무를 맡기려고 이미 적절한 권한을 부여하도록 허락했던 것은 대개 기다리는 것이 있어서 그러한 것으로, 너그럽게 처리하는 뜻을 특별히 보인 것입니다.[472]

비록 책봉례(冊封禮)를 거행하지 못했으나 실로 보여 주신 사랑과 관심은 예사롭지 않으니, 큰 도량으로 남의 결점을 숨겨 주고 드높은 인자함으로 작은 나라를 보살펴 주심을 만났습니다. 동분서주하고 외적의 침입을 막게 하여[473] 오랑캐를 물리친 공로를 바치게 하고, 군대를

가르침을 외우지도 않았고 죽간도 잃어버렸으나, 조무휼은 가르침을 익숙히 외면서 죽간을 품속에 간직하고 있었다. 이에 조무휼을 후사로 삼으니, 이 사람이 조 양자(趙襄子)이다.

471 원문 빠짐 : 대본에는 '遽及顓蒙之'로 되어 있는데, '豈鄙綸綍之音'와 대(對)를 맞춰야 하므로 '之'자 다음에 한 글자가 빠져 있는 것이다.

472 장차……것입니다 : 《광해군일기》 9년 3월 14일 기사에 실린 황신의 졸기(卒記)에 "일찍이 세자 책봉(冊封)을 청하는 표문(表文)을 지으면서 '하늘이 장차 이 사람에게 임무를 맡기려고 지성스레 명하였다. 일은 반드시 기다림이 있은 후에 그리 되는 것이니 우선은 천천히 하라고 할 뿐이다.〔天將降任於是, 則諄諄命之. 事必有待而然, 姑徐徐云爾.〕' 하였는데, 세상에서 절묘한 글이라고 칭한다."라고 하여 이 글을 소개하였는데, 대본과 글자의 차이가 있다.

473 동분서주하고……하여 : 《시경》 〈면(緜)〉의 "동분서주할 이 있으며, 외적의 침입을 막을 이 있다고 나는 말하노라."라는 말에서 나온 것이다. '동분서주'하는 것은 임금의 덕을 알려 천하 사람들이 달려오게 하는 것으로 문신(文臣)의 일이고, '외적의 침입을 막게' 하는 것은 무신(武臣)의 일인데, 여기서는 왕세자 즉 광해군에게 기대하는 역할로 소개한 것이다.

호령하고 백성을 다스리게 함으로써 난리를 다스린 공적을 거두기를 기약했는데, 마침내 저희 자식으로 하여금 온화한 말씀을 듣게 하셨으니, 이를 받들어 주선하면서 한결같이 마음과 힘을 쏟지 않을 수 있겠습니까. 마치 수레가 험로를 만나 수레가 엎어진 전철을 교훈 삼기 바라고, 농부가 농사를 지으매 아비가 밭을 일구고 아들이 파종하는 것과 같습니다.

지은이 **황신(黃愼)**

1562(명종17)~1617(광해군9). 조선 중기의 문신으로, 본관은 창원(昌原), 자는 사숙(思叔), 호는 추포(秋浦), 시호는 문민(文敏)이다. 1582년에 진사가 되고 1588년 알성 문과에 장원급제하였다. 1592년 임진왜란이 발발하자 다시 기용되었고, 명나라 경략(經略) 송응창(宋應昌)을 접반하였다. 1596년 8월 통신사로 명나라의 사신 양방형(楊邦亨)·심유경(沈惟敬)을 따라 일본에 다녀왔다. 1597년 7월 전라 감사에 제수되어 전쟁 일선에서 진두지휘하며 호남을 지켜냈고, 1601년 대사헌 시절 문경호(文景虎)가 스승인 성혼(成渾)을 비난하자 이를 변호하다가 파직되었다. 1608년 선조(宣祖)가 승하하니 진주부사(陳奏副使)가 되어 이덕형(李德馨)과 함께 명나라에 다녀왔고, 이어서 공조 판서·호조 판서 등을 역임하였다. 1613년에 계축옥사가 일어나자 옹진에 유배되어 배소에서 졸하였다. 우의정에 추증되고, 공주의 창강서원(滄江書院)에 제향되었다. 저서로 《일본왕환일기(日本往還日記)》, 《추포집(秋浦集)》 등이 있다.

옮긴이 **황교은(黃敎殷)**

1978년 충남 부여에서 태어났다. 청주대학교 한문교육과를 졸업하고, 성균관대학교 한문고전번역협동과정을 수료하였다. 현민 이종선·병주 이종락·한송 성백효·아당 이성우 선생을 사사했으며, 현재 충남대학교 한자문화연구소 책임연구원으로 재직 중이다. 공역으로 《도곡집》, 《성재유고》 등이 있다.

한국고전번역원 권역별거점연구소협동번역사업

충남대학교 한자문화연구소 연구진

연구책임자 **이향배**(충남대학교 한문학과 교수)
공동연구원 **정만호**(충남대학교 한문학과 교수)
자문위원 **이성우**(한국고전번역원 자문위원)
책임연구원 **황교은**
선임연구원 **이재숙**
오승준
연 구 원 **이상수**
임현정

추포집

황신 지음 | 황교은 옮김

2022년 12월 16일 초판 1쇄 발행

편집 · 발행 문진 | 등록 2002. 5. 6. 제2006-000011호

주소 (34168) 대전광역시 유성구 대학로 31 한진리조트오피스텔 2004호

전화 042-933-6510 | 팩스 042-367-5510

값 30,000원

ISBN 979-11-87638-08-7 93810